Führich/Werdan
Wirtschaftsprivatrecht in Fällen und Fragen

Wirtschaftsprivatrecht in Fällen und Fragen

Übungsfälle und Wiederholungsfragen zur Vertiefung des Wirtschaftsprivatrechts

von

Prof. Dr. Ernst Führich und Prof. Dr. Ingrid Werdan

6., überarbeitete Auflage

Verlag Franz Vahlen München

Prof. Dr. jur. Ernst Führich lehrt Bürgerliches Recht, insbesondere Wirtschaftsprivatrecht, an der Hochschule Kempten und ist bekannt durch zahlreiche Veröffentlichungen, insbesondere zum Reiserecht.

Prof. Dr. jur. Ingrid Werdan lehrt als Juristin und Diplomkauffrau/StB an der Hochschule Kempten Bürgerliches Recht, Handels- und Gesellschaftsrecht sowie betriebliches Steuerrecht.

ISBN 978 3 8006 4665 4

Satz: Fotosatz Buck
Zweikirchener Str. 7, 84036 Kumhausen
Druck und Bindung: Nomos Verlagsgesellschaft
In den Lissen 12, 76547 Sinzheim
Gedruckt auf säurefreiem, alterungsbeständigem Papier
(hergestellt aus chlorfrei gebleichtem Zellstoff)

Vorwort zur 6. Auflage

Das vorliegende Übungsbuch ist aus der Vorlesung „Wirtschaftsprivatrecht“ beider Autoren an der Hochschule Kempten hervorgegangen. Es wendet sich an Studierende der Wirtschaftswissenschaften an Universitäten, Fachhochschulen und Akademien und solcher Bachelor- und Diplom-Studiengänge, in denen die Grundzüge des Bürgerlichen, Handels- und Gesellschaftsrechts vermittelt werden.

Wir haben festgestellt, dass alleine die Lektüre eines Lehrbuchs noch keine anschauliche Vorstellung von der praxisnahen Anwendung des privaten Wirtschaftsrechts schafft. Nur der praktische Fall und eine ständige Wiederholung der wichtigsten Fragen geben den Einstieg in die Zusammenhänge des Privatrechts und damit die Sicherheit für die Prüfung. Unser Übungsbuch gibt hierzu die notwendige Hilfe durch strukturierte Problemlösungen. Das Buch eignet sich für Bachelor- und Master-Studiengänge, in denen Rechtsvorlesungen zu belegen sind.

Wir wissen dabei um die abschreckende Wirkung komplexer und schwieriger Fälle. Daher haben wir wirtschaftsnahe Fälle und Fragen mit einführendem Charakter verwendet und sie so aufgebaut, dass wir langsam von leichteren zu komplexeren Problemen übergehen. Dass Recht nicht nur trocken sein muss, sondern auch Spaß machen kann, wird beim Lesen der Fälle nicht unbemerkt bleiben. Der Anfänger zieht damit einen ungleich größeren Nutzen aus der Lektüre eines Lehrbuchs wie das von *Führich*, Wirtschaftsprivatrecht, Verlag Vahlen und kann sich mit diesem Übungsbuch und der Vorlesung umfassend auf erforderliche Prüfungen vorbereiten. Hierzu dienen auch die Multiple-choice-Fragen mit Richtig-Antworten zur Wissenskontrolle.

Inhaltlich orientiert sich dieser Grundkurs am Lehrbuch „Wirtschaftsprivatrecht“ von *Führich* und behandelt die wirtschaftlich relevanten Teile des Privatrechts wie BGB mit Allgemeinem Teil, Schuldrecht, Grundbegriffe des Sachenrechts und die wirtschaftstypischen Schuldverhältnisse mit ihren handels- und gesellschaftsrechtlichen Bezügen. Im Anhang wird das Gerichtliche Mahnverfahren behandelt.

Als Übersicht haben wir jeweils ein Schaubild vorangestellt, da ein Bild oft mehr aussagt als tausend Worte. Daran schließt sich der systematisch aufgebaute Grundkurs an mit Übungsfällen und Wiederholungsfragen und den entsprechenden Antworten.

Die Neuauflage wurde dem **neuesten Stand der Gesetzgebung** angepasst einschließlich den Neuregelungen zur Umsetzung der **Verbraucherkredit-Richtlinie** 2008 zum 10.6.2010. Insbesondere zur Reform der GmbH durch die **Unternehmergesellschaft** wurden neue Fragen und Fälle eingearbeitet. Der Teil 1 wurde von *Ernst Führich*, der Teil 3 von *Ingrid Werdan* und der Teil 2 von beiden Autoren bearbeitet.

Für Anregungen und Kritik sind wir dankbar, und zwar unter folgenden Anschriften:

Prof. Dr. *Ernst Führich*
E-Mail: ernst.fuehrich@t-online.de

Prof. Dr. *Ingrid Werdan*, Bahnhofstr. 61, 87435 Kempten
E-Mail: ingrid.werdan@fh-kempten.de

Kempten, im Mai 2013

Ernst Führich
Ingrid Werdan

Inhaltsverzeichnis

Teil 2: Wirtschaftstypische Schuldverhältnisse mit handelsrechtlichen Bezügen

Teil 3: Gesellschaftsrecht und Unternehmensorganisation

Abkürzungsverzeichnis

ABl.	Amtsblatt
ADSp.	Allgemeine Deutsche Spediteurbedingungen
AG	Aktiengesellschaft
AG	Amtsgericht
AGB.	Allgemeine Geschäftsbedingungen
AGG	Allgemeines Gleichbehandlungsgesetz
AktG	Aktiengesetz
ArbZG.	Arbeitszeitgesetz
Art.	Artikel
AEUV	Vertrag über die Arbeitsweise der Europäischen Union
BetrVG	Betriebsverfassungsgesetz
BeurkG	Beurkundungsgesetz
BGB.	Bürgerliches Gesetzbuch
BGB-InfoV	BGB-Informationspflichten-Verordnung
BGBl. I bzw. II.	Bundesgesetzblatt Teil I bzw. Teil II
BGH	Bundesgerichtshof
BGHZ	Entscheidungen des BGH in Zivilsachen (Amtliche Sammlung)
BilMOG	Bilanzrechtsmodernisierungsgesetz
BilReG	Bilanzrechtsreformgesetz
BSchG	Binnenschifffahrtsgesetz
bzw.	beziehungsweise
cic.	culpa in contrahendo
CISG	Convention on Contracts for the International Sale of Goods (UN-Kaufrecht)
CMR	Übereinkommen über den Beförderungsvertrag im internationalen Straßengüterverkehr
COTIF	Übereinkommen über den internationalen Eisenbahnverkehr
d. h.	das heißt
EDV.	Elektronische Datenverarbeitung
EFZG	Entgeltfortzahlungsgesetz
eG	eingetragene Genossenschaft
EG	Europäische Gemeinschaft
EGBGB.	Einführungsgesetz zum Bürgerlichen Gesetzbuch
EGV.	Vertrag zur Gründung der Europäischen Gemeinschaft mit den Änderungen durch den Vertrag von Amsterdam

EHUG........... Gesetz über elektronische Handelsregister und Genossenschaftsregister sowie das Unternehmensregister
e.K. .... eingetragener Kaufmann
e.V. .... eingetragener Verein
EU .... Europäische Union
EuGH .... Europäischer Gerichtshof
EuGVVO .... Verordnung (EG) Nr. 44/2001 über die gerichtliche Zuständigkeit und Vollstreckung in Zivil- und Handelssachen vom 22.12.2000 (Brüssel I-VO)
EUV .... Vertrag über die Europäische Union
EVO............. Eisenbahnverkehrsordnung
EWIV .... Europäische Wirtschaftliche Interessenvereinigung
FGG .... Gesetz über die Angelegenheiten der freiwilligen Gerichtsbarkeit

G .... Gesetz
GBO .... Grundbuchordnung
GbR............. Gesellschaft bürgerlichen Rechts
GebrMG .... Gebrauchsmustergesetz
gem.............. gemäß
GeschmMG ...... Geschmacksmustergesetz
GewO .... Gewerbeordnung
GG.............. Grundgesetz
GmbH........... Gesellschaft mit beschränkter Haftung
GmbHG .... Gesetz betreffend die Gesellschaften mit beschränkter Haftung
GüKG .... Güterkraftverkehrsgesetz
GWB .... Gesetz gegen Wettbewerbsbeschränkungen

HGB .... Handelsgesetzbuch
hM.............. herrschende Meinung
HRV .... Verordnung über die Einrichtung und Führung des Handelsregisters

Ins .... Insolvenz
InsO .... Insolvenzordnung
i.S............... im Sinne
i.V.m. .... in Verbindung mit
IHK............. Industrie- und Handelskammer
Incoterms .... International Commercial Terms

KG.............. Kommanditgesellschaft
KGaA .... Kommanditgesellschaft auf Aktien
KWG............ Kreditwesengesetz

LG.............. Landgericht
LuftVG .... Luftverkehrsgesetz

MarkenG......... Markengesetz MontanMitbestG Montanmitbestimmungsgesetz
MÜ .... Montrealer Übereinkommen

NJW .... Neue Juristische Wochenschrift (Zeitschrift)
NJW-RR......... NJW-Rechtsprechungs-Report Zivilrecht (Zeitschrift)

o.g.............. oben genannt
OHG............ offene Handelsgesellschaft
OLG .... Oberlandesgericht
OLSchVO........ Verordnung über Orderlagerscheine

PAngV........... Preisangabenverordnung
PartGG.......... Gesetz über Partnerschaftsgesellschaften
PatG............. Patentgesetz
ProdHaftG....... Produkthaftungsgesetz
ProdSG.......... Produktsicherheitsgesetz
pVV .... Positive Vertragsverletzung

Rom I-VO........ VO (EG) Nr. 593/2007 v. 17.6.2008 über das auf vertragliche Schuldverhältnisse anzuwendende Recht
Rom II-VO....... VO (EG) Nr. 864/2007 v. 11.7.2007 über das auf außervertragliche Schuldverhältnisse anwendbare Recht
RVG............. Rechtsanwaltsvergütungsgesetz

SchE............. Schadensersatz
ScheckG .... Scheckgesetz
SigG............. Signaturgesetz
StGB .... Strafgesetzbuch
str. .... streitig
stRspr .... ständige Rechtsprechung
StVG .... Straßenverkehrsgesetz

u.a............... unter anderem
UKlaG........... Unterlassungsklagengesetz
UmweltHG....... Umwelthaftungsgesetz
UrhG............ Urheberrechtsgesetz
usw. .... und so weiter
u.U.............. unter Umständen
UWG............ Gesetz gegen den unlauteren Wettbewerb

VerbrKrG .... Verbraucherkreditgesetz
vgl............... vergleiche
VO.............. Verordnung
VOB............. Verdingungsordnung für Bauleistungen
VVaG............ Versicherungsverein auf Gegenseitigkeit
VVG .... Versicherungsvertragsgesetz

VwGO........... Verwaltungsgerichtsordnung
VwVfG .... Verwaltungsverfahrensgesetz
WA.............. Warschauer Abkommen zur Vereinheitlichung des Luftprivatrechts
WE.............. Willenserklärung
WEG............ Wohneigentumsgesetz
WG .... Wechselgesetz

z.B. .... zum Beispiel
ZPO............. Zivilprozessordnung
ZVG............. Zwangsversteigerungsgesetz

Teil 1:
Allgemeine Grundlagen im Bürgerlichen Recht und Handelsrecht

1. Kapitel: Elemente des Wirtschaftsprivatrechts

§ 1 Begriffe und Rechtsquellen

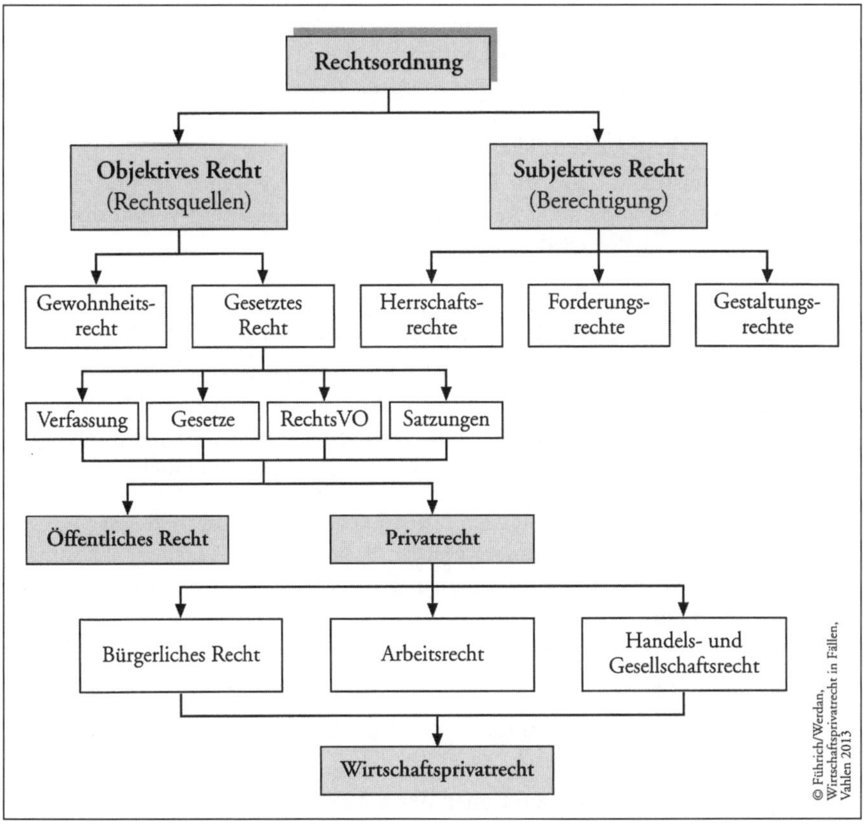

Abb. 1: Rechtsordnung

I. Rechtsordnung

1. Welche Aufgabe hat das Recht?

Das Recht will einen **gerechten Interessenausgleich** zwischen Individualinteressen und Gesellschaft schaffen.

2. Wie unterscheiden sich objektives und subjektives Recht?

Objektives Recht ist die **Summe der Rechtsquellen** der Gesetze und des Gewohnheitsrechts. Subjektives Recht ist die **Berechtigung des Einzelnen** ein solches Recht auszuüben, z. B. einen Kaufpreisanspruch nach § 433 II BGB durchzusetzen.

3. Was versteht man unter Privatrecht?

Rechtsbeziehungen zwischen den **gleichberechtigten Bürgern** untereinander.

4. Welches sind die Rechtsquellen des Privatrechts?

Das Privatrecht ist überwiegend in **Gesetzen** geregelt, jedoch zählt auch das ungeschriebene **Gewohnheitsrecht** zum Privatrecht. Hierzu gehört beispielsweise der Handelsbrauch des kaufmännischen Bestätigungsschreibens und die ständige Rechtsprechung der Obergerichte.

5. Wie lässt sich das Öffentliche Recht definieren?

Öffentliches Recht regelt die Rechtsbeziehungen zwischen dem Bürger und dem hoheitlich handelnden Staat (**Über- und Unterordnungsverhältnis**) sowie das Verhältnis der Verwaltungsträger untereinander.

6. Welche Rechtsgebiete umfasst das Privatrecht, welches durch eine Gleichordnung der am Rechtsverhältnis Beteiligten gekennzeichnet ist?

Das **Bürgerliche Recht** berechtigt und verpflichtet jedermann, das **Arbeitsrecht** regelt das Sonderprivatrecht zwischen Arbeitnehmer und Arbeitgeber und das **Handels-, Wirtschafts- und Gesellschaftsrecht** gestaltet die Rechtsbeziehungen zwischen Kaufleuten und sonstigen Unternehmen.

7. Kaufmann Klug (K) erlitt bei der Heimfahrt von seinem Betrieb einen schweren Verkehrsunfall. Der Student Fleißig (S) nahm K die Vorfahrt mit seinem Pkw. Klug erlitt Sach- und Personenschäden. Mit welchen rechtlichen Folgen muss F rechnen?

Nach dem Verkehrsunfall zwischen K und S will die Rechtsordnung einen gerechten Interessenausgleich zwischen den Beteiligten. Dies erfolgt durch

- **privatrechtlichen Schadensersatz** in Geld durch S an K (Ebene der gleichberechtigten Bürger) und
- **öffentlich-rechtliche Sanktionen** des Staates gegenüber S mit einem Bußgeld- oder Strafverfahren (Ebene der Über- und Unterordnung).

8. Muss der Student S mit einer Bestrafung rechnen, weil er K die Vorfahrt genommen hat?

Das **Ordnungswidrigkeitenrecht** und das **Strafrecht** zählt zum Öffentlichen Recht, da hier der Staat durch Behörden hoheitlich im Wege der Über- und Unterordnung dem S gegenübertritt. Da S eine Vorfahrtsverletzung mit fahrlässiger Körperverletzung des K verschuldet hat, muss er mit einer Bestrafung durch die Justiz rechnen, wenn K einen Strafantrag wegen des Straftatbestandes der fahrlässigen Körperverletzung (§ 229 StGB) stellt oder die Justiz bei einer schweren Verletzung des K das „besondere öffentliche Interesse“ an der Strafverfolgung des S bejaht. Liegt beides nicht vor, kommt es nur zu einem Bußgeldverfahren nach dem Ordnungswidrigkeitengesetz in Verbindung mit der Straßenverkehrsordnung, weil S dem K die Vorfahrt nahm (§§ 8, 49 I Nr. 8 StVO).

9. Welchen Rechtsweg muss K beschreiten und welche Gerichte stehen ihm zur Verfügung, wenn er eine Schadensersatzforderung von 4 000 € bzw. von 8 000 € gegen S gerichtlich durch Klage durchsetzen will?

Der Rechtsweg zu den Gerichten richtet sich nach dem geltend gemachten Anspruch. K will **Schadensersatz** von S und müsste ihn daher vor dem **ordentlichen Gericht** durchsetzen. In der ersten Instanz ist bei einem Streitwert bis einschließlich 5 000 € das **Amtsgericht (AG)** sachlich zuständig, über 5 000 € das **Landgericht (LG)**. Grundsätzlich ist die Klage am Gericht des **Wohnsitzes des Beklagten** S zu erheben (§§ 23, 71 GVG und §§ 12, 13 ZPO).

10. S wird durch Urteil zur Zahlung von 4 000 € an K verurteilt und zahlt nicht. Kann K den S zur Zahlung zwingen?

Erfüllt der Schuldner S nicht freiwillig die in einem „Titel" festgelegten Verpflichtungen, kann der Gläubiger K die Zwangsvollstreckung betreiben. Voraussetzung einer Zwangsvollstreckung ist ein Titel des Gläubigers gegen den Schuldner. Die Arten der Titel sind in § 704 und § 794 ZPO aufgezählt. Praxisrelevant sind das Endurteil, Gerichtliche Vergleiche und Vollstreckungsbescheide des Gerichtlichen Mahnverfahrens (vgl. Anhang). Voraussetzung ist damit ein Gerichtsverfahren zwischen dem Gläubiger und dem Schuldner.

11. Welche Rechtsakte kennt das EU-Recht?

Das Gemeinschaftsrecht der EU unterscheidet das Primärrecht des Vertrags über die Europäische Union (EUV) und des Vertrags über die Arbeitsweise der Union (AEUV, bisher: EG-Vertrag) und das davon abgeleitete Sekundärrecht. Dieses wird im Wesentlichen durch EU-Richtlinien, EU-Verordnungen und Beschlüsse geprägt (Art. 288 AEUV). (1) Die **EU-Verordnung** hat allgemeine Geltung und ist mit einem nationalen Gesetz vergleichbar. Sie ist in allen ihren Teilen verbindlich und gilt unmittelbar in jedem Mitgliedsstaat. (2) Die **EU-Richtlinie** ist für jeden Mitgliedsstaat, an den sie gerichtet wird, hinsichtlich des zu erreichenden Ziels verbindlich, überlässt jedoch den innerstaatlichen Stellen die Wahl der Form und der Mittel. (3) **Beschlüsse** sind in allen Teilen verbindlich. Sind sie an bestimmte Adressaten gerichtet, so sind sie nur für diese verbindlich. Hierzu zählen beispielsweise Bußgeldanordnungen bei Kartellverstößen von Unternehmen.

II. Leitlinien des Wirtschaftsprivatrechts

12. Das Wirtschaftsprivatrecht umfasst alle wirtschaftlich relevanten Gesetze des Privatrechts. Welche Gesetze gehören dazu?

(1) **Bürgerliches Recht** mit Bürgerlichem Gesetzbuch (BGB), BGB-Informationspflichten-VO (BGB-InfoV), Allgemeines Gleichbehandlungsgesetz (AGG), Produkthaftungsgesetz (ProdHaftG), (2) **Handels- und Gesellschafts-**

recht mit Handelsgesetzbuch (HGB), GmbH-Gesetz (GmbHG), Aktiengesetz (AktG).

13. Zählen Sie die fünf Bücher des BGB auf und erläutern Sie deren Funktion für die Beteiligten!

(1) **Allgemeiner Teil** mit Grundsätzen, die in allen Büchern des BGB gelten wie Definitionen, Regeln über den Vertragsschluss oder die Verjährung, (2) **Schuldrecht** mit den Verpflichtungsgeschäften, die relative Rechte zwischen Gläubiger und Schuldner schaffen, (3) **Sachenrecht** mit den abstrakten Verfügungsgeschäften über eine Sache wie der Besitz oder das Eigentum, (4) **Familienrecht** mit den für Ehe, Familie und Verwandtschaft maßgeblichen Vorschriften und (5) **Erbrecht** mit den vermögensrechtlichen Todesfolgen.

14. Wie verwendet das BGB das Klammerprinzip?

Das BGB verwendet das Klammerprinzip **innerhalb der einzelnen Bücher** wie beim Allgemeinen und Besonderen Schuldrecht, aber auch **über die einzelnen Bücher hinausgehend** wie im BGB Allgemeiner Teil, der auch für die anderen Bücher gültige Vorschriften enthält, soweit dort keine Spezialregelungen existieren.

15. Wie kann man das zwingende und das dispositive Recht umschreiben?

Das zwingende Recht ist im Gegensatz zum dispositiven Recht nicht durch Verträge der Parteien **abänderbar**.

16. In welchem Buch des BGB sind überwiegend dispositive Vorschriften?

Der Gesetzgeber geht davon aus, dass die Parteien eines schuldrechtlichen Vertrages am ehesten wissen, ob und mit welchem Inhalt sie Verpflichtungen eingehen. Daher gilt im **Schuldrecht** der Grundsatz der Vertragsfreiheit (vgl. § 311 I BGB). Das Schuldrecht enthält daher überwiegend Vorschriften, die von den Vertragspartnern abgeändert werden können.

17. Wie unterscheiden sich § 433 I 1 BGB und § 929 S. 1 BGB von ihren Rechtsfolgen her?

Wenn der Verkäufer eine Sache verkauft, dann **verpflichtet** er sich zunächst zur Übertragung der Sache. Der Käufer wird durch den Kaufvertrag nach § 433 I 1 BGB noch nicht Eigentümer der Sache. Die Übertragung des Eigentums an der Sache erfolgt erst durch ein zweites Rechtsgeschäft (das **Verfügungsgeschäft,** hier § 929 S. 1 BGB).

18. Erklären Sie das Abstraktionsprinzip!

Das **Erfüllungsgeschäft (= Verfügungsgeschäft)** ist rechtlich unabhängig vom zugrunde liegenden **Kausalgeschäft (= Verpflichtungsgeschäft).** Daher beeinflusst eine Unwirksamkeit des verpflichtenden Kaufvertrages nicht die Gültigkeit des Übereignungsgeschäfts über den Kaufgegenstand. Mit dieser Trennung will das BGB die Rechtssicherheit und Rechtsklarheit fördern. Damit wird die Leichtigkeit des Warenverkehrs sichergestellt.

19. Gliedern Sie die kaufrechtliche Vorschrift des §433 I BGB in Tatbestandsmerkmale und Rechtsfolgen!

Wer als **Verkäufer** einen **Kaufvertrag** über eine **Sache** abgeschlossen hat **(= Tatbestand)**, ist verpflichtet, dem Käufer die Sache zu **übergeben** und das **Eigentum** an der Sache zu **verschaffen (= Rechtsfolge).**

20. Wie verhalten sich die Vorschriften des BGB zu denjenigen des HGB?

Das **HGB** ist das Sonderprivatrecht des Kaufmanns und geht als **Spezialgesetz** den allgemeinen Vorschriften des BGB vor.

III. Methodik der Rechtsanwendung

21. Wie lautet die Fallfrage bei der Lösung privatrechtlicher Fälle?

Wer (= Anspruchssteller, Kläger) will **was** (Anspruch, Streitgegenstand) von **wem** (Anspruchsgegner, Beklagter) **woraus** (Anspruchsgrundlage)?

22. Was versteht man unter Subsumtion?

Prüfen, ob die **Tatbestandsmerkmale** des Gesetzes durch den Sachverhalt **erfüllt** sind.

23. Welche Grundsätze sind bei der Fallbearbeitung zu beachten?

(1) **Sachverhalt einprägen** und nicht eigenmächtig verändern. (2) **Grafische Darstellung** der Rechtsbeziehungen veranschaulicht den Sachverhalt. (3) **Genau gliedern.** (4) **Prüffolge** der Ansprüche mit Gutachtenstil einhalten (erst vertragliche, dann gesetzliche Ansprüche). (5) **Grundaufbau:** – Anspruch entstanden? – Anspruch erloschen durch Einwendungen? – Anspruch einredebehaftet? – Ergebnis (6) Vorschriften **genau zitieren** (z.B. §433 I 1 BGB).

Zur Vertiefung: *Führich, Wirtschaftsprivatrecht, §1*

§2 Personen und Gegenstände (Rechtssubjekte und Rechtsobjekte)

I. Natürliche Personen

1. Welche Rechtssubjekte sind nach dem BGB zu unterscheiden?

Das BGB kennt **natürliche Personen**, also der lebende Mensch, und **juristische Personen** (Verein und Stiftung).

2. Wovon hängt es ab, ob ein Mensch oder eine Personenvereinigung Eigentümer eines Hauses sein kann?

Von der **Rechtsfähigkeit** des Eigentümers. Nur wer selbst Träger von Rechten und Pflichten sein kann, ist rechtsfähig.

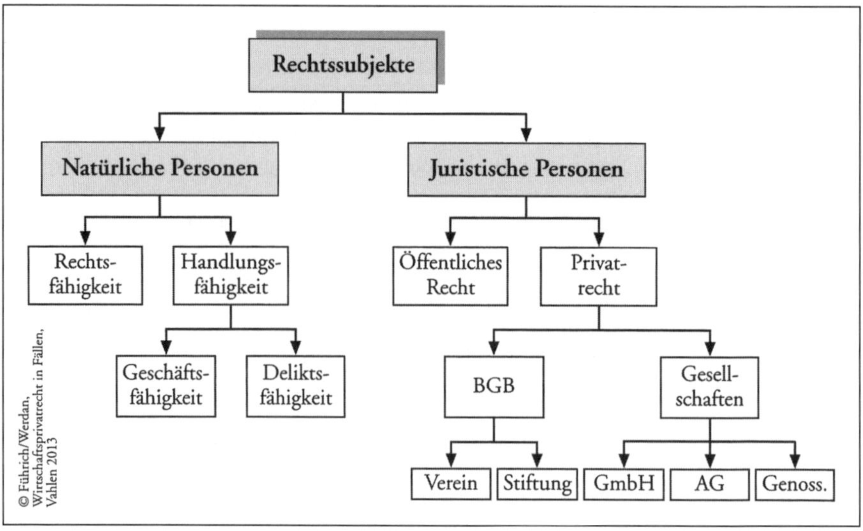

Abb. 2: Rechtssubjekte

3. Wer besitzt Rechtsfähigkeit?

Rechtsfähigkeit besitzt **jeder Mensch**, gleichgültig wie alt oder wie gesund er ist, und die **juristischen Personen.**

4. Kann der geistig behinderte Karl Müller Eigentümer eines Hauses sein?

Ja, da für die Eigentümerstellung nur die Rechtsfähigkeit entscheidend ist.

5. Wer rechtsfähig ist, kann stets

a) durch eigenes Handeln Rechte und Pflichten begründen

b) Träger von Rechten und Pflichten sein

c) Rechtsgeschäfte wirksam abschließen.

Richtig ist b), da die Rechtsfähigkeit alleine auf das **Innehaben von Rechten und Pflichten** abstellt.

6. Warum muss auch der Erbe rechtsfähig sein?

Durch einen Erbfall wird der **Erbe Träger von Rechten und Pflichten**, weil mit dem Tode des Erblassers dessen gesamtes Vermögen einschließlich der Nachlassverbindlichkeiten auf ihn übergeht (§§ 1922 I, 1967 I BGB).

7. Der kinderlose Springreiter will sein Pferd Lola, mit dem er eine Goldmedaille gewann, zum Erben einsetzen.

a) Er muss ein entsprechendes notarielles Testament errichten

b) Er kann Lola nur als Miterben neben seiner Ehefrau zur Hälfte einsetzen

c) Er kann Lola nicht als Erben einsetzen, da diese nicht erbfähig ist.

Richtig ist c). Erbfähigkeit setzt Rechtsfähigkeit des Erben voraus. Rechtsfähig sind nur Rechtssubjekte, also Menschen oder juristische Personen. Lola kann aber durch eine „Auflage" gem. §§ 1940, 2192 ff. BGB testamentarisch zu Lasten eines Erben dadurch bedacht werden, dass er sich um Lola „kümmert".

8. Wann endet die Rechtsfähigkeit des Menschen?

Sie endet mit dessen **Tod** und Aussetzen der Hirnströme.

9. Nennen Sie 6 privatrechtliche Attribute des Menschen!

Der Mensch ist gekennzeichnet durch folgende Rechtsmerkmale: (1) Rechtsfähigkeit, (2) Geschäftsfähigkeit, (3) Deliktsfähigkeit, (4) Wohnsitz, (5) Name, (6) Persönlichkeitsrecht.

10. In welche Bereiche ist die Handlungsfähigkeit zu unterscheiden?

Handlungsfähigkeit heißt, Rechte und Pflichten durch eigene Handlungen **begründen** zu können. Hinsichtlich der Abgabe von Willenserklärungen ist hierzu **Geschäftsfähigkeit** notwendig, hinsichtlich der Verantwortlichkeit für verursachte Schäden **Deliktsfähigkeit**.

11. Der sechsjährige Klein-Bubi (B) zündelt in einer Scheune des Bauern Reich (R), so dass diese abbrennt. Haftet Bubi dem Reich für den Schaden?

Nein, B haftet nicht für den verursachten Schaden nach § 823 I BGB wegen Eigentumsverletzung, denn B ist unter sieben Jahren überhaupt nicht deliktsfähig, § 828 I BGB.

12. Bestehen eventuell andere Ersatzpflichtige?

Die Eltern von Bubi haben für ihn die **gesetzliche Aufsichtspflicht**. Daher haften sie für den Schaden des R selbstständig gem. § 832 BGB, wenn sie nicht verhindern, dass ein Kleinkind wie Bubi mit gefährlichen Gegenständen spielt.

13. Wie wäre zu entscheiden, wenn Bubi (B) schon 15 Jahre alt wäre?

Wer das 7., aber noch nicht das 18. Lebensjahr vollendet hat, ist für einen zugefügten Schaden nur dann verantwortlich zu machen, wenn er bei Begehung der Handlung die erforderliche **Einsicht** hatte, § 828 III BGB (**bedingte Deliktsfähigkeit**). B hat mit 15 Jahren die Kenntnis von der Gefährlichkeit seines Zündelns, so dass er, und damit auch eine für ihn abgeschlossene Haftpflichtversicherung, haftet.

14. Der 10-jährige Peter stiehlt im Kaufhaus K ein Computerspiel. Wie ist die Rechtslage?

Mit 10 Jahren muss Peter das **allgemeine Verständnis** haben, dass er bei einem Diebstahl die Verantwortung trägt. Daher haftet er für den Schadensersatzanspruch von K gem. §§ 823, 828 III BGB. Da er noch **nicht 14 Jahre alt und damit nicht strafmündig** ist, kann er jedoch noch nicht durch den Jugendrichter wegen seiner Straftat gemaßregelt werden.

15. Ein 13-jähriges Mädchen ist
a) strafmündig
b) volljährig
c) testierfähig
d) rechtsfähig
e) bedingt deliktsfähig.

Richtig ist d), e). Die Fähigkeit selbst ein Testament zu errichten, besteht erst ab dem 16. Lebensjahr, § 2229 I BGB. Die Volljährigkeit tritt mit dem 18. Lebensjahr ein (§ 2 BGB).

II. Juristische Personen

16. Welche Arten von juristischen Personen werden im BGB sowie im Handels- und Gesellschaftsrecht unterschieden?

Das **BGB** kennt nur den **eingetragenen Verein (e. V.)** und die **Stiftung des privaten Rechts**, während das **Handels- und Gesellschaftsrecht** im wesentlichen die Kapitalgesellschaften **Gesellschaft mit beschränkter Haftung (GmbH)** und die **Aktiengesellschaft (AG)** und die **Genossenschaft (eG)** unterscheidet.

17. Wann beginnt und endet die Rechtsfähigkeit von juristischen Personen?

Ihre Rechtsfähigkeit beginnt und endet mit der Eintragung oder Löschung in bzw. aus den **öffentlichen Registern** wie Vereins-, Handels- und Genossenschaftsregister.

18. Was versteht man unter einem Verein und welche Arten von Vereinen kennt das BGB?

Ein Verein ist eine **Personenvereinigung** mit eigener **Rechtsfähigkeit** und **Namen** zur Verwirklichung eines **gemeinsamen Zwecks** mit **körperschaftlicher Verfassung** (Vorstand und Mitgliederversammlung als Organe), welche in ihrem Bestand vom **Mitgliederwechsel unabhängig** ist.

Das BGB kennt den **rechtsfähigen Verein** und den nicht eingetragenen **nichtrechtsfähigen Verein.** Hinsichtlich des Zwecks unterscheidet das BGB zwischen **nichtwirtschaftlichem Verein** (sog. Idealverein) und **wirtschaftlichem Verein.**

19. Wer handelt für einen Verein?

Der **Vorstand** vertritt ihn gerichtlich und außergerichtlich, wobei er die Stellung eines gesetzlichen Vertreters hat, § 26 II BGB.

20. Acht Studierende wollen sich zusammenschließen, um einen „Verein zur Förderung des Studentenlebens VFS e. V." zu gründen. Liegen die Eintragungsvoraussetzungen eines nichtwirtschaftlichen Vereins vor?

Damit das Amtsgericht des Sitzes des Vereins die Eintragung in das Vereinsregister (§§ 21, 55 BGB) vornimmt müssen vorliegen (1) Gründungsprotokoll mit mindestens 7 **Mitgliedern** (§ 56 BGB) (2) **Satzung** mit ideellem Zweck, Namen und Sitz und Vorstand (§§ 57, 58 BGB) (3) **Eintragungsanmeldung** über einen Notar (§§ 59, 77 BGB).

21. Huber ist Vorsitzender des Fußballclubs „1. FC e. V." Infolge seiner Fahrlässigkeit kümmert er sich nicht ausreichend um die Tribüne des vereinseigenen Stadions. Der Zuschauer Müller stürzt mit dem Geländer in die Tiefe. Er macht Schadensersatzansprüche geltend. Wer haftet?

(1) Nach § 823 I BGB haftet **Huber** als Handelnder selbst dem Verletzten Müller wegen fahrlässiger Körperverletzung auf Schadensersatz. (2) Nach § 823 I BGB i. V. m. § 31 **BGB** ist auch der **Verein** für den Schaden haftbar, wenn der Vorstand als Organ einem Dritten einen Schaden zugefügt hat.

22. Die Gönner GmbH möchte mit 10 Mio. € eine Stiftung zur Unterstützung der Hochschule gründen. Wie muss die GmbH vorgehen?

Die GmbH muss zur Gründung ein **Stiftungsgeschäft** in schriftlicher Form vornehmen (§ 81 BGB), wobei er den Stifterwillen zum Ausdruck bringen muss, das Stiftungsvermögen für eine gewisse Dauer einem bestimmten Zweck und Organen zu widmen. Sodann muss die GmbH die **staatliche Genehmigung** des Innenministeriums des Bundeslandes nach dem jeweiligen Landesstiftungsgesetz einholen. Mit der Genehmigung erlangt die Stiftung die **Rechtsfähigkeit** (§ 80 BGB). Schließlich muss die GmbH das zugesicherte Vermögen auf die Stiftung übertragen (§ 82 BGB).

23. Nennen Sie drei Beispiele für einen wirtschaftlichen Verein!

Verkehrsverein einer Stadt, Inkassoverein, Verwertungsgesellschaft Wort.

24. Welche wichtigen teilrechtsfähigen Personenverbände kennt das Privatrecht neben den juristischen Personen?

Die Grundform der teilrechtsfähigen Personenverbände ist die **Gesellschaft bürgerlichen Rechts** (GbR, §§ 705 ff. BGB), deren Sonderformen die **Offene Handelsgesellschaft** (OHG, §§ 105 ff. HGB) und die **Kommanditgesellschaft** (KG, §§ 165 ff. HGB) sind.

III. Verbraucher und Unternehmer

25. Eine Vielzahl von Sondervorschriften im BGB wollen den Verbraucher gegenüber Unternehmern besonders schützen wie auch beispielsweise §§ 312, 474 und 491 BGB. Diese entstanden meistens durch die Umsetzung von EU-Richtlinien in deutsches Recht. Wer ist unter Angabe gesetzlicher Bestimmungen Verbraucher und wer ist Unternehmer?

Nach **§ 13 BGB** ist **Verbraucher** jede natürliche Person, die ein Rechtsgeschäft zu einem Zweck abschließt, der weder ihrer gewerblichen noch ihrer selbstständigen beruflichen Tätigkeit zugerechnet werden kann. **Unternehmer** im Sinne des **§ 14 BGB** ist eine natürliche oder juristische Person oder rechtsfähige Personengesellschaft, die bei Abschluss eines Rechtsgeschäfts in Ausübung ihrer gewerblichen oder selbstständigen beruflichen Tätigkeit handelt. Maßgebend ist damit der wirtschaftliche Zweck des Geschäfts. Bei einem Vertragsschluss mit einer natürlichen Person ist grundsätzlich von Verbraucherhandeln auszugehen (BGH, 30.9.2009, NJW 2009, 3780).

IV. Sachen

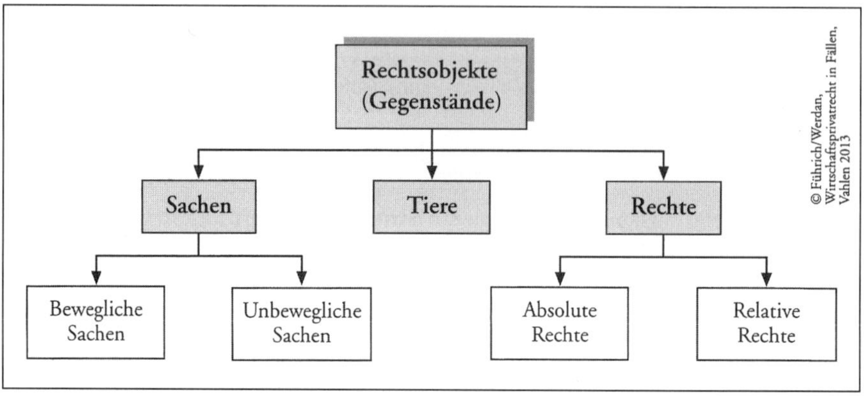

Abb. 3: Rechtsobjekte

26. Was für Rechtsobjekte sind das Grundstück des Unternehmers Müller, das Firmenfahrzeug der A GmbH und die Forderung des Darlehensgläubigers Sparkasse K?

Gegenstände, **an denen Personen Rechte ausüben können**, nennt man Rechtsobjekte. Das Grundstück und das Kfz sind als körperliche Gegenstände bewegliche und unbewegliche Sachen, während die Forderung der Sparkasse K ein relatives Recht zwischen einem Gläubiger und einem Schuldner ist.

27. Nach § 90 BGB sind Sachen „körperliche Gegenstände". Gehören hierzu folgende Objekte?

a) Elektrizität

b) Grundstück in Kempten

c) Grundwasser

d) Urheber- und Patentrecht

e) Reitpferd

f) Flüssiger Sauerstoff

Richtig ist b), f). Körperlichkeit heißt **räumliche Ausdehnung**, nicht jedoch Festigkeit. Sachen nehmen einen Raum ein oder füllen ihn aus. Sie können fest, flüssig oder gasförmig sein.

Eine Flüssigkeit wie flüssiger Sauerstoff ist daher als Sache zu behandeln. Elektrizität ist keine Sache. Das Grundstück gehört als abgegrenzter Teil der Erdoberfläche zu den Sachen. Das Urheber- und Patentrecht ist dagegen nicht verkörpert und daher keine Sache, sondern ein Recht über ein geistiges Produkt. Keine Sache ist auch das Grundwasser, da es räumlich nicht begrenzt ist. Das Pferd ist keine Sache, sondern ein Tier.

28. Vertretbare Sachen sind austauschbar und können durch gleichwertige ersetzt werden. Sind vertretbare Sachen

a) eine Spezialanfertigung einer Fräse

b) 10000 €

c) ein Bild von Renoir

d) 100 t Äpfel?

Richtig ist b), d). Für vertretbare Sachen legt das Gesetz einheitliche Regeln fest, die nicht für unvertretbare Sachen gelten. So setzt ein Darlehen vertretbare Sachen voraus. Daher ist ein Darlehen möglich mit Geld oder Äpfeln, nicht aber mit einer Spezialanfertigung oder einem Kunstwerk.

29. Wesentliche Bestandteile einer Sache teilen immer das rechtliche Schicksal der Hauptsache. Sie können nach einer Trennung zweckbestimmt oder wirtschaftlich nicht anderweitig verwertet werden. Zählen hierzu

a) das Haus eines Grundstücks

b) die eingebaute Elektroinstallation eines Hauses

c) eine Einbauküche

d) der Motor eines Kfz?

Richtig ist a), b). Das Haus und die Elektroinstallation sind Bestandteile, deren Trennung vom Grundstück zur **Vernichtung erheblicher Werte** führen würde (§ 94 I, II BGB). Die Einbauküche und der Motor können ohne wirtschaftliche Nachteile ausgebaut werden.

30. Der Heizungsinstallateur H baut in das Wohnhaus des B eine Heizung ein. Als B nicht zahlt, will H den fest installierten Heizkessel wieder ausbauen. Ist H im Recht?

Das Eigentum an der Elektroinstallation geht mit dem Einbau in das Gebäude in das Eigentum des B über (§§ 94 II, 946 BGB), da diese Einbauten **wesentliche Bestandteile des Gebäudes** werden. Das Grundeigentum hat also Vorrang. Daher müssen Lieferanten von Baumaterialien ihre Zahlungsansprüche anderweitig sichern (vgl. §§ 648, 648a BGB).

31. Wie nennt man solche Sachen, die nur zu einem vorübergehenden Zweck, wie eine Baubaracke, auf ein Grundstück gebaut werden?

Scheinbestandteile (§ 95 BGB). Sie werden kein wesentlicher Bestandteil des Grundstücks.

32. Zubehör sind bewegliche Sachen, die mit einer Hauptsache in einem räumlichen Zusammenhang stehen und ihrem wirtschaftlichen Zweck dienen, ohne Bestandteil der Hauptsache zu sein (§ 97 BGB). Im Zweifel, also ohne ausdrückliche Vereinbarung, ist beim Kauf das Zubehör mitveräußert (§ 311c BGB). Sind folgende Gegenstände Zubehör

a) Maschinen eines Fabrikgebäudes

b) Landwirtschaftliche Erzeugnisse eines Bauernhofs

c) Firmenwagen einer Hotelanlage?

Richtig ist a), b), c). Alle Gegenstände sind Zubehör und damit kein Bestandteil der Hauptsache und können Gegenstand besonderer Rechte sein.

33. A hat eine Hypothek auf dem Grundstück des E, auf dem sich eine Seewirtschaft mit einem Ausflugsboot befindet. Kann A die Zwangsvollstreckung in das Boot betreiben?

Ja, nach § 97 i. V. m. § 1120 BGB, da das Boot als Zubehör der Haftungsmasse der Hypothek unterliegt. Das Gesetz bestimmt also in diesem Fall, dass aufgrund des wirtschaftlichen Zusammenhangs das Zubehör wie die Hauptsache behandelt werden muss.

34. Nach § 100 BGB umfassen die Nutzungen alle Sach- und Rechtsfrüchte sowie alle Vorteile, die der Gebrauch der Sache oder des Rechts gewährt (Gebrauchsvorteile). Nennen Sie den wichtigsten Vertrag des Schuldrechts, der ein Nutzungsrecht gewährt!

Der **Pachtvertrag** nach §§ 581 ff. BGB gibt ein Gebrauchs- und Nutzungsrecht. Zwar geht das BGB davon aus, dass der Eigentümer der Sache gleichzeitig auch der Eigentümer der Früchte ist (§§ 99, 953 BGB). Eine Ausnahme gibt es jedoch bei der Pacht, da der Pächter, der nicht Eigentümer der Sache ist, dennoch Eigentümer der Früchte wird (§ 581 BGB).

35. Das Unternehmen U hat ein Erbbaurecht an dem Baugrundstück des Bauern B. U errichtet einen Supermarkt auf dem Grundstück des B. Wer ist Eigentümer des Bauwerks?

a) Allein B?

b) Allein U?

c) B und U zu gleichen Teilen?

Richtig ist b). Das Erbbaurecht ist das veräußerliche und vererbliche zeitlich befristete Recht (20 bzw. 99 Jahre) auf oder unter der Oberfläche eines fremden Grundstücks ein Bauwerk zu haben (§ 11 ErbbauVO). Das Bauwerk ist nicht wesentlicher Bestandteil des Grundstücks. Der Eigentümer des Bauwerks ist damit nicht der Grundstückseigentümer, sondern der Erbbauberechtigte.

V. Rechte

36. Sind die Rechte in §823 I BGB absolute oder relative Rechte?

Absolute Rechte wirken gegenüber jedermann. Die Rechte in §823 I BGB geben dem Inhaber einen absoluten Schutz gegen jede Verletzung. **Relative Rechte** richten sich dagegen nur gegen ganz bestimmte Personen.

37. Nennen Sie fünf Rechte, die nach §453 BGB wie eine Sache Gegenstand eines Kaufvertrages sein können.

Jedes übertragbare Recht kann gekauft werden, z.B. eine Geldforderung, ein Nutzungsrecht (Time-Sharing), ein Patentrecht, ein Markenrecht und ein Gesellschaftsanteil.

38. Als welche „Berechtigung" kann das Kündigungsrecht eines Mietverhältnisses bzw. das Gegenrecht der Einrede der Verjährung angesehen werden?

Das Kündigungsrecht und das Recht, die Erfüllung eines Anspruchs wegen Verjährung zu verweigern, sind subjektive Rechte des jeweiligen Rechtsinhabers.

Zur Vertiefung: *Führich, Wirtschaftsprivatrecht, §2*

§3 Kaufmann, Firma und Handelsregister

I. Kaufmann

1. Welcher der folgenden Begriffe ist der umfassendere?

a) Unternehmer

b) Gewerbetreibender

c) Kaufmann.

Richtig ist a). Unternehmer ist derjenige, der in Ausübung seiner gewerblichen oder selbstständigen beruflichen Tätigkeit handelt (§14 BGB). Unternehmer ist daher auch ein Angehöriger Freier Berufe wie ein Arzt oder Rechtsanwalt. Kaufmann nach §1 HGB ist nur, wer ein „Handelsgewerbe" betreibt. Hierunter fallen nur die Gewerbetreibenden nach §§1 bis 6 HGB.

2. Der Begriff des Kaufmanns im Sinne des HGB setzt ein Gewerbe, dessen eigenverantwortliches Betreiben und eine Handelsart nach §§1–6 HGB voraus. Was versteht man unter einem Gewerbe?

Gewerbe ist jede äußerlich erkennbare, selbstständige, planmäßig auf gewisse Dauer, zum Zwecke der Gewinnerzielung (str.) ausgeübte Tätigkeit, die nicht „freier Beruf ist.

3. Der Steuerberater Streber (S) betreibt eine gut florierende Kanzlei in Kempten. Ist S Kaufmann?

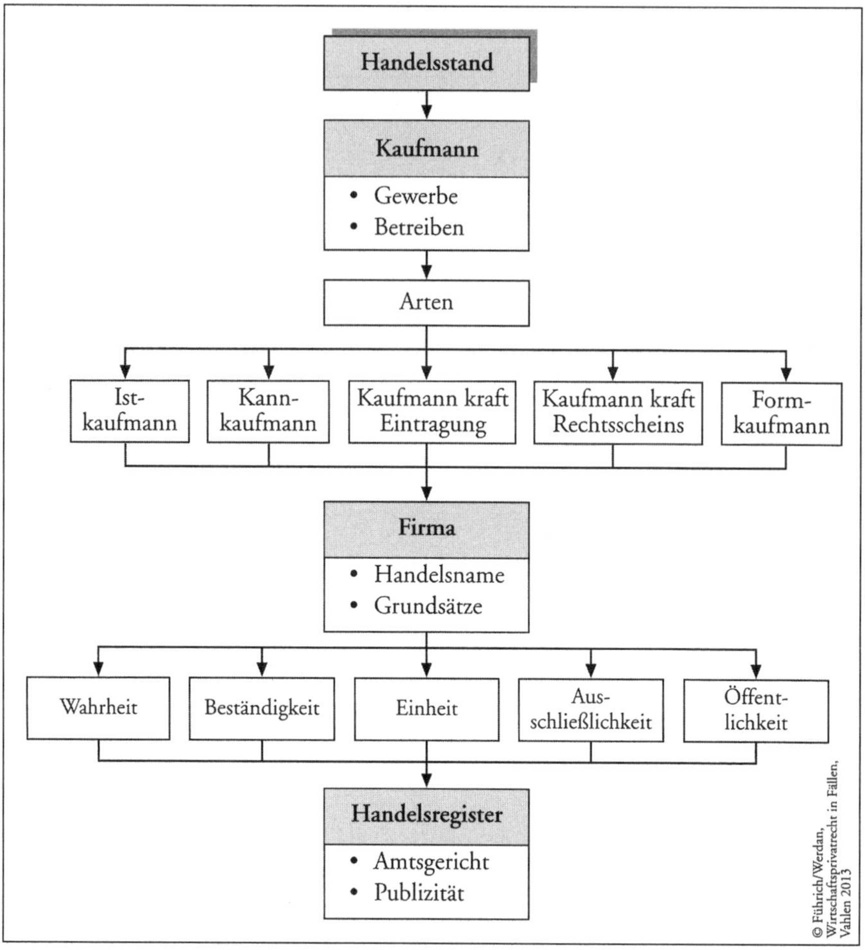

Abb. 4: Handelsstand

Kaufmann ist nur, wer ein Handels**gewerbe** betreibt (§ 1 I HGB). Aus historischen Gründen zählen die Angehörigen der **Freien Berufe** (vgl. § 1 II PartGG) wie die Steuerberater **nicht** zu den Gewerbetreibenden. S ist damit kein Kaufmann.

4. Was ist die Voraussetzung dafür, dass jemand ein Gewerbe „betreibt"?

Betrieben wird das Gewerbe von demjenigen, der aus den abgeschlossenen Geschäften **persönlich berechtigt oder verpflichtet** wird, also der Inhaber.

5. Wer zählt zu den Istkaufleuten des § 1 II HGB?

Istkaufmann ist jeder Gewerbebetrieb, es sei denn, dass das Unternehmen nach Art oder Umfang einen in kaufmännischer Weise eingerichteten Geschäftsbetrieb nicht erfordert (§ 1 II HGB).

6. Ob ein Gewerbebetrieb einen in kaufmännischer Weise eingerichteten Geschäftsbetrieb im Sinne des § 1 II HGB erfordert, richtet sich

a) nach dem Gesamtbild des Gewerbebetriebes

b) allein nach dem Umsatz

c) nur nach der Zahl der Beschäftigten

d) ausschließlich nach der Vielfalt der Erzeugnisse.

Richtig ist a). Ob jemand Istkaufmann nach § 1 II HGB ist, richtet sich danach, ob nach **Art oder Umfang ein kaufmännisch eingerichteter Geschäftsbetrieb erforderlich** ist. Entscheidend ist das Gesamtbild des Gewerbebetriebs, das eine kaufmännische Organisation aus betriebswirtschaftlicher Sicht erforderlich macht. Diese wird – wie die Negativformulierung zeigt – bei jedem Gewerbebetrieb vermutet. Kriterien sind die Vielfalt der Leistungen, der Umsatz, das Anlage- und Betriebskapital, die Zahl der Mitarbeiter, die Größe der Betriebsstätten und die Notwendigkeit der Bilanzierung.

7. Von welchem Zeitpunkt ab erlangt der Istkaufmann seine Kaufmanneigenschaft?

Entscheidend ist die Aufnahme seiner Geschäfte wie die Anmietung der Geschäftsräume. Er ist dann unverzüglich verpflichtet, seine Eintragung in das Handelsregister seines Sitzes herbeizuführen. Die Eintragung ist also nicht konstitutiv, sondern nur deklaratorisch.

8. Welche zwei Arten des Kannkaufmanns unterscheidet das Gesetz?

Kaufmann kraft konstitutiver Eintragung im Handelsregister (Kannkaufmann) ist der **Kleingewerbetreibende** (§ 2 HGB), und der **land- und forstwirtschaftliche Betrieb** (§ 3 HGB). Deren Kaufmannseigenschaft wird erst durch die Eintragung begründet.

9. B hat einen großen Gutshof am Bodensee mit dem Nebenbetrieb einer Schnapsbrennerei geerbt. Sein Vater wollte nie Kaufmann sein. B will wissen, ob er Kaufmann ist bzw. was er tun muss, um es zu werden?

B ist ohne Eintragung im Handelsregister als **Bauer kein Kaufmann** (§ 3 I HGB). Er kann jedoch bei einem kaufmännisch eingerichteten Geschäftsbetrieb **freiwillig** seine Eintragung veranlassen (§ 3 II HGB). Entsprechendes gilt für seinen Nebenbetrieb, wobei die Brennerei auch getrennt vom Hauptbetrieb eintragungsfähig ist (§ 3 III HGB).

10. Emsig (E) hatte vor Jahren eine florierende Ladenkette für Wein. Seine „Fa. Karl Emsig Wein- und Spirituosen e. K." steht noch immer im Handelsregister, obwohl er heute nur noch ein kleines Ladengeschäft betreibt. Billig (B) beliefert E regelmäßig mit italienischen Weinen. Aus dieser Geschäftsbeziehung sind noch Rückstände von E 20000 offen. Als B betont, er wolle in Zukunft nur noch gegen Barzahlung liefern, versichert E mündlich unter Zeugen: „Ich versichere, dem B noch E 20000 zu schulden, die ich durch Kreditaufnahme begleichen werde. B kann jederzeit gegen mich gerichtlich vorgehen."

Als E nach 3 Monaten noch nicht gezahlt hat, will B gegen E aufgrund des Schuldanerkenntnisses Klage einreichen. Wird er Erfolg haben?

B will von E € 20000 aus einem **mündlichen Schuldanerkenntnis** (§ 780 BGB). Hierzu muss die Erklärung des E schriftlich abgegeben worden sein, außer E ist Kaufmann (§ 350 HGB). E ist hier **Kaufmann kraft Eintragung** nach § 5 HGB. Im Interesse der Rechtssicherheit bleibt E Kaufmann, solange er eingetragen ist, auch wenn er zwischenzeitlich tatsächlich nur ein Kleingewerbe betreibt. Die Klage des B wird erfolgreich sein, da das mündliche Schuldanerkenntnis ausreicht.

11. Wie wird der „Kaufmann kraft Rechtsscheins" behandelt?

Tritt jemand wahrheitswidrig als Kaufmann auf, ohne es zu sein („nicht eingetragener Scheinkaufmann"), dann haftet er Dritten, die sich auf die Kaufmannseigenschaft verlassen haben, nach den Grundsätzen von Treu und Glauben (§ 242 BGB).

12. Was versteht man unter Formkaufleuten?

Formkaufleute sind die **„Handelsgesellschaften"**, die Kraft ihrer Rechtsform schon Kaufleute sind (§ 6 I HGB). Daher sind die Kapitalgesellschaften wie GmbH oder AG und die Personengesellschaften wie OHG oder KG Kaufleute.

13. Ist eine GmbH, die Steuerberatung betreibt, Kaufmann?

Ja, nach § 6 HGB i. V. m. § 1 GmbHG ist eine GmbH immer Formkaufmann, auch wenn überhaupt kein Gewerbe betrieben wird, da es bei der GmbH nicht auf den Unternehmensgegenstand ankommt.

14. Welche Aussage ist richtig?

a) Der Steuerberater Streber (S), der (fälschlicherweise) ins Handelsregister eingetragen ist, ist Kaufmann nach § 5 HGB.

b) Das Vorstandsmitglied V einer AG ist Kaufmann, da es eigenverantwortliche Entscheidungen trifft.

c) Der Absolvent der Hochschule Fleißig (F) ist Kaufmann, da er den Titel „Diplom-Kaufmann" führen darf.

d) Frau Emsig (E) ist Kauffrau, da sie ein Schreibwarengeschäft in Bad Urach betreibt. Sie hat keinen Mitarbeiter und im letzten Jahr einen Gewinn von € 20000 bei einem Umsatz von € 70000 erzielt.

Richtig ist keine Antwort. Kaufmann kraft Eintragung nach § 5 HGB kann nur ein Gewerbetreibender sein (a). V „betreibt" kein Handelsgewerbe im eigenen Namen und auf eigene Kosten (b). Der Titel schafft keine Kaufmannseigenschaft im Sinne des HGB (c). E ist eine Kauffrau, da ihr Betrieb einen nach Art oder Umfang (Umsatz € 70000 /Gewinn € 20000) kaufmännischen Geschäftsbetrieb erfordert (§ 1 II HGB). Sie hat sich als Istkauffrau ins Handelsregister einzutragen (d).

15. Der Kaufmann muss

a) seine Firma zum Handelsregister anmelden

b) mindestens einen Prokuristen bestellen

c) eine kaufmännische Ausbildung besitzen

d) Handelsbücher führen

e) seine Prozesse immer vor der Kammer für Handelssachen des Landgerichts seines Firmensitzes führen

f) eine Gerichtsstandsvereinbarung in seine Allgemeinen Geschäftsbedingungen aufnehmen.

Richtig ist a), d). Nach §29 HGB besteht eine **Anmeldepflicht für einen Firmennamen.** §238 HGB verlangt von jedem Kaufmann die **Buchführungspflicht.** Dagegen besteht keine Pflicht, sondern nur ein Recht, zur Bestellung eines **Prokuristen** (§48 HGB). Ebenso ist kein Sachkundenachweis einer kaufmännischen Ausbildung notwendig. Der Kaufmann kann auf Antrag beim Landgericht seinen Prozess gegen einen anderen Kaufmann vor der **Kammer für Handelssachen** führen, muss es aber nicht (§96 GVG). Als Kaufmann ist er ohne Einschränkungen berechtigt, eine **Gerichtsstandsvereinbarung** in seine AGB aufzunehmen (§38 ZPO).

II. Handelsfirma

16. Der Computerhändler Fix tätigt unter seinem Firmennamen Verträge mit Geschäftspartnern. Fix ist der Meinung, für Geschäftsverbindlichkeiten hafte

a) nur das Geschäftsvermögen

b) nur sein Privatvermögen

c) das Geschäfts- und Privatvermögen.

Richtig ist c). Unter Firma versteht man nicht das Unternehmen des Fix selbst, sondern nur seinen **„Handelsnamen“** (§17 I HGB). Berechtigt und verpflichtet wird aus solchen Geschäften eines Einzelkaufmanns stets dieser als natürliche Person mit seinem gesamten Geschäfts- und Privatvermögen. Die Pflicht zur Trennung von Geschäfts- und Privatvermögen bei der Bilanzierung ändert nichts an der einheitlichen Haftung des gesamten Vermögens.

17. Welches sind die verschiedenen Prinzipien des Firmenrechts und was versteht man darunter?

Firmenwahrheit (§§18, 19 HGB) heißt, der Name muss wahr sein und darf nicht über Unternehmensträger, Art und Umfang, Rechtsform und Zusätze täuschen. **Firmenbeständigkeit** (§§21, 22, 24 HGB) sichert unter bestimmten Umständen die Fortführung des Firmennamens bei einem Inhaberwechsel durch Unternehmenskauf bzw. Erbfolge, **Firmeneinheit** legt den Grundsatz fest, ein Unternehmen – eine Firma, **Firmenausschließlichkeit** (§30 HGB) fordert keine Verwechslungsgefahr mit am gleichen Ort bestehenden und eingetragenen Firmen und **Firmenöffentlichkeit** bedeutet Eintragungspflicht in das Handelsregister (§§ 15, 29, 31 HGB).

18. Harry Fels (F) eröffnet in Sonthofen im Allgäu, wo sich schon mehrere Steinbruchwerke befinden, einen neuen Steinbruchbetrieb mit 20 Mitarbeitern und einem umfangreichen Maschinenpark. Im Hinblick auf die starke Konkurrenz hat sich F folgende Firmennamen ausgedacht:

a) Fa. Steine von Stein-Fels

b) Fa. Harry Fels e. K.

c) Fa. H. Fels, die Allgäuer Steinbruchbetriebe

d) Fa. Harry Fels Steinbruchbetrieb e. K.

Wird das Registergericht des Firmensitzes eine dieser Firmen in das Handelsregister eintragen?

Richtig ist b), d). Die Firma des Ist- und Einzelkaufmanns F kann eine Personalfirma mit bürgerlichem Namen des Inhabers, eine Sachfirma mit dem Unternehmensgegenstand oder eine Fantasiefirma sein. Auch eine Mischfirma zwischen Personen- und Sachfirma mit kennzeichnenden Erläuterungen ist möglich. Die Firma muss lediglich zur **Kennzeichnung** des Kaufmanns geeignet sein und **Unterscheidungskraft** besitzen (§ 18 I HGB) und darf **keine irreführenden Angaben** enthalten (§ 18 II HGB). Stets muss die Firma des Einzelkaufmanns den **Rechtsformzusatz** „eingetragener Kaufmann“, „eingetragene Kauffrau“ oder die Abkürzungen davon „e. K“, „e. Kfm.“ oder „e. Kfr.“ enthalten (§ 19 I Nr. 1 HGB). Unzulässig sind damit a) und c), weil der Rechtsformzusatz „e. K“, „e. Kfm.“ oder „e. Kfr.“ fehlt. **Zusätze** wie Kurzbezeichnungen, Logos oder Fantasienamen sind zusätzlich stets zulässig, wenn sie **nicht irreführend** sind. Daher ist die Alleinstellungswerbung „die Allgäuer Steinbruchbetriebe“ nicht nur ein Verstoß gegen §§ 3, 5 I Nr. 3 UWG, sondern auch firmenrechtlich nach § 18 II HGB zu beanstanden.

19. Karl Emsig und Fritz Faul gründen ein Mietwagenunternehmen als OHG, an welcher der kapitalkräftige und sehr bekannte Rudi Mark als stiller Gesellschafter beteiligt ist. Sie wollen wissen, wie ihre Firma lauten kann.

Eine **OHG oder KG** hat in der Firma ihre Rechtsform zu nennen mit „offene Handelsgesellschaft“ oder „Kommanditgesellschaft“ oder eine allgemein verständliche Abkürzung dieser Bezeichnung wie OHG bzw. KG (§ 19 I Nr. 2, Nr. 3 HGB). Auch ein Kommanditist kann bei einer KG in den Firmennamen aufgenommen werden. Nicht dagegen der Name eines Stillen Gesellschafters wie Rudi Mark, weil dann eine unzulässige Irreführung über wesentliche geschäftliche Verhältnisse der Haftung vorläge (§ 18 II HGB).

20. Im Fall 19 soll die Fa. den Zusatz „Euro-car International“ haben. Die OHG betreibt 4 Mietwagen in Grenznähe ohne eigene Auslandsaktivitäten. Ist der Zusatz zulässig?

Nein, der Zusatz täuscht über die geschäftlichen Verhältnisse des Unternehmens (§ 18 II HGB). „Euro“, „inter“ oder „international“ sind nur zulässig bei eigenen Auslandsaktivitäten.

21. Rudolf Fleißig (F) betreibt unter seinem Namen ein in das Handelsregister eingetragenes einzelkaufmännisches Unternehmen mit Fa. Rudolf Fleißig e.K. Er nimmt den Kommanditisten Klug (K) als Partner auf, wobei eine KG entsteht. F möchte seine alte „Fa. Rudolf Fleißig“ beibehalten. Ist dies zulässig?

Nach § 24 I HGB kann eine **Firma bei Ein- und Austritt von Gesellschaftern fortgeführt** werden. Im Interesse der Erhaltung des Goodwill des Einzelkaufmanns geht hier Firmenbeständigkeit vor Firmenwahrheit, weil persönlich Haftender der KG weiterhin der frühere Firmeninhaber F ist. Eine Änderung der Firmenbezeichnung von „e. K.“ in „KG“ ist jedoch zwingend notwendig (§ 19 I Nr. 3 HGB).

22. Wie zuvor, nur tritt jetzt die Fa. Rudolf Fleißig GmbH als alleiniger persönlich haftender Gesellschafter an die Stelle von Fleißig, der neben Klug Kommanditist wird. Diese KG darf jetzt firmieren

a) Fa. Rudolf Fleißig

b) Fa. Rudolf Fleißig & Co. KG

c) Fa. Rudolf Fleißig GmbH & Co. KG.

Richtig ist c). Jetzt ist persönlich Haftender nur die GmbH. Daher ist nach § 19 II HGB der GmbH & Co. KG-Zusatz erforderlich.

23. In Kempten ist das alte Elektrogeschäft „Fa. Müller Elektromarkt KG“ im Handelsregister eingetragen. Eine Elektrohandelskette mit dem gleichen Namen zieht später nach Kempten und verschickt vor Eintragung in das Handelsregister schon Werbedrucke mit dem Namen „Fa. Müller-Markt GmbH“. Was kann die alte Firma unternehmen?

Nach § 30 HGB darf **keine Verwechslungsgefahr mit am gleichen Ort** bestehenden und eingetragenen Firmen bestehen. Die neue „Fa. Müller-Markt“ muss sich **deutlich** von der alten „Fa. Müller Elektromarkt e. K.“ durch einen Zusatz **unterscheiden**. Dies ist hier nicht der Fall. Entscheidend ist der Gesamteindruck des Namens und das Klangbild. Auch die gleiche Elektrobranche ist wichtig. Die Unterscheidung durch die andere Gesellschaftsform mit „GmbH“ genügt nicht.

Die alte Firma hat Priorität und kann öffentlich-rechtlich über eine Anzeige zum Handelsregister ein Einschreiten verlangen (§ 37 I HGB) oder privatrechtlich einen Unterlassungsanspruch gem. § 37 II HGB durch Einstweilige Verfügung durchsetzen. Ihren Schaden kann sie über § 823 I BGB verlangen, da die Firma als sonstiges Recht i. S. von § 823 I BGB anerkannt ist.

III. Handelsregister und Unternehmensregister

24. Wer hat ein Einsichtsrecht in das Handelsregister?

Das Handelsregister ist ein **öffentliches Verzeichnis** am Amtsgericht, in das **jedermann** ohne Nachweis eines berechtigten Interesses zu Informationszwecken Einsicht nehmen kann (§ 9 HGB), um sich über die Rechtsverhältnisse von Kaufleuten und die eingereichten Dokumente zu informieren (www.handelsregister.de).

25. A, B und C gründen eine OHG. Welche Formalien müssen sie bei der Handelsregistereintragung beachten?

Die Eintragung vollzieht sich in 3 Schritten. Zuerst haben sie gemeinsam einen **Anmeldeantrag** mit notariell beglaubigten Unterschriften beim Amtsgericht, Abteilung Registergericht ihres Firmensitzes einzureichen (§§ 106, 108, 12, 14 HGB). Dann erfolgt die **Eintragung**, wenn keine formalen Hindernisse bestehen und schließlich die **Bekanntmachung** in einem elektronischen Informations- und Kommunikationssystem (§ 10 HGB).

26. Die Bekanntmachung einer Handelsregistereintragung erfolgt nach der Neufassung durch das EHUG

a) auch in Zukunft gedruckt in Zeitungen

b) nur noch elektronisch im Internet

c) in beiden Formen.

Richtig ist b). Durch das neue EHUG schreibt §§ 8, a HGB vor, dass das Handelsregister nur noch elektronisch geführt wird. Auch die Bekanntmachung erfolgt grundsätzlich nur noch elektronisch (§ 10 HGB). Sie kann von jedem, der einen Internetanschluss hat, jederzeit und an jedem Ort eingesehen werden. Bis zum 31.12.2008 erfolgte zusätzlich zu der elektronischen Bekanntmachung auch eine Bekanntmachung in einer Tageszeitung (Art. 61 IV 1 EGHGB).

27. Kaufmann Klaus (K) hat Paul (P) zum Prokuristen bestellt und die ins Handelsregister eingetragene Bestellung widerrufen. Einen Monat nach der Eintragung und Bekanntmachung des Widerrufs zahlt der Schuldner S des K an P in der Meinung, dieser sei noch Prokurist des K. Hat S wirksam seine Schuld beglichen?

Nein, S hat nicht wirksam bezahlt, wegen der **positiven Publizität** des Handelsregisters (§ 15 II HGB). Der Widerruf der Prokura ist eine nach § 53 II HGB eintragungspflichtige Tatsache, die hier in das Handelsregister eingetragen und bekannt gemacht wurde. Da die Schonfrist von 15 Tagen abgelaufen ist, besteht kein Vertrauensschutz für S.

28. Welcher Art ist die Publizität des Handelsregisters in § 15 I, II HGB?

a) § 15 beschränkt sich in allen seinen Absätzen auf den Schutz des guten Glaubens an das Nichtbestehen von nicht eingetragenen Tatsachen (negative Publizität)

b) § 15 schützt allein den guten Glauben an die Richtigkeit eingetragener und bekannt gemachter Tatsachen (positive Publizität)

c) Absatz 1 bewirkt negative, Absatz 2 und Absatz 3 positive Publizität.

Richtig ist c). Nach §15 I HGB kann man dem **Schweigen** des Handelsregisters bezüglich eintragungspflichtiger Tatsachen grundsätzlich trauen (negative Publizität), während §15 II HGB zum Ausdruck bringt, dass man dem **Reden** des Registers bezüglich richtig eingetragener und bekannt gemachter Tatsachen trauen kann (positive Publizität). Nach §15 III HGB kann sich ein gutgläubiger Dritter auf **unrichtig bekannt gemachte** Tatsachen berufen (positive Publizität).

29. Im Fall 27 wurde der Widerruf der Prokura beim Handelsregister angemeldet und eingetragen. Durch ein Versehen der Tageszeitung wurde die Erteilung der Prokura bekannt gegeben. Hat S seine Schuld wirksam beglichen?

Ja, da nach §15 III HGB die positive Publizität des Handelsregisters auch dann gilt, wenn eine einzutragende Tatsache unrichtig bekannt gemacht wurde. Ein gutgläubiger Dritter wie S kann sich auf den Rechtsschein der Handelsregisterbekanntmachung berufen.

Zur Vertiefung: *Führich, Wirtschaftsprivatrecht, §3*

2. Kapitel: Rechtsgeschäfte und Allgemeines Schuldrecht mit handelsrechtlichen Bezügen

§ 4 Willenserklärung und Vertrag

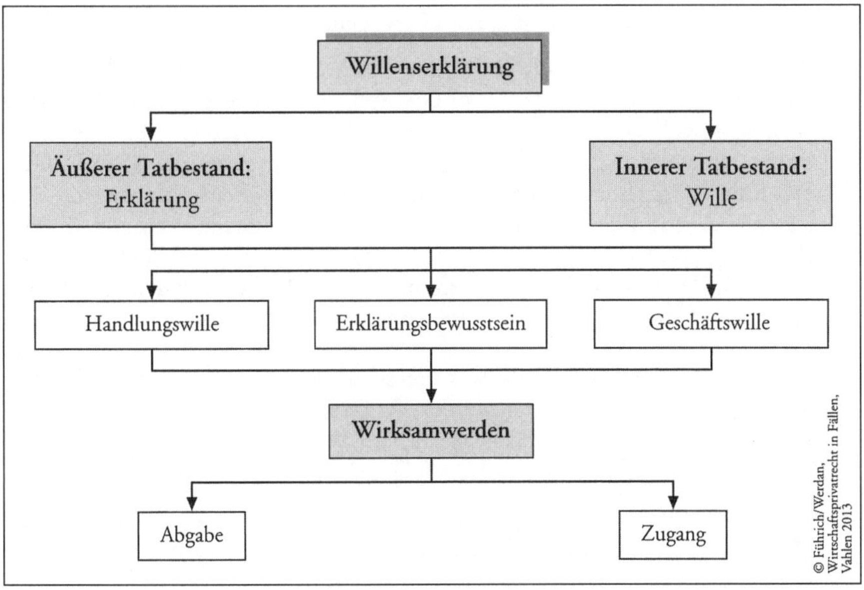

Abb. 5: Willenserklärung

I. Begriff und Einteilung der Rechtsgeschäfte

1. Was ist ein Rechtsgeschäft?

Ein Rechtsgeschäft besteht mindestens aus einer Willenserklärung, um einen **rechtlichen Erfolg** herbeizuführen.

2. Bestimmungen über Rechtsgeschäfte finden sich

a) nur im Allgemeinen Teil des BGB

b) nur im 2. Buch des BGB

c) in sämtlichen Büchern des BGB.

Richtig ist c). Im 1. Buch finden sich die allgemeinen Vorschriften über das Zustandekommen von Rechtsgeschäften, die in anderen Büchern des BGB und im HGB abgeändert werden. Als Rechtsfolgen kommen Verpflichtungsgeschäfte meist des 2. Buchs, Rechtsänderungen des 3. Buchs und Regelungen des Familien-, Erb- und Gesellschaftsrechts in Betracht.

3. Beim Zustandekommen von Rechtsgeschäften unterscheidet man einseitige und mehrseitige Rechtsgeschäfte. Kein einseitiges Rechtsgeschäft, also ein mehrseitiges, ist

a) die Bevollmächtigung
b) die Übernahme einer Bürgschaft
c) die Kündigung
d) das Testament
e) der Kaufvertrag
f) die Eigentumsübertragung eines Fernsehers.

Richtig ist b), e), f). Bevollmächtigung eines Vertreters (§ 167 I BGB), eine Kündigungserklärung (z. B. § 314 BGB) und das Testament (§ 2064 BGB) sind **einseitige** Rechtsgeschäfte. Die Bürgschaft kommt durch einen zweiseitigen Bürgschaftsvertrag zwischen Bürgen und Gläubiger zustande (§ 765 I BGB). Der Kaufvertrag kommt durch übereinstimmende Willenserklärungen – Antrag und Annahme – zustande (§ 433 BGB). Das dingliche Verfügungs- oder Erfüllungsgeschäft der Eigentumsübertragung eines Fernsehers mit seiner Rechtsänderung des Eigentums kommt durch Willenserklärungen (Einigung) und Handlungen (Übergabe) zu Stande.

4. Rechtsgeschäfte können auch zwischen schuldrechtlichen und sachenrechtlichen Verträgen unterschieden werden. Der schuldrechtliche Vertrag begründet die Verpflichtung, der sachenrechtliche Vertrag die Erfüllung des jeweiligen Verpflichtungsgeschäfts. Sind folgende Rechtsgeschäfte Verfügungen?

a) Kaufvertrag
b) Übereignung eines Kfz
c) Forderungsabtretung
e) Schenkung
f) Leihe

Richtig ist b), c), da nur bei diesen Rechtsgeschäften eine unmittelbare Änderung der Eigentümerstellung bzw. Inhaberschaft vorliegt.

5. Was ist ein Handelsgeschäft?

Jedes Geschäft eines Kaufmanns, das zum Betriebe seines Handelsgewerbes gehört (§ 343 I HGB). Es muss also ein **betriebsbezogenes Geschäft** eines **Kaufmanns** vorliegen.

6. Liegen ein ein- oder zweiseitiges Handelsgeschäft vor?

a) Eva Huber, Geschäftsführerin der Software GmbH, kauft 1 000 Festplatten beim Hersteller Chip AG ein.
b) Eva Huber kauft für ihren Freund Felix beim Juwelier J e. K. eine Armbanduhr.
c) Der Student S verkauft an eine Bekannte eine DVD für € 5,00.

Man unterscheidet einseitige und zweiseitige Handelsgeschäfte, je nach der **Kaufmannseigenschaft der Beteiligten.** Im Fall a) sind Käufer und Verkäufer die Handelsgesellschaften GmbH und AG (§ 6 HGB). Im Fall b) kauft die Verbraucherin Eva Huber eine Armbanduhr beim Juwelier J e. K, damit liegt ein einseitiges Handelsgeschäft vor, während im Fall c) keiner der Vertragsparteien Kaufmann ist.

7. Der Gemüse- und Obsthändler H verkauft auf dem Wochenmarkt in Würzburg. Seine Kaufverträge mit den Verbrauchern sind auf Seiten des H

a) keine Handelsgeschäfte

b) Handelsgeschäfte nur dann, wenn H Kaufmann ist

c) Handelsgeschäfte auch dann, wenn H Kleingewerbetreibender ohne Handelsregistereintrag ist.

Richtig ist b). Handelsgeschäfte sind alle Rechtsgeschäfte (1) eines Kaufmanns, die sich (2) betriebsbezogen auf sein Handelsgewerbe beziehen (§§ 343 I, 344 HGB). Kleingewerbetreibende ohne Handelsregistereintragung sind Nichtkaufleute. Sie tätigen grundsätzlich keine Handelsgeschäfte. Jedoch können einzelne Vorschriften über Handelsgeschäfte entsprechend auf Nichtkaufleute anzuwenden sein wie §§ 383 II 2, 407 III 2, 453 III 2 und 467 II 2 HGB.

II. Willenserklärung

8. Was ist eine Willenserklärung?

Eine Willenserklärung ist eine auf die **Herbeiführung einer Rechtsfolge** gerichtete private Willensäußerung. Sie besteht aus dem objektiven Tatbestand der **Erklärung** und dem subjektiven Tatbestand des **Willens.**

9. Umschreiben Sie den objektiven äußeren Erklärungstatbestand der Willenserklärung!

Die nach außen gerichtete Willensäußerung muss für den sorgfältigen Empfänger (Auslegung vom Empfängerhorizont) erkennen lassen, dass **Handlungswille, Erklärungsbewusstsein** und ein bestimmter **Geschäftswille** des Erklärenden vorliegt.

10. Wie kann die Kundgabe einer Willenserklärung erfolgen?

Willensäußerungen können **ausdrücklich, konkludent** durch schlüssiges Verhalten oder bei **gesetzlicher Anordnung** auch durch **Schweigen** zum Ausdruck gebracht werden. Also z. B. durch Einsteigen in eine Straßenbahn, Gebrauch einer zugesandten Sache oder Unterschreiben eines handschriftlichen Testaments.

11. Der Student S ist bei einer Weinversteigerung eingeschlafen und nickt im Schlaf mit dem Kopf. Liegt ein Gebot vor?

Nein, S hat objektiv gesehen überhaupt keinen Handlungswillen zum Ausdruck gebracht. **Reflexbewegungen** lassen auf **keinen rechtlichen Bindungswillen** schließen.

12. Wie kann der subjektive innere Erklärungstatbestand des Willens definiert werden?

Bei einer rechtswirksamen Willenserklärung entspricht der innere Erklärungstatbestand dem äußeren Erklärungstatbestand, d.h. der Erklärende hat den zum Ausdruck gebrachten Willen tatsächlich mit Handlungswillen, Erklärungsbewusstsein und Geschäftswillen. **Mindestvoraussetzung** ist subjektiv **Handlungswille** und **potenzielles Erklärungsbewusstsein.** Erklärungsbewusstsein ist das Bewusstsein, irgendeine (also keine bestimmte) rechtlich erhebliche Erklärung abzugeben. Der Geschäftswille zu dem konkreten Geschäft ist keine notwendige Voraussetzung. Fehlen Handlungswille oder Erklärungsbewusstsein liegt keine Willenserklärung vor.

13. Der Student S hebt bei der Weinversteigerung die Hand, um seinen Freund zu begrüßen. Er bekommt den Zuschlag, da mit dem Handheben der objektive Tatbestand einer Willensäußerung bei Versteigerungen vorliegt. Welches Element des subjektiven Erklärungstatbestandes könnte zweifelhaft sein?

Für den subjektiven Erklärungstatbestand liegt auf jeden Fall die notwendige Voraussetzung des Handlungswillens bei S vor. Umstritten ist die Frage, ob für den Mindesttatbestand der Willenserklärung das Erklärungsbewusstsein vorliegt. Nach herrschender Meinung (hM) muss S lediglich das Bewusstsein haben können, dass sein Handheben die Bedeutung eines Gebots haben kann.

Es kommt also nur auf sein **potenzielles, nicht** aber auf sein **tatsächliches Erklärungsbewusstsein** an. Maßgeblich ist der „objektive Empfängerhorizont" des Empfängers der Erklärung. Aus der objektiven Sicht des Auktionators liegt ein Gebot des S vor. S hat damit eine Willenserklärung abgegeben. Da er sich jedoch über die Bedeutung geirrt hat, kann er die Erklärung wegen Irrtums nach § 119 I BGB anfechten.

14. Was ist die Rechtsfolge des fehlenden Geschäftswillens?

Die Willenserklärung ist wirksam, kann jedoch unter den Voraussetzungen des § 119 I BGB vom Erklärenden **angefochten** werden.

15. Kaufmann K legt ein an den Schuldner S gerichtetes Schreiben in den Postausgang. Später weist er seine Sekretärin an, den Brief an S nicht abzusenden. Liegt eine wirksame Abgabe vor?

Eine Willenserklärung ist erst dann wirksam, wenn sie (1) **abgegeben** ist und sie (2) – soweit sie empfangsbedürftig ist – **zugegangen** ist. Sie ist dann abgegeben, wenn sie vom Erklärenden so in den Verkehr gegeben ist, dass ohne sein Zutun der Zugang eintreten kann. Die Abgabe ist damit die **endgültige willentliche Entäußerung.** Als K den Brief in den Postausgang legte, war die Willenserklärung abgegeben. K brauchte nichts mehr zu tun, um den Zugang zu bewirken.

16. Eine Willenserklärung ist unter Abwesenden dann z__________, wenn sie so in den__________bereich des Empfängers gelangt, dass unter __________Umständen mit der Kenntnisnahme gerechnet werden kann. Wann er tatsächlich Kenntnis erlangt ist__________erheblich.

Richtig ist: zugegangen, Machtbereich, normalen, unerheblich. Für den Zugang sind also 2 Merkmale notwendig: das **Gelangen in den Machtbereich** des Empfängers und die **Möglichkeit der Kenntnisnahme** „unter normalen Umständen".

17. Kaufmann V übersendet dem Kaufmann K ein Verkaufsangebot, das um 10.00 Uhr in den Briefkasten des K geworfen wird. Noch bevor K den Brief öffnet, erklärt V dem K um 11.00 Uhr telefonisch, er wolle sein Angebot widerrufen. Ist das Angebot wirksam widerrufen?

Nach der Abgabe kann der Erklärende das Wirksamwerden seiner Willenserklärung nur verhindern, wenn er bewirkt, dass dem Partner **vorher oder gleichzeitig** ein Widerruf zugeht (§ 130 I 2 BGB). Hier ist das Angebot dem K um 10.00 Uhr zugegangen. Maßgeblich ist für die Rechtzeitigkeit des Widerrufs der **Zugangszeitpunkt der Erklärung** und nicht der Zeitpunkt der Kenntnisnahme. Der Widerruf ging dem K nach dem Zugang der Willenserklärung zu und ist damit verspätet.

18. Die Kündigungserklärung eines Arbeitsverhältnisses von Faul (F) durch den Arbeitgeber A ist rechtswirksam zugegangen mit

a) der Unterschrift des A
b) der Aushändigung im Personalbüro an F
c) dem Einwurf des Schreibens spät abends in den Briefkasten des F
d) dem Einwurf des Schreibens zur üblichen Zeit gegen 9.00 Uhr in den Briefkasten des F
e) der Entnahme durch F aus dem Briefkasten
f) dem Lesen des Schreibens durch F
g) der Aushändigung an den Ehegatten oder Lebensgefährten bei häuslicher Gemeinschaft
h) dem vorherigen oder gleichzeitigen Zugang einer Widerrufserklärung.

Richtig ist b), d), g). Zeitlich geht die Willenserklärung nicht schon mit dem Bringen in den Machtbereich des Empfängers zu, sondern erst dann, wenn mit der **Kenntnisnahme durch den Empfänger unter normalen Umständen** zu rechnen ist. Dies gilt auch bei **Empfangsvorrichtungen** wie Briefkästen, Telefaxgeräten oder Mailboxen im elektronischen Geschäftsverkehr bzw. **Empfangsboten** wie Ehegatten, häusliche Partner oder Angestellte im Betrieb.

Das Unterschreiben bedeutet noch keine Abgabe, der Einwurf in den Briefkasten abends schafft noch nicht die Möglichkeit der Kenntnisnahme, die Entnahme aus dem Briefkasten und das Lesen sind unerheblich, bei Aushändigung an einen Empfangsboten geht die Erklärung erst in dem Zeitpunkt zu, in dem üblicherweise die Weiterleitung an den Empfänger zu erwarten ist und der vorherige oder gleichzeitige Zugang einer Widerrufserklärung beseitigt die Wirksamkeit der Willenserklärung.

19. Was ist ein Zugangshindernis? Welche 3 Fallgruppen werden unterschieden?

Ein Zugangshindernis liegt vor, wenn der Zugang einer Willenserklärung durch **Hindernisse aus der Sphäre des Empfängers** verhindert oder verzögert wird. Bei unberechtigter Annahmeverweigerung, absichtlicher Zugangsverhinderung oder Versäumung von Empfangsvorkehrungen wird der Zugang fiktiv unterstellt.

20. Kaufmann K will sicher sein, dass eine Kündigungserklärung rechtswirksam einem Angestellten zugeht. Wie kann er das erreichen?

Durch Zustellung durch den **Gerichtsvollzieher** des Amtsgerichts nach § 132 BGB. Bei Nichtantreffen oder Annahmeverweigerung wird mit der sog. Ersatzzustellung durch Postniederlegung dieser Gerichtspost der Zugang fingiert.

III. Auslegung von Rechtsgeschäften

21. Willenserklärungen oder Rechtsgeschäfte wie Verträge können missverständlich oder mehrdeutig sein. In welchen Vorschriften ist die Auslegung von Willenserklärungen und Rechtsgeschäften gesetzlich verankert?

In §§ 133, 157 BGB.

22. Nach welchem Kriterium werden nicht empfangsbedürftige Willenserklärungen wie Testamente ausgelegt?

Nach § 133 BGB, wonach alleine die Ermittlung des **wahren Willens des Erklärenden** maßgeblich ist. Wegen der fehlenden Empfangsbedürftigkeit kommt es auf einen Schutz eines Empfängers nicht an.

23. Wonach richtet sich dagegen die Auslegung empfangsbedürftiger Willenserklärungen?

Sie sind aus der Sicht eines sorgfältigen Empfängers unter Berücksichtigung aller erkennbaren Umstände auszulegen. Maßgeblich ist der **objektivierte Empfängerhorizont**.

24. Was bedeutet der Begriff „falsa demonstratia non nocet“?

Die **falsche Bezeichnung schadet nicht**, wenn der wirkliche Wille des Erklärenden feststeht und ihn der Empfänger auch so verstanden hat. Es gilt dann, was die Parteien gewollt haben.

25. Nach welchen Methoden können Willenserklärungen ausgelegt werden?

Zuerst ist der **Wortlaut** zu interpretieren, dann ist nach dem **Sprachgebrauch,** der **Zeit** und dem **Ort der Erklärung** zu fragen und schließlich ist der **Vertragszweck** maßgeblich.

26. Was bedeutet Analogie?

Man versucht eine erkannte **Gesetzeslücke** durch eine entsprechende (also analoge) Anwendung eines ähnlichen Gesetzes zu schließen. Maßgeblich ist hierbei eine **vergleichbare Interessenlage.**

IV. Form des Rechtsgeschäfts

27. Student S steigt in einen Bus der Verkehrsbetriebe ohne Fahrschein. Bei einer Kontrolle meint er, der Beförderungsvertrag müsse, wie alle Verträge, schriftlich oder ausdrücklich mündlich geschlossen werden!

S irrt, da wegen des **Grundsatzes der Formfreiheit**, alle Rechtsgeschäfte und damit auch der Werkvertrag über eine Beförderung formlos geschlossen werden können, d.h. auch mündlich, telefonisch oder konkludent. Der Vertrag kommt hier mit dem Einsteigen zustande.

28. Ausnahmsweise schreibt das Gesetz oder ein Vertrag eine bestimmte Form vor. Warum?

Bei besonders wichtigen Verträgen soll die Einhaltung der Schriftform oder Beurkundung den Partner **warnen**, über den Inhalt des Rechtsgeschäfts **aufklären** und den Vertragsschluss **beweisen.**

29. Skizzieren Sie die Stufenfolge der Formvorschriften!

Die einfachste Form ist die **Schriftform durch eigenhändige Unterschrift** (§ 126 BGB) bzw. die **elektronische Form** (§ 126a BGB). Die Textform kommt dann in Betracht, wenn sie im Gesetz ausdrücklich zugelassen ist (§ 126b BGB). Die etwas schwerere Form ist die **notarielle Beglaubigung der Unterschrift** (§ 129 BGB) wie z.B. der Antrag auf Eintragung im Handelsregister (§ 12 HGB). Die schwerste Form ist die **notarielle Beurkundung der Urkunde** (§ 128 BGB) wie beim Kaufvertrag über ein Grundstück (§ 311 b I 1 BGB).

30. Was versteht man unter „elektronischer Form" (§ 126a BGB)?

Nach § 126 III BGB kann die schriftliche Form durch die elektronische Form (E-Mail) ersetzt werden, **wenn sich aus dem Gesetz nichts anderes ergibt.** So schließt das Gesetz in dem wichtigen Fall der Bürgschaftserklärung (§ 766 S. 2 BGB) die elektronische Form aus. Die technischen Anforderungen für die elektronische Form ergeben sich aus § 126a BGB. Danach muss der Aussteller der Erklärung seinen **Namen hinzufügen** und mit einer **qualifizierten digitalen Signatur** nach dem Signaturgesetz versehen.

31. Was sind die Voraussetzungen der Textform?

Sie setzt nach § 126b BGB voraus, dass die Erklärung in einer Urkunde oder auf andere zur dauerhaften Wiedergabe in Schriftform geeignete Weise abgegeben, die Person des Erklärenden genannt und der Abschluss der Erklärung durch Nachbildung der Namensunterschrift oder anderes erkennbar gemacht wird (Telefax, E-Mail, Diskette, CD-ROM).

32. Die Bürgschaftserklärung des Steuerberaters S durch Telefax

a) genügt der Schriftform des § 766 S. 1 BGB

b) ist unwirksam, weil die gesamte Urkunde eigenhändig geschrieben und unterschrieben sein muss

c) ist unwirksam, da die Empfangsurkunde eigenhändig unterschrieben sein muss.

Richtig ist c). S ist als Freiberufler kein Kaufmann. Daher muss seine Bürgschaftserklärung handschriftlich unterschrieben sein (§§ 766 BGB, 350 HGB). Telefaxunterschriften reichen nicht, da bei Schriftform stets die Erklärung, die der Empfänger erhält, die Originalunterschrift tragen muss. Die elektronische Form ist bei der Bürgschaftserklärung ausgeschlossen (§ 766 S. 2 BGB).

33. Welches der folgenden Rechtsgeschäfte muss kraft Gesetzes notariell beurkundet werden, um von vornherein wirksam zu sein?

a) Grundstückskaufvertrag

b) Mietvertrag

c) Bürgschaftserklärung

d) Schenkungsversprechen

Richtig ist a), d). Notariell beurkundet werden müssen der Grundstückskaufvertrag gem. § 311b I BGB und das Schenkungsversprechen gem. § 518 I BGB. Der Mietvertrag ist auch formlos wirksam, die Bürgschaftserklärung des Bürgen kann nach § 766 BGB nur schriftlich abgeben werden.

V. Vorstufen des Vertrags

34. Wie kann der Vertragsbegriff definiert werden?

Ein Vertrag ist ein **mehrseitiges Rechtsgeschäft** mit **mindestens zwei Willenserklärungen** mit **rechtlichem Bindungswillen.**

35. Welche Vorstufen des Vertrags gibt es im Stadium der Vertragsverhandlungen und welche Rechtswirkungen haben diese bei den künftigen Vertragspartnern?

Im vorvertraglichen Stadium fehlt der Rechtsbindungswille. Trotzdem treten Rechtswirkungen ein (§ 241 II BGB). (1) **Vorverhandlungen** zwischen den künftigen Vertragspartnern sind noch rechtlich unverbindlich, schaffen aber Schutzpflichten für den Partner, deren Verletzung zu einem Schadensersatzanspruch wegen Verschuldens bei Vertragsschluss (culpa in contrahendo) führen kann. (2) Mit einem **Vorvertrag** wird eine schuldrechtliche Verpflichtung zum Abschluss eines Hauptvertrages geschaffen. (3) Der **Optionsvertrag** gibt einem Vertragspartner das Recht, durch eine Willenserklärung einen Hauptvertrag zu schließen oder diesen zu verlängern.

36. Student Eifrig (E) verabredet sich mit seiner neuen Flamme Susi (S) zum Wochenende zu einer Bergtour. E sagt die Verabredung am Freitag ab, weil er von Gaby zu einer Party eingeladen wurde. Liegt zwischen S und E ein Vertrag vor?

Nein, weil E sich mit seiner Verabredung mit S aus ihrer Sicht als Adressat der Einladung nicht rechtlich binden wollte. Es liegt lediglich ein **Gefälligkeitsverhältnis** des Alltags vor.

VI. Einigung durch Antrag und Annahme

me

nserklärungen, den
GB zustande.

uf einen bestimm-
nau sein, dass mit
kommt. Der not-
en des jeweiligen
Rechtsg… Willenserklärung
abgegeben werden und de…

39. Ist ein Herrenanzug mit Preisschild im Schaufenster ein bindendes Vertragsangebot?

Die im Schaufenster ausliegende, mit Preis ausgezeichnete Ware dient lediglich der Vertragsanbahnung. Der Verkäufer hat noch nicht den erkennbaren Willen, einem konkreten Kunden gegenüber gebunden zu sein. Der Verkäufer fordert nur die Passanten auf, ihrerseits ein Angebot zu machen (sog. **invitatio ad offerendum**).

40. Worin sehen Sie ein verbindliches Vertragsangebot?

a) Zeitungsanzeige
b) Preisliste
c) Ferienreisekatalog

d) Speisekarte
e) Warenautomat
f) Ware im Selbstbedienungsladen
g) Website mit Warenangebot
h) Reiseanmeldung für eine Pauschalreise.

Richtig ist h). In allen anderen Fällen liegt nur eine invitatio ad offerendum vor.

41. Die V GmbH bietet der Mühle K 5000 t Weizen freibleibend unter Vorbehalt der Liefermöglichkeit an. K nimmt die günstige Offerte sofort an. V kann in der Folge nicht liefern, da sein Zulieferer ihn nicht belieferte. Hat K einen Lieferanspruch?

K hat einen Lieferanspruch, wenn ein rechtswirksamer Kaufvertrag nach § 433 BGB vorliegt. Ob V ein bindendes Angebot gemacht hat, ist durch **Auslegung** zu ermitteln. Es ist anzunehmen, dass V mit dem **Zusatz „freibleibend"** sich auch noch nach dem Zugang der Vertragsannahme durch K die Entscheidung über den Vertragsschluss wegen der unsicheren Selbstbelieferung vorbehalten möchte. Ein freibleibendes Angebot ist daher eine **unverbindliche Aufforderung zur Abgabe eines Antrags** durch K, den hier V nicht angenommen hat. Damit besteht kein Lieferanspruch des K.

42. Frau Krösus (K) entdeckt im Schaufenster des Schuhgeschäfts Versengold (V) ein Paar italienische Schuhe für € 98. K probiert ihre Größe und sagt zum Firmeninhaber V: „Die nehme ich für € 98." V weist jedoch auf den Karton, wo als Preis € 198 angebracht ist. V stellt nun fest, dass der Preis im Schaufenster falsch ausgezeichnet war. K besteht auf dem Preis von € 98. Wie ist die Rechtslage?

Ein Kaufvertrag zwischen V und K nach § 433 BGB setzt einen Antrag mit einer sich deckenden Annahme voraus. Die **Schaufensterauslage ist keine Willenserklärung**, sondern lediglich eine Aufforderung an Kunden, ihrerseits eine Offerte abzugeben. Die Erklärung von K „Die nehme ich für € 98" stellt dagegen eine Willenserklärung nach § 145 BGB dar, an die K gebunden ist bis zur Ablehnung durch V (§ 146 BGB). Da V auf dem Preis von € 198 besteht, liegt ein offener Dissens über den Preis als einem wesentlichen Element des Kaufvertrages vor. Kaufrechtlich hat K damit keinen Anspruch. Lediglich wettbewerbsrechtlich kann K den V bei der Gewerbeaufsicht anzeigen, da mit der falschen Preisauszeichnung eine irreführende Werbung nach §§ 3, 5 Nr. 2 UWG i. V. m. § 1 PAngV vorliegt.

43. Was unterscheidet den offenen vom versteckten Dissens?

Beim offenen Dissens **wissen** die Parteien gem. § 154 BGB, dass sie sich nicht über alle **wesentlichen Punkte** des Vertrages geeinigt haben, während beim versteckten Dissens nach § 155 BGB sie **irrtümlich** hinsichtlich eines **vertraglichen Nebenpunkts** meinen, eine vollständige Einigung bereits herbeigeführt zu haben.

44. Wie lange ist ein Antrag nach § 145 BGB bindend?

Der Antrag ist solange bindend, bis er nach § 146 BGB erloschen ist, d.h. wenn er **abgelehnt** wird oder die **Annahme nicht rechtzeitig** erfolgt (§§ 147–149 BGB).

45. Was für ein Antrag liegt in den folgenden Fällen vor und wie lange ist der Antragsteller daran gebunden?

a) Weinhändler W bietet einem Geschäftspartner G Wein brieflich zu € 6,50 pro Liter an

b) Gleiches Angebot, aber mit Fax

c) Gleiches Angebot, aber bei einer Zusammenkunft

d) W bietet den Wein telefonisch an

e) W bietet den Wein durch Prospekt an.

Angebote können verbindlich (Regelfall) oder unverbindlich, befristet oder unbefristet, unter Anwesenden oder Abwesenden erklärt werden.

a) Unbefristetes, verbindliches Angebot unter **Abwesenden**, an das W solange gebunden ist bis eine Antwort des G normalerweise erwartet werden darf (§ 147 II BGB, 1 Woche).

b) Unbefristetes, verbindliches Angebot mit dem schnellen Erklärungsmittel Fax unter **Abwesenden** mit einer Bindung bis zu 3 Tagen.

c) Unbefristetes, verbindliches Angebot unter **Anwesenden** mit einer Bindung bis zum Gesprächsende (§ 147 I BGB).

d) Unbefristetes, verbindliches Angebot unter **Anwesenden** mit einer Bindung bis zum Ende des Telefonats (§ 147 I BGB).

e) Unverbindliche **Aufforderung** zur Abgabe eines Angebots.

46. Kaufmann K erklärt dem V ein Angebot mit einer Annahmefrist bis 1.9. V nimmt erst am 10.9. an. Rechtslage?

Wird die Annahme nicht rechtzeitig bis 1.9. erklärt, erlischt das Angebot des K am 2.9. (§ 146 BGB). Die spätere Annahme am 10.9. ist nach § 150 II BGB ein neues Angebot des V an K.

47. B schreibt C einen Kaufantrag mit einer Annahmefrist bis 11.6. C sendet seine Annahme am 8.6. ab, wobei der Brief durch die Post erst am 12.6. bei B zugeht. Rechtslage?

Die Überschreitung der Annahmefrist ist nach § 149 BGB unerheblich. C hat seine Annahme **rechtzeitig abgesandt** und B musste dies durch den Poststempel erkennen. Zudem hat B die Absendung der **Verspätungsanzeige verzögert** bzw. **überhaupt keine** gemacht.

48. Was sind die Hauptprobleme der Vertragsannahme?

Die Annahme ist ebenso wie der Antrag eine **empfangsbedürftige Willenserklärung**. Sie soll den Vertrag zustande bringen. (1) Dazu muss der Vertragspartner zuerst die **Annahme als uneingeschränkte Zustimmung** zu Angebot erklären. (2) Eine **Annahme unter Abänderungen** gilt nach § 150 II BGB als neues Angebot. (3) Die Annahme muss sodann **abgegeben** werden und **zugehen.** (4) Gemäß § 151 BGB kann ausnahmsweise der **Zugang entbehrlich** sein. (5) Andernfalls muss der **Zugang rechtzeitig** erfolgen. (6) Eine **nicht rechtzeitige Annahme** gilt als neues Angebot (§ 150 I BGB). (7) Gemäß § 153 BGB bleibt ein Antrag annahmefähig, auch wenn der Antragende **stirbt** oder **geschäftsunfähig** wird.

49. Der Student G bestellt bei Hotelier H telefonisch ein Zimmer für das nächste Wochenende mit seiner Freundin. H vermerkt die Reservierung, benachrichtigt jedoch G weder schriftlich noch mit Fax. Ein Beherbergungsvertrag (Mietvertrag) ist

a) wegen fehlenden Zugangs der Annahmeerklärung des H unwirksam

b) bis zur Bestätigung der Reservierung schwebend unwirksam

c) voll wirksam.

Richtig ist c). Die Annahme durch H ist zwar eine empfangsbedürftige Willenserklärung, die G zugehen müsste. Nach § 151 BGB ist jedoch der **Zugang entbehrlich**, wenn eine Annahmeerklärung nach der **Verkehrssitte** nicht zu erwarten ist. Bei Beherbergungsverträgen ist bei einer Vertragsdauer bis zu 3 Tagen keine Reservierungsbestätigung üblich, außer G und H hätten dies vereinbart. Erforderlich ist aber stets, dass der Annahmewille durch H nach außen deutlich wird, also z. B. durch Eintragung des G in das Reservierungsbuch.

50. Die Studentin Krause (K) bestellt am 15.3. einen Golf Cabrio beim Händler V. Auf dem Kaufantrag der K ist eingetragen: Listenpreis z. Zt. € 19 900. Am 20.3. erhöht V seine Preise und bestätigt den Antrag der K mit dem Zusatz: Listenpreis € 21 500. Welcher Preis wurde vereinbart?

K. gab am 15.3. einen bindenden Kaufantrag ab (§ 145 BGB). Die Vertragsannahme durch V stellt eine Abänderung des Antrags der K dar und gilt nach § 150 II BGB als **Ablehnung verbunden mit einem neuen Antrag** durch V. K wollte das Cabrio für € 19 900 erwerben, während sich die Auftragsbestätigung als Annahme des V auf einen Preis von € 21 500 bezieht.

51. Kann das bloße Schweigen auf ein Vertragsangebot als schlüssige Vertragsannahme verstanden werden?

Grundsätzlich hat **Schweigen keinen Erklärungswert** und ist weder Zustimmung noch Ablehnung. Nur in **Ausnahmefällen** kann dies anders sein, z. B. bei einer entsprechenden Vereinbarung oder im Handelsrecht kann bei einem Kaufmann, der für andere Geschäfte besorgt (Bank, Handelsvertreter, Spediteur, Kommissionär), sein Schweigen Annahme bedeuten (§ 362 HGB).

52. Student Sorglos (S) bekommt von einer Versandfirma V unbestellt den Band „Die schönsten Akte“ zum Preis von € 49 zugesandt. Im Begleitschreiben heißt es: „Wenn Sie nicht binnen 14 Tagen antworten oder das Buch zurücksenden, gehen wir davon aus, dass Sie das Werk behalten möchten. Wir bitten um Überweisung durch beiliegende Zahlkarte.“ S möchte das Buch nicht behalten, lässt es aber bei sich liegen. Muss er den Kaufpreis bezahlen?

S muss nur bezahlen, wenn ein wirksamer Vertragsschluss vorliegt. V macht mit der unbestellten Zusendung des Buchs dem S einen **Vertragsantrag.** S erklärte weder ausdrücklich noch konkludent durch das Liegenlassen eine **Vertragsannahme,** da Liegenlassen keinen Gebrauch darstellt. Sein **Schweigen als Verbraucher** kann auch nicht als Annahme gewertet werden. Eine **Ausnahme** käme nur bei einem **vorangegangenen Tun** in Betracht, wenn er z. B. den Band zur Ansicht anfordert.

53. Wie ist zu entscheiden, wen er jeden Tag eifrig in dem Band blättert?

Der **Gebrauch** einer unbestellt zugesandten Ware ist als Vertragsannahme auszulegen. Durch sein Lesen erklärt er konkludent die Annahme.

VII. Vertragsschluss im elektronischen Geschäftsverkehr

54. Wie ist eine Internetseite eines Verkäufers vertragsrechtlich zu bewerten?

Durch Internet oder Bildschirm übermittelte Aufforderungen zu Bestellungen sind im Zweifel als bloße **invitatio ad offerendum** aufzufassen.

55. Wer macht bei einem Vertragsschluss im elektronischen Geschäftsverkehr den Antrag?

Der Antrag ist die **Bestellung des Kunden** durch E-Mail, Fax, Anruf oder Mausklick im Internet.

56. Wann ist eine E-Mail zugegangen?

Sie ist zugegangen, wenn diese in der **Mailbox abrufbar** ist. Geschäftliche Erklärungen gehen daher noch am gleichen Arbeitstag zu. Ein Eingang außerhalb der Geschäftszeit des Empfängers wird daher erst am nächsten Arbeitstag wirksam.

57. Welche Pflichten hat der Unternehmer gegenüber dem Kunden im elektronischen Geschäftsverkehr?

Bei allen Verträgen, die unter Einsatz von elektronischen Kommunikationsmitteln zustande kommen (**Online-Geschäfte mit Tele- oder Mediendiensten** wie Internet, Telebanking), hat der Unternehmer dem Kunden nach § 312g BGB Informationen zu geben, (1) wie **Eingabefehler** erkannt und korrigiert werden können, (2) über die in Art. 246 **§ 3 EGBGB** Informationen rechtzeitig vor Abgabe von dessen Bestellung klar und verständlich mitzuteilen, (3) über die **Zugangsbestätigung** der Bestellung und (4) über die Möglichkeit, die nach § 305 II BGB einbezogenen **AGB** bei Vertragsschluss abzurufen und zu speichern. **Weitere Pflichten aus dem Widerrufs- und Rückgaberecht** können sich aus §§ 312 d, e, f BGB in dem Fall ergeben, dass es sich um einen **Fernabsatzvertrag** handelt (vgl. S. 71 ff.).

VIII. Vertragsschluss im Handelsrecht

58. Die K OHG bestellt am 2.11. bei der V GmbH telefonisch 10000 Schokoladen-Nikoläuse zum Preis von € 1,00 pro Stück. V nimmt das Angebot am Telefon an. Am 3.11. bestätigt V schriftlich den Vertragsschluss, nennt aber als Stückpreis € 1,10, weil V glaubt, dieser Preis sei vereinbart worden. Die K OHG antwortet auf das Schreiben nicht. Nach der Lieferung verlangt V den Gesamtpreis von € 11000,00. Muss K bezahlen und wenn ja wieviel?

Wenn K und V nicht ausdrücklich die Geltung von Handelsbräuchen vertraglich ausschließen, gilt der **Handelsbrauch des Schweigens auf ein kaufmännisches Bestätigungsschreiben**, auch wenn dieser ihnen nicht bekannt ist. Danach kommt der Vertrag mit dem Inhalt des Bestätigungsschreiben zustande, wenn V und K mindestens **Kaufleute** sind, ein **abgeschlossener mündlicher Vertrag** vorliegt (hier 10000/à € 1,00), eine **schriftliche Bestätigung** eines Vertragspartners unmittelbar folgt (hier von V), ihr **Inhalt nicht „wesentlich" vom Verhandlungsergebnis abweicht**, d.h. der Absender muss redlich sein (hier € 1,10, also 10 % des Kaufpreises, was noch toleriert wird) und kein **unverzüglicher Widerspruch** des Empfängers des Bestätigungsschreiben erfolgt (hier schweigt K). K muss daher € 11000 zahlen, da sie auf das Schreiben von V nicht geantwortet hat und deshalb den Stückpreis von € 1,10 gegen sich gelten lassen muss.

59. Wie zuvor, nur wird jetzt von V ein Stückpreis von € 2,00 bestätigt. Muss K € 20000,00 zahlen?

Jetzt ist die Abweichung vom Verhandlungsergebnis wesentlich und V ist nicht schützenswert. Es bleibt bei dem ursprünglich mündlich vereinbarten Preis von € 10000,00.

60. Was müssen Sie tun, wenn Ihr Geschäftspartner die Vertragsverhandlungen in einem kaufmännischen Bestätigungsschreiben falsch wiedergibt?

Unverzüglich mündlich oder schriftlich dem Inhalt **widersprechen**.

Zur Vertiefung: *Führich, Wirtschaftsprivatrecht, § 4*

§ 5 Mängel beim Rechtsgeschäft

I. Arten der Unwirksamkeit von Rechtsgeschäften

1. Was versteht man unter Mängel bei Rechtsgeschäften?

Fehlt dem Rechtsgeschäft ein wesentlicher Tatbestand, so bedeutet dies, dass das Rechtsgeschäft einen Mangel hat. Dann kann das Rechtsgeschäft von Anfang an nichtig sein oder angefochten werden oder schwebend unwirksam sein.

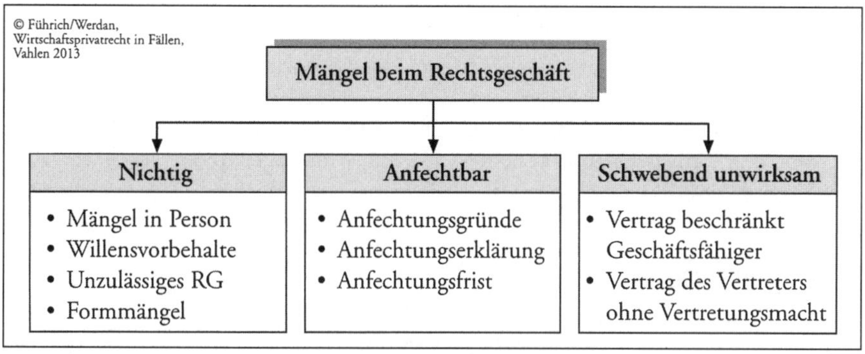

Abb. 7: Mängel beim Rechtsgeschäft

2. Füllen Sie folgenden Lückentext aus:

Rechtsge__________ können aus verschiedenen Gründen mangelhaft sein. Man unterscheidet drei Gruppen:

a) das **nichtige Rechtsgeschäft**; darunter fallen
   - das Rechtsgeschäft eines ______________________ (§§ 104, 105)
   - das ______________________________geschäft (§ 117)
   - das ______________________________geschäft (§ 118)
   - das ______________________widrige Rechtsgeschäft (§ 125)
   - das ______________________widrige Rechtsgeschäft (§ 138);

b) das **anfechtbare Rechtsgeschäft**; darunter fallen die Rechtsgeschäfte, die wegen ____________ (§ 119) oder ______________________ ____________ (§ 123) anfechtbar sind. Die Anfechtung bewirkt, dass das Rechtsgeschäft als von ______________ nichtig (ex t_____) anzusehen ist (§ 142);

c) das **schwebend ______________________ Rechtsgeschäft**; darunter fallen das Rechtsgeschäft
   - eines ____________________ (§§ 107, 108)
   - eines ____________________ im Rahmen eines angeordneten Einwilligungsvorbehalts (§ 1903)
   - eines Vertreters ohne ____________________ (§ 177).

Wird bei diesen Rechtsgeschäften die erforderliche Zu______________ erteilt, sind sie von Anfang an ____________________, andernfalls von Anfang an ____________________ (§§ 108 I, 177 I, 1847 I).

Richtig ist: Rechtsgeschäfte, Minderjährigen, Scheingeschäft, Scherzgeschäft, formwidrige Rechtsgeschäft, sittenwidrige Rechtsgeschäft, Irrtum, arglistiger Täuschung oder rechtswidriger Drohung, Anfang an (ex tunc), das schwebend unwirksame Rechtsgeschäft, Minderjährigen, Betreuten, Vertreters ohne Vertretungsmacht, Zustimmung, wirksam, andernfalls von Anfang an unwirksam.

3. Erklären Sie den Begriff der Nichtigkeit!

Die Nichtigkeit ist der stärkste Grad der Unwirksamkeit eines Rechtsgeschäfts. Sie tritt unabhängig vom Willen der Beteiligten ein, wenn das Gesetz es anordnet. Das Rechtsgeschäft ist **von Anfang an** (ex tunc) unwirksam. Es gibt aber Fälle der nachträglichen „Heilung" nichtiger Rechtsgeschäfte (z. B. § 311b I 2 BGB).

II. Mangelnde Geschäftsfähigkeit

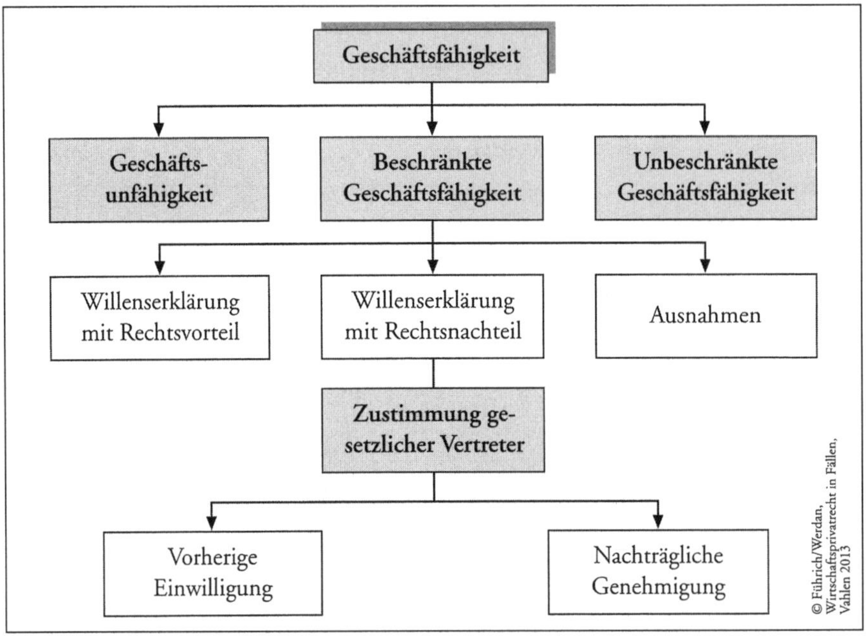

Abb. 8: Geschäftsfähigkeit

4. Welche Einschränkungen der Geschäftsfähigkeit kennen §§ 104 ff. BGB?

Das BGB geht vom Regelfall der unbeschränkten Geschäftsfähigkeit der natürlichen und juristischen Person aus. Ausnahmen werden im Gesetz als **Geschäftsunfähigkeit** (§ 104 BGB) und **beschränkte Geschäftsfähigkeit** (§ 106 BGB) geregelt.

5. Welches Ziel verfolgt die Einschränkung der Geschäftsfähigkeit?

Das Gesetz will den Minderjährigen vor allen **nachteiligen Rechtsgeschäften schützen.**

6. Die sechsjährige Karin kauft sich für € 10,00 eine Videokassette. Ist ein Kaufvertrag geschlossen worden?

Ein Kaufvertrag liegt nicht vor, da Karin das 7. Lebensjahr noch nicht abgeschlossen hat und daher geschäftsunfähig ist (§ 104 Nr. 1 BGB). Alle Willenserklärungen und Rechtsgeschäfte, die Geschäftsunfähige abgeben, sind nichtig, also von Anfang an unwirksam (§ 105 BGB). Die Eltern als gesetzliche Vertreter können solche Willenserklärungen auch nicht nachträglich genehmigen.

7. Wie wäre zu entscheiden, wenn der 30 Jahre alte Huber, der wegen dauernder Geisteskrankheit in der Psychiatrie untergebracht ist, bei einem Stadtbummel eine Videokassette kauft?

(1) Auch dieser Kaufvertrag ist grundsätzlich unwirksam, da Huber nach § 104 Nr. 2 BGB von seinem Krankheitsbild gesehen **geschäftsunfähig** ist, da er sich in einem dauernden Zustand krankhafter Störung der Geistestätigkeit befindet. (2) Nach § 105a BGB kann ausnahmsweise der volljährige Huber **Geschäfte des täglichen Lebens** mit geringen Mitteln abschließen. Sobald Leistung und Gegenleistung bewirkt sind, gilt der Vertrag als wirksam zustande gekommen.

8. Wie beurteilen Sie den Fall 5, wenn Karin 9 Jahre alt ist?

Minderjährige, die das 7. Lebensjahr aber noch nicht das 18. Lebensjahr vollendet haben, sind **beschränkt geschäftsfähig** (§ 106 BGB). Solche Willenserklärungen, die für sie **„nur rechtlich vorteilhaft"** sind, sind wirksam, da insoweit kein Schutz veranlasst ist (§ 107 BGB). Alle anderen Willenserklärungen sind nur gültig, wenn die gesetzlichen Vertreter vorher **einwilligen** oder nachträglich von ihnen **genehmigt** werden (§ 184 BGB). Weil Karin zur Kaufpreiszahlung nach § 433 II BGB verpflichtet ist, ist jetzt die Zustimmung der Eltern notwendig. Der Begriff Zustimmung ist der Oberbegriff: Einwilligung ist die „vorherige Zustimmung" (§ 183 S. 1 BGB), Genehmigung die „nachträgliche Zustimmung" (§ 184 I BGB).

9. Welche Rechtsgeschäfte gelten als rechtlich vorteilhaft bzw. nachteilig?

Die Vorschrift des § 107 BGB stellt lediglich darauf ab, dass durch die Willenserklärung keine unmittelbare rechtliche Verpflichtung des Minderjährigen begründet wird beziehungsweise keine sonstige unmittelbare Beeinträchtigung seiner rechtlichen Position geschaffen wird. Unerheblich ist die Wirtschaftlichkeit des vom Minderjährigen abgeschlossenen Geschäfts. Ebenso sind mittelbare rechtliche Folgen wie beispielsweise die Entstehung einer öffentlich-rechtlichen Steuerpflicht nicht bedeutsam. **Als rechtlich vorteilhaft gelten** jedoch eine Schenkung, wenn sie nicht mit einer persönlichen Verpflichtung verbunden ist oder eine Eigentumsübertragung an einen Minderjährigen. **Als nachteilig gelten** alle verpflichtenden Rechtsgeschäfte wie Kaufvertrag oder Mietvertrag.

10. Der 17-jährige Schüler Peter kauft ohne Wissen seiner Eltern einen gebrauchten Motorroller für € 500 bei dem volljährigen Studenten Tom. Dieser glaubt, Peter sei 20 Jahre alt. Ist der Kaufvertrag wirksam?

Nein, der Kaufvertrag ist **schwebend unwirksam**, solange bis die Willenserklärung des Peter von seinen gesetzlichen Vertretern nachträglich genehmigt wird (§§ 108, 184 BGB). Schweigen die gesetzlichen Vertreter auf eine Aufforderung des Tom länger als zwei Wochen ab Zugang der Aufforderung, so gilt das Schweigen als Ablehnung. Peter müsste dann als Folge den Roller zurückgeben gegen Rückzahlung des Kaufpreises durch Tom.

11. Im vorherigen Fall will Peter den Kaufpreis mit seinem Taschengeld in monatlichen Raten zu € 30 bezahlen. Einen Motorradhelm für € 10 bezahlt er sofort mit seinem Taschengeld. Sind die Verträge wirksam?

Der Kauf des Helms ist nach §§ 107, 110 BGB sofort wirksam. In der Überlassung des **Taschengeldes** liegt die stillschweigende Einwilligung der Eltern in Geschäfte, die üblicherweise von solchen Mitteln getätigt werden. **Raten- und Kreditgeschäfte** von Minderjährigen sind jedoch nicht durch § 110 BGB gedeckt, da die vertragsmäßige Leistung vollständig mit den überlassenen Mitteln „bewirkt" werden muss. Sie müssen nach § 108 BGB genehmigt werden. Ohne Genehmigung werden sie erst wirksam, wenn die letzte Rate bezahlt worden ist.

12. Der 16-jährige Lars eröffnet mit Zustimmung seiner Eltern und des Vormundschaftsgerichts einen Handel mit Computerteilen. Nach einem riskanten Geschäft verweigert er die Bezahlung des Kaufpreises an seinen Geschäftspartner mit der Begründung, auch seine Eltern hätten Bedenken gehabt. Muss Lars zahlen?

Ja, Lars muss zahlen. Bekommt der Minderjährige vom **gesetzlichen Vertreter** und vom **Vormundschaftsgericht** die Erlaubnis, selbstständig ein Erwerbsgeschäft zu führen (§§ 1643, 1822 Nr. 3 BGB), dann ist er für alle, auch riskante, üblichen Geschäfte dieses Geschäftszweigs **voll geschäftsfähig** (§ 112 BGB).

13. Die 17-jährige Schülerin Susi arbeitet mit Zustimmung der Eltern stundenweise als Aushilfe. Susi verliert die Lust und kündigt das Arbeitsverhältnis fristgemäß, ohne die Eltern zu fragen. Ist die Kündigung wirksam?

Ja, nach § 113 I BGB ist Susi aufgrund der Ermächtigung ihrer Eltern auch „unbeschränkt geschäftsfähig", für solche Rechtsverhältnisse, welche die **„Aufhebung des Arbeitsverhältnisses"** betreffen. Hierzu zählt die Kündigung (§ 620 II BGB).

III. Anfechtung einer Willenserklärung

14. Welche Prüffolge ist bei der Anfechtung einer Willenserklärung einzuhalten?

(1) Anfechtungsgrund, (2) Anfechtungserklärung, (3) Anfechtungsfrist, (4) Rechtsfolgen der Anfechtung.

15. Die Rektorin K einer Schule kauft bei V „25 Gros Rollen" Toilettenpapier. Sie meint es handle sich um 25 große Doppelpackrollen. In Wahrheit handelt es sich jedoch um 25 mal 12 mal 12 = 3 600 Rollen. Kann K ihre Bestellung gegenüber V anfechten?

K hat sich unbewusst über den Inhalt ihrer Bestellung geirrt und kann daher ihre Willenserklärung nach § 119 I 1. Alt. BGB anfechten. Kennzeichnend für den **Inhaltsirrtum** ist, dass der Erklärende zwar weiß was er sagt, jedoch unbewusst damit eine andere Bedeutung oder Tragweite verbindet. K will nur 25 Gros kaufen, weiß aber nicht, dass ein Gros zwölf Dutzend sind. **Wille und Erklärung divergieren unbewusst.**

16. E will sein Auto für € 3800 nach diesbezüglichen Vertragsverhandlungen verkaufen, vertippt sich aber, so dass der Preis € 2800 lautet. Was kann E machen, wenn der Käufer K auf dem niedrigeren Preis besteht und keine einverständliche Einigung möglich ist.

E wollte ein Kaufpreisangebot über € 2800 nicht abgeben. Es liegt ein Irrtum in der Erklärungshandlung vor, weil er sich verschreibt. E kann wegen dieser „technischen Panne" wegen Erklärungsirrtums nach § 119 I 2. Alt. BGB seine Willenserklärung anfechten.

17. Die Bank B täuscht sich bei der Kreditvergabe an Kaufmann S über dessen Bonität. Kann sie den Darlehensvertrag anfechten?

Zur Anfechtung wegen Irrtums ist auch derjenige berechtigt, der sich über verkehrswesentliche Eigenschaften einer Person oder Sache geirrt hat (§ 119 II BGB). Verkehrswesentlich ist dabei das was typischerweise geschäftswesentlich ist. Die Kreditwürdigkeit des Schuldners S ist beim Darlehen eine verkehrswesentliche Eigenschaft. Beim Eigenschaftsirrtum fallen die Vorstellung des Erklärenden von Eigenschaften einer Sache oder Person und die Wirklichkeit auseinander.

18. Was sind Eigenschaften einer Sache?

Eigenschaften einer Sache sind neben den auf der natürlichen Beschaffenheit beruhenden Merkmalen (z. B. Echtheit einer Antiquität), auch die tatsächlichen und rechtlichen Verhältnisse zur Umwelt (z. B. Bebaubarkeit eines Grundstücks). Eigenschaften sind damit alle wertbildenden Merkmale. Der Preis bzw. der Wert einer Sache selbst zählt nicht hierzu, denn er ist lediglich ein Werturteil.

19. Die Anfechtung wegen Irrtums muss gemäß § 121 BGB „unverzüglich" erfolgen. Der Anfechtende

a) muss sofort handeln

b) darf schuldlos zögern

c) hat ohne Rücksicht auf Verschulden innerhalb von 3 Tagen tätig zu werden.

Richtig ist b). Die Anfechtung muss ohne schuldhaftes Zögern erfolgen, sobald man vom Anfechtungsgrund Kenntnis erlangt. Entschuldigungsgründe sind Krankheit, Urlaub, Betriebsferien und Abwesenheit ohne Vertretung. Die Anfechtung ist nach § 121 II BGB dann ausgeschlossen, wenn seit der Abgabe der Willenserklärung zehn Jahre verstrichen sind.

20. Welche Rechtsfolge bewirkt eine erfolgreiche Anfechtung?

Die Anfechtung beseitigt nach § 142 I BGB das betreffende Rechtsgeschäft rückwirkend (ex tunc). Aufgrund eines in sich zusammengefallenen Vertrages ausgetauschte Leistungen sind wegen ungerechtfertigter Bereicherung nach §§ 812 ff. BGB zurückzugewähren.

21. Der Schadensersatzberechtigte kann als Vertrauensschaden nach § 122 I BGB (Negatives Interesse) liquidieren

a) entgangenen Gewinn aus dem angefochten Geschäft

b) Schmerzensgeld

c) Beurkundungskosten und sonstige vergebliche Vertragsaufwendungen.

Richtig ist c). Der Anfechtende muss dem Geschäftsgegner dessen Vertrauensschaden ersetzen. Dieser ist also wirtschaftlich so zu stellen, wie er stehen würde, wenn das Geschäft nicht abgeschlossen worden wäre.

22. Welches Rechtsgut schützt § 123 BGB?

Hier wird die **rechtsgeschäftliche Entscheidungsfreiheit** geschützt. Die Willensbildung soll sich frei von Täuschung und Drohung vollziehen.

23. Der Kaufmann K kauft am 1.4. einen Gebrauchtwagen von V. Wider besseres Wissen und trotz eindringlichen Fragens durch K versichert V die Unfallfreiheit des Fahrzeugs. Am 10.5. entdeckt K die Unfallschäden, erklärt jedoch erst am 20.6. die Anfechtung des Kaufvertrags wegen arglistiger Täuschung. Die Anfechtung ist

a) wirksam

b) unwirksam, weil kein Anfechtungsgrund vorliegt

c) unwirksam, weil K nicht unverzüglich die Anfechtung erklärt hat

d) schwebend unwirksam.

Richtig ist a). Die Täuschung kann wie hier positiv in der Vorspiegelung falscher bzw. Entstellung oder Unterdrückung wahrer Tatsachen bestehen mit der Folge, dass dadurch beim Erklärenden ein Irrtum erregt wird. V spiegelt die Unfallfreiheit des Kfz dem K vor. Auf die **zulässige Frage** des K, muss V eine **wahre Antwort** geben, wenn er den Vorschaden kennt. Die Anfechtung muss binnen Jahresfrist ab Kenntnis der arglistigen Täuschung erfolgen (§ 124 BGB) und ist hier am 20.6. noch fristgerecht. Nach hM verdrängen die § 437 ff. BGB des Gewährleistungsrechts die Anfechtung wegen Eigenschaftsirrtums nach § 119 II BGB, nicht aber die Anfechtung wegen arglistiger Täuschung nach § 123 BGB.

24. Wie wäre es, wenn K nicht nach Vorschäden fragt?

Eine Täuschung ist auch möglich durch **Unterlassen**, d.h. Verschweigen von Tatsachen, so dass ein bestehender Irrtum des Erklärenden aufrechterhalten bleibt. Das setzt jedoch voraus, dass nach Treu und Glauben eine **Rechtspflicht zur Aufklärung** besteht. Beim Gebrauchtwagenkauf sind ungefragt erhebliche Mängel des Kfz zu offenbaren. Hierzu gehören jedoch nicht Bagatellschäden.

25. Was versteht man unter Arglist?

Arglist setzt einen **vorsätzlichen Täuschungswillen** voraus.

IV. Unzulässige Rechtsgeschäfte wegen Gesetzes- oder Sittenwidrigkeit

26. Kaufmann Arm (A) will einen Anbau an seinem Wohnhaus errichten. Die Angebote der örtlichen Maurer waren A zu teuer, so dass er den arbeitslosen Maurer Billig (B) gegen einen Stundenlohn von € 10,00 beauftragt. Nach 3 Monaten zeigen sich Mängel. Kann A von B Beseitigung der Mängel (§§ 634 Nr. 1, 635 BGB) verlangen?

Rechtsgeschäfte können zivilrechtlich keinen Bestand haben, wenn sie gegen **Verbotsgesetze** verstoßen, die zum **Schutz der Allgemeinheit** wie z.B. Strafgesetze erlassen sind. Das Gesetz zur Bekämpfung der Schwarzarbeit will gerade solche Werkverträge von Handwerkern verhindern, die nicht in der Handwerksrolle der Kammer eingetragen sind. Verbotsgesetze betreffen also Rechtsgeschäfte, die der Betroffene **vornehmen kann**, aber **nicht vornehmen darf.** Der Werkvertrag zwischen A und B ist daher nichtig gem. § 134 BGB, so dass keine Gewährleistungsansprüche nach § 634 BGB entstehen.

27. Bei welchem Vertragszins ist ein Darlehensvertrag für private Zwecke wegen Wucher nach der Rechtsprechung des BGH sittenwidrig nichtig?

Die Zinshöhe wird lediglich durch den **Wuchertatbestand des § 138 II BGB** begrenzt. Danach ist ein Rechtsgeschäft wegen Wucher nichtig, wenn bei vermögensrechtlichen Austauschverträgen ein auffälliges Missverhältnis zwischen Leistung und Gegenleistung besteht. Ist der Vertragszins eines Privatkredits **12 % über dem Marktzins oder doppelt so hoch wie der Marktzins,** wird die Ausbeutung der schlechten Situation des Darlehensnehmers unterstellt.

28. Die §§ 134 und 138 BGB konkurrieren des Öfteren. Wie ist deren Verhältnis zu verstehen?

Beide Vorschriften schränken die Privatautonomie ein, in dem sie ein von den Parteien gewolltes Rechtsgeschäft nicht anerkennen und für nichtig erklären. Dabei betrifft § 134 BGB Verstöße gegen bestehende Gesetze, während § 138 BGB Verstöße gegen die **nicht kodifizierte Rechtsordnung** betrifft, bei der § 134 BGB nicht anwendbar ist.

29. Student S will seinen Gebrauchtwagen verkaufen und gibt ein Inserat auf. Als sich der türkische Staatsangehörige T meldet, erklärt S, er verkaufe nicht an Türken. Ist diese Weigerung zulässig?

(1) § 19 I Nr. 1 AGG verbietet eine „Benachteiligung aus Gründen der ethnischen Herkunft". Hierzu müsste jedoch ein **Massengeschäft** vorliegen, wozu der Verkauf eines Gebrauchtwagens durch einen Verbraucher nicht zählt. Als Anbieter von Massengeschäften kommen nur Unternehmer (§ 14 BGB)

in Betracht, wobei das Geschäft typischerweise ohne Ansehen der Person in einer Vielzahl von Fällen abgeschlossen wird wie bei Verkäufen von Waren im Einzelhandel oder bei der Beherbergung in der Hotellerie. (2) Darüber hinaus erweitert § 19 II AGG das Diskriminierungsverbot aus Gründen der Rasse oder **ethnischer Herkunft** auf **sonstige Schuldverhältnisse** von Privatpersonen, also auch auf einen Gebrauchtwagenverkauf durch S. Die Verweigerung verstößt daher gegen § 19 II AGG und ist unzulässig.

V. Verstoß gegen Formvorschriften

30. Welche Rechtsfolge hat die Nichteinhaltung einer vom Gesetz oder in einem Vertrag angeordneten Form?

Wenn die Parteien ein Rechtsgeschäft nicht in der angeordneten Form vornehmen, ist es von Anfang an nach § 125 BGB nichtig.

31. Berger (B) verpflichtet sich gegenüber dem Geldgeber Groß (G) mündlich als Bürge für ein privates Darlehen. Ist der Bürgschaftsvertrag rechtswirksam?

Nein, da § 766 S. 1 BGB die **schriftliche Unterschrift des Bürgen** B verlangt. Der Bürgschaftsvertrag zwischen G und B ist nichtig (§§ 125 S. 1, 126 BGB).

32. Spielt es im Fall 31 eine Rolle, ob B

a) selbstständiger Steuerberater ist

b) Betriebswirt

c) Prokurist einer GmbH

d) Pächter eines größeren Lebensmittelmarktes als Einzelunternehmer ist?

Richtig ist d). Nach § 350 HGB besteht Formfreiheit für die Bürgschaftserklärung, sofern die Bürgschaft auf der Seite des Bürgen ein Handelsgeschäft ist, also Kaufmannseigenschaft des Bürgen und Betriebsbezogenheit. Ein Steuerberater ist als Freiberufler kein Kaufmann, ein Betriebswirt und ein Prokurist sind keine Kaufleute nach §§ 1–6 HGB, so dass in diesen Fällen Schriftform notwendig ist. Lediglich der Pächter ist nach § 1 HGB Ist-Kaufmann, so dass für ihn Schriftform nicht notwendig ist.

33. Wie wäre die Rechtslage, wenn B in Erfüllung seiner vermeindichen Schuld als Bürge das Darlehen zurückgezahlt hätte und er nachträglich von dem Formfehler erfahren hätte.

Das Wirtschaftsprivatrecht lässt in einer Reihe von Fällen eine **Heilung** formfehlerhafter Rechtsgeschäfte zu (§§ 311b I 2, 518 II BGB, § 15 IV 2 GmbHG). Auch nach § 766 S. 2 BGB tritt eine Heilung des formunwirksamen Bürgschaftsvertrags ein, wenn und soweit betragsmäßig der Bürge seine Verbindlichkeit erfüllt. Damit ist der Warnzweck dieser Formvorschrift weggefallen. Auch bei G entsteht durch die Rückzahlung durch B ein zu schützendes Vertrauen.

34. Zwei Unternehmer vereinbaren, dass Verträge in den laufenden Geschäftsbeziehungen schriftlich niederzulegen und von beiden Seiten zu unterschreiben sind. Sind mündliche Vereinbarungen dann rechtswirksam?

Nein, mündliche Vereinbarungen sind dann grundsätzlich wegen der notwendigen **„gewillkürten Schriftform"** nichtig (§ 125 S. 2 BGB). Nach einer abzulehnenden Meinung ist die formlose, mündliche Erldärung sogar wirksam, wenn die Parteien trotz der **Schriftformklausel** die Gültigkeit einer formlosen Erklärung wollen. Damit würde aber ein vereinbarter Formzwang leer laufen.

Zur Vertiefung: *Führich, Wirtschaftsprivatrecht, § 5*

§ 6 Stellvertretung

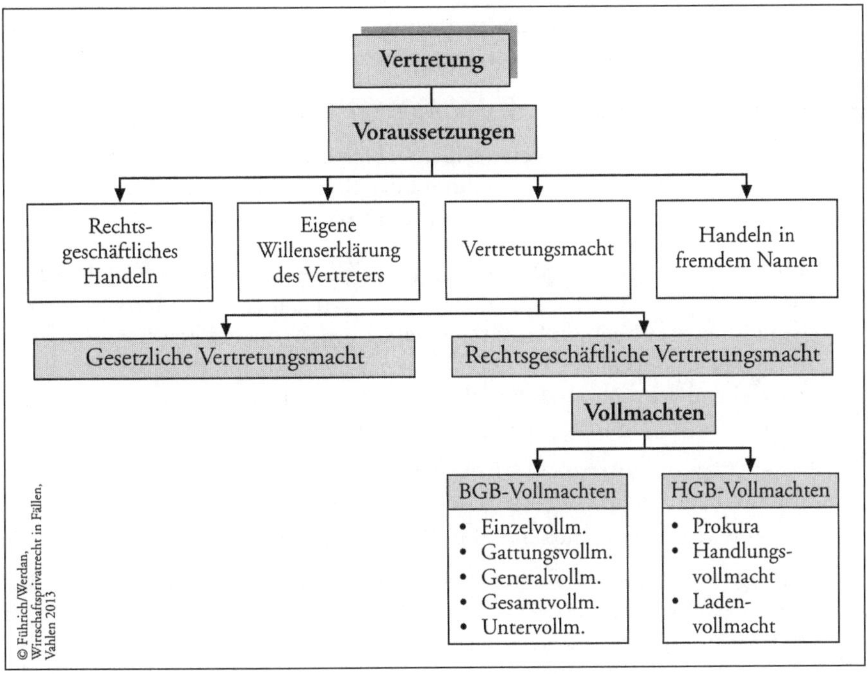

Abb. 9: Vertretung nach BGB und HGB

I. Stellvertretung nach bürgerlichem Recht

1. Voraussetzungen der Stellvertretung

1. Was heißt Stellvertretung?

Stellvertretung ist (1) rechtsgeschäftliches Handeln, (2) für einen anderen, (3) im Namen des Vertretenen, (4) innerhalb der Vertretungsmacht.

2. Bei der Stellvertretung geht es um die Zurechnung von
a) Willenserklärungen
b) schadensersatzpflichtigem Handeln
c) Realakten
des Vertreters gegenüber dem Vertretenen.

Richtig ist a). Es geht um die Abgabe von Willenserklärungen mit unmittelbarer rechtlicher Wirkung für und gegen den Vertretenen.

3. Welche vier Voraussetzungen sind bei der Stellvertretung stets zu prüfen?

(1) Rechtsgeschäftliches Handeln, (2) Eigene Willenserklärung des Vertreters (kein Bote), (3) Handeln in fremdem Namen (Offenkundigkeitsprinzip), (4) Vertretungsmacht (rechtsgeschäftlich durch Vollmacht oder gesetzlich).

4. In welchen Fällen ist eine Stellvertretung unzulässig?

Bei den sog. **höchstpersönlichen Rechtsgeschäften** des Familien- und Erbrechts wie Eheschließung oder Testamentserrichtung.

5. Wie unterscheiden sich Vertreter und Bote?

Der Vertreter gibt eine eigene **Willenserklärung** mit einem eingeschränkten Entscheidungsspielraum ab, während der Bote lediglich eine **fremde Erklärung überbringt** und keine Entscheidungsfreiheit besitzt.

6. Der Mitarbeiter Schlau (S), der aufgrund eines Arbeitsvertrags bei dem Autohersteller Union (U) arbeitet, soll im Namen von U einen Mietvertrag mit dem Hotelier H über ein Hotelzimmer schließen und hat hierzu von U Vertretungsmacht erhalten. S schließt diesen Vertrag ab, macht dabei aber nicht hinreichend deutlich, dass er nicht in eigenem Namen, sondern als Vertreter von U handelt. Der fragliche Beherbergungsvertrag ist
a) voll wirksam zwischen U und H
b) schwebend unwirksam zwischen U und H
c) voll wirksam zwischen S und H zustande gekommen.

Richtig ist c). S hat als Vertreter von U zwar rechtsgeschäftlich bei der Buchung des Hotelzimmers gehandelt und eine eigene Willenserklärung bei dem Vertragsantrag abgegeben, es fehlt aber am Handeln im fremden Namen. Da sich die Vertretung nicht aus den Umständen des Vertragsschlusses ergibt (§ 164 I 2 BGB), liegt unanfechtbar ein **Eigengeschäft des Vertreters S** mit H vor (§ 164 II BGB).

7. Welche Arten der Vertretungsmacht werden unterschieden?

Vertretungsmacht kraft (1) **Vollmacht** durch den Vertretenen und (2) **Gesetzes.**

2. Arten der Stellvertretung

8. Nennen Sie vier wichtige Fälle, bei denen die Vertretungsmacht aus dem Gesetz abgeleitet wird!

(1) Die **Eltern** sind die gesetzlichen Vertreter des minderjährigen Kindes (§§ 1626, 1629 BGB). (2) Der gesetzliche **Betreuer** vertritt den Volljährigen, der auf Grund psychischer Krankheit oder Behinderung seine Angelegenheiten nicht besorgen kann, gerichtlich und außergerichtlich (§§ 1896, 1902 BGB). (3) **Ehegatten** vertreten sich im Rahmen der Schlüsselgewalt bei Geschäften zur Deckung des Lebensbedarfs (§ 1357 BGB). (4) Die juristischen Personen werden durch ihre **satzungsmäßig festgelegten Organe** vertreten wie der Verein durch seinen Vorstand (§ 26 BGB), die GmbH durch die Geschäftsführer (§ 35 GmbHG) oder die AG durch ihren Vorstand (§ 78 AktG).

9. Braucht der Geschäftsführer einer GmbH oder der 1. Vorsitzende eines e.V. eine Vollmacht, wenn er für die juristische Person Rechtsgeschäfte schließen will?

Nein, sie handeln als **Organe** ihrer juristischen Personen. Jedes Handeln der Organe für die juristische Person wird dieser zugerechnet.

10. Zu Verträgen, mit denen Eltern ihren Kindern Vermögenswerte übertragen, wodurch diese einen nicht lediglich ____________ Vorteil erlangen, muss vom ____________ ein ____________ bestellt werden, weil sonst das Finanzamt solche Abreden mangels zivilrechtlicher Gültigkeit nicht anerkennt.

rechtlichen, gesetzlichen Vertreter, Ergänzungspfleger.

11. Welche rechtsgeschäftlichen Arten der Vollmacht kennen Sie?

a) Nach dem **Umfang der Voll**macht werden unterschieden:
- **Einzelvollmacht** zur Vornahme nur eines Rechtsgeschäfts (z. B. Kauf eines Computers),
- **Gattungsvollmacht** für eine Gruppe von Rechtsgeschäften (z. B. Einkaufsvollmacht),
- **Generalvollmacht** für alle Geschäfte, für die Vertretung zulässig ist (z. B. für Zweigstelle)
- **Vollmacht über den Tod hinaus** mit Wirkung für und gegen die Erben,

b) Nach der **Zahl der Bevollmächtigten** werden unterschieden:
- **Gesamtvollmacht** für mehrere Personen zusammen,
- **Untervollmacht** des Vertreter für einen Dritten,

c) Vollmachten nach **Handelsrecht**:
- **Prokura** (§§ 48 ff. HGB),
- **Handlungsvollmacht** (§ 54 HGB)

12. Kein rechtsgeschäftlicher (gewillkürter) Vertreter ist der
a) Prokurist
b) Handlungsbevollmächtigte
c) Vater seiner Tochter
d) Vormund des minderjährigen Jugendlichen
e) Betreuer des erwachsenen Behinderten.

Richtig ist c), d), e).

13. Welche beiden Rechtsbeziehungen muss man bei der rechtsgeschäftlichen Vertretung genau unterscheiden?

(1) Das **Innen- oder Grundverhältnis** zwischen Vollmachtgeber und Vertreter wie z.B. ein Auftragsverhältnis oder ein Arbeitsverhältnis wie im Fall 6. (2) Das **Außenverhältnis** durch Erteilung oder Erlöschen einer Vollmacht.

14. Wie kann eine Vollmacht erteilt werden?

Eine Erteilung ist möglich durch

- einseitige, empfangsbedürftige Willenserklärung gegenüber dem zu Bevollmächtigenden oder gegenüber Dritten, mit denen der Vertreter in Verbindung treten soll (§ 167 BGB),
- stillschweigendes oder ausdrückliches Verhalten des Vollmachtgebers (Duldungs-, Anscheinsvollmacht),
- öffentliche Bekanntmachung (§ 171 BGB).

Die Erteilung der Vollmacht in der Regel formfrei (§ 167 II BGB). Eine öffentlich beglaubigte Form durch einen Notar ist z.B. vorgeschrieben bei den Anmeldungen zum Vereins- bzw. Handelsregister (§§ 77 BGB, 12 II HGB). Zur Legitimation wird häufig eine Vollmachtsurkunde ausgestellt (§§ 172–176 BGB). Die Pflicht zur Ausführung der Vollmacht wird erst durch das Grundverhältnis Auftrag oder Arbeitsvertrag begründet.

15. Wann erlöschen Vollmachten?

Vollmachten erlöschen, wenn

- das ihnen zugrunde liegende Rechtsverhältnis endet (§ 168 S. 1 BGB) wie z.B. das Arbeitsverhältnis,
- sie durch einseitige Willenserklärung des Vollmachtgebers widerrufen wird (§ 168 S. 2 BGB),
- der Auftrag erledigt ist,
- der Bevollmächtigte stirbt.

3. Vertretung ohne Vertretungsmacht

16. Kaufmann Rührig (R) bevollmächtigt seinen Mitarbeiter Voll (V) zum Kauf einer bestimmten Menge Bauholz mit einer Preisgrenze von € 50000. Gleichwohl schließt V mit dem Holzhändler Buchholz (B) einen Kaufvertrag über € 60000, da das Preislimit nicht einzuhalten war und der Kauf günstig schien. Welche Rechtsfolgen treten ein?

V überschreitet die Grenzen der Vollmacht. Diesen Fall und ein Handeln ohne Vertretungsmacht regeln §§ 177–180 BGB. Nach § 177 BGB ist der von V vermittelte Kaufvertrag zwischen R und B **schwebend unwirksam** bis zur Genehmigung des Vertretenen R. Mit seiner nachträglichen Genehmigung (§ 184 BGB) wird der Kaufvertrag rückwirkend wirksam und er muss als Käufer den Preis von € 60000 bezahlen.

17. Angenommen, im Fall 16 billigt R den Kauf nicht. Wie ist B geschützt?

Verweigert R die Genehmigung, so ist der Vertreter V dem anderen Vertragspartner B nach dessen **Wahl** zur **Erfüllung** des Kaufvertrages oder zu **Schadensersatz** verpflichtet (§ 179 I BGB). Das Vertrauen des B wird also durch eine Haftung des V geschützt.

4. Verbot des Selbstkontrahierens

18. Gut (G) ist Geschäftsführer der A GmbH und zugleich vertretungsberechtigter Gesellschafter der B OHG. Kann G im Namen der B OHG der A GmbH rechtswirksam ein Darlehen gewähren?

Um eine **Interessenkollision** zu vermeiden verbietet § 181 BGB grundsätzlich bei sog. Insichgeschäften eine Personenidentität auf beiden Seiten des Rechtsgeschäfts durch Selbstkontrahieren oder Mehrfachvertretung. Hier liegt Mehrfachvertretung vor, da G die OHG als Darlehensgeberin und die GmbH als Darlehensnehmerin vertritt. **Ausnahmsweise ist ein Insichgeschäft erlaubt**, wenn der Vertreter

- in Erfüllung einer schon bestehenden Verbindlichkeit handelt, z. B. Übereignung der Kaufsache nach § 929 BGB,
- lediglich rechtliche Vorteile vermittelt, z. B. bei einer Schenkung,
- mit einer Gestattung durch den Vertretenen handelt, z. B. der Gesellschaftsvertrag befreit von § 181 BGB.

II. Vollmachten des Handelsgesetzbuches

1. Prokura

19. Der Kaufmann und Verlagsinhaber Klug (K) erklärt zu seinem Angestellten Paul (P) bei einer Betriebsfeier: „Ab heute unterschreiben Sie mit ppa." Ist diese Prokura wirksam erteilt?

Die Prokura als **handelsrechtliche Vollmacht mit dem gesetzlich festgelegten weitestgehenden Umfang**, kann nur erteilt werden von einem Kaufmann oder von dem gesetzlichen Vertreter einer Handelsgesellschaft (§ 48 HGB). K ist damit als **Inhaber eines kaufmännischen Handelsgewerbes** erteilungsbefugt. Formal muss die Erteilung **ausdrücklich** schriftlich oder mündlich und **persönlich** erfolgen. Hierzu reicht auch die schlüssige Erklärung: „Sie unterschreiben ab heute mit ppa." Mit diesem einseitigen Rechtsgeschäft des K ist P Prokurist. Die Prokura ist bei der Unterschrift erkennbar mit: ppa + Name (ppa = per procura). Diese Erteilung ist von K **deklaratorisch** zum Handelsregister **anzumelden** (§ 53 I HGB). Es werden Einzel-, Gesamt- oder Filialprokura unterschieden.

20. Der Verlagskaufmann K verbietet aber seinem Prokuristen P, Verträge über einen Betrag von € 50 000 hinaus zu schließen. P kauft im Namen der Firma bei V jedoch einen Lkw für € 100 000. Muss K bezahlen?

K muss als Käufer den Kaufpreis von € 100000 an V bezahlen, wenn P ihn wirksam vertreten hat. Der Umfang der Vertretungsmacht erfasst alle gerichtlichen und außergerichtlichen Rechtshandlungen, die der **Betrieb irgendeines Handelsgewerbes** mit sich bringt, damit auch branchenunübliche Geschäfte (§ 49 HGB). Lediglich im Innenverhältnis zwischen K und P kann die Prokura, z. B. wie hier betragsmäßig durch Rechtsgeschäft, beschränkt werden, im Außenverhältnis zu V jedoch nicht (§ 50 I, II HGB).

21. Welche Rechtsgeschäfte sind **gesetzlich** für den Prokuristen P ausgeschlossen?

- Veräußerung und Belastung von Grundstücken (Ausnahme Sondervollmacht, § 49 II HGB),
- Privatgeschäfte des Inhabers,
- Inhabergeschäfte des Kaufmanns,
- Geschäfte, die nicht dem „Betrieb“ dienen wie Unternehmensverkauf oder Betriebseinstellung.

22. Kann der Prokurist P im vorherigen Fall 20 namens des K wirksam

a) Änderungen der Firma zur Eintragung im Handelsregister anmelden
b) den Privatwagen des K veräußern
c) die Unternehmensbilanz unterzeichnen
d) selbst Prokura erteilen
e) Wechselverbindlichkeiten eingehen
f) eine Handlungsvollmacht erteilen
g) Grundstücke belasten
h) ein Grundstück kaufen
i) Kredite gewähren?

Richtig ist e), f), h), i). a), c) und d) sind Inhabergeschäfte, b) ist Privatgeschäft und g) ist nur mit Immobilienvollmacht möglich. Der Erwerb von Grundstücken ist stets möglich und fällt nicht unter die Beschränkung des § 49 II HGB.

23. Im Fall 20 stellt sich später heraus, dass der Arbeitsvertrag des P nichtig ist. Sind die von P geschlossenen Rechtsgeschäfte damit wirksam?

Erlischt oder ist im Grundverhältnis der Arbeitsvertrag nichtig, besteht auch keine Vollmacht (§ 168 I BGB). P handelte dann als Vertreter ohne Vertretungsmacht (§§ 177, 179 BGB). Die von ihm geschlossenen Verträge sind damit schwebend unwirksam.

24. Im Fall 20 überlegt K wie er P die Prokura entziehen und ob er das Gehalt des P kürzen kann.

Die Prokura erlischt mit dem jederzeit möglichen **Widerruf** (§ 521 HGB), mit **Ende des Arbeitsvertrages** (§ 168 BGB), mit **Ende des Handelsgeschäfts**, mit dem Verlust der **Kaufmanneigenschaft** des Inhabers und durch den **Tod** des

Prokuristen (§ 52 III HGB). Die Eintragung des Erlöschens im Handelsregister ist nur deklaratorisch (§ 53 II HGB). K kann also die Prokura sofort widerrufen, ohne dies begründen zu müssen.

Hiervon ist die Auflösung oder Änderung des Arbeitsvertrages zu unterscheiden. Dieser ist getrennt vom Widerruf nach §§ 622 ff. BGB zu kündigen oder mit Zustimmung des P abzuändern.

2. Handlungsvollmacht

25. Eine Handlungsvollmacht kann grundsätzlich erteilt werden

a) nur von einem Inhaber eines kaufmännischen Handelsgewerbes

b) auch von einem Prokuristen

c) auch von einem Kleingewerbetreibenden.

Richtig ist b), c). Die Handlungsvollmacht kann direkt gegenüber dem Bevollmächtigten durch den Kaufmann, den Kleingewerbetreibenden, die Organe einer Kapitalgesellschaft wie die Geschäftsführer der GmbH oder durch den Prokuristen erteilt werden. Formvorschriften oder eine Eintragung gibt es nicht.

26. Welchen Umfang hat die Handlungsvollmacht?

(1) Grundsätzlich bestimmt der Vollmachtgeber den Umfang der Handlungsvollmacht. (2) Ist nichts bestimmt, besteht eine **gesetzliche Vermutung** zugunsten gutgläubiger Dritter, dass **nur branchenübliche** und **nicht ungewöhnliche Geschäfte** eines **derartigen Handelsgewerbes (Branche)** gedeckt sind (§ 54 HGB). (3) **Gesetzlich ausgeschlossen** sind grundsätzlich

a) Veräußerung, Belastung von Grundstücken, Wechselverbindlichkeiten, Darlehensaufnahme, Prozessführung,

b) alle Geschäfte, die dem Prokuristen untersagt sind und

c) reine Inhabergeschäfte.

Zur Vertiefung: *Führich, Wirtschaftsprivatrecht, § 6*

§ 7 Fristen und Verjährung

I. Termine und Fristen

1. Was ist ein Termin im Rechtssinn?

Termin ist ein bestimmter Zeitpunkt, an dem (1) eine Handlung vorzunehmen ist oder (2) an dem eine bestimmte Wirkung eintritt. Termin ist z. B. die Mietzahlung zum 3. eines Monats.

2. Was versteht man unter einer Frist?

Frist ist ein **abgegrenzter, bestimmter Zeitraum**, nach dessen Ablauf eine bestimmte Rechtsfolge eintritt. Eine Frist ist z. B. die Lieferfrist von 3 Wochen.

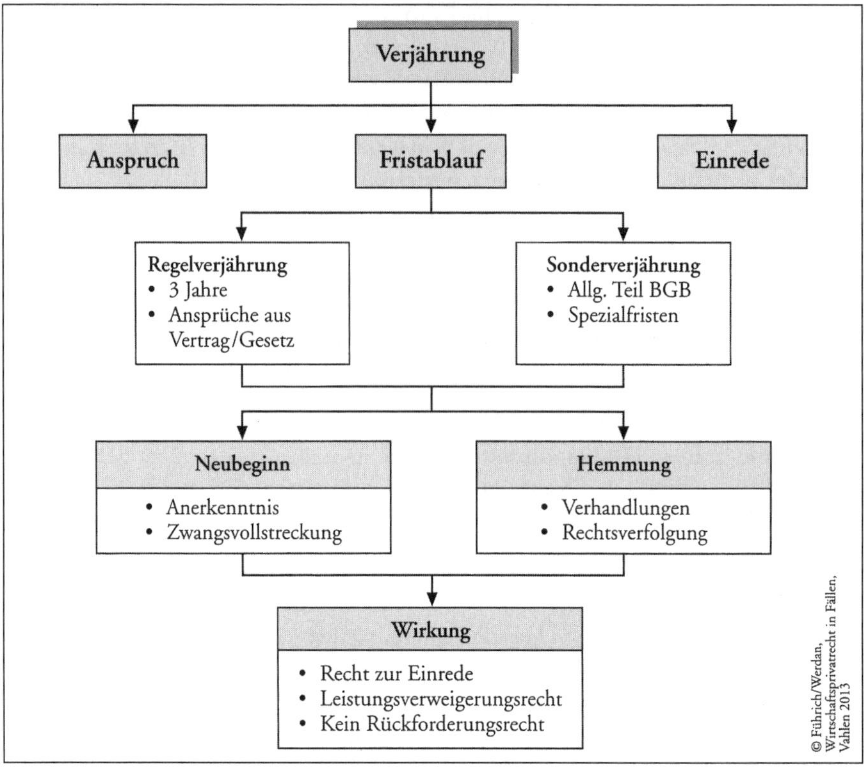

Abb. 10: Verjährung

3. Der Reiseveranstalter Sun-Tours (S) lehnt die Regulierung von Mängelansprüchen des Reisenden Rastlos (R) ab, die dieser 7 Monate nach Reiseende vorbringt. Er beruft sich darauf, dass R die Ausschlussfrist nach § 651g I BGB und die Verjährungsfrist nach § 651g II BGB versäumt hat. Zu Recht?

Bei den Fristen werden die **Ausschlussfristen**, welche zu einem Rechtsverlust bei Ablauf führen und die **Verjährungsfristen**, welche ein Leistungsverweigerungsrecht nach Ablauf begründen, unterschieden. Im Reisevertragsrecht der Pauschalreise nach § 651a BGB sind beide Fristarten zu beachten. Der Reisende R hat binnen eines Monats nach Reiseende behauptete Mängel der Reise bei seinem Reiseveranstalter S anzumelden (Ausschlussfrist). Versäumt er dies wie hier, verliert er seine Gewährleistungsrechte (§ 651g I BGB). Rechtzeitig geltend gemachte Ansprüche verjähren zusätzlich nach der gesetzlichen Regelung binnen 2 Jahren nach Reiseende, wobei der Zeitraum der Reklamationsbearbeitung bei S nicht mitgerechnet wird (§ 651g II und § 203 BGB). Allerdings kann S die Verjährung durch AGB auf ein Jahr verkürzen (§ 651m S. 2 BGB).

4. Kaufmann Klug (K) mahnt den Käufer Windig (W) zum dritten Mal und setzt hierbei eine „Nachfrist" für die Bezahlung des Kaufpreises mit Schreiben vom 10.3., welches am 12.3. bei W zugeht, von 10 Tagen. Wann läuft die Frist ab?

Fristen werden nur nach vollen Tagen berechnet. Die Normalfrist ist die Ereignisfrist nach § 187 I BGB, bei der für den Fristanfang ein Ereignis, wie hier der Zugang der Mahnung, maßgeblich ist. Dieser Tag wird nicht mitgerechnet, sondern die Frist beginnt erst am nächsten Tag wie hier am 13.3. Tagesfristen enden grundsätzlich mit Ablauf des letzten Tages der Frist, hier damit am 22.3.

5. Wie werden Wochen- und Monatsfristen berechnet?

Eine nach Wochen oder Monaten bestimmte Frist endigt mit Ablauf des Tages der letzten Woche oder des letzten Monats, der durch seine Benennung oder seine Zahl dem Tag entspricht, in dem das Ereignis fällt, § 188 BGB (z. B. Zugang Montag, Ablauf nach einer Woche: Montag). Fehlt der entsprechende Tag des Monats, endet die Frist am letzten Tag des Monats (z. B. Fristbeginn: 30.1., Fristende 28.2.).

6. Wann läuft die Frist ab, wenn der letzte Tag der Frist am 22.3. ein Sonntag, Samstag oder gesetzlicher Feiertag ist?

Fällt das Fristende auf einen staatlich anerkannten allgemeinen Feiertag, Samstag oder Sonntag, so endet die Frist am nächsten Werktag (§ 193 BGB).

7. Wie wird das Lebensalter für die Geschäftsfähigkeit berechnet?

Beim Lebensalter handelt es sich nicht um eine Ereignisfrist, sondern um eine **Beginnfrist**. Ist für den Fristanfang der Beginn des Tages maßgebend, so wird nach § 187 II BGB dieser Tag als Fristbeginn mitgerechnet. Daher zählt beim Lebensalter der Geburtstag voll mit.

II. Verjährung

8. Was bedeutet Verjährung?

Im Privatrecht bedeutet Verjährung, dass nach Ablauf einer Frist der Schuldner einen Anspruch nicht mehr zu erfüllen braucht. Der Gläubiger kann den Anspruch in einem Prozess nicht mehr gegen den Willen des Schuldners durchsetzen. Der Schuldner bekommt ein Leistungsverweigerungsrecht (§§ 194, 214 I BGB), das aber im Prozess nicht von Amts wegen beachtet wird. Der Schuldner muss es durch die „Einrede der Verjährung“ geltend machen. Der verjährte Anspruch ist nicht erloschen, er kann trotzdem erfüllt werden.

9. Wie lange beträgt die normale, regelmäßige Verjährungsfrist? Wann kommt sie zur Anwendung?

Es verjähren nur **Ansprüche**, d. h. ein Recht, ein **Tun** oder **Unterlassen** zu verlangen, nicht Rechte wie z. B. das Eigentumsrecht (§ 194 BGB). Die regelmäßige Verjährungsfrist beträgt **3 Jahre**, außer das Gesetz ordnet eine andere Verjährungsfrist an.

10. Wann beginnt die regelmäßige Verjährungsfrist zu laufen?

Sie beginnt, wenn (1) der Anspruch entstanden ist und (2) der Gläubiger von den den **Anspruch begründenden Umständen** und der **Person des Schuldners**

Kenntnis erlangt hat oder ohne grobe Fahrlässigkeit hätte erlangen müssen (§ 199 I BGB). Die Verjährungsfrist beginnt dann mit Schluss des Jahres, in dem erstmals beide Voraussetzungen vorliegen. Die Regelverjährung knüpft nach diesem subjektiven System an den **Jahresbeginn** an. **Sonstige Verjährungsfristen** beginnen nach dem objektiven System an dem Zeitpunkt, an dem der Anspruch entstanden ist (§ 200 BGB). Kenntnis oder grobfahrlässige Unkenntnis spielen dann keine Rolle.

11. Das Verjährungsrecht der Regelverjährung kennt Maximalfristen. Welche?

Ohne Rücksicht auf Kenntnis oder Erkennbarkeit verjähren die Ansprüche in einer **Maximalfrist** von 10 Jahren ab Fälligkeit (§ 199 III BGB). Ausgenommen sind Schadensersatzansprüche, die auf Verletzung von Leben, Körper, Gesundheit oder Freiheit beruhen. Für sie gilt eine **maximale Verjährungsfrist von 30 Jahren** (§ 199 II BGB).

12. Bestimmen Sie für folgende Fälle die Verjährungsfristen für den Preis.

a) Der Student Emsig kauft 1.12.09 ein Motorrad.

b) Der Kläger erhält am Amtsgericht am 31.10.09 einen vollstreckbaren Titel.

c) Der Steuerberater S kauft für seine Kanzlei einen neuen PC.

a) Die Verjährungsfrist beträgt 3 Jahre, welche mit Ablauf des Jahres des Kaufs 09 beginnt (§§ 195, 199 I BGB). b) Die Verjährungsfrist beträgt 30 Jahre, welche mit Entstehen des Anspruchs am 31.10.09 beginnt (§§ 197 I Nr. 3, 200 BGB). c) Verjährungsfrist 3 Jahre, Beginn mit Ablauf des Kaufjahres (§§ 195, 199 I BGB).

13. Student Sonnig (S) erwirbt am 22.12.09 ein Fernsehgerät vom Händler V, welches erst am 5.1.10 ausgeliefert wurde. Wann ist die Kaufpreisforderung verjährt?

Der Kaufpreisanspruch nach § 433 II BGB gegen S verjährt nach 3 Jahren. Beginn der Verjährungsfrist ist das Ende des Vertragsabschlussjahres 31.12.09, da V über den Kauf Bescheid weiß und den Schuldner S kennt (§ 199 I Nr. 1 und Nr. 2 BGB). Auf das Datum der Auslieferung am 5.1.10 kommt es nicht an. Da es sich nicht um Schadensersatzansprüche handelt, kommen § 199 II und III BGB nicht zur Anwendung. Das Ende der Verjährungsfrist ist damit am 31.12.12.

14. Welche wichtigen Spezialfristen bestehen für Gewährleistungsansprüche bei Mängeln?

Spezialfristen enthalten die **kauf-, werk- und reisevertragsrechtlichen Mängelansprüche** nach §§ 438, 634a und 651g II BGB. Diese beginnen schon mit der Lieferung der Sache, der Abnahme des Werks oder dem vertraglichen Reiseende zu laufen.

15. Was heißt Hemmung der Verjährung?

Hemmung bedeutet, die Verjährung läuft nicht an oder läuft nicht weiter (§ 209 BGB).

16. Nennen Sie Beispiele, die zu einer Hemmung der Verjährung führen!

Gründe für eine Hemmung sind sämtliche Maßnahmen der Rechtsverfolgung wie Klageerhebung und Zustellung des Mahnbescheids im gerichtlichen Mahnverfahren (§ 204 I BGB). In den Fällen des § 204 I Nr. 1 bis 14 BGB endet die Hemmung 6 Monate nach der rechtskräftigen Entscheidung oder Erledigung des Verfahrens (§ 204 II BGB). Hemmungsgründe sind auch Verhandlungen über den Anspruch (§ 203 BGB), ein Leistungsverweigerungsrecht (§ 205 BGB), höhere Gewalt (§ 206 BGB), familiäre Gründe (§ 207 BGB) und Verletzung der sexuellen Selbstbestimmung (§ 208 BGB).

17. Was heißt Neubeginn der Verjährung?

Neubeginn bedeutet, dass eine bereits angelaufene Verjährungsfrist entfällt und eine neue Verjährung in voller Länge zu laufen beginnt (§ 212 BGB).

18. Die Verjährung beginnt neu zu laufen bei
a) Abschlagszahlung
b) Zinszahlung
c) Zustellung der Rechnung
d) Zustellung einer betrieblichen Mahnung mit Fristsetzung
e) Klageandrohung
f) Stundungsantrag des Schuldners
g) Vollstreckungshandlungen

Richtig ist a), b), f), g). Die Gründe für den Neubeginn der Verjährung sind alle Formen der Anerkennung eines Anspruchs (§ 212 I Nr. 1 BGB) und alle Formen der gerichtlichen oder behördlichen Zwangsvollstreckungshandlungen (§ 212 I Nr. 2 BGB).

Zur Vertiefung: *Führich, Wirtschaftsprivatrecht, § 7*

§ 8 Inhalt vertraglicher Schuldverhältnisse

I. Vertragsfreiheit

1. Was versteht man unter Vertragsfreiheit und wo ist sie verankert?

Vertragsfreiheit umfasst einmal die Freiheit des einzelnen, Verträge abzuschließen oder nicht (**Abschlussfreiheit**), zum anderen den Inhalt der Verträge festzulegen (**Gestaltungsfreiheit**). Die Vertragsfreiheit ist eine Erscheinungsform der **Privatautonomie**, welche in Art. 1, 2 GG verankert ist.

2. Die Abschlussfreiheit kann durch einen Kontrahierungszwang eingeschränkt werden, der zu einem ungewollten Vertragsschluss verpflichtet. Woraus kann sich ein solcher Abschlusszwang ergeben?

Ein Kontrahierungszwang kann bestehen (1) aufgrund **spezialgesetzlicher Anordnung**, (2) bei Monopolbetrieben oder (3) bei **lebensnotwendigen Gütern** für den Verbraucher.

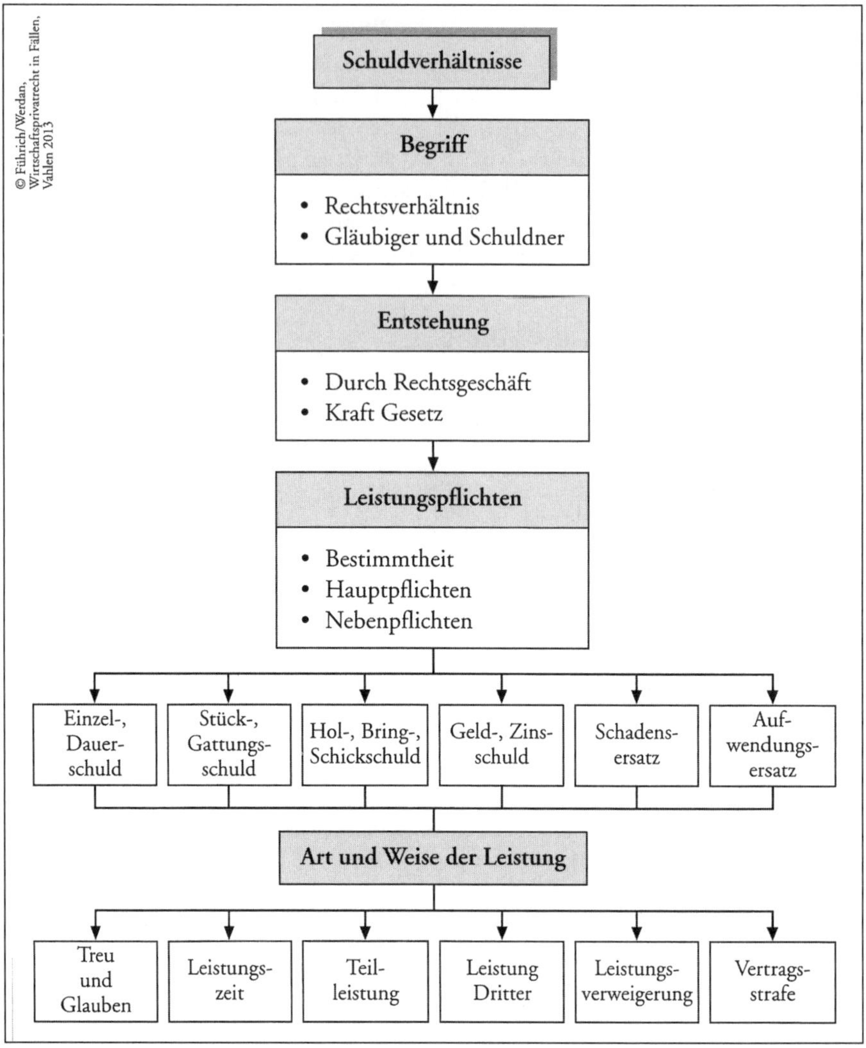

Abb. 11: Schuldverhältnisse

3. Die V-Versicherung weigert sich Haftpflichtversicherungen mit türkischen Kfz-Haltern abzuschließen. Erscheint Ihnen dies rechtlich zulässig?

(1) V kann sich nicht auf eine Abschlussfreiheit berufen. Da die Kfz-Haftpflichtversicherung eine Zwangsversicherung ist, fordert **§5 II PflVersG** einen Kontrahierungszwang für Versicherer. Die Staatsangehörigkeit ist kein sachlicher Ablehnungsgrund. (2) Zudem verstößt die Ablehnung gegen § 19 I Nr. 1 AGG, da V bei Massengeschäften wie Versicherungen aus Gründen der „ethnischen Herkunft“ nicht benachteiligen darf.

4. Welche Gesetze des WPR zählen überwiegend zum zwingenden Recht und beschränken daher die Freiheit „wie“ ein Vertrag inhaltlich aussehen kann?

Wichtige Beschränkungen des Vertragsinhalts ergeben sich aus Schutzgesetzen zugunsten sozial schwacher Vertragspartner. Hierzu zählen u. a. die **Verbraucherschutzvorschriften** der Wohnungsmiete in §§ 535 ff., 549 ff. BGB, des Pauschalreiserechts in §§ 651a–m BGB, des Verbraucherdarlehensvertrages in §§ 491 ff. BGB, der Haustürgeschäfte in § 312a BGB, der Fernabsatzverträge in §§ 312b ff. und der AGB-Vorschriften in §§ 305–310 BGB. Diese vertraglich nicht abänderbaren Normen sichern einen Mindeststandard zugunsten des schutzbedürftigen Vertragspartners.

5. Im Sachen-, Familien- und Erbrecht gilt der numerus clausus. Was heißt das?

Die Partner können hier ihre Interessen nur in der gesetzlich vorgeschriebenen Art und Weise realisieren. Es besteht daher inhaltlich **keine Gestaltungsfreiheit.**

II. Begriff und Entstehung von Schuldverhältnissen

6. Was versteht man unter einem Schuldverhältnis?

Ein Schuldverhältnis ist ein Rechtsverhältnis zwischen mindestens 2 Personen: **Gläubiger** und **Schuldner.** Der Inhaber eines Anspruchs ist der Gläubiger, der Verpflichtete ist der Schuldner und das, wozu er verpflichtet ist, heißt **Leistung.** Das Schuldrecht umfasst im Wesentlichen den **Austausch von Sachen und Dienstleistungen** (Vertragsrecht) und den **Ausgleich von Schäden und Benachteiligungen** (z. B. unerlaubte Handlungen).

7. Welche Arten von Schuldverhältnissen werden unterschieden?

Das Schuldrecht unterscheidet nach der Entstehung **vertragliche** (§ 311 I BGB), **vorvertragliche** im Rahmen der Vertragsanbahnung und -verhandlungen (§ 311 II BGB) und **gesetzliche Schuldverhältnisse.**

8. Welche wichtigen vertraglichen Schuldverhältnisse kennen Sie?

- Kaufvertrag nach §§ 433 ff. BGB
- Darlehensvertrag nach §§ 488 ff. und 607 ff. BGB
- Mietvertrag nach §§ 535 ff. BGB
- Dienstvertrag nach §§ 611 ff. BGB
- Werkvertrag nach §§ 631 ff. BGB
- Reisevertrag nach §§ 651a ff. BGB
- Auftrag nach §§ 662 ff.

9. Entstehen sämtliche Schuldverhältnisse aus Verträgen?

Nein, die **gesetzlichen Schuldverhältnisse** entstehen unabhängig vom Willen der Betroffenen. Wer z. B. einen anderen körperlich verletzt, muss für den Schaden aus dem gesetzlichen Schuldverhältnis der unerlaubten Handlung nach § 823 I BGB aufkommen.

10. Schuldverhältnisse entstehen
a) immer
b) manchmal
c) nie
durch gesetzliche Anordnung.

Richtig ist b). Gesetzliche Schuldverhältnisse sind neben den erwähnten **unerlaubten Handlungen** nach §§ 823 bis 853 BGB, die **Geschäftsführung ohne Auftrag** (§§ 677 ff. BGB), die **Haftung des Beherbergungswirts** für eingebrachte Sachen des Gastes (§§ 701 ff. BGB) und der Ausgleich ungerechtfertigter Vermögensverschiebungen wegen **Bereicherung** (§§ 812 ff. BGB).

III. Leistungspflichten

1. Allgemeine Leistungspflicht

11. Warum muss eine Leistung bestimmt oder zumindest bestimmbar sein?

Sonst wäre eine zwangsweise Durchsetzung durch einen Prozess und eine Zwangsvollstreckung durch den Gläubiger nicht möglich.

12. Nennen Sie die Hauptpflichten des Kaufvertrags! Welche Nebenpflichten des Kaufvertrags kennen Sie?

Bei Schuldverhältnissen unterscheidet man Haupt- und Nebenpflichten. Der Verkäufer hat nach § 433 I BGB die **Hauptpflicht** zur Verschaffung von Besitz (§ 854 BGB) und Eigentum an der Kaufsache für den Käufer (§§ 929 ff. bei beweglichen Sachen, §§ 873, 925 BGB bei Grundstücken und §§ 398 ff. BGB bei Forderungen), während der Käufer die Hauptpflicht zu Zahlung des Kaufpreises (§ 433 II BGB) hat.

Die Abnahmepflicht des Käufers nach § 433 II BGB und die Verpackungs- und Informationspflicht des Verkäufers sind dagegen nur **Nebenpflichten**. Nebenpflichten dienen der Durchführung der Hauptpflichten, wobei es sich vor allem um gegenseitige **Schutzpflichten** handelt (§ 241 II BGB).

13. Betrachten wir einmal die Leistungspflichten von Kauf (§ 433 BGB) und Miete (§ 535 BGB). Wodurch unterscheiden sie sich?

Der Kauf ist ein typisches Beispiel für ein Schuldverhältnis für einen **einmaligen Leistungsaustausch** von Kaufsache und Kaufpreis. Miete ist dagegen als **Dauerschuldverhältnis zeitbestimmt** und erfordert deswegen zusätzliche ungeschriebene Schutz- und Treuepflichten.

14. Zählen Sie fünf Dauerschuldverhältnisse auf!

Miete, Pacht, Darlehen, Dienst- oder Arbeitsvertrag, Gesellschaft.

15. Das Allgemeine Schuldrecht kennt die verschiedensten Leistungspflichten eines Schuldners. Welche kennen Sie?

Die Art der geschuldeten Leistung ergibt sich entweder aus den getroffenen Vertragsvereinbarungen oder bei den gesetzlichen Schuldverhältnissen aus den gesetzlichen Vorschriften. Bei den Leistungsarten unterscheiden wir:

- Einzel- und Dauerschuld,
- Stück- und Gattungsschuld (§243 BGB),
- Hol-, Bring-, Schickschuld,
- Geld- und Zinsschuld (§§244–248 BGB),
- Schadensersatz (§§249–255 BGB),
- Aufwendungsersatz (§§256, 257 BGB).

16. Was versteht man unter Stück- und Gattungsschuld?

Gegenstand eines Vertrages kann eine ganz nach **individuellen Merkmalen** bestimmte Stückschuld (z.B. ein bestimmter Gebrauchtwagen) oder eine nur **nach allgemeinen Merkmalen** abgrenzte Gattungsschuld sein (z.B. 1000 t Steinkohle, Massenartikel).

17. Was heißt Konkretisierung der Gattungsschuld?

Der Schuldner einer Gattungsschuld, wie z.B. ein Neuwagenverkäufer, schuldet an sich die ganze Gattung, also den z.B. den Neuwagentyp Porsche 911. Diese Leistung ist mehrfach vorhanden und muss durch den Schuldner auf einen Gegenstand, also einen Pkw, beschränkt oder konkretisiert werden. Der Verkäufer des Porsche wählt aus seinem Lagerbestand ein Kfz aus und hat dann als Schuldner das zur Leistung seinerseits Erforderliche getan (§243 II BGB). Dieser Gegenstand muss in mittlerer Art und Güte erbracht werden (§243 I BGB, §360 HGB).

18. Was verstehen wir unter dem Begriff Leistungsort?

Der Leistungsort, oft auch Erfüllungsort genannt, ist der Ort, an dem der **Schuldner seine Leistung zu erbringen** hat. Am Leistungsort gehen Kosten und Risiko auf den Gläubiger über.

19. Grenzen Sie voneinander ab: a) vertraglicher Erfüllungsort, b) gesetzlicher Erfüllungsort und c) natürlicher Erfüllungsort!

a) Der vertragliche Erfüllungsort ergibt sich aus den **Vereinbarungen der Parteien** wie z.B. aus den AGB des Verkäufers.

b) Der gesetzliche Erfüllungsort gilt immer dann, wenn keine anderen Vereinbarungen getroffen worden sind oder dieser nicht den Umständen nach (Verkehrssitte) bestimmt werden kann. Er ist am **Wohn- oder Niederlassungssitz des Schuldners** im Zeitpunkt der Entstehung des Schuldverhältnisses (§269 BGB).

c) Wenn keine Vereinbarungen erfolgen, entscheiden die **Umstände des Schuldverhältnisses** über den Erfüllungsort wie bei Operationen das Krankenhaus, bei Lieferung von Baumaterial die Baustelle oder bei Heizöllieferung der Tank.

20. Erläutern Sie die Begriffe Hol-, Bring- und Schickschuld!

a) Da der gesetzliche Leistungsort am Wohnsitz des Schuldners ist, wird gefolgert, dass der Schuldner seine Leistungshandlung dort erbringen muss. Der **gesetzliche Regelfall** ist daher die **Holschuld**, d.h. der Gläubiger hat Waren beim Schuldner abzuholen (§ 269 BGB). Der Lieferschuldner hat seine Pflicht mit der abholfertigen Bereitstellung der Ware erfüllt. Transportkosten muss der Warengläubiger tragen. Das Risiko des Transports (Transportgefahr) trägt der Warenkäufer.

b) **Bringschulden** werden entweder vertraglich vereinbart oder ergeben sich aus der Verkehrssitte wie z.B. beim Heizölkauf. Bei Bringschulden ist der **Wohnsitz des Warengläubigers** (= Käufer) der Leistungsort.

c) Bei **Schickschulden** bleibt der Leistungsort am **Wohnsitz des Schuldners,** dieser ist jedoch verpflichtet, die **Versendung der Ware zu veranlassen.** Der Schuldner hat die Ware also im Lager auszusondern und an die Transportperson zu übergeben (§ 447 BGB).

21. Knausrig aus Kempten bestellt beim Versandhaus Billig in Fürth nach Katalog einen Fernsehapparat zum Preis von € 600. Die Lieferpflicht ist eine

a) Bringschuld

b) Holschuld

c) Schickschuld

Richtig ist c). Fehlt eine Vereinbarung über den Erfüllungsort, dann ist es Verkehrssitte bei Katalogkäufen, Schickschulden anzunehmen.

22. Student Fleißig (F) zahlt als Schuldner bei seiner Bank in Frankfurt/M € 1 000 ein, um ein Surfbrett an den Verkäufer (V) in Dresden zu bezahlen. Wo ist der Leistungsort?

Bei Geldschulden ist der Schuldner bei Fehlen anderer Vereinbarungen verpflichtet, das Geld auf seine Kosten und Gefahr an den Wohnsitz des Gläubigers zu liefern. Geldschulden sind daher **Schickschulden.** Erfüllungsort ist Frankfurt/M, während der Erfolgsort Dresden ist, wenn der Betrag auf dem Konto des V gutgeschrieben wird (vgl. § 270 I BGB).

23. Was sind Zinsen und worauf können sie beruhen?

Zins ist die **Vergütung für die Überlassung von Kapital.** Zinsen sind entweder **vertraglich** vereinbart (vgl. § 488 BGB) oder sie werden **gesetzlich** angeordnet mit Mindestsätzen von 4 % nach § 246 BGB (Kaufleute 5 % § 352 HGB, Wechsel/Scheck 6 %). In § 247 BGB ist der sog. Basiszinssatz in das BGB aufgenommen. Er ist seit 1.1.2013 negativ mit – 0,13 % und wird halbjährlich durch die Europäische Zentralbank (EZB) angepasst.

24. Wie kann die Schadensersatzleistung definiert werden?

Eine Schadensersatzleistung ist der **Ausgleich einer unfreiwilligen Einbuße.** Hierbei hat der Schuldner dem Gläubiger einen Schaden zugefügt. Der Schuldner hat diesen Schaden auszugleichen und muss grundsätzlich den

Zustand wiederherstellen, der bestehen würde, wenn der Schaden nicht eingetreten wäre. Die Schadenshöhe ist in §§ 249 ff. BGB geregelt.

25. Der Urlauber Sonnig (S) hat bei der Vermittlung eines Flugs zusätzlich das Reisebüro Express (E) mit der Besorgung eines Visums beauftragt. E verlangt von S € 30 Ersatz seiner Auslagen. S will nicht zahlen.

S muss diese Aufwendungen von E zahlen, da S das Reisebüro E beauftragt hat (§ 662 BGB). Als Auftraggeber schuldet er dem Auftragnehmer auf jeden Fall den **Ersatz der Aufwendungen**, also der Kosten, die E in Erfüllung dieses Auftrags freiwillig aufgewendet hat (§ 670 BGB).

2. Art und Weise der Leistung

26. Welche Grundsätze hat der Schuldner bei der Erbringung der Leistung an den Gläubiger zu beachten?

Oberstes Prinzip ist die Generalklausel des Schuldrechts, wonach Gläubiger wie Schuldner bei der Erfüllung ihrer Pflichten **Treu und Glauben** wahren, also sich sozial angemessen verhalten müssen (§ 242 BGB). Der Schuldner hat zudem die **Leistungszeit** einzuhalten (§ 271 BGB), zu **Teilleistungen** ist er grundsätzlich nicht berechtigt (§ 266 BGB), eine **Leistung durch Dritte** ist bei nicht persönlichen Leistungen wie Geldzahlungen möglich (§ 267 BGB), ein **Leistungsverweigerungsrecht** kann bei fälligen Gegenansprüchen bestehen (§ 273 BGB) und zur Absicherung kann die Zahlung einer Vertragsstrafe (§§ 339 ff. BGB) vereinbart werden.

27. Welche 3 Funktionsbereiche werden bei § 242 BGB unterschieden?

Nach der Generalklausel des § 242 BGB hat jeder Vertragspartner in Ausübung seiner Rechte und in Erfüllung seiner Pflichten die Interessen des anderen Vertragspartners angemessen zu berücksichtigen. Hierbei lassen sich 3 Funktionsbereiche unterscheiden:

a) **Konkretisierungsfunktion:** § 242 BGB ergänzt alle Rechtsvorschriften hinsichtlich der Art und Weise der Leistung, d. h. wie, wann und wo eine Leistung erbracht werden soll.

b) **Ergänzungsfunktion:** Die Hauptleistungspflichten werden durch Nebenpflichten ergänzt wie Auskunfts-, Aufklärungs-, Fürsorge- und Unterlassungspflichten.

c) **Schrankenfunktion:** Niemand darf eine Rechtsposition, die ihm formal zusteht, in missbräuchlicherweise ausnutzen (Verbot der unzulässigen Rechtsausübung).

28. Wie unterscheidet sich das kaufmännische Zurückbehaltungsrecht von demjenigen des BGB?

Nach **§ 273 BGB** hat (1) jedermann bei (2) jeder fälligen Leistung ein Zurückbehaltungsrecht mit einem (3) konnexen (= aus dem gleichen Rechtsverhältnis) Gegenanspruch, wenn es nicht (4) vertraglich oder gesetzlich ausgeschlossen ist.

Nach **§§ 369, 371 HGB** haben (1) Kaufleute bei beiderseitigen Handelsgeschäften (2) bei einer fälligen Geldforderung mit (3) schuldnereigenen Sachen oder Wertpapieren ein (4) Zurückbehaltungs- und Verwertungsrecht.

29. Die X GmbH verpflichtet sich in AGB (Formularvertrag) bis zum 31.10. gegenüber der Fa. Y ein Geschäftshaus schlüsselfertig zu erstellen. Nach dem Bauvertrag soll X für jeden Tag der Terminüberschreitung eine Konventionalstrafe von € 500 bezahlen. Der Neubau wird erst 30 Tage nach Termin der Fa. Y übergeben. Y hat einen Schaden von über € 25 000, kann aber nur € 10 000 nachweisen. Welchen Betrag kann Y von X verlangen?

Y will von X eine Vertragsstrafe gem. **§ 339 BGB**. Zwischen Y und X wurde ein (1) **Strafversprechen** als Druckmittel in Geld, ohne dass ein Schaden vorliegen muss, vereinbart, wobei dies (2) in AGB **nur unter Kaufleuten möglich** ist (§ 309 Nr. 6 BGB). (3) Weiterhin besteht die abgesicherte Hauptschuld (**Akzessorietät**). (4) Letztlich war X am 31.10. im **Schuldnerverzug** gem. §§ 280, 286 BGB. (5) Ein konkreter **Schadensnachweis** durch Y ist für eine Vertragsstrafe nicht notwendig. Daher kann Y € 15 000 verlangen, wobei (6) eine **gerichtliche Herabsetzung** der Vertragsstrafe nach § 343 BGB unter Kaufleuten **nicht möglich** ist (§ 348 HGB). (7) Den konkreten Verzugsschaden über € 10 000 gem. § 286 BGB kann Y nicht zusätzlich verlangen.

Zur Vertiefung: *Führich, Wirtschaftsprivatrecht, § 8*

§ 9 Allgemeine Geschäftsbedingungen

I. Begriff und Funktion der AGB

1. Was sind Allgemeine Geschäftsbedingungen?

Nach **§ 305 I BGB** handelt es sich hierbei um (1) vorformulierte Vertragsbedingungen, (2) für eine Vielzahl von Verträgen, welche (3) gestellt und nicht individuell ausgehandelt sind und (4) deren formale Präsentation unerheblich ist.

2. Sind folgende Texte AGB-Klauseln?

a) Allgemeine Einkaufsbedingungen eines Unternehmens
b) Allgemeine Liefer- und Zahlungsbedingungen zwischen Unternehmen
c) Allgemeine Reisebedingungen (ARB) als Musterbedingungen des Deutschen Reisebüro- und Reiseveranstalter-Verbandes (DRV)
d) Aufdruck in Lieferschein: „Eigentum vorbehalten"
e) Aushang: „Für Garderobe wird nicht gehaftet"?

In allen Fällen liegen AGB vor. Einkaufsbedingungen zwischen Unternehmen (§ 14 BGB), zählen ebenso zum „Kleingedruckten" wie Lieferung- und Zahlungsbedingungen zwischen einem Unternehmen und einem Verbraucher. Die ARB sind unverbindliche Muster-AGB des Branchenverbandes DRV, welche dieser seinen Mitgliedern empfiehlt. Auch kurze Aufdrucke auf Lieferscheinen oder Aushänge an Garderoben sind AGB, da es nicht auf die formale Präsentation ankommt.

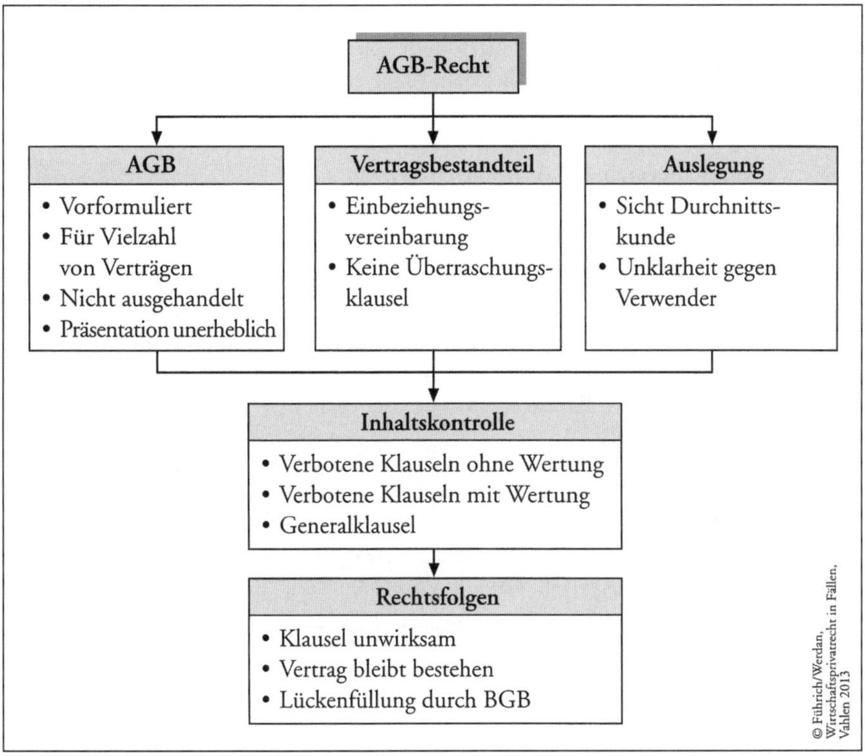

Abb. 12: AGB-Recht

3. Welchen Zweck verfolgt das AGB-Recht?

Das AGB-Recht der §§ 305–310 BGB will die vertragliche Gestaltungsfreiheit bei Massenverträgen im Interesse des wirtschaftlich Schwächeren sicherstellen und enthält einen Katalog von verbotenen AGB-Klauseln in §§ 308, 309 BGB.

4. Zählen Sie 4 Vorteile für die Verwendung von AGB im Unternehmen auf!

(1) Vereinheitlichung der Geschäftsbeziehungen in rechtlicher Sicht, (2) rationelle Vertragsschlüsse bei Massengeschäften, (3) AGB sind von Fachleuten rechtssicher formuliert, (4) teilweise Abwälzung des Geschäftsrisikos auf die andere Vertragspartei.

5. Was versteht man unter einer AGB-Unterlassungsklage?

Nach dem Unterlassungsklagengesetz (UKlaG) können rechtsfähige Verbände **vorbeugend ohne konkreten Anlass** unzulässige AGB **abmahnen** und auch auf **Unterlassung und Widerruf klagen,** um die Verwendung dieser AGB bundesweit zu verhindern. Die Verwendung unwirksamer AGB ist zudem stets wettbewerbswidrig nach § 3, 4 Nr. 11 UWG. Diese Klagemöglichkeit besteht auch bei Verstößen gegen Verbrauchervorschriften des BGB, die für Verbrauchsgüterkäufe, Haustürgeschäfte, Fernabsatzverträge, Teilzeit-

Wohnrechte, Reiseverträge, Darlehen- und Finanzierungshilfen, Ratenlieferungen und Darlehensvermittlungen zwischen einem Unternehmen und einem Verbraucher gelten (§ 2 UKlaG).

II. Anwendungsbereich der AGB-Vorschriften

6. Findet das AGB-Recht auf alle Verträge Anwendung?

Nach § 310 IV BGB ist der **sachliche Anwendungsbereich** im Wesentlichen auf schuld- und sachenrechtliche Verträge begrenzt. Die Bereiche des Familien-, Erb- und Gesellschaftsrechts sowie der Tarifverträge, Betriebs- und Dienstvereinbarungen als Teilbereiche des Arbeitsrechts sind ausgeklammert, ebenso wie gewisse Paragraphen für die Verkehrs- und Versorgungswirtschaft (§ 310 II BGB).

7. G ist Kommanditist einer großen KG mit über 1 000 Gesellschaftern. Er will Schadensersatz von der KG aus einem unrichtigen Verkaufsprospekt für den Kommanditanteil (Prospekthaftung). G fragt, ob der vorformulierte Gesellschaftsvertrag der AGB-Kontrolle unterliegt.

Nein, nach § 310 IV BGB ist das **Gesellschaftsrecht** ganz vom Anwendungsbereich **ausgenommen**. Der Gesellschaftsvertrag der KG wird daher nur nach den Vorschriften des HGB und des allgemeinen Vertragsrechts des BGB kontrolliert.

8. Gilt das AGB-Recht auch im Rechtsverkehr zwischen Unternehmen wie z. B. für Einkaufsbedingungen zwischen Groß- und Einzelhandel?

Werden AGB gegenüber einem Unternehmer, einer juristischen Person des öffentlichen Rechts oder einem öffentlich-rechtlichen Sondervermögen verwendet, werden nicht die §§ 305 II, III und die §§ 308 und 309 BGB angewendet.

III. Einbeziehung der AGB in den Vertrag

9. Unter welchen 3 wesentlichen Voraussetzungen werden AGB Vertragsbestandteil mit Verbrauchern?

Nach § 305 II BGB i. V. mit § 310 I BGB muss der AGB-Verwender bei einem Vertrag mit einem Verbraucher die Einbeziehung in den einzelnen Vertrag sicherstellen. Dazu hat er **bei Vertragsschluss** (1) auf die AGB ausdrücklich oder durch Aushang **hinzuweisen**, (2) der anderen Partei die **Möglichkeit der zumutbaren Kenntnis** zu verschaffen und (3) das Einverständnis der anderen Vertragspartei zu haben. Nach § 305 III BGB können die Vertragsparteien auch eine Rahmenvereinbarung im voraus treffen.

10. Wie werden die Allg. Speditionsbedingungen (ADSp) Bestandteil eines Transportvertrags einer Spedition Dachser mit einem Verbraucher Müller?

Der **Hinweis** erfolgt entweder durch Aushang oder Aufdruck auf dem Angebot der Firma, die **Möglichkeit der Kenntnisnahme** kann durch Beilegen oder Abdruck auf dem Angebot oder spätestens bei der vertragsschließenden Auftragsbestätigung erfolgen, während das **Einverständnis** von Müller in der schlüssigen Vertragsabwicklung gesehen werden kann (§ 305 II BGB).

11. Welche Besonderheiten gelten für die Einbeziehung von AGB bei einem Vertrag im elektronischen Geschäftsverkehr?

Bedient sich ein Unternehmer (§ 14 BGB) bei Verträgen über die Lieferung von Waren oder über die Erbringung von Dienstleistungen der Telemedien, wie des Internets, müssen gegenüber jedem „Kunden" (Verbraucher und Unternehmer) die besonderen Informationspflichten des § 312g BGB beachtet werden. Der Kunde muss die Möglichkeit des Abrufs und der Speicherung der Vertragsbestimmungen einschließlich der AGB haben (§ 312g I Nr. 4 BGB). Damit genügt der Verwender von AGB gegenüber einem Verbraucher zugleich seinen Obliegenheiten aus § 305 II Nr. 1 und Nr. 2 BGB.

12. Wie werden die Allg. Speditionsbedingungen (ADSp) Bestandteil eines Transportvertrags einer Spedition Dachser mit dem Unternehmen Fa. Maschinenbau GmbH?

Die Rechtsprechung ist bei Unternehmen nicht so streng wie bei § 305 II BGB und lässt AGB als Vertragsbestandteil zu, wenn diese – wie hier – **branchenüblich** sind oder bei **dauernder Geschäftsbeziehung**, bei **schlüssigem Verhalten** und natürlich auch dann, wenn **§ 305 II BGB** erfüllt ist.

13. Kaufmann K bestellt bei dem Unternehmen U für seinen Betrieb 20 Feuerlöscher unter Bezugnahme auf die Geschäftsbedingungen des U. Diese sehen u. a. einen 10-jährigen Wartungsvertrag vor. K lehnt die Wartung durch U ab. Hat U einen Anspruch auf Durchführung der Wartung?

U hat einen Anspruch auf Durchführung der Wartung, wenn die AGB-Klausel Vertragsbestandteil des Kaufvertrags ist. Nach § 305c I BGB werden überraschende Klauseln, die einen **„Überrumpelungseffekt"** haben, nicht Vertragsbestandteil. K muss bei einem Kaufvertrag nicht mit einem zusätzlichen Werkvertrag über eine 10-jährige Wartung rechnen, so dass die Klausel nicht einbezogen ist (§ 306 I, II BGB). U hat insoweit keinen Anspruch.

IV. Auslegung von AGB

14. Der Student Rührig (R) kauft am 15.4. für € 5 000 bei der Fa. Düsenberg e. K. (D) ein Motorrad. Im Kaufvertrag wird als Liefertermin 1.7. handschriftlich vereinbart. In den AGB des D, welche Vertragsgegenstand werden, steht: „Liefertermine sind unverbindlich".

Wann ist die Lieferung fällig?

Da gem. § 305b BGB **individuell vereinbarte Vertragsregelungen Vorrang** vor AGB-Klauseln haben, ist die Lieferung am 1.7. fällig.

15. Unklare AGB-Bestimmungen sind nach der Unklarheitenregel des § 305c II BGB zu Lasten

a) des Verwenders der AGB

b) des anderen Vertragspartners

c) beider Parteien gleichermaßen auszulegen.

Richtig ist a), da Unklarheiten in den AGB nach § 305c II BGB stets zu Lasten des AGB-Verwenders gehen.

V. Rechtsfolgen bei Nichteinbeziehung und unwirksamen Klauseln

16. Der Reisende R bucht telefonisch aufgrund einer Zeitungsanzeige eine Pauschalreise des Reiseveranstalters RV, wobei die AGB von RV bei Vertragsschluss nicht übersandt oder ausgehändigt wurden. Sie waren weder auf der Reisebestätigung abgedruckt, noch lagen sie ihr bei. Im Prozess streiten sie sich, ob die AGB gelten oder nur §§ 651a–m BGB. Was ist richtig?

Zwischen R und RV ist ein Reisevertrag nach § 651a BGB über eine Reise zustande gekommen. Da R als Verbraucher bei Vertragsschluss weder auf die AGB von RV hingewiesen, noch er die Möglichkeit der Kenntnisnahme hatte, wurden die AGB nicht in den Reisevertrag einbezogen. Der **Reisevertrag bleibt im Übrigen wirksam**, § 306 I BGB, wobei sich der Inhalt des Reisevertrags nun ausschließlich nach den gesetzlichen Vorschriften der §§ 651a–m BGB richtet.

VI. Inhaltskontrolle von Vertragsklauseln

17. Sind Prospekte, Erläuterungen in einer Bauausschreibung oder DIN-Normen inhaltlich nach §§ 305–310 BGB überprüfbar?

Nein, da eine inhaltliche Kontrolle ausschließlich bei **abänderbaren Rechtsvorschriften** stattfindet, nicht aber bei technischen Normierungen oder der Höhe des Preises (§ 307 III BGB).

18. Welche Technik der Inhaltskontrolle verwenden die AGB-Vorschriften?

Bei einer Inhaltskontrolle ist zuerst zu prüfen, ob die AGB-Regelung einer der **absolut verbotenen Klauseln in § 309 BGB** widerspricht (Klauseln ohne Wertungsmöglichkeit). Findet sich dort nichts, werden die **verbotenen Klauseln in § 308 BGB** geprüft, die einen gewissen Wertungsspielraum offenlassen („unangemessen“, „sachlich nicht gerechtfertigt“, sog. Klauseln mit Wertungsmöglichkeit). Zuletzt erfolgt eine Kontrolle nach der **Generalklausel des § 307 BGB**, wonach jede Klausel unwirksam ist, die den Vertragspartner entgegen Treu und Glauben unangemessen benachteiligt. Bei AGB zwischen Unternehmen ist alleine die Generalklausel Kontrollmaßstab (§ 3101 BGB). Es wird also von der speziellsten Regelung des § 309 BGB über § 308 BGB zu der allgemeinen Generalklausel in § 307 BGB geprüft.

19. In welchen Fällen wird eine unangemessene Benachteiligung nach § 307 I und II BGB vermutet?

Dies ist der Fall bei (1) wesentlichem Abweichen vom **gesetzlichen Leitbild** des BGB (Abs. 2 Nr. 1), (2) Einschränkungen von **vertraglichen Kernpflichten** (Abs. 2 Nr. 2) und (3) unklaren und unverständlichen Bestimmungen (Transparenzgebot des Abs. 1 S. 2).

20. Sind folgende AGB-Klauseln mit Verbrauchern wirksam?

a) „Preiserhöhungen sind einen Monat nach Vertragsschluss stets möglich"

b) „Der Verkäufer kann jederzeit vom Vertrag zurücktreten"

c) „Technische Verbesserungen der Kaufsache vorbehalten"

d) „Der Verkauf erfolgt bei gebrauchten Waren unter Ausschluss der Gewährleistung"

e) „Wir behalten uns vor, den Auftrag durch ein anderes sachkundiges Unternehmen durchführen zu lassen"

a), b) ist unwirksam, da **kurzfristige Preiserhöhungen innerhalb von 4 Monaten** ab Vertragsschluss nicht möglich sind (§ 309 Nr. 1 BGB), bzw. ein vertraglich vereinbarter Rücktrittsvorbehalt setzt einen stets **sachlichen und im Vertrag angegebenen Grund** voraus (§ 308 Nr. 3 BGB), c) ist zulässig, da dieser **Änderungsvorbehalt zugunsten des Vertragspartners** gelten soll, d) ist ebenfalls nach § 309 Nr. 8b BGB zulässig, da sich die Klauselverbote bei Mängeln nur auf neu hergestellte Sachen oder Werkleistungen beziehen, e) ist unwirksam, wenn der Eintritt eines nicht **namentlich bezeichneten Dritten** vorbehalten wird (§ 309 Nr. 10a BGB).

Zur Vertiefung: *Führich, Wirtschaftsprivatrecht, § 9*

§ 10 Verbraucherschutz bei besonderen Vertriebsformen

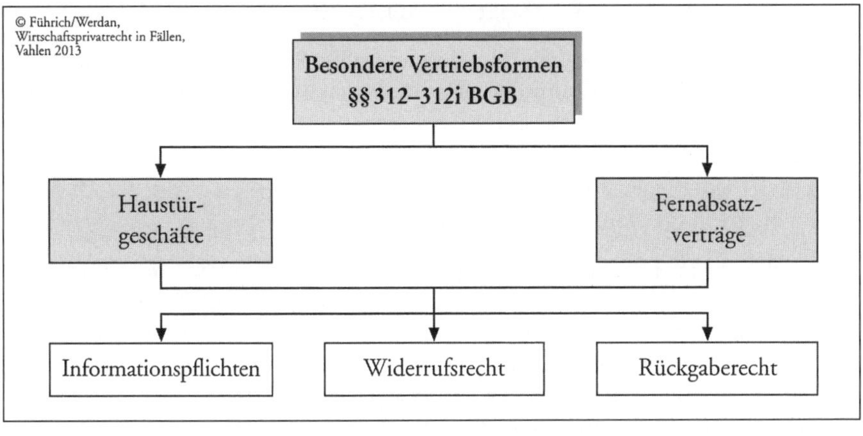

Abb. 13: Besondere Vertriebsformen

I. Haustürgeschäfte

1. Der Student Eifrig (E) schlendert durch die Fußgängerzone in München und wird von einem „Drücker“ angesprochen, den „Spiegel“ zu abonnieren. Er unterschreibt die Bestellung. Am Abend erfährt er von der Studentin Klug, dass ein Studentenabo wesentlich billiger gewesen wäre. Liegt ein Haustürgeschäft vor?

Eine besondere Schutzbedürftigkeit des Verbrauchers besteht bei sog. Haustürgeschäften wegen des damit verbundenen Überrumpelungseffekts. Zur Anwendung des **§ 312 BGB** mit seinem Widerrufs- bzw. Rückgaberecht nach §§ 355, 356 BGB müssen folgende Voraussetzungen vorliegen: (1) Ein Vertrag zwischen **Unternehmer/Verbraucher** über (2) eine **entgeltliche Leistung** (hier Zeitungskauf), mit (3) einem Vertragsschluss in Form eines **Haustürgeschäfts** durch mündliche Verhandlungen im Bereich des Arbeitsplatzes, der Privatwohnung, einer Freizeitveranstaltung oder im Anschluss an ein überraschendes Ansprechen in Verkehrsmitteln oder öffentlicher Verkehrsflächen (hier Fußgängerzone).

Ausgeschlossen sind nach § 312 III BGB Versicherungsverträge, welche nach § 8 IV VVG ein eigenes Widerrufsrecht binnen 14 Tagen gewähren, eine vorhergehende Bestellung des Verbrauchers, ein sofort erbrachtes und bezahltes Kleingeschäft bis € 40 oder eine notarielle Beurkundung.

2. Fallen auch Beitritte zu einer Personengesellschaft zur Kapitalanlage wie z. B. zu einer BGB-Gesellschaft eines geschlossenen Immobilienfonds (vgl. § 29) in den Geltungsbereich?

Ja, wenn der Zweck des Beitritts vorrangig darin besteht, Kapital anzulegen und nicht nur darin, Mitglied zu werden (EuGH, 15.4.2010, NJW 2010, 1511).

3. Frau Kokett führt eine Verkaufsparty für Unterwäsche in ihrer Wohnung bzw. im Vorgarten durch. Liegt ein Haustürgeschäft vor?

§ 312 I Nr. 1 BGB fordert den Bereich einer **Privatwohnung**. Dies muss nicht unbedingt die Wohnung selbst und auch nicht die Wohnung des Kunden sein.

4. Der Kunde Heim wird im Rahmen des Telefonmarketings der Fa. Exquisit zu Hause angerufen. Liegt ein Haustürgeschäft vor?

Auch eine telefonische Erklärung im Bereich der Privatwohnung bzw. am Arbeitsplatz ist eine mündliche Erklärung (§ 147 I 2 BGB). Der Anwendungsbereich des § 312 BGB ist auch eröffnet, wenn das Telefonat nur der **Vertragsvorbereitung** dient, der Vertrag selber aber zumeist einer vereinbarten Schriftform (§ 127 BGB) unterworfen wird. Die Ursächlichkeit und ein zeitlicher Zusammenhang von ca. einer Woche reicht zur Anwendung des § 312 BGB, da dann der Kunde zu der schriftlichen Erklärung noch im persönlichen Gespräch „bestimmt“ worden ist.

5. Was kann Eifrig im Fall 1 tun, wenn er das teuere Abo nicht will?

E hat nach § 312 I 1 und 2 BGB ein Widerrufs- bzw. Rückgaberecht binnen **2 Wochen** nach den Widerrufs- und Rückgabevorschriften der §§ 355, 356 BGB bei Verbraucherverträgen. E muss nach §§ 312 II, 360 und § 355 II BGB nicht nur über die Frist, sondern auch über die **Rechtsfolgen** des Widerrufs oder einer Rückgabe **belehrt** werden (§ 357 I und III BGB).

II. Fernabsatzverträge

6. Was sind Fernabsatzverträge im Sinne des § 312b I BGB?

Hierunter versteht man grundsätzlich die Lieferung von Waren oder die Erbringung von Dienstleistungen auf der Grundlage von Verträgen, die unter „ausschließlicher Verwendung von Fernkommunikationsmitteln" abgeschlossen werden. Kennzeichnend sind nach § 312b II BGB drei Voraussetzungen

- **Fehlen gleichzeitiger körperlicher Anwesenheit** von Verbraucher/Unternehmer
- **Fernkommunikationsmittel** und ein
- **organisiertes Vertriebs- oder Dienstleistungssystem** für Fernabsatz.
- Hierzu zählen Briefe, Kataloge, Telefonanrufe, Telefaxe, E-Mails, Rundfunk, Akquisition durch Telefonabsprachen auch nach einem Werbespot im Home-Shopping und Internet. Die Vorschriften dienen der Umsetzung der EU-Fernabsatz-Richtlinie und der EU-FinanzDL-Fernabsatz-Richtlinie.

7. Welche Bereichsausnahmen kennt das Gesetz?

(1) Die Vorschriften über Fernabsatzverträge finden ausnahmsweise nach § 312 b III BGB keine Anwendung auf Verträge über

- Fernunterricht,
- Time-sharing,
- Versicherungen sowie deren Vermittlung,
- Immobiliengeschäfte,
- Lieferung von Lebensmitteln, Getränken und anderen Produkten des täglichen Bedarfs,
- Unterbringung, Beförderung, Lieferung von Speisen und Getränken sowie Freizeitgestaltung, daher sind Hotel-, Flugbuchungen, Pauschalreisen oder Pizza-Service ausgeschlossen,
- einen Warenautomaten oder mit Hilfe eines öffentlichen Kartentelefons.

(2) Nach § 312 b IV BGB soll bei **„Vertragsketten"** wie z. B. bei Girovertrag oder Erstvereinbarung einer Kontoeröffnung verhindert werden, dass die Informationspflichten des § 312c BGB nicht ständig wiederholt werden müssen. Die Vorschriften über Fernabsatzverträge gelten dann nur für die erste Vereinbarung.

8. Die Studentin Karin (K) bestellte am Montag, den 13.7. abends im Online-Shop von V über den Einkaufswagen ein Sommerkleid. Hierzu klickte K am Ende ihrer Bestellung auf eine Schaltfläche mit der Formulierung „Zahlungspflichtig bestellen". Wenige Sekunden später erhielt K eine E-Mail mit der Bestätigung des Eingangs, wobei der Versand für Mittwoch, den 15.7. angezeigt wurde. Die Bezahlung erfolgte durch Abbuchung vom Girokonto der K. Das Kleid wurde am Donnerstag, den 16.7. vom Paketdienst zusammen mit Informationen nach den Fernabsatzvorschriften in einem Begleitschreiben zugestellt. Alle Informationen erfolgten in normaler Schrift und Schriftgröße.

Da die Farbe und der Schnitt des Kleides der Studentin K nicht gefielen, widerrief K nach drei Wochen den Kaufvertrag und schickte die Ware auf Kosten der Lieferfirma zurück, mit der Bitte um Erstattung des Kaufpreises. Liegt ein Fernabsatzvertrag vor?

(1) Der Anwendungsbereich des § 312b BGB ist eröffnet, da ein Vertrag zwischen einem **Unternehmer** V und einem **Verbraucher** K bei Fehlen gleichzeitiger körperlicher Anwesenheit und dem **Fernkommunikationsmittel** Internet vorliegt, welches ein **organisiertes Vertriebs- oder Dienstleistungssystem** für Fernabsatz ist. Die sachlichen Bereichsausnahmen nach § 312 b III BGB liegen nicht vor.

(2) Die Warenpräsentation auf der Homepage ist nur eine **invitatio ad offerendum**. K machte am 13.7. mit einem Mausklick das Vertragsangebot, das von ihr ausgesuchte Kleid erwerben zu wollen.

(3) Dieses Angebot der K wurde von V mit der Zusendung der Ware am Donnerstag angenommen. Die wenige Sekunden nach der Bestellung mit E-Mail gesandte Bestätigung ist als bloße Empfangsbestätigung nach § 312g Nr. 3 BGB anzusehen. Damit liegt ein Fernabsatzvertrag vor.

9. Welche Informationspflichten nach den Fernabsatzvorschriften hat der Online-Shop V?

(1) V hat den Verbraucher nach § 312c I BGB nach Maßgabe des **Art. 246 §§ 1 und 2 des EGBGB** zu unterrichten. Diese dort genannten Informationspflichten gelten für alle Fernabsatzvertrage, also bei Katalogbestellungen, aber auch bei Online-Bestellungen im Internet. Zusätzlich normiert § 312g BGB weitere Pflichten, wenn sich ein Unternehmer des elektronischen Geschäftsverkehrs mit Telemedien gegenüber allen Kunden (Verbraucher/Nichtverbraucher) bedient. **Merke:** Wird also ein Fernabsatzvertrag ohne Einsatz von Telemedien wie Internet geschlossen, gelten alleine die §§ 312b bis f BGB. Für Finanzdienstleistungen sieht das Gesetz spezielle Informationspflichten vor.

(2) Nach **§ 312c I BGB i. V. m. Art. 246 § 1 Nr. 1 bis 12 EGBGB** muss der Unternehmer **vor Vertragsschluss** dem Verbraucher **klar und verständlich** und unter Angabe des geschäftlichen Zwecks u. a. folgende Informationen zur Verfügung stellen:

- Einzelheiten des Vertrages,
- Geschäftlicher Zweck,

- Identität, Anschrift,
- wesentliche Merkmale der Ware/Dienstleitung und des Vertragsschlusses,
- Mindestlaufzeiten, Ersetzungsvorbehalte bei Nichtlieferbarkeit,
- Gesamtpreis einschließlich aller Steuern und Preisbestandteile wie Versandkosten, besondere Kosten für die Nutzung von Fernkommunikationsmittel, Gültigkeitsdauer befristeter Angebote, insbesondere des Preises,
- Einzelheiten der Zahlung, Lieferung und Erfüllung.
- Bestehen eines Widerrufs- oder Rückgaberechts.

(3) Nach **§ 312c I BGB i. V. m. Art. 246 § 2 EGBGB hat der Unternehmer nach Vertragsschluss**, spätestens bis zur vollständigen Erfüllung/Lieferung in Textform (Speicherung auf der Website des Unternehmers genügt nicht) mitzuteilen

- die Vertragsbestimmungen einschließlich der AGB,
- die in § 1 I genannten Informationen wie Bedingungen, Einzelheiten, Ausübung und Rechtsfolgen des Widerrufs- und Rückgaberechts, wobei die in den Anlagen zu Art. 246 EGBGB vorgesehenen Muster verwendet werden können,
- bei Warenlieferungen Informationen über Kundendienst und Gewährleistungs- und Garantiebedingungen und
- Kündigungsbedingungen für Verträge über ein Jahr oder unbestimmte Zeit.

(4) Bei vom Unternehmer veranlassten Telefongesprächen hat dieser seine Identität und den geschäftlichen Zweck des Kontakts bereits **zu Beginn eines jeden Gesprächs ausdrücklich** offenzulegen (§ 312c II BGB).

10. Wie wirkt sich eine Verletzung der Informationspflichten durch V aus?

(1) Verletzt der Unternehmer V bei einer Warenlieferung seine Informationspflichten **verlängert** sich die grundsätzliche zweiwöchige Widerrufs- und Rückgabefrist (§ 312d I, II i. V. m. Art. 256 § 2 und § 1 I, II EGBGB und §§ 355, 356 BGB). Die Frist beginnt nicht vor deren **Erfüllung in Textform**, bei **Waren** nicht vor deren Eingang, bei **wiederkehrenden Leistungen gleichartiger Waren** nicht vor Eingang der ersten Teillieferung und bei **Dienstleistungen** nicht vor dem Tag des Vertragsschlusses.

(2) Der Widerruf verbunden mit der Rückgabe des Kleides durch K ist grundsätzlich zulässig (§§ 312d I, 355, 356 BGB). Das Begleitschreiben von V mit der Warenlieferung genügt der Textform nach §§ 312c II, 126b BGB i. V. m. Art. 246 § 2 I EGBGB. V hat aber die Informationspflicht nach § 2 I S. 2 Nr. 2 und § 1 Nr. 10 über das Widerrufsoder Rückgaberecht nicht **„in einer hervorgehobenen und deutlich gestalteten Form"** erfüllt, da die Information nur durch Übermittlung der Vertragsbestimmungen oder durch AGB erfolgte (Art. 246 § 2 III EGBGB). Daher beginnt nach § 312d II BGB keine Widerrufsfrist zu laufen.

(3) Verletzt der Unternehmer seine Informationspflichten, haftet er dem Verbraucher auf **Schadensersatz** gem. §§ 280, 311 II BGB aus Verschulden bei Ver-

tragsschluss. Eine Pflichtverletzung kann auch einen **Unterlassungsanspruch** der dort genannten Berechtigten nach § 2 UKlaG und § 8 UWG begründen.

(4) Verletzt der Unternehmer gegenüber dem Kunden bei einem Vertrag im elektronischen Geschäftsverkehr seine Pflicht, auf der Schaltfläche hinzuweisen auf **„zahlungspflichtig bestellen"**, kommt kein Vertrag zustande (§ 312g IV BGB).

11. Bei welchen Fernabsatzverträgen ist das Widerrufs- und Rückgaberecht nach § 312d IV Nr. 1 bis 7 BGB ausgeschlossen?

- Bei Lieferung von Waren nach **Kundenwünschen**, die sich **nicht** für eine Rücksendung eignen, schnell verderben oder deren Verfalldatum überschritten würde,
- bei **entsiegelter** Soft-, Audio- oder Videoware (versiegelte Bücher fallen nicht unter Nr. 2),
- **Zeitungen, Zeitschriften und Illustrierten**, es sei denn, dass der Verbraucher seine Vertragserklärung telefonisch abgegeben hat,
- **Wetten, Lotterien und Versteigerungen** nach § 156 BGB (eBay fällt nicht darunter),
- bei **Finanzdienstleistungen mit Preisschwankungen** wie Aktien oder Wertpapiere,
- bei **telekommunikationsgestützen Diensten**, die unmittelbar per Telefon oder Fax in einem Mal erbracht werden und der Verbraucher die Ausführung selbst veranlasst hat, wie z. B. beim Download von Programmen im Internet.

Zur Vertiefung: *Führich, Wirtschaftsprivatrecht § 10*

§ 11 Schadensersatzpflicht

I. Arten des Schadensersatzanspruchs

1. Was verstehen wir unter einem Schaden?

Schaden ist jede **unfreiwillige Einbuße** an Gütern einer Person. Wenn es sich um ein Verminderung des Vermögens handelt, spricht man vom Vermögensschaden, Einbußen an immateriellen Gütern wie Schmerz oder Ehre bezeichnet man als immateriellen Schaden.

2. Wie können Schadensersatzansprüche eines Gläubigers entstehen?

Schadensersatzansprüche können auf einer **vertraglichen** oder auf einer **gesetzlichen Anspruchsgrundlage** beruhen.

3. Nennen Sie einige Vertragsverletzungen, die einen Schadensersatzanspruch des Vertragspartners auslösen können!

(1) Der Vertragspartner verletzt seine **Hauptpflichten** durch Nichtlieferung, Lieferverzug oder Zahlungsverzug bzw. (2) verletzt seine **Nebenpflichten** zur Information oder Schutz des Vertragspartners.

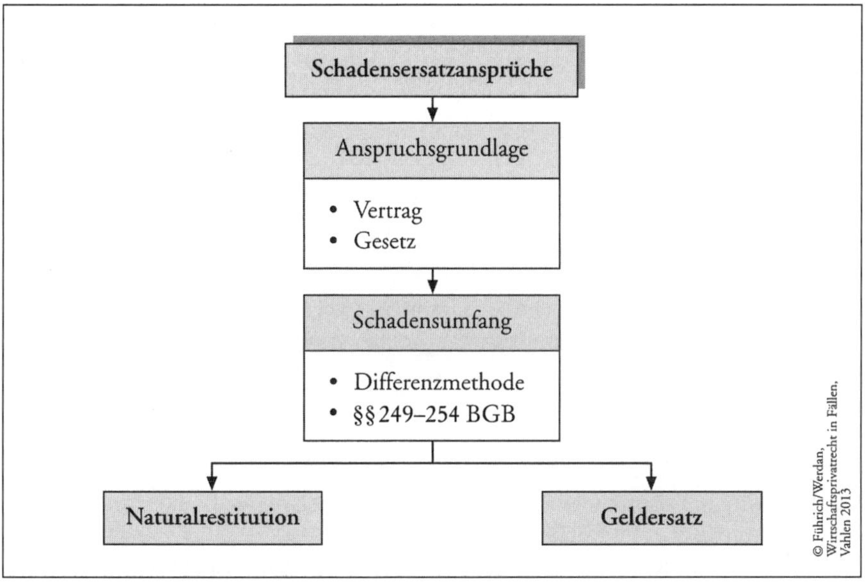

Abb. 14: Schadensersatzansprüche

4. Student Schnell (S) nimmt dem Kaufmann K die Vorfahrt mit seinem Pkw Fiesta. Es kommt zu einem Schaden am Porsche des K mit Reparaturkosten von € 25 000. K will den Porsche nicht reparieren lassen. Welchen Betrag kann K von S bzw. dessen Haftpflichtversicherung verlangen?

V will von S Schadensersatz für seinen Porsche nach §§ 823 I, 249 ff. BGB. Dieser Schadensersatzanspruch aus gesetzlicher Anordnung wegen **unerlaubter Handlung** besteht, da eine fahrlässige Eigentumsverletzung durch S mit einem Vermögensschaden vorliegt. Im Grundsatz kann K nach seinem Belieben bei einem Personen- oder Sachschaden statt **Naturalrestitution** den zur Herstellung erforderlichen Geldbetrag verlangen. Dabei kann der **Geldbetrag** auch dann verlangt werden, wenn er nicht zur Reparatur des Pkw verwendet werden soll. Umsatzsteuer kann aber nach § 249 II 2 BGB nicht angesetzt werden, wenn auf dieser Reparaturkostenbasis abgerechnet wird. Diese fiktive Abrechnung gilt auch im Verhältnis zur **Haftpflichtversicherung** bei Geltendmachung des Direktanspruchs K gegen V (§ 49 WG).

II. Art und Umfang des Schadensausgleichs

5. Wie stellt man fest, dass überhaupt ein Schaden entstanden ist?

Im Einzelfall wird nach der **Differenzmethode** der Schaden dadurch festgestellt, dass der Zustand vor und nach dem Schadensereignis verglichen wird. Der Schadensumfang ist für alle Schadensersatzansprüche in §§ 249–254 BGB geregelt.

6. Bei einem Unfall wird der Lastzug des Spediteurs G beschädigt.

a) Die Reparatur der vor dem Unfall noch mit € 35 000 zu bewertenden Zugmaschine würde € 38 000 kosten.

b) Der Anhänger war vor dem Unfall noch € 30 000 wert, die Reparatur soll € 43 000 kosten.

Was kann G vom Unfallschuldigen S verlangen?

a) G kann **grundsätzlich** von S auch dann Reparaturkosten verlangen, wenn diese höher als der Wert des Lkw sind. **Ausnahme:** Reparaturkosten wesentlich (**mehr als 30 %**) über Ursprungswert der Sache. Damit muss der Schädiger die gesamten Reparaturkosten von € 38 000 bezahlen.

b) Gem. § 251 II BGB wird beim Anhänger nur der Ersatz des verlorenen Werts zu leisten sein, hier: € 30 000. Nicht ersetzt wird die Wiederherstellung der Sache.

7. Im Fall 6 behauptet G, er hätte in den drei Wochen der Reparaturzeit mehrere Transporte durchführen können, an denen er € 25 000 verdient hätte. Bekommt G diesen Betrag auch, wenn er keine Frachtverträge vorlegen kann?

Der zu ersetzende Schaden umfasst auch einen entgangenen Gewinn. Dies ist kein unmittelbarer Schaden, sondern ein **mittelbarer Schaden** am Vermögen des G, § 252 S. 1 BGB. Die Schadensberechnung kann durch G gem. § 252 S. 2 BGB entweder (1) **abstrakt** nach gewöhnlicher Gewinnerwartung oder (2) **konkret** durch Vorlage von Unterlagen erfolgen.

8. Was versteht man unter unmittelbarem und mittelbarem Schaden?

Unmittelbarer Schaden ist der am verletzen Rechtsgut selbst, **mittelbarer Schaden** der an anderen Gütern oder im Vermögen (Folgeschaden).

9. Im Fall 6 will G auch wegen des Ärgers mit der Reparatur Schadensersatz für vertane Zeit. In welchen Fällen werden Nichtvermögensschäden ersetzt?

Nach § 253 BGB wird ein Nichtvermögensschaden nur in den **gesetzlich bestimmten Fällen** wie § 253 II BGB (**Schmerzensgeld**) oder § 651 f. II BGB (**nutzlos aufgewendete Urlaubszeit bei Pauschalreise**) ersetzt.

Aus der Stellung des § 253 II BGB im Allgemeinen Schuldrecht ergibt sich, dass stets **Schmerzensgeld bei erheblichen Personenschäden** geschuldet ist, gleichgültig aus welchem Rechtsgrund heraus der Schadensersatzanspruch geltend gemacht wird (Vertrag, Delikt, Gefährdungshaftung). Auf diese Tatsache weisen die §§ 11 StVG, 6 HaftPflG, 8 ProdHaftG, 13 UmweltHG, 87 AMG hin. Für vertane Zeit und Ärger gibt das Gesetz allerdings keinen immateriellen Ausgleich.

10. Student Emsig (E) behauptet laufend in der Hochschule, Prof. Faul (F) sei völlig inkompetent und heiße nicht zu Unrecht Faul. Gegenüber dem Widerrufsbegehren des F wendet E ein, dass es für immaterielle Schäden keinen Ersatz gibt. Was meinen Sie?

F kann von E Schadensersatz nach § 823 I BGB verlangen, da E vorsätzlich die **Ehre** des F (= sonstiges Recht) verletzt hat. Nach § 253 I BGB gibt es zwar keine Entschädigung in Geld, nach § 249 S. 1 BGB aber einen **Widerrufsanspruch** des F als Naturalrestitution.

11. Bei Abbrucharbeiten gefährdet der Bauunternehmer U das Nachbarhaus des H, der deswegen für vier Wochen ausziehen muss. H zieht zur Verwandtschaft, wo er umsonst wohnt. Von U verlangt H Schadensersatz von € 1 200, weil er nicht sein Haus mit diesem Mietwert bewohnen konnte. Zu Recht?

H hat gegen U einen Schadensersatzanspruch aus fahrlässiger Eigentumsverletzung (§ 823 I BGB). Nach überwiegender Meinung ist die Nutzungsmöglichkeit eines Hauses ein Vermögenswert ähnlich wie beim Nutzungsausfall eines Kfz. Auch der **Nutzungswert** eines Wohnhauses ist **„kommerzialisiert"** wie bei einem Kfz. Die Nutzungsmöglichkeit des Hauses muss auf dem Mietmarkt erworben werden.

III. Kausalität des Schadens

12. Warum spielt die Kausalität für den eingetretenen Schaden eine Rolle?

Der Schädiger ist nur für solche Schäden ersatzpflichtig, die ursächlich, also kausal, auf seine Vertragspflichtverletzung oder Handlung zurückzuführen ist.

13. Bei einem Verkehrsunfall wird der Kaufmann Eilig (E) als Fußgänger schwer verletzt. E liegt einige Tage bewusstlos in der Klinik und verpasst mehrere Geschäftsabschlüsse. Muss Schnell (S) für diesen Schaden haften?

Nach § 823 I BGB liegt eine fahrlässige Körperverletzung des E vor, dessen **ursächlicher Schaden** von S ersetzt werden muss. Nach der **strafrechtlichen Äquivalenztheorie** wären alle Folgeschäden gleichwertig, d. h. kausal wäre jede Bedingung, die nicht hinweggedacht werden kann, ohne dass der Erfolg entfiele. Der Unfall war damit eine **conditio sine qua non** für die verpassten Geschäftsabschlüsse, so dass in diesem Sinne Kausalität vorläge. Da dies zu einer weitgehenden privatrechtlichen Haftung führen würde, gilt im **Schadensrecht die Adäquanztheorie**, wonach nur die nach dem regelmäßigen Verlauf der Dinge, wahrscheinlichen Schadensfolgen zugerechnet werden. Da nach einem Unfall und Bewusstlosigkeit mit dem Klinikaufenthalt es nicht außerhalb aller Wahrscheinlichkeit liegt, Gewinne zu verlieren, ist dieser Schaden kausal.

14. Zwischenzeitlich verhungert der Hund des Eilig. Als E dies mitgeteilt wird, bekommt er Depressionen und muss in psychiatrische Behandlung. Dort stürzt er auf einer glatten Treppe, so dass eine Beinprothese notwendig wird. Haftet S auch für diese Schäden?

Der Verlust des Hundes liegt noch im Bereich der Lebenserfahrung, nicht aber die Behandlung wegen der Depression und der Sturz, wenn diese Folgen durch den Tod des Hundes ausgelöst werden.

IV. Schadensmindernde Faktoren

15. Der Feuerteufel F zündet das Haus des Gut (G) an. G erhält den Schaden von seiner Feuerversicherung ersetzt. F freut sich und meint, er brauche nicht mehr zu zahlen. Zu Recht?

Wenn das schädigende Ereignis neben Nachteilen auch Vorteile brachte, sind diese auf die Schadensersatzleistung anzurechnen (**Vorteilsausgleichung**). Dabei sind nur solche Vorteile zu berücksichtigen, die in einem **adäquat kausalem Zusammenhang** stehen wie Wertsteigerungen oder ersparte Eigenaufwendungen. Leistungen aus einer privaten Feuerversicherung gehören hierzu nicht und würden den F unzumutbar entlasten.

16. Welche der folgenden Faktoren führen zu einer Kürzung eines geltend gemachten Schadensbetrages?

a) Mitverschulden bei der Unfallverursachung durch zu schnelles Fahren

b) Schadenserhöhung durch Nichtanlegen des Sicherheitsgurts

c) Nichtabschließen der Wohnung bei Diebstahl

d) Leistungen aus einer Unfallversicherung

e) Ersparte Lebenshaltungskosten während eines Klinikaufenthalts

f) Wertsteigerungen als „Abzug neu für alt".

Richtig ist a), b), c), e), f). Schadensmindernde Faktoren sind neben Vorteilsanrechnungen bei adäquatem Kausalzusammenhang auch ein Mitverschulden des Geschädigten bei der Entstehung oder Weiterentwicklung des Schadens (§ 254 I, II BGB). Hierzu zählen:

- ersparte Eigenaufwendungen (e)
- Wertsteigerungen (f)
- Mitverschulden des Geschädigten bei der Schadensentstehung (a, b, c)
- Verstöße gegen die Schadensminderungspflicht
- nicht jedoch freiwillige Versicherungen (d).

Zur Vertiefung: *Führich, Wirtschaftsprivatrecht, § 11*

§ 12 Leistungsstörungen

I. System der Leistungsstörungen

1. Welche Arten der Störungen im Schuldverhältnis werden unterschieden?

Wird bei einem Schuldverhältnis die geschuldete Leistung nicht, nicht rechtzeitig oder nicht in gehöriger Weise erfüllt, dann ist das Leistungsverhältnis zwischen Gläubiger und Schuldner gestört. Die Regeln die bei einer solchen **Pflichtverletzung** eingreifen, bilden das Recht der Leistungsstörungen. Gemeinsamer Anknüpfungspunkt ist der objektive Verstoß gegen eine sich aus dem Schuldverhältnis ergebende Pflicht.

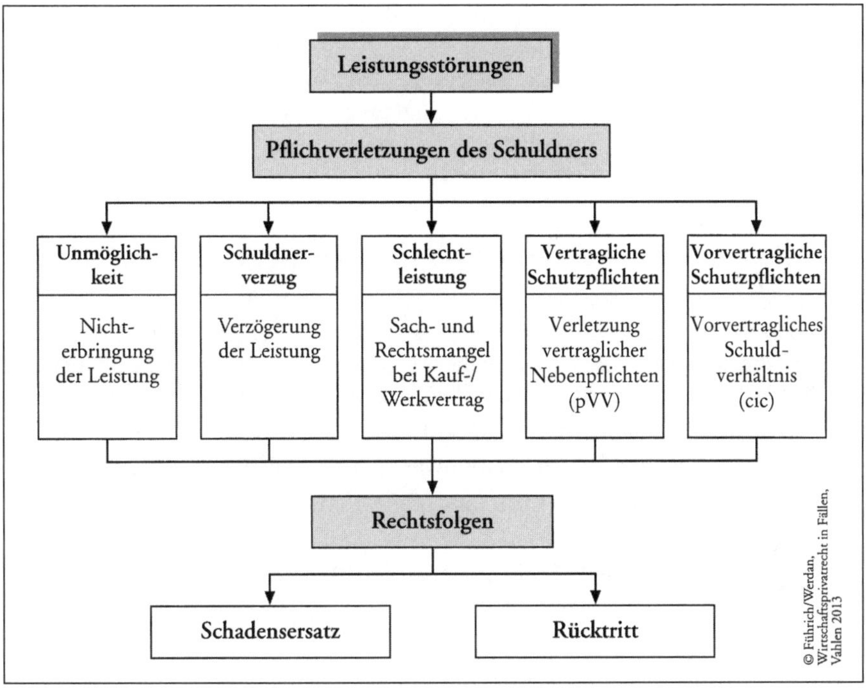

Abb. 15: Leistungsstörungen

(1) Als Pflichtverletzungen des Schuldners werden unterschieden:

- **Unmöglichkeit:** Der Schuldner erbringt auf Dauer seine Leistung nicht (Fall der Nichterfüllung).
- **Schuldnerverzug:** Der Schuldner leistet zu spät.
- **Schlechtleistung durch Sach- und Rechtsmangel:** Der Schuldner leistet beim Kauf, Werkvertrag oder Reisevertrag mit einem Mangel.
- **Verletzung von vertraglichen Schutz- und Nebenpflichten** (positive Vertragsverletzung)
- **Verschulden bei Vertragsschluss:** Der Schuldner verletzt vorvertragliche Schutzpflichten.

(2) Bietet der Schuldner seine Leistung vertragsgerecht an, nimmt sie jedoch der Gläubiger nicht an, liegt ein Fall des **Gläubigerverzugs** vor.

(3) Fällt die für die Parteien erkennbare **Geschäftsgrundlage** eines Vertrages weg und ist ein Festhalten am Vertrag nicht mehr zumutbar, kann der Vertrag angepasst oder aufgelöst werden.

2. Der Baumaschinenhändler V hat aufgrund Kaufvertrags vom 2.4. einen Baukran an den Bauunternehmer K bei einem Preis von € 1 Mio. zum 1.6. frei Baustelle zu liefern. Welche Leistungsstörungen des Vertrages können auftreten?

Leistungsstörungen des Schuldners V als Pflichtverletzung nach § 280 BGB können sein (1) **Unmöglichkeit** durch Ausbleiben/Schlechterfüllung der Lieferung des Krans, (2) **Schuldnerverzug** bei Verspätung und (3) **Schlechtleistung** entweder durch (a) **Mängelhaftung** des Kaufvertrages, (b) **positive Vertragsverletzung** bezüglich der Schutz- und Nebenpflichten und (c) **Verschulden bei Vertragsverhandlungen** (cic) durch Verletzung vorvertraglicher Schutzpflichten.

3. Welche Rechtsfolgen kennt das Gesetz, wenn V als Schuldner seine Pflichten verletzt?

Grundsätzlich muss K eine **Frist** setzen, um die Rechte des Rücktritts und Schadensersatzes geltend zu machen. Eine Frist ist lediglich in den Fällen des § 281 II BGB entbehrlich. Nach Fristsetzung hat K das Recht zum

(1) **Rücktritt** nach §§ 323 ff. BGB **und**

(2) **Schadensersatz bei Vertretenmüssen** in 3 Varianten nach § 280 BGB

a) **Schadensersatz statt der Leistung** (I) oder Aufwendungsersatz (§ 284 BGB) bei
   - Unmöglichkeit (§ 275 I–III, IV BGB)
   - Nichtleistung (§§ 281 BGB)
   - Schutzpflichtverletzung (§ 241 II BGB)

b) **Schadensersatz wegen Verzögerung der Leistung** (§ 280 II BGB)

c) **Ersatz sonstiger Schäden** (§ 280 I BGB).

II. Pflichtverletzung als zentraler Haftungstatbestand

1. Vertretenmüssen

4. V muss nur dann Schadensersatz leisten, wenn er die Pflichtverletzung zu vertreten hat (§ 280 I 2 BGB). Was heißt das?

Die zentrale Frage des Schadensersatzes ist, ob der Schuldner seine Pflichtverletzung zu vertreten hat, also einfacher ausgedrückt, ob er etwas dafür kann. Das Vertretenmüssen setzt nach § 276 I BGB voraus

(1) **Verschuldensfähigkeit** des Schuldners nach §§ 276 I 2, 827, 828 BGB

(2) **Eigenes Verschulden** durch

a) **Vorsatz:** Wissen und Wollen des Erfolgs
   - direkt: zielgerichtetes Handeln
   - bedingt: billigend in Kauf nehmen

b) **Fahrlässigkeit:**
   - Außerachtlassen der objektiv erforderlichen Sorgfalt
   - 2 Arten: normale und grobe (§ 277 BGB)

c) **Übernahme einer Garantie oder eines Beschaffungsrisikos**

d) **Verschärfungen und Milderungen** durch Gesetz/Vertrag z. B. §§ 300 I, 277, 287 S. 2 BGB

(3) **Fremdes Verschulden von Dritten** § 278 BGB

a) **Erfüllungsgehilfe:** Wer mit Wissen und Wollen in Erfüllung der Verbindlichkeit die Pflichten des Schuldners erfüllt

b) **Gesetzlicher Vertreter** des Schuldners

Bei nachgewiesener Pflichtverletzung wird bis zum Gegenbeweis durch den Schuldner dessen Vertretenmüssen **vermutet** (§ 280 I 2 BGB)

5. Kommt es bei der Beurteilung eines fahrlässigen Verhaltens auf die individuellen Fähigkeiten des Schuldners an?

Nein, nach § 276 II BGB handelt fahrlässig, wer die **im Verkehr erforderliche Sorgfalt** außer Acht lässt. Maßgeblich ist damit die im Geschäftsverkehr objektiv zu fordernde, nicht die in der Praxis übliche Sorgfalt. Hierbei ist an den Maßstab der einschlägigen gewissenhaften Berufs- und Verkehrskreise anzuknüpfen. Der Sorgfaltsmaßstab ist daher **gruppenbezogen** zu ermitteln wie die Sorgfalt eines „ordentlichen" Kaufmanns (§ 347 BGB) oder Geschäftsführers einer GmbH (§ 43 I GmbHG).

6. Spielt es für die Verantwortlichkeit des Schuldners eine Rolle, ob er vorsätzlich oder fahrlässig handelt?

Nein, da das allgemeine Schuldrecht beide Verschuldensformen im Grundsatz gleich behandelt.

7. Der Hersteller S baut mit seinen Mitarbeitern in den Kran defekte Teile ein, welche der Zulieferer Z geliefert hat. Haftet der Baumaschinenhändler V für S und Z?

V haftet für den Pfusch des S mit seinen Mitarbeitern und dessen Zulieferer Z nach §§ 433 I 2, 437 BGB i.V.m. § 278 BGB, da S und Z **Erfüllungsgehilfen** des V sind. S ist mit Wissen und Wollen des V „zur Erfüllung seiner Verbindlichkeit" gegenüber seinem Kaufvertragspartner K tätig. S bedient sich wiederum des Subunternehmers Z. Ein Vertretenmüssen von S, seinen Mitarbeitern und Subunternehmern wird damit V so zugerechnet als ob er selbst die Teile hergestellt hätte.

8. V trägt als Schuldner und Lieferant des Krans auch das Beschaffungsrisiko. Was heißt dies?

Eine Verantwortlichkeit des Schuldners V liegt auch dann vor, wenn er eine spezielle Garantie übernommen oder wenn er das **Beschaffungsrisiko** übernommen hat (§ 276 I 1 BGB). Dies ist vor allem bei Gattungsschulden der Fall wie einem solchen Kran.

2. Unmöglichkeit

9. Der Kran kann von V nicht geliefert werden, weil er

a) durch einen Brand im Unternehmen des V zerstört wird,

b) am Abend vor der Auslieferung von einem Dieb entwendet wird,

c) bei der Anlieferung eine Brücke hinunterfällt und nur mit exorbitanten Kosten und hohen technischen Risiken geborgen und repariert werden kann.

Muss V weiterhin liefern?

Die Gründe für die Unmöglichkeit der Leistung können unterschiedlich sein. Das Gesetz behandelt alle Arten der nach Vertragsschluss eintretenden **nachträglichen** Unmöglichkeit in § 275 BGB gleich. Lediglich eine bei Vertragsschluss schon vorliegende **anfängliche** Unmöglichkeit wird in § 311a BGB gesondert behandelt.

Wenn niemand wegen des Brandes bei V liefern kann, liegt **objektive** nachträgliche Unmöglichkeit der Leistung nach § 275 I BGB vor (Fall a) Wenn theoretisch nur der Dieb noch leisten könnte, liegt **subjektive** nachträgliche Unmöglichkeit vor (Fall b). Bei starker Leistungserschwerung durch hohe Rettungskosten liegt **faktische** Unmöglichkeit nach § 275 II BGB vor (Fall c). **Persönliche** Unmöglichkeit nach § 275 III BGB ist anzunehmen bei Unzumutbarkeit der persönlich geschuldeten Leistung wie bei der Nichtarbeit eines Arbeitnehmers bei starker Wegebehinderung.

Die Folge der Unmöglichkeit ist der **Ausschluss der Primärleistungspflicht** nach § 275 I, II–III (Einrede). Der Schuldner V muss daher in allen drei Fällen nicht mehr liefern.

10. 10. Der Kran kann nun wegen Brandes im Unternehmen des V nicht mehr geliefert werden. Welche Rechte hat K?

Rechtsfolge dieser Unmöglichkeit ist die Umwandlung der weggefallenen Primärleistungspflicht in die **Sekundärleistungspflichten:**

a) **Schadensersatz statt der Leistung** bei Vertretenmüssen
   - Anfängliche Unmöglichkeit gem. § 311a II oder §§ 284, 285 BGB oder
   - Nachträgliche Unmöglichkeit gem. §§ 280 I, III, 283–285 BGB.

Da bei Brand ein Vertretenmüssen nicht angenommen werden und V sich in der Regel entlasten kann, hat K dann keinen Schadensersatz- bzw. Aufwendungsersatzanspruch.

b) **Rücktritt ohne Fristsetzung** gem. §§ 326 IV, V, 323 BGB ist neben Schadensersatz stets möglich, aber auch dann, wenn kein Schaden nachgewiesen werden kann.

c) Die **Gegenleistungspflicht zur Kaufpreiszahlung entfällt** gem. § 326 I, II BGB.

11. Welche Rechte hat K, wenn der Kran nicht gebaut werden kann, weil V sich nicht vergewissert hat, ob ein wichtiger Vorlieferant leisten kann?

Es liegt ein Fall der anfänglichen Unmöglichkeit bei Vertragsschluss vor, da die Leistung durch einen Vorlieferanten ungewiss war. § 311a I BGB stellt klar, dass der Vertrag gleichwohl wirksam ist. K kann aber von V entweder

- Schadensersatz statt der Leistung gem. § 311a II BGB oder
- Aufwendungsersatz gem. § 284 BGB verlangen.

Hierbei wird dann V als Schuldner von seiner Leistungspflicht nach §275 frei. Eine Exkulpation durch V ist bei unverschuldeter Unkenntnis allerdings möglich. V hat im Fall jedoch seine Unkenntnis zu vertreten. Bis zum Beweis des Gegenteils wird dieses Vertretenmüssen des V vermutet, da das Beschaffungsrisiko in seinen Risikobereich als Verkäufer fällt.

3. Schuldnerverzug

12. K hat durch seinen Rechtsanwalt RA mit Schreiben vom 4.6. eine Frist zur Lieferung bis 15.6. gesetzt. Unter dem Druck des Anwalts wird der Kran am 2.7. an K übereignet. Ab wann ist V mit seiner Lieferpflicht in Verzug?

Schuldnerverzug nach §§280 I, II i.V.m. 286 BGB setzt voraus:

- einen **fälligen, durchsetzbaren Erfüllungsanspruch**, welcher am 1.6. gegeben war.
- **Nichtleistung trotz Möglichkeit der Leistung**, weil sich Unmöglichkeit und Verzug gegenseitig ausschließen.
- **eine Mahnung durch den Gläubiger**. Die Mahnung bzw. eine gerichtliche Geltendmachung ist grundsätzlich notwendig. Lediglich in den Ausnahmefällen des §286 II und III BGB wie bei „Kalenderfälligkeit" oder bei einer Entgeltforderung mit Verzug spätestens nach der 30-Tage-Regelung ist dies entbehrlich.
- **Vertretenmüssen der Verzögerung**, wobei nach §286 IV BGB der Schuldner solange in Verzug ist, solange er nicht beweist, dass er die Verzögerung nicht zu vertreten hat (Beweislastumkehr).

V ist daher seit 2.6. in Schuldnerverzug.

13. Was ist eine Mahnung im Sinne des §286 I BGB?

Eine Mahnung ist die einseitige, an den Schuldner gerichtete, empfangsbedürftige Aufforderung des Gläubigers nun unverzüglich zu leisten. Sie ist formlos möglich, muss aber eine eindeutige Aufforderung sein.

14. V bezahlt die Rechnung des RA nicht. Zahlungsziel ist der 1.7. Kann K die Kosten seines Anwalts von € 1500 und Zinsen von V verlangen?

K besitzt eine **Entgeltforderung** aus seinem Dienstvertrag mit seinem Rechtsanwalt RA gem. §612 II BGB. Insoweit tritt **spätestens Verzug** 30 Tage nach Fälligkeit und Rechnungszugang ein (§286 II Nr. 1 BGB). V ist daher ab 2.7. in Verzug.

K kann auch nach §288 II BGB von V Verzugszins in Höhe von 7,87% verlangen, da ein **unternehmerischer** Geschäftsverkehr vorliegt (8% plus Basiszinssatz – vgl. Fall 23, S. 62 – von z.Zt. –0,13% = 7,87%). Im **Geschäftsverkehr unter/mit Verbrauchern** können nur 5% plus BZS (= 4,87%) verlangt werden (§288 I BGB). Nach §288 III BGB ist ein vertraglich vereinbarter höherer Verzugszins bzw. ein Bankkreditzins bei Nachweis zu zahlen (§288 IV BGB).

15. Welche weitere Rechtsfolgen hat der Schuldnerverzug?

(1) Der **Erfüllungsanspruch** des Gläubigers bleibt bestehen, da er nur den Ersatz des Verzögerungsschadens nach §§286, 249 BGB verlangen kann. (2) **Schadensersatz statt der Leistung** ist nur bei Fristsetzung gem. §281 I 1 BGB möglich. (3) Der Gläubiger kann gem. §§280 II, 286 BGB Ersatz seines **Verzögerungsschadens** verlangen. (4) Ein **Rücktritt** vom Vertrag ist nur nach Fristsetzung gem. §§280 I, 323, 326 VI BGB möglich. (5) Zusätzlich greift eine **Haftungsverschärfung** für Zufall nach §287 BGB ein.

16. Was versteht man unter einem Fixgeschäft?

Beim Fixgeschäft wird für die Leistung ein bestimmter Termin bestimmt, wobei die Leistungszeit von allen Vertragspartnern als so wichtig angesehen wird, dass sie wesentlicher Vertragsbestandteil wird. Es werden drei Arten des Fixgeschäfts unterschieden:

(1) **Absolutes Fixgeschäft:** Die Leistung kann nur zu dem Termin erbracht werden wie z.B. Lieferung eines Hochzeitskleids zum 20.5. um 9.00 Uhr. Danach tritt Unmöglichkeit als dauerndes Leistungshindernis ein.

(2) **Relatives Fixgeschäft:** Der Termin ist wesentlich, aber die Leistung noch nachholbar, jedoch für den Gläubiger ohne Interesse wie z.B. Osterhasen werden im Mai statt im Februar geliefert. Der Gläubiger kann weiterhin Leistung verlangen oder vom Vertrag zurücktreten (§323 II Nr.2 BGB) und seinen Verzugsschaden verlangen (§§280 II, 286 BGB).

(3) **Handelsrechtliches Fixgeschäft:** Der Gläubiger kann zurücktreten, bei Verzug ohne Nachfrist Schadensersatz wegen Nichterfüllung oder weiterhin Erfüllung des Vertrages verlangen (§376 HGB).

4. Schlechtleistung durch Verletzung vertraglicher Schutzpflichten (pVV)

17. Der ansonsten sehr zuverlässige Fahrer F des Verkäufers beschädigt bei der Anlieferung des Krans im Bauhof des K dessen Hofeinfahrt. K entsteht ein Reparaturschaden von € 20000. Kann K diese Kosten von V wegen Vertragsverletzung verlangen?

K will von V Schadensersatz neben der Leistung des Krans nach §§280 I, 241 II, 278 BGB, weil V durch seinen Fahrer F die Pflicht zur Rücksichtnahme auf das Eigentum verletzt haben könnte. Folgende Voraussetzungen müssen hierzu vorliegen:

(1) Eine Verletzung von **Schutz- und Nebenpflichten** nach §§280, 241 II BGB. Der Schuldner hat die Nebenpflicht der Rücksichtnahme und des Schutz des Gläubigers. Hierzu zählt, dass der Schuldner und seine Erfüllungsgehilfen (Fahrer F) keine Sachbeschädigung an der Hofeinfahrt des Gläubigers K verursachen.

(2) Das **Vertretenmüssen** des V wird nach §§280 I 1, 276, 278 BGB widerleglich vermutet. V haftet für F als seinem Erfüllungsgehilfen (§278 BGB).

(3) **Rechtsfolge** ist, dass K **Schadensersatz neben der Leistung** des Krans verlangen kann (§280 I BGB). K hat einen Schaden von € 20000 als Repa-

raturkosten (§ 249 BGB). Nur bei Unzumutbarkeit der Leistung könnte er Schadensersatz **statt Leistung** verlangen (§§ 281, 282 BGB). Ein **Rücktritt** vom Vertrag ist nur unter den Voraussetzungen des § 323 BGB oder der §§ 324, 241 II BGB möglich.

5. *Schlechtleistung durch Verletzung vorvertraglicher Schutzpflichten (cic)*

18. Bei den Verkaufsverhandlungen zwischen V und K besichtigt K das Werksgelände des V. Hierbei stürzt K in eine nicht gesicherte Baugrube und verletzt sich schwer. Seine Krankenversicherung BBK verlangt von V die Behandlungskosten in Höhe von € 5 000.

Die BBK will **Schadensersatz aus Schlechtleistung** durch eine Pflichtverletzung bei Vertragsschluss (cic) nach §§ 24 1 II, 311 II, 280 I BGB. Hierzu ist

(1) ein **vorvertragliches Schuldverhältnis** notwendig, welches durch Vertragsverhandlungen (hier zwischen V/K) oder durch Anbahnung eines Vertrages (§ 311 II BGB) oder durch eine Dritthaftung bei besonderem Vertrauen (§ 311 III BGB) entstehen kann. Hierbei muss es

(2) zu einer Verletzung von **Schutz- und Nebenpflichten** nach § 241 II BGB kommen, wobei das

(3) **Vertretenmüssen** gem. §§ 280 I 2, 276, 278 BGB widerleglich vermutet wird.

(4) **Rechtsfolgen** sind zum einen **Schadensersatz** (hier € 5 000 Behandlungskosten gem. § 249 BGB i. V. m. § 116 SGB X, wobei ein mögliches Mitverschulden des K über § 254 BGB prozentual zu einem Abschlag von der geltend gemachten Schadenshöhe führt. Der ursächliche Schaden des K ist von BBK zu ersetzen, wobei der Anspruch des K kraft Gesetzes gem. § 116 SGB X auf die Krankenkasse übergeht. Zum anderen ist auch eine **Vertragsaufhebung** möglich, wenn es doch zu einem Vertragsschluss gekommen ist.

III. Gläubigerverzug

19. Der Baumaschinenhändler V liefert zum schriftlich angekündigten Zeitpunkt den Kran auf dem Betriebsgelände des K an. Der Baukran kann aber nicht abgenommen werden, da der dortige Betriebsrat zu einer Arbeitsniederlegung wegen Differenzen mit K aufgerufen hat. Rechtslage?

(1) Der Gläubigerverzug (Annahmeverzug) ist als **Obliegenheitsverletzung des Gläubigers** in §§ 293–304 BGB geregelt. Voraussetzungen sind

- **Möglichkeit** der Leistung durch Schuldner
- **Anbieten** der Leistung
- **Nichtannahme** durch Gläubiger.

Nicht notwendig ist ein **Vertretenmüssen** des Gläubigers, da keine Schadensersatzpflicht begründet wird. Daher hindert der Streik nicht den Annahmeverzug des Gläubigers.

(2) **Rechtsfolgen** sind

- **Leistungspflicht** bleibt bestehen,
- **Haftungsmilderung** beim Schuldner, da er ab jetzt nicht für einfache Fahrlässigkeit haftet (§ 300 I BGB),
- **Preisgefahr** liegt nun beim bei Gläubiger (§ 326 II BGB),
- **Leistungsgefahr** bei Gattungsschulden geht auf den Gläubiger über (§ 300 II BGB),
- **Wegfall** der Verzinsung (§ 301 BGB),
- **Ersatz der Mehraufwendungen** des Gläubigers (§ 304 BGB) und ein
- **Hinterlegungs- oder Versteigerungsrecht** (§§ 372 ff. BGB).

20. V lagert den Kran wieder in seiner Lagerhalle ein. Durch unbekannte Täter verursacht, brennt die Halle mit dem Kran ab. Vorsatz oder grobe Fahrlässigkeit kann bei V und seinen Leuten nicht festgestellt werden. Wie ist die Rechtslage?

Bei Annahmeverzug geht die **Gefahr des Untergangs** bei Gattungssachen auf den Gläubiger über und der Schuldner haftet auch nicht bei eigener Fahrlässigkeit. Da also weder **Vorsatz noch grobe Fahrlässigkeit** vorliegen, muss K den Kran bezahlen (§§ 300 II, 326 II BGB).

21. Vertretenmüssen ist notwendig für den Eintritt

a) des Schuldnerverzugs (§§ 280 II, 286 BGB)
b) des Gläubigerverzugs (§ 293 BGB)
c) der Schadensersatzpflicht aus vertraglicher Schutzpflichtverletzung § 241 II BGB, pVV)
d) der Schadensersatzpflicht aus Verletzung vorvertraglicher Schutzpflichten (§ 241 II, 311 II BGB cic).

Richtig ist a), c) und d).

IV. Anpassung und vorzeitige Beendigung von Verträgen

1. Störung der Geschäftsgrundlage

22. K erwirbt von H ein Fertighaus für sein Unternehmen in der Hoffnung auf eine Baugenehmigung durch die Bauverwaltung. Letztlich wird die Genehmigung abgelehnt. Muss K das Haus von dem Hersteller H abnehmen?

Die Abnahmepflicht des K könnte sich aus § 433 II i. V. m. § 313 BGB ergeben. (1) Zwischen V und K liegt ein **Kaufvertrag** nach § 433 I BGB vor. (2) Dieses Schuldverhältnis müsste in seiner **Geschäftsgrundlage** (GG) gestört sein (§ 313 BGB). Hierzu ist primär zu fragen, ob (a) **Spezialvorschriften** eingreifen wie § 651j BGB für den Reisevertrag bei höherer Gewalt. Sodann ist (b) zu fragen, ob eine GG vorhanden ist, die **nicht** in den **Risikobereich einer Vertragspartei** fällt. Die Erteilung einer Baugenehmigung ist beim Kauf eines Fertighauses grundsätzlich das Risiko des Käufers, so dass das Fehlen bzw. spätere Wegfallen der GG sein Risiko ist. (c) Die **Unzumutbarkeit am Festhalten** des unveränderten Vertrages spielt also hier keine Rolle, da die Voraussetzung (b) nicht vorliegt. Gesetzliche **Rechtsfolgen** wären eine Anpassung des Vertrages oder der Rücktritt bzw. Kündigung des Vertrages (§ 313 BGB).

23. Lustig (L) mietet für den Rosenmontagsumzug einen Fensterplatz am Marktplatz. Wegen Anordnung einer Volkstrauer fällt der Festzug aus. Muss L den Mietzins zahlen?

L muss nicht zahlen, da der Mietvertrag und damit seine Zahlungspflicht wegen Wegfalls der Geschäftsgrundlage nachträglich weggefallen ist (§ 313 I BGB). Die Vertragsparteien gingen davon aus, dass der Umzug stattfindet. Durch die behördlich angeordnete Volkstrauer haben sich die **objektiven Umstände**, die zur Grundlage der Fenstermiete geworden sind, **nach Vertragsschluss schwerwiegend verändert**. Das Festhalten am Vertrag ist L unter Berücksichtigung, dass eine plötzlich angeordnete Volkstrauer stattfindet, **unzumutbar** (§ 313 I BGB).

2. Kündigung von Dauerschuldverhältnissen

24. Der Unternehmer U will einen Projektsteuerungsvertrag wegen Zerrüttung mit dem Auftraggeber A lösen. Der Vertrag sieht nur eine fristgebundene ordentliche Kündigung vor. Kann U trotzdem außerordentlich ohne Einhaltung einer Frist kündigen?

§ 314 BGB regelt allgemein für alle **Dauerschuldverhältnisse** die Möglichkeit der fristlosen Kündigung. (1) Ein Dauerschuldverhältnis ist nicht nur eine Gesellschaft (§ 705 ff. BGB), sondern auch ein Projektvertrag. (2) Da **keine Sondervorschriften** zur Kündigung – wie im Werkvertragsrecht nach § 649 BGB – erkennbar sind, stellt sich die Frage, ob (3) ein **wichtiger Grund** zur Aufhebung besteht. Da bei diesem Vertrag das persönliche Vertrauen wichtig ist, kann von einem wichtigen Grund ausgegangen werden. (4) Nach § 314 II BGB ist bei einer Pflichtwidrigkeit eine vorherige **Abmahnung** notwendig. (5) **Folge** der Kündigung ist die Auflösung des Vertrages für die Zukunft (ex nunc).

Zur Vertiefung: *Führich, Wirtschaftsprivatrecht, § 12*

§ 13 Beteiligung mehrerer am Schuldverhältnis

I. Vertrag zu Gunsten Dritter

1. Kaufmann Karl hat sich in einem Ehevertrag (§§ 1408 ff. BGB) gegenüber seiner Gattin Gesine verpflichtet, dieser eine unabhängige Altersversorgung durch Abschluss eines Lebensversicherungsvertrags zu finanzieren. Wie werden die Rechtsverhältnisse zwischen den einzelnen Personen bezeichnet?

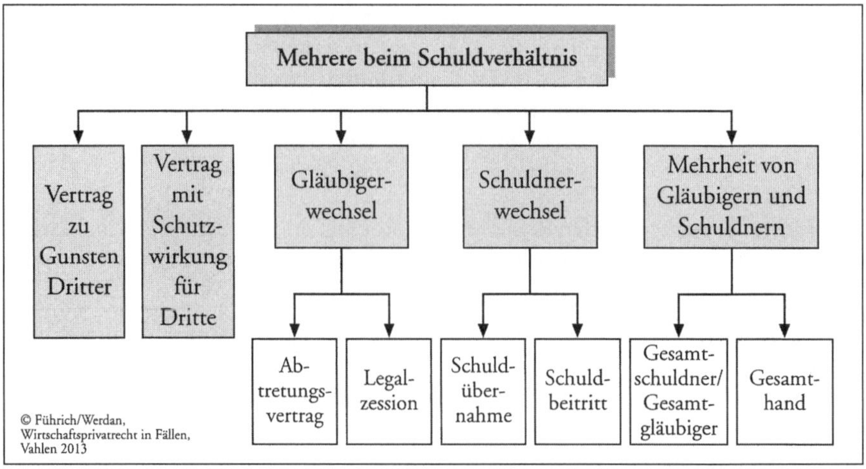

Abb. 16: Mehrere beim Schuldverhältnis

Beim Vertrag zu Gunsten Dritter verspricht der Schuldner seinem Gläubiger, an einen Dritten eine Leistung zu erbringen (§ 328 BGB). Der Schuldner ist der **„Versprechende"**, hier die Versicherung, der Gläubiger der **„Versprechensempfänger"**, hier Karl und der Dritte der **„Begünstigte"**, hier Gesine. Zwischen Gläubiger und Schuldner besteht das **Deckungsverhältnis**, welches den Anspruch begründet, zwischen Gläubiger und Drittem das **Valutaverhältnis**, warum der Dritte die Leistung erhält. Zwischen Schuldner und Drittem spricht man vom **Vollzugsverhältnis**. Der Dritte, hier Gesine, hat einen Direktanspruch auf Zahlung gegen den Versprechenden, hier die Versicherung.

2. Was versteht man unter einem Vertrag mit Schutzwirkung zugunsten Dritter?

Ein Dritter kann analog § 328 BGB in den vertraglichen Schutz eines Vertrages einbezogen sein, wenn er den Gefahren des Vertrages genauso ausgesetzt ist wie der Gläubiger, wobei der **Kreis der Dritten überschaubar** ist wie Besucher oder Angehörige eines Mieters (Leistungsnähe des Dritten). Bei einer Schutzpflichtverletzung (§ 241 II BGB, pVV) haben diese Dritten dann die gleichen Ansprüche wie der Gläubiger.

II. Abtretung (Gläubigerwechsel)

3. Der Bauunternehmer Umtrieb (U) gewährt seinem Geschäftsfreund Frech (F) ein zinsloses Darlehen über € 10 000 fällig zur Rückzahlung in 2 Jahren. U benötigt ein Jahr nach dem Vertragsschluss dringend Geld und verkauft daher seinen Darlehensrückzahlungsanspruch an Gut (G) zum Preis von € 9 500. Was hat sich rechtlich ereignet?

Im Rahmen eines bestehenden Schuldverhältnisses, wie hier einem Darlehensverhältnis nach § 488 BGB, kann der Gläubiger (**Altgläubiger**) seine Forderungen, hier seinen Rückzahlungsanspruch, gegen den Schuldner an einen anderen (**Neugläubiger**) übertragen. Damit kann der Altgläubiger seine

Forderung schon vor ihrer Fälligkeit verwerten. Hierzu sind **2 Rechtsgeschäfte** notwendig: (1) der schuldrechtliche Verpflichtungsvertrag, hier ein Forderungskauf nach §§ 453, 433 BGB und (2) der Abtretungsvertrag nach § 398 BGB als Verfügungsgeschäft (Zession).

4. Hat im Fall 3 der Schuldner F der Abtretung zuzustimmen oder ist mindestens die Abtretung dem F anzuzeigen?

Der gesetzliche Regelfall ist die **stille Zession ohne Anzeige oder Zustimmung** des Schuldners. Eine Anzeige ist aber empfehlenswert, damit der Schuldner F informiert wird und weiß, an wen er zahlen muss.

Bei stiller Zession greift der Schuldnerschutz nach §§ 409, 410 BGB ein: (1) der Schuldner hat ein Auskunftsrecht (2) keine Zahlung ohne Abtretungsurkunde, (3) die Abtretungsanzeige fingiert stets einen wirksamen Abtretungsvertrag.

5. Die Abtretung vollzieht sich grundsätzlich durch Vertrag zwischen

a) altem und neuem Gläubiger

b) neuem Gläubiger und Schuldner

c) altem Gläubiger und Schuldner

d) allen Beteiligten.

Richtig ist a).

6. In welchen Fällen besteht ein Abtretungsverbot?

Nicht übertragbar sind:

a) Forderungen, bei denen der **Inhalt durch die Abtretung** geändert würde (§ 399 BGB) wie auf Dienstleistungen, § 613 BGB oder das Vorkaufsrecht, § 473 BGB,

b) Forderungen, bei denen die Abtretung **vertraglich ausgeschlossen** wurde (§ 399 BGB) wie bei Flugtickets,

c) Forderungen, die **unpfändbar** sind (§ 400 BGB) wie beim Pfändungsschutz bestimmter Bezüge (§ 850b ZPO).

7. Im Fall 3 bürgt die Ehefrau B des F für die Rückzahlung des Darlehens. Gehen die Rechte aus der Bürgschaft auch dann auf G über, wenn dieser gar nicht weiß, dass diese Sicherheit existiert?

Ja, mit der Abtretung gehen automatisch alle **akzessorischen Nebenrechte** gem. § 401 BGB wie Bürgschaft, Hypothek oder eine Grundbuchvormerkung auf den Neugläubiger über. Eine Kenntnis dieser Nebenrechte durch den Zessionar ist nicht notwendig.

8. Elektrohändler Emil (E) veräußert an den Studenten S eine Stereoanlage. Die Kaufpreisforderung tritt E an seine Bank Bonus (B) zur Sicherheit für einen Kredit ab. S erklärt 3 Monate nach dem Kauf wegen erheblicher Mängel den Rücktritt vom Kaufvertrag. Kann B von S die Zahlung des Kaufpreises verlangen?

Nein, der Schuldner S ist geschützt (§ 404 BGB). B will zwar den Kaufpreisanspruch gem. §§ 433 II, 398 BGB, dem Schuldner bleiben aber alle Rechte erhalten, die auch im Zeitpunkt der Abtretung gegen den Altgläubiger begründet waren. Zudem wird der Schuldner bei gutgläubigen Zahlungen durch §§ 407–409 BGB geschützt. Hier hat S ein Leistungsverweigerungsrecht gem. §§ 434, 437 Nr. 2 BGB wegen der Sachmängel. Bei Rücktritt hat S die Stereoanlage an B zurückzugeben, B kann keine Nutzungsentschädigung verlangen und muss bisherige Zahlungen an S zurückgeben.

9. Im Fall 7 hat sich bekanntlich die Ehefrau B des F für die Rückzahlung des Darlehens verbürgt. Nachdem dieses fällig geworden ist, zahlt B das Darlehen zurück. Warum bleibt B nicht auf ihrem Schaden sitzen?

Die Darlehensforderung des G gegen F gem. § 488 I 2 BGB geht mit der Zahlung durch die Bürgin B auf diese kraft Gesetzes über (§ 714 BGB). Auf eine solche **Legalzession** wird ebenfalls das vertragliche Abtretungsrecht angewendet (§ 412 BGB). Damit hat B einen Regressanspruch gegen F.

10. Was versteht man unter Factoring?

Factoring ist Verkauf und Abtretung von Forderungen an einen Factor (z. B. Bank) zur Schaffung von Liquidität. Es werden **2 Arten** unterschieden: (1) **Echtes Factoring:** Factor trägt das Ausfallrisiko (Delkredere), (2) **Unechtes Factoring:** Altgläubiger trägt das Delkredererisiko, da uneinbringliche Forderungen dem Altgläubiger rückbelastet werden (vgl. näher S. 138).

11. Was ist unter einer Globalzession zu verstehen?

Bei einer Globalzession werden **alle, auch künftige Forderungen**, von der Abtretung erfasst. So lässt sich der Lieferant von Stoffen zur Sicherung eines offenen Kaufpreisanspruches sämtliche Forderungen des Bekleidungsunternehmens abtreten, welche dieses gegen Abnehmer der Kleider hat (vgl. S. 151).

III. Schuldnerwechsel

12. Worin liegt der Unterschied zwischen Abtretung und Schuldnerwechsel?

Bei der Abtretung findet ein Gläubigerwechsel statt, während beim Schuldnerwechsel ein Schuld vom „Altschuldner“ auf einen „Neuschuldner“ übergeht. Zu unterscheiden sind: (1) **Schuldübernahme** (§§ 414, 415 BGB), wobei der Altschuldner schuldenfrei wird, und (2) **Schuldbeitritt**, wobei der neue Schuldner Gesamtschuldner (§§ 421 ff. BGB) des bereits bestehenden Schuldverhältnisses wird, weil er zusätzlich neben den Altschuldner tritt.

13. Kennen Sie ein Beispiel für einen Schuldbeitritt im Rechtsalltag?

Der 20-jährige Student Schlumpf kauft einen Pkw Golf für € 15000. Der Händler verlangt zusätzlich die Unterschrift des Vaters für den Kaufvertrag. Mit seiner Unterschrift erklärt der Vater, dass er neben dem Sohn für den Kaufpreis haftet.

IV. Mehrheit von Schuldnern und Gläubigern

14. Die Studenten Xaver (X), Yuppi (Y) und Zickig (Z) haben absichtlich eine körperliche Auseinandersetzung mit Anton (A) wegen der Zuneigung zu der Studentin Nett (N) angefangen. Der schwerverletzte A verlangt seine Heilbehandlungskosten vom begüterten Yuppi. Dieser wendet ein, er hafte nur für seinen Anteil. Zu Recht?

Die **Gesamtschuld** ist der häufigste Fall der Mehrheit von Schuldnern, §§ 421 ff. BGB. X, Y und Z sind gesetzliche Gesamtschuldner gem. §§ 823, 8301, 8401 BGB, d. h. jeder muss voll für die Schuld haften. A hat ein Wahlrecht, wen er in Anspruch nimmt. Er kann aber die Leistung nur einmal verlangen. Im Innenverhältnis zwischen X, Y und Z besteht eine Ausgleichspflicht nach Köpfen (§ 426 BGB).

15. Die Eheleute Emsig errichten bei der Bank B ein sog. „Oder-Konto“, über das jeder von ihnen verfugen kann. Welche Rechtsstellung haben die Ehegatten bezüglich des Kontos?

Die Eheleute sind **Gesamtgläubiger**, d. h. jeder kann von dem Konto unabhängig vom anderen das Guthaben abheben (§§ 428–430 BGB). Die Bank braucht nur einmal zu leisten.

16. Kennen Sie Gesamthandsgemeinschaften, bei denen die Personen nur gemeinschaftlich berechtigt sind, also z. B. einen Pkw verkaufen können?

Gesamthandsgemeinschaften sind z. B. die bürgerliche Gesellschaft (§§ 705 ff., 718, 719 BGB), die eheliche Gütergemeinschaft (§ 1416 BGB), die Erbengemeinschaft (§ 2032 BGB).

Zur Vertiefung: *Führich, Wirtschaftsprivatrecht, § 13*

§ 14 Erlöschen der Schuldverhältnisse

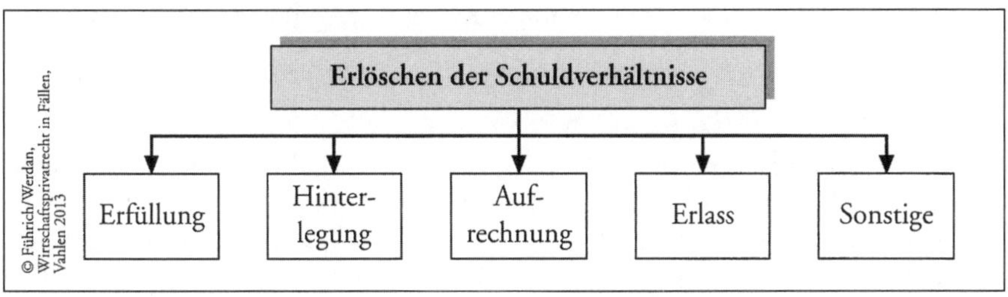

Abb. 17: Erlöschen der Schuldverhältnisse

I. Erfüllung durch Leistung

1. Nennen Sie die Möglichkeiten zur Beendigung von Schuldverhältnissen.

Das Schuldverhältnis endet, wenn der Schuldner zur rechten Zeit, am rechten Ort, in der rechten Qualität, an den richtigen Gläubiger leistet (§ 362 BGB).

Das Schuldverhältnis endet, weil der Schuldner durch Leistung des Geschuldeten erfüllt. Dies kann erfolgen durch

a) Erfüllung (§§ 362–371 BGB),

b) Hinterlegung (§§ 372–386 BGB),

c) Aufrechnung (§§ 387–396 BGB),

d) Erlass (§ 397 BGB) und

e) sonstige Gründe wie Rücktritt, Kündigung oder Aufhebungsvertrag.

2. Student Eifrig (E) geht in den Lebensmittelmarkt M, kauft eine Flasche Limonade, erhält sie und bezahlt den Kaufpreis. Was hat sich rechtlich ereignet?

Der Schuldner M übergibt und übereignet nach dem Kauf die Limonade, während der Schuldner E die Ware annimmt und den Kaufpreis bezahlt. Damit haben die Schuldner ihre Leistungen bewirkt und das Schuldverhältnis Kauf erlischt (§ 362 I BGB).

3. Kaufmann K tilgt als Bausparer bei der LBH-Kasse jeweils zum Quartalsende seine Darlehensschuld. LBH verrechnet nach ihren AGB die Zahlungen erst zum Schluss des Geschäftsjahres. Haben Sie rechtliche Bedenken?

Der Zahlungseingang (Zufluss) bewirkt nach **§ 362 BGB** ein Teilerlöschen der Darlehensschuld. Daher ist eine AGB-Klausel gem. **§ 307 II Nr. 1 BGB** unwirksam, wenn sie gegen dieses Grundprinzip verstößt.

4. Die Studentin Eva kauft einen Neuwagen bei dem Händler H für € 20 000 und vereinbart die Inzahlungnahme ihres Altfahrzeugs für € 3 000. Welche Bedeutung hat dieser Vorgang?

Das Schuldverhältnis erlischt auch dann, wenn der Gläubiger eine andere als die geschuldete Leistung an deren Stelle annimmt (**Annahme an Erfüllungs statt**, § 364 I BGB). Eva schuldet bei Geldschulden grundsätzlich eine Barzahlung. Ist der Gläubiger H einverstanden, kann die Schuld auch ersetzt werden durch eine andere Leistung wie hier durch einen Gebrauchtwagen.

5. Eva überweist den geschuldeten Geldbetrag von € 17 000 auf das Konto des H. Ist sie dazu befugt?

Nur mit **Einverständnis** des H, darf eine Geldschuld bargeldlos überwiesen werden. Durch eine Überweisung und eine Bankgutschrift besitzt H nur einen Auszahlungsanspruch gegen seine Bank (§ 676a BGB). Dabei kann nicht vom „Bewirken der geschuldeten Leistung“ gesprochen werden. Die Bank kann nur als Zahlstelle des H angesehen werden, wenn er durch Angabe seiner Bankverbindung mit dieser Art der Erfüllung einverstanden ist. Auch hier liegt eine **Annahme an Erfüllung statt** vor (§ 364 I BGB).

6. Eva will die Geldschuld mit einem Verrechnungsscheck begleichen. Muss H den Scheck annehmen?

Nein, da die Zahlung mit Scheck oder Wechsel nicht einer Barzahlung entspricht. Durch die Hingabe eines Schecks durch Eva erlischt die Kaufpreisforderung nicht, sondern der Gläubiger H bekommt neben seinem Kaufpreisanspruch aus § 433 II BGB noch einen Zahlungsanspruch aus dem Scheck. Sofern H einen Scheck annimmt, ist er einverstanden mit dieser Art der versuchten Erfüllung (**Leistung erfüllungshalber,** § 364 II BGB).

(1) Der Gläubiger muss dann zuerst versuchen, sich aus der Scheckforderung zu befriedigen, den Scheck also einzulösen. Mit der Einlösung erlischt die Kaufpreisforderung.

(2) Wird der Scheckbetrag jedoch nicht gutgeschrieben, kann der Gläubiger auf die alte Forderung zurückgreifen.

(3) Zusätzlich hat H auch die Möglichkeit des **vereinfachten Klage- und Mahnverfahrens,** in dem der Schuldner keine Einwendungen aus dem zugrunde liegenden Schuldverhältnis wie z. B. die Mangelhaftigkeit des Kaufgegenstandes vorbringen kann.

7. Schuldner Peinlich (P) hat noch mehrere offene Verbindlichkeiten über mehr als € 100000 bei der Bank Bonus (B). P überweist nun einen Betrag von € 2000 auf das Konto von B ohne den Verwendungszweck zu nennen. Was wird B unternehmen?

Wenn der Gläubiger mehrere Forderungen gegen einen Schuldner hat und der Schuldner nicht alle Forderungen gleichzeitig erfüllt, dann kann der Schuldner, hier P, bestimmen, auf welche der Forderungen er zahlt. Teilt er keine Reihenfolge mit, dann gilt

- die zuerst fällige Schuld wird zuerst getilgt,
- dann diejenige, die dem Gläubiger die geringste Sicherheit bietet, etc. (§ 366 BGB).

8. Kaufmann Klug (K) erwirbt Büromaterial für € 780 beim Händler H. K verlangt eine Rechnung mit gesondertem Ausweis der Umsatzsteuer. H weigert sich und verweist auf den Kassenbon, der aber die USt nicht erkennen lässt. Wie ist die Rechtslage?

Der Schuldner kann vom Gläubiger eine schriftliche Empfangsbestätigung (Quittung) verlangen. Die Kosten dafür muss der Schuldner tragen (§§ 368, 369 BGB). Bei einem berechtigten Interesse kann der Schuldner eine bestimmte Form und bestimmte Angaben in der Quittung verlangen. Da hier K die Umsatzsteuer als Vorsteuer vom Finanzamt zurückverlangen will, muss H diese gesondert ausweisen. Daher kommt der Gläubiger H in Annahmeverzug mit der Folge, dass K die Bezahlung solange verweigern kann, bis H eine formgerechte Quittung ausstellt.

II. Aufrechnung

9. Welche Voraussetzungen müssen für eine wirksame Aufrechnung vorliegen?

Sich gegenüberstehende Forderungen werden mit sich gegenüberstehenden Schulden verrechnet (aufgerechnet) in der Form, dass die Schulden zum

Zeitpunkt der Aufrechnungslage erlöschen, soweit sie sich decken. Voraussetzungen für eine Aufrechnung sind

(1) eine **Aufrechnungslage** (Forderungen sind gegenseitig, gleichartig, fällig und durchsetzbar, § 387 BGB),

(2) **kein Ausschluss** der Aufrechnung (§§ 393, 394 I BGB) und

(3) eine **Aufrechnungserklärung** (§ 388 BGB).

10. Kann der Schuldner eines Geldanspruchs gegen einen Anspruch auf Lieferung einer Ware aufrechnen?

Nein, da die Forderungen dem Gegenstand nach nicht gleichartig sind.

11. Wann ist ein Aufrechnung ausgeschlossen?

Eine Aufrechnung ist (1) **gesetzlich ausgeschlossen**, wenn die Forderung aus einer vorsätzlichen unerlaubten Handlung stammt (§ 393 BGB) oder eine unpfändbare Forderung darstellt (§ 394 I BGB) bzw. (2) **vertraglich ausgeschlossen** wurde (beachte § 309 Nr. 3 BGB bei AGB-Klauseln).

III. Sonstige Beendigungsgründe

12. Frau Glücklich (G) kauft bei Kaufmann Ehrlich (E) ein Fahrrad für € 1 500. Sie bezahlt € 500 an, der Rest wird vereinbarungsgemäß bis Jahresende gestundet. Nach dem Kauf verlieben sich die beiden und E will auf die Restforderung verzichten. Ist dies möglich?

Ja, beide müssen gem. § 397 BGB einen **Erlassvertrag** schließen. Dieser kann formfrei erfolgen und hat das Erlöschen der Forderung zur Folge.

13. Nennen und erklären Sie den Hauptanwendungsfall für eine Schuldumwandlung in der Praxis des Wirtschaftsprivatrechts!

Bei einer **Schuldumwandlung** oder Novation wird ein Schuldverhältnis aufgehoben und durch ein Neues ersetzt. Im BGB ist diese Beendigungsform nicht geregelt, sondern im HGB in § 355 HGB für den **Kontokorrentverkehr.** Beim Bankgirokonto, bei einer Handelsvertretung oder einer sonstigen laufenden Geschäftsverbindung stellt eine Partei zu einem vereinbarten Stichzeitpunkt den Saldo der gegenseitigen Forderungen fest. Wenn kein fristgerechter Widerspruch der anderen Partei erfolgt, erlöschen die Einzelforderungen und es entsteht eine neue Schuld durch Schuldumwandlung ohne Gegenrechte aus den erloschenen Forderungen.

14. Welcher Unterschied besteht zwischen Rücktritt und Kündigung eines Vertrages?

(1) Ein Vertrag kann rückgängig gemacht werden (§ 349 BGB), wenn entweder ein **Rücktrittsrecht vertraglich vorbehalten** oder bei einer **Vertragsverletzung gesetzlich angeordnet** ist wie bei einer Pflichtverletzung (§ 323 BGB). Mit der Rücktrittserklärung erlischt der Vertrag rückwirkend (ex tunc) und die

Vertragsparteien müssen alle empfangenen Leistungen nach §§ 346 ff. BGB zurückgewähren. Daher ist für Dienstleistungen und Nutzung von Sachen ein Wertersatz zu zahlen.

(2) Die Kündigung ist dagegen eine einseitige empfangsbedürftige Willenserklärung mit dem Ziel, ein bestehendes **Dauerschuldverhältnis** (z. B. Miete, Dienstleistung) für die **Zukunft** (ex nunc) zu beenden. Es werden **2 Arten** unterschieden: (a) Ordentliche, fristgebundene Kündigung und (b) außerordentliche, fristlose Kündigung bei wichtigem Grund (§ 314 BGB).

15. Bei welchen Verbraucherverträgen zwischen einem Unternehmer (§ 14 BGB) und einem Verbraucher (§ 13 BGB) hat der Verbraucher ein Widerrufsrecht binnen zwei Wochen nach Vertragsschluss?

Das Widerrufsrecht des Verbrauchers ist bei Verbraucherverträgen allgemein in §§ 355 ff. BGB geregelt. Es ermöglicht dem Verbraucher bei Vorliegen der gesetzlichen Voraussetzungen von einer bindenden Willenserklärung bzw. von einem Vertrag Abstand zu nehmen, **ohne dass hierfür ein bestimmter Grund vorliegen muss.** Hierzu zählen folgende Bereiche:

- **Haustürgeschäfte** (§ 312 BGB),
- **Fernabsatzverträge** (§ 312d BGB),
- **Teilzeitwohnrechte** (§ 485 BGB),
- **Verbraucherdarlehensverträge** (§ 495 BGB) und
- **Fernunterrichtsverträge** (§ 4 FernUSG).

Bezüglich der Einzelheiten wird auf § 10 verwiesen.

Zur Vertiefung: *Führich, Wirtschaftsprivatrecht, § 14*

3. Kapitel: Grundbegriffe des Sachenrechts

§ 15 Basiswissen Sachenrecht

I. Sachenrechte und Grundprinzipien

1. 1. Welche Bereiche behandelt das Sachenrecht?

Im Sachenrecht (§§ 854–1296 BGB) werden die **Beziehungen zwischen Personen** und **Sachen** behandelt.

2. Welche dinglichen Rechte unterscheidet das Sachenrecht?

(1) Zentrales Recht ist das **Eigentum** als das umfassendste dingliche Recht. Es ist die rechtliche Herrschaft einer Person über eine Sache (§ 903 BGB). (2) Der **Besitz** ist lediglich die Ausübung der tatsächlichen Herrschaft über eine Sache (§ 854 BGB). (3) Schließlich kennt das Sachenrecht zehn **beschränkt dingliche Rechte**, die nur einzelne Teilbefugnisse als Belastungen des Eigentums zuordnen wie die Nutzungsrechte: Nießbrauch, Dienstbarkeit, Erbbaurecht und die Verwertungsrechte: Pfandrecht an beweglichen Sachen und Rechten, Grundpfandrechte Hypothek, Grundschuld und Rentenschuld, Reallast, Vorkaufsrecht.

3. Welche drei Arten von Eigentum werden unterschieden?

(1) **Alleineigentum,** (2) **Miteigentum nach Bruchteilen** wie z. B. Miteigentümer einer Eigentumswohnanlage und (3) **Gesamthandseigentum** wie bei den Gesamthandsgemeinschaften z. B. GbR.

4. Nach welchen fünf Grundprinzipien ist das Sachenrecht aufgebaut?

- **Absolutheit:** dingliche Rechte wirken gegenüber jedermann.
- **Typenzwang:** Sachenrecht kennt nur die gesetzlich dinglichen zugelassenen Rechte (numerus clausus)
- **Publizität:** dingliche Rechte müssen jedermann erkennbar sein durch Besitz oder Grundbuch
- **Spezialität:** dingliche Rechte nur an Einzelsachen, nicht Sachgesamtheit
- **Abstraktion:** Trennung zwischen schuldrechtlicher Verpflichtung und sachenrechtlicher Verfügung

II. Besitz

5. Definieren Sie den Begriff Besitz.

Besitz ist die Ausübung der **tatsächlichen Gewalt** einer Person über eine Sache (§ 854 I BGB).

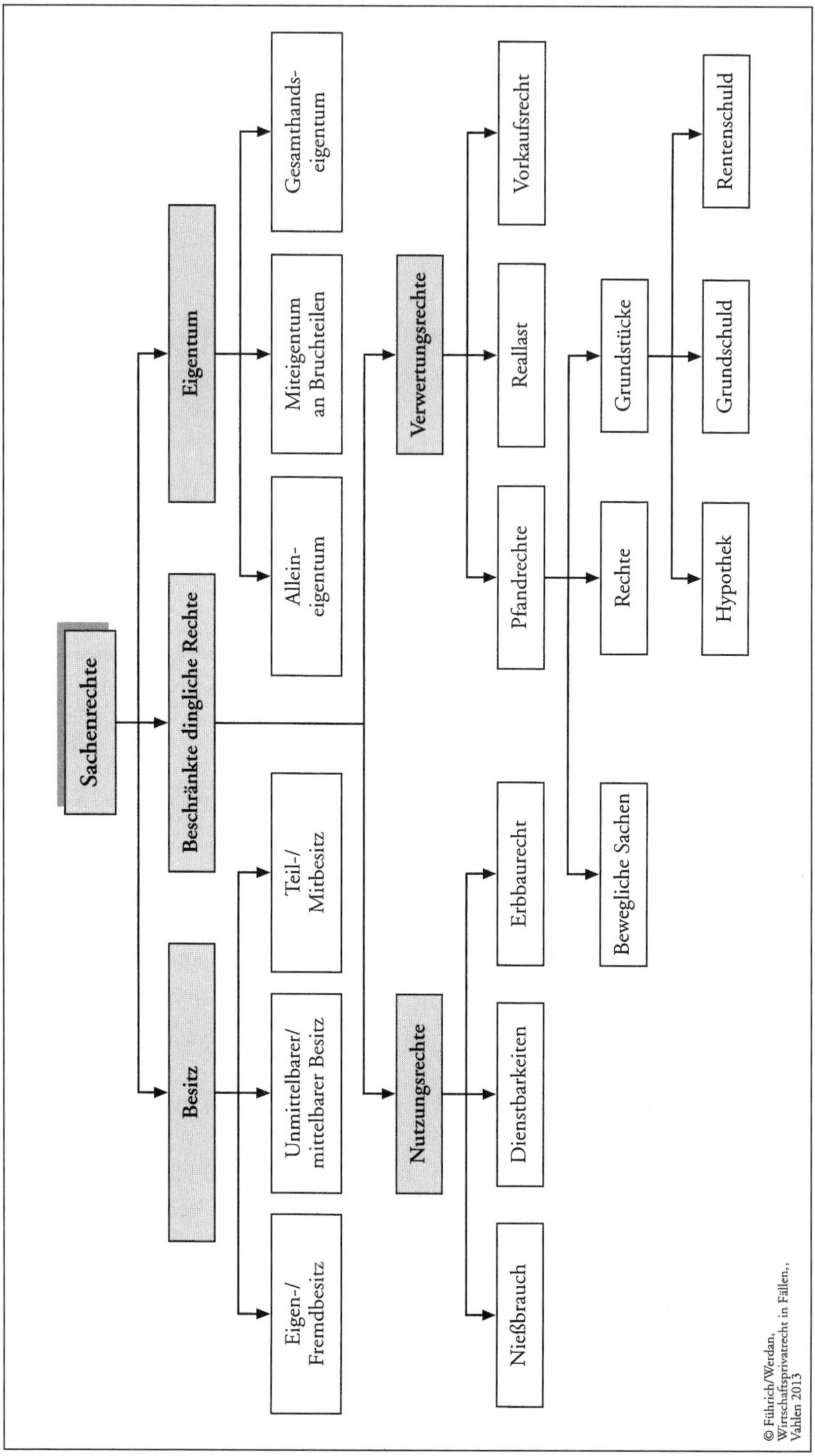

Abb. 18: Sachenrechte

6. Welche wichtigen Besitzarten kennen Sie?

- **Eigenbesitz** (Besitzer ist gleichzeitig Eigentümer, z. B. Eigentümer wohnt in seinem Haus) und **Fremdbesitz** (Besitzer ist nicht gleichzeitig Eigentümer, z. B. Mieter einer fremden Wohnung).
- **Unmittelbarer Besitz** (eigene Ausübung der tatsächlichen Gewalt, z. B. Student kauft eine Flasche Wein, die ihm übergeben wird) und **mittelbarer Besitz** (eine Person überträgt tatsächliche Gewalt auf eine andere Person aufgrund eines zeitlich befristeten Rechtsverhältnisses, beispielsweise Eigentümer vermietet seine Wohnung an einen Studenten).

7. Ist ein Besitzdiener auch Besitzer?

Nein, ein **Besitzdiener** hat keinen Besitz gem. § 854 I BGB. Er übt die tatsächliche Gewalt über eine Sache nur für einen anderen **weisungsgebunden** aus. Beispiel ist der Arbeitgeber als Besitzer, seine Arbeitnehmer sind Besitzdiener (§ 855 BGB).

8. Wie erwirbt man den Besitz an einer Wohnung oder einem Buch?

Wohnungen durch Übergabe des Schlüssels und Bücher durch ihre unmittelbare Nähe zur Person.

9. Welche rechtliche Bedeutung hat der Besitz?

- Der Besitzer wird bei verbotener Eigenmacht (§ 858 BGB) durch das **Selbsthilferecht** (§ 859 BGB) und durch **Klage bei Verletzung des Besitzes** geschützt (§§ 861, 862 BGB).
- Bei der **Übereignung beweglicher Sachen** ist die Übertragung des Besitzes notwendiges Element (§ 929 S. 1 BGB).

10. Der Pächter Pech sieht zufällig, wie ein Motorradfahrer M auf dem Betriebsgelände seiner Tankstelle ohne zu zahlen mit vollem Tank wegfahren will. Darf Pech ihn verfolgen und mit einer Waffe bedrohen?

Ja, Pech darf als unmittelbarer Besitzer, dem der Besitz durch verbotene Eigenmacht entzogen wird, durch **Selbsthilfe** mit verhältnismäßiger Gewalt sich wehren (Besitzwehr) und sich das Benzin wieder beschaffen (Besitzkehr), da er M auf frischer Tat ertappt hat und verfolgt (§ 859 BGB). Das Selbsthilferecht muss nur in einem engen Zeitrahmen zur Besitzstörung stehen.

11. Kann auch der als Tankwart angestellte Student S nacheilen und das Benzin abnehmen?

Ja, als **Besitzdiener** (§ 855 BGB) kann S für den unmittelbaren Besitzer Pech die Gewaltrechte ausüben (§ 860 BGB).

12. Der Nachbar Frech lässt Erdaushub auf dem Tankstellengelände des Pächters Pech ohne dessen Zustimmung abladen. Kann sich Pech wehren?

Pech ist als Pächter durch den Aushub in seinem Besitz gestört. Daher kann er nach § 862 BGB die Beseitigung der Störung und die Wiederherstellung des bisherigen Zustandes verlangen. Diesen **Besitzschutzanspruch** kann Pech nicht durch Selbsthilfe, sondern nur durch Klage gegen Frech gerichtlich durchsetzen (§ 861 BGB).

III. Beschränkt dingliche Rechte

13. Was versteht man unter beschränkt dinglichen Rechten?

Neben dem **Eigentum als Vollrecht** gibt es noch die beschränkt dinglichen Rechte, bei denen der **Inhaber nur Teilbefugnisse** hat. Soweit beschränkt dingliche Rechte reichen, schränken sie das Herrschaftsrecht des Eigentümers ein.

14. Welche Nutzungs-, Verwertungs- und Erwerbsrechte werden bei beschränkt dinglichen Rechten unterschieden?

(1) **Nutzungsrechte** sind der Niesbrauch, Dienstbarkeiten und das Erbbaurecht. (2) **Verwertungsrechte** sind die Pfandrechte an beweglichen Sachen, Grundstücken (Hypotheken, Grundschuld, Rentenschuld) und Rechten. (3) **Erwerbsrechte** sind das dingliche Vorkaufsrecht an Grundstücken und die Vormerkung zur Sicherung des Grundstückserwerbs.

Zur Vertiefung: *Führich, Wirtschaftsprivatrecht, § 15*

§ 16 Eigentum

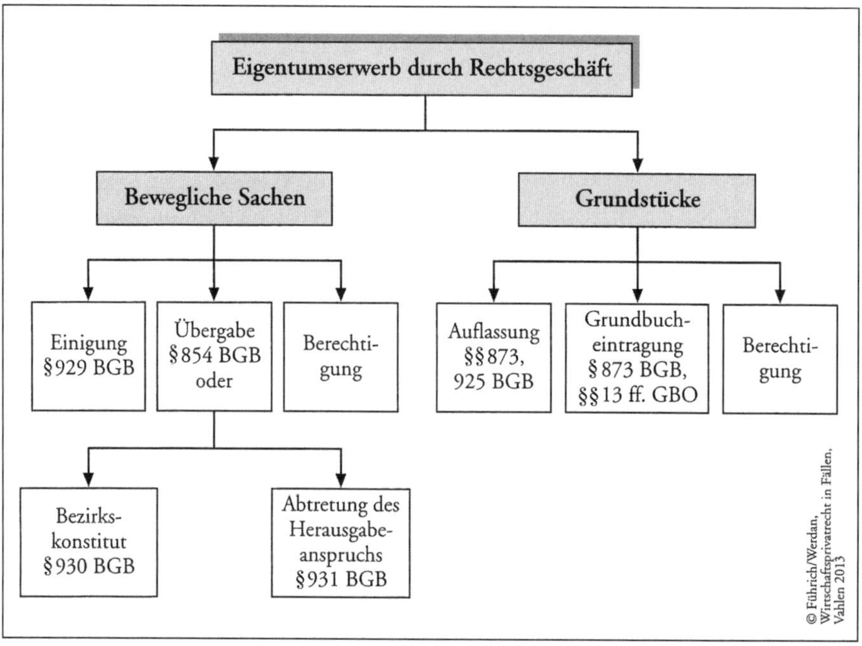

Abb. 19: Rechtsgeschäftlicher Eigentumserwerb

I. Eigentumserwerb an beweglichen Sachen

1. Müller (M) kauft am 15.1. beim Händler H einen Computer, der am 20.1 geliefert wird. Wann wurde M Eigentümer?

Der Kauf am 15.1. führt nur zu der Lieferverpflichtung des H, während die Eigentumsübertragung erst durch die **Übereignung** am 20.1. erfolgt (§ 929 S. 1 BGB). Dazu müssen sich H und M (1) vertraglich **einigen**, dass das Eigentum übergehen soll, den Computer (2) **übergeben** und H muss (3) **verfügungsberechtigt** über das Eigentum sein.

2. M hat den Computer im vorherigen Fall zuerst gemietet und will ihn nach zwei Monaten von H kaufen, weil es von ihm so begeistert ist. Wie erfolgt der Eigentumsübergang?

Ist der Erwerber bereits im Besitz der Sache, so genügt die Einigung über den Eigentumsübergang (§ 929 S. 2 BGB). Die Besitzübergabe an M ist entbehrlich, weil er bereits aufgrund des Mietvertrages unmittelbarer Besitzer ist.

3. In § 930 und § 931 BGB sind die Eigentumsübertragungen durch Besitzkonstitut und durch Abtretung des Herausgabeanspruchs geregelt. Was heißt das für den Eigentumserwerb?

Auch in diesen beiden Fällen ist für den Eigentumswechsel stets die Einigung nach § 929 S. 1 BGB unbedingt notwendig. Lediglich die Übergabe wird ersetzt, in § 930 BGB durch ein **Besitzmittlungsverhältnis** (Besitzkonstitut wie Miete-, Verwahrungsvertrag) und in § 931 BGB durch eine **Abtretung eines Herausgabeanspruchs** gegenüber einem Dritten.

4. M ist verzweifelt, denn er braucht von der Bank B einen Kredit und meint keine Sicherheiten zu haben. Was raten Sie ihm?

M sollte den Computer an B zur Sicherheit übereignen nach §§ 929, 930 BGB. Bei der **Sicherungseignung** überträgt der Darlehensnehmer dem Darlehensgeber zur Sicherung der Rückzahlungsforderung das Eigentum an dem Sicherungsgegenstand, während er selbst den unmittelbaren Besitz an der Sache behält. Der Bank reicht es, lediglich **mittelbaren Besitz** am Computer aufgrund einer Leihe zu haben (§§ 868, 598 BGB).

5. Kaufmann Fix verkauft an einen Geschäftspartner Gut einen Kran, der zur Zeit an Müller auf eine Baustelle vermietet ist. Wie erfolgt die Eigentumsübertragung von Fix aufG?

Fix einigt sich (§ 929 S. 1 BGB) mit Gut über den Eigentumsübergang und tritt an Gut gleichzeitig seinen **Herausgabeanspruch** gegen Müller als Eigentümer (§ 985 BGB) und Vermieter (§ 546 BGB) ab. Gut wird Eigentümer, ohne dass er schon jetzt unmittelbarer Besitzer wird.

6. Müller (M) verkauft und übereignet an Ahnungslos (A) den von H gemieteten Computer, weil er dringend Geld braucht. Wird A Eigentümer?

Ja, obwohl das Eigentum grundsätzlich nur von dem berechtigten Eigentümer übertragen werden kann. Die fehlende Berechtigung wird in diesem Fall ersetzt, weil der Erwerber A gutgläubig annimmt, der Veräußerer M sei aufgrund seines Besitzes am Computer auch Eigentümer (vgl. § 1006 I BGB). A wird durch Einigung, Übergabe und **Gutgläubigkeit** Eigentümer und der bisherige Eigentümer H verliert sein Eigentum.

7. Dem Juwelier Reich (R) wird unter anderem von Schlecht (S) eine wertvolle Rolex gestohlen. S will die Uhr an den Gut (G) veräußern. Wird G Eigentümer?

G kann trotz seines guten Glaubens nicht Eigentümer der Rolex werden, weil sie gestohlen worden war. Ein gutgläubiger Erwerb ist ausgeschlossen, wenn dem Erwerber bekannt war, dass der Veräußerer nicht Eigentümer ist (§ 932 II BGB), dem Erwerber infolge grober Fahrlässigkeit unbekannt war, dass der Veräußerer nicht Eigentümer war (§ 932 II BGB) oder die Sache wie hier dem **Eigentümer gestohlen, verloren gegangen oder sonst abhanden gekommen** war (§ 935 I BGB).

8. R ist auch ein 200 €-Geldschein gestohlen worden. R erkennt ihn bei der Polizei wieder, weil er auf ihm kürzlich eine Notiz geschrieben hatte. Der Schein war von S bei der Bank B einbezahlt worden. Kann R von B die Herausgabe des Scheins verlangen?

Das ist ausnahmsweise nicht möglich. Ein gutgläubiger Erwerb von abhanden gekommenen Sachen ist (1) möglich bei gültigem in- und ausländischen **Geld** oder **Inhaberpapieren** wie Aktien, Schecks oder Wechsel und (2) bei Sachen, die **öffentlich ersteigert** worden sind (§ 935 II BGB).

9. Wie kann Eigentum an beweglichen Sachen kraft Gesetzes erworben werden?

Im Gegensatz zum rechtsgeschäftlichen Eigentumserwerb kann Eigentum auch durch Erfüllung eines gesetzlichen Tatbestandes erworben werden. Hierzu zählen

- **Ersitzung** durch den gutgläubigen Eigenbesitzer einer beweglichen Sache nach 10 Jahren (§ 937 I BGB),
- **Verbindung, Vermischung, Verarbeitung** (§§ 946–955 BGB),
- **Aneignung** einer herrenlosen beweglichen Sache (§ 958 I BGB),
- **Fund** einer verlorenen beweglichen Sache (§ 958 I BGB).

II. Eigentumserwerb an Grundstücken

10. Wann wechselt bei einem Grundstückskauf erst das Eigentum am Grundstück?

Erst durch **Auflassung** (Einigung) und **Eintragung in das Grundbuch** erfolgt die Eigentumsübertragung des Grundstücks (§§ 873, 925 BGB).

11. Durch welchen Satz vermerkt der Notar in der Auflassungsurkunde die Einigung des Veräußerers und Erwerbers?

Die Auflassung ist im Vertrag nur der Satz: „Die Beteiligten sind sich einig, dass das Eigentum am Grundstück auf den Käufer übergehen soll."

12. Was ist ein Grundbuch?

Das Grundbuch ist ein **öffentliches Register beim Amtsgericht**, in das alle Rechtsänderungen eines Grundstücks eingetragen werden müssen. Für jedes Grundstück wird ein eigenes Grundstücksblatt angelegt.

13. In welche Abteilungen ist das Grundbuchblatt gegliedert?

- Bestandsverzeichnis (Lage, Größe, Flurstücknr.)
- Abteilung I (Eigentümer, Erwerbsgrund)
- Abteilung II (Lasten, Verfügungsbeschränkungen sowie Vormerkungen und Widersprüche)
- Abteilung III (Grundpfandrechte).

III. Eigentumsschutz

14. Welche Ansprüche hat der Bauunternehmer V, wenn der Mieter M einen vermieteten Baukran nach Ende der Mietzeit nicht zurückgibt?

V hat gegen M zwei Ansprüche: (1) einen **Rückgabeanspruch** aus dem Mietvertrag nach Ablauf der Mietzeit (§ 546 BGB), (2) einen **Herausgabeanspruch** als Eigentümer des Krans gegen M als nicht mehr berechtigten Besitzer (§ 985, 986 BGB).

15. Wie bezeichnen wir es, wenn V hier zwei Herausgabeansprüche gegen M hat?

Der schuldrechtliche und der sachenrechtliche Anspruch stehen in **Anspruchskonkurrenz.**

16. Wann ist der Herausgabeanspruch des V gegen M ausgeschlossen?

Solange das Mietverhältnis besteht, hat M ein **Recht zum Besitz**, das für die Dauer des Bestehens einen Herausgabeanspruch ausschließt (§ 986 I 1 BGB).

17. Welche Ansprüche hat der Eigentümer bei sonstigen Eigentumsstörungen wie Behinderungen des Gebrauchs oder bei Immissionen wie Dämpfen?

Der Eigentümer kann bei sonstigen anderen rechtswidrigen Störungen die **Beseitigung** der Beeinträchtigung vom „Störer" verlangen bzw. die **Unterlassung** für die Zukunft (§ 1004 BGB).

Zur Vertiefung: *Führich, Wirtschaftsprivatrecht, § 16*

Teil 2: Wirtschaftstypische Schuldverhältnisse mit handelsrechtlichen Bezügen

4. Kapitel: Kaufverträge und Veräußerungsgeschäfte

§ 17 Kaufvertrag

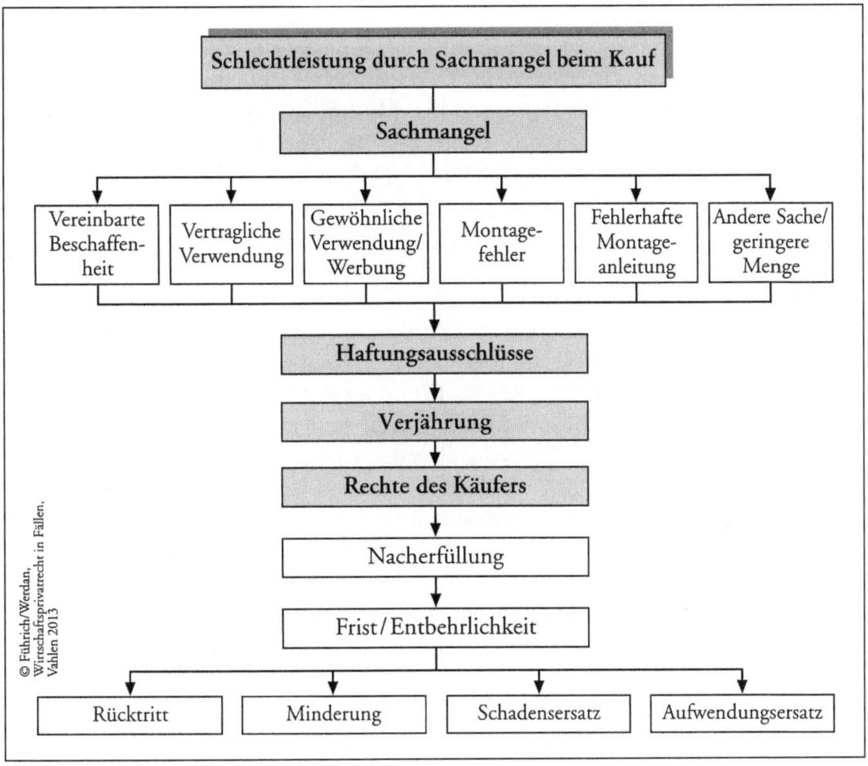

Abb. 20: Sachmängel beim Kaufvertrag

I. Inhalt und Abschluss des Kaufvertrags

1. Was sind die Merkmale eines Kaufvertrages?

Der Kaufvertrag ist ein gegenseitiger schuldrechtlicher Vertrag mit der Verpflichtung zur Eigentumsübertragung von beweglichen oder unbeweglichen Sachen und/oder Rechten gegen Zahlung eines Entgelts (§§ 433 i.V.m. 453 BGB).

2. Was kann Gegenstand eines Kaufvertrages sein?

Sachen (Waren, Grundstücke), **Rechte** (Forderungen, Wertpapiere, Gesellschaftsanteile, Patente, Marken, Software) und sonstige **Vermögenswerte** Gegenstände (Unternehmen, Strom, Wärme, Erfahrungen, Werbeideen).

3. Wie kommt ein Kaufvertrag zustande?

Ein Kaufvertrag kommt nach den allgemeinen Vorschriften der §§ 145 ff. BGB durch zwei **übereinstimmende Willenserklärungen** der (1) **Vertragsparteien** Verkäufer und Käufer über den (2) **Kaufgegenstand** und den (3) **Kaufpreis** zustande.

4. Wird durch den Abschluss des Kaufvertrags bereits Eigentum an der Kaufsache erworben?

Nein. Der Kaufvertrag ist lediglich ein **schuldrechtlicher Vertrag,** der ein Verpflichtungsgeschäft darstellt. Der Verkäufer hat beim Sachkauf die zwei Hauptpflichten zur **Übergabe** und **Eigentumsübertragung** frei von Sachmängeln (§ 433 I BGB), während der Käufer die Hauptpflicht zur Zahlung des Kaufpreises und die Nebenpflicht der **Abnahme** hat (§ 433 II BGB). Die Eigentumsübertragung erfolgt erst durch das sachenrechtliche Erfüllungsgeschäft.

5. Nach welcher Vorschrift wird das Eigentum an einer beweglichen Sache oder eines Rechts auf den Erwerber übertragen?

a) Die Eigentumsübertragung als Erfüllungsgeschäft der aus dem Kaufvertrag übernommenen Verpflichtung erfolgt beim **Sachkauf** nach der sachenrechtlichen Vorschrift des **§ 929 S. 1 BGB**: Einigung und Übergabe der Sache. Ist der Erwerber bereits im Besitz der zu übereignenden Sache, dann genügt nach **§ 929 S. 2 BGB** die bloße Einigung über den Eigentumsübergang. An die Stelle der Übergabe nach § 929 S. 1 BGB können auch sog. „Übergabesurrogate" treten, und zwar die Vereinbarung eines Besitzmittlungsverhältnisses (**§ 930 BGB**) oder die Abtretung des Herausgabeanspruches an den Erwerber, der dem Eigentümer gegen den Besitzer zusteht (**§ 931 BGB**).

b) Beim **Rechtskauf** erfolgt die Rechtsverschaffung durch **Abtretung** (§ 398 BGB) und Übergabe einer Urkunde, wenn das Recht zu deren Besitz berechtigt.

6. Wie wird das Eigentum an einem Grundstück übertragen?

Durch Einigung des Eigentümers mit dem Erwerber über den Eigentumsübergang (**Auflassung**) und **Eintragung** des Erwerbers als neuer Eigentümer im Grundbuch (§§ 873, 925 BGB).

7. Welche Nebenpflichten haben der Käufer und der Verkäufer nach Abschluss des Kaufvertrages?

a) Der **Verkäufer** hat beispielsweise folgende Nebenpflichten, deren schuldhafte Verletzung zum Schadensersatz nach §§ 280 I, 241 II BGB berechtigt:

- Auskunft und Aufklärung über den Kaufgegenstand,
- Übergabe von Urkunden z. B. Garantiekarten,
- Schutz des Kaufgegenstands bis zum Gefahrenübergang,
- ordnungsgemäße Verpackung,
- Pflicht zur Übergabe, wenn nichts anderes vereinbart (§ 448 I BGB),
- Erstellung einer Rechnung,

– Bereithaltung von Ersatzteilen bei Serienprodukten während der üblichen Nutzungsdauer.

b) Der **Käufer** hat z. B. folgende Nebenpflichten:

– Abnahme der Kaufsache (§ 433 II BGB),
– Kostentragung der Versendung und Abnahme bei einem anderen Ort als dem Erfüllungsort (§ 448 I BGB),
– Beurkundungs- und Eintragungskosten bei Grundstücken und Grundstücksrechten (§ 448 II BGB).

II. Gefahrübergang

8. Wann erfolgt grundsätzlich der Gefahrübergang der Kaufsache?

Mit der **Übergabe der Sache**, also der tatsächlichen Gewalt über die Sache (§ 854 BGB), geht das Risiko des zufälligen Untergangs oder einer zufälligen Verschlechterung der Sache auf den Käufer über (§ 446 BGB). Wenn also der Kaufgegenstand vor Übergabe an den Käufer im Hof des Verkäufers gestohlen wird, trägt er noch die sog. Preisgefahr. Der Verkäufer muss nicht mehr liefern (§ 275 I BGB), der Käufer hat keine Zahlungspflicht (§ 326 I BGB).

9. Das Unternehmen Umtrieb (U) aus München kauft am 14.3. von der Fa. Schnell (S) aus Hamburg fünf Gebrauchtwagen. Auf Verlangen des Käufers U erfolgt der Transport nach München durch einen von S zu beauftragenden Frachtführer Eilig (E). Nach der Übergabe der Kfz, kommt der Transporter ohne Fremdeinwirkung auf der Autobahn von der Fahrbahn ab und alle Kfz sind Totalschaden. S verlangt von U die Zahlung des Kaufpreises.

S könnte von U den Kaufpreis gem. §§ 433 II, 447 BGB verlangen. Voraussetzungen sind:

a) Es liegt ein wirksamer **Kaufvertrag** vom 14.3. zwischen beiden Parteien vor.

b) Es fragt sich, ob die **Preisgefahr gem. § 447 BGB** auf U wegen eines Versendungskaufs schon bei der Übergabe der Kfz an E übergegangen ist. Der normale Erfüllungsort für den Verkäufer S ist Hamburg (§ 269 BGB). Die Überführung nach München erfolgte auf Verlangen des U (Schickschuld). Nach der Auslieferung an E als Spedition ging die Gefahr der Kaufpreiszahlung auf U über. Die Fahrzeuge waren dann im Risikobereich des Käufers U.

c) Der **Frachtvertrag** zwischen S und E ist ein Vertrag **zugunsten Dritter**, hier des Käufers U. Dieser hat daher einen unmittelbaren Lieferanspruch nach § 328 BGB (Primäranspruch). Da die Kfz beschädigt sind, wandelt sich dieser in einen Schadensersatzanspruch (Sekundäranspruch) um.

d) Nach § 447 BGB trägt U als Käufer die Preisgefahr bei Beschädigung der Kaufsache. Nach den Grundsätzen der **Drittschadensliquidation** muss U den Kaufpreis zahlen, kann aber einen Schadensersatzanspruch gegenüber dem Frachtführer E geltend machen.

e) Zu beachten ist, dass als Ausnahme § 447 BGB **nicht beim Verbrauchsgüterkauf** zwischen einem **Verbraucher** und einem **Unternehmer** zur Anwendung kommt. So geht beim Kauf im Versandhandel die Preisgefahr nicht mit der Übergabe an die Versandperson auf den Verbraucher über, sondern erst bei der **Übergabe an den Käufer** (§§ 474 II, 446 BGB). Die Sonderregeln des Verbrauchsgüterkaufs finden jedoch hier zwischen den beiden Unternehmen U und S keine Anwendung, da beide Parteien Unternehmer sind (§ 474 I BGB).

10. Wie kann sich U gegen dieses Risiko schützen?

Ein Schutz ist möglich durch Abschluss einer **Transportversicherung**. Versicherungsnehmer ist dabei der Käufer U, welcher auch die Prämie zahlen muss. Der Verkäufer S kann den Abschluss des Frachtvertrages mit E davon abhängig machen, dass U die Versicherungsprämie übernimmt.

III. Sachmängelhaftung

11. Welche Voraussetzungen müssen für die Sachmängelhaftung vorliegen?

Die gesetzliche Gewährleistung wegen Mängeln der Kaufsache setzen voraus: (1) Sachkauf, (2) Sachmangel bei Übergabe, (3) kein Haftungsausschluss oder Beschränkung, (4) keine Verjährung.

12. Welche zwei Arten von Mängeln kennt das Kaufrecht?

(1) Eine Kaufsache kann einen **Sachmangel** (§ 434 BGB) oder einen **Rechtsmangel** (§ 435 BGB) haben.

(2) Eine Sache ist frei von Rechtsmängeln, wenn **Dritte** in Bezug auf die Sache keine oder nur die im Vertrag übernommenen **Rechte gegen den Käufer** geltend machen können, wenn z. B. die Sache nicht dem Käufer gehört oder im Grundbuch ein Recht eingetragen ist, das nicht besteht. Eine Sache ist frei von Sachmängeln, wenn bei Gefahrübergang keine **ungünstige Abweichung der Ist-Beschaffenheit von der Soll-Beschaffenheit** vorliegt. Nach § 433 I 2 BGB sind die Rechtsfolgen der Sach- und Rechtsmängel gleich.

13. Für Sachmängel hat der Verkäufer einzustehen
a) nur bei Vorsatz und Fahrlässigkeit
b) bei Vertretenmüssen
c) ohne Rücksicht auf Verschulden
d) nur bei Vorsatz und grober Fahrlässigkeit

Richtig ist c). Die Sachmängelhaftung ist grundsätzlich verschuldensunabhängig im Sinne einer **objektiven Pflichtverletzung.** Eine mangelhafte Sache ist keine vertragsmäßige Leistung und damit eine Pflichtverletzung im Sinne des allgemeinen Leistungsstörungsrechts nach §§ 280 I, 323 I BGB. Nach § 437 BGB hat der Käufer grundsätzlich folgende Rechte:

- Nacherfüllung,
- Rücktritt oder Minderung und
- Schadensersatz oder Aufwendungsersatz.

Lediglich Schadensersatz/Aufwendungsersatz setzt ein Vertretenmüssen im Sinne des § 280 I 2 BGB voraus.

14. Unterscheiden Sie die sechs Mängelarten des § 434 BGB!

Nach § 434 BGB liegt ein Sachmangel vor, wenn die gekaufte Sache
- nicht die **vereinbarte Beschaffenheit** hat (II),
- sich nicht für die vertraglich **vorausgesetzte Verwendung** eignet (I 2 Nr. 1),
- sich nicht für die **gewöhnliche Verwendung** eignet, wozu auch öffentliche Äußerungen in der **Werbung** gehören (I 2 Nr. 2, S. 3),
- einen **Montagefehler** hat (II 1),
- eine **mangelhafte Montageanleitung** zu einem Fehler führt (II 2),
- nicht geliefert wird, sondern eine **andere Sache** oder eine **zu geringe Menge** (III).

15. Frau Adelheid kauft zehn neue Weingläser. Nach Öffnung des Kartons muss sie feststellen, dass fünf Gläser blind sind. Liegt ein Fehler vor?

Ja, die Gläser sind nicht so beschaffen, wie dies bei Weingläsern üblich ist und Frau Adelheid erwarten kann (§ 434 I Nr. 2 BGB). Der Verkäufer schuldet Gläser von normaler Beschaffenheit, da die Tauglichkeit zur **„gewöhnlichen Verwendung"** nicht beeinträchtigt sein darf.

16. Schmid (S) kauft einen neuen Porsche 911 vom Händler V. Der Benzinverbrauch liegt 5 % höher als der Verbrauch, den der Hersteller in einer Zeitungswerbung angegeben hat. Liegt ein Sachmangel vor?

Nach § 434 I 3 BGB liegt ein Sachmangel vor, da zur üblichen Beschaffenheit des Porsche auch die Eigenschaften zählen, die der Käufer nach **öffentlichen Äußerungen** des Verkäufers, des Herstellers oder seines Gehilfen insbesondere in der **Werbung** erwarten kann. Auf die Erheblichkeit des Mangel kommt es nicht an. S hat das Recht auf Nacherfüllung bzw. Minderung, kann aber nicht vom Vertrag zurücktreten, da die Pflichtverletzung nur unerheblich ist (§ 323 V 2 BGB) oder Schadensersatz statt der Leistung des Porsche verlangen (§ 281 I 3 BGB).

17. Der Student Karl (K) kauft von seiner Kommilitonin Verena (V) einen Gebrauchtwagen ohne dass AGB verwendet werden und ohne dass die Gewährleistung für Mängel des Kfz ausgeschlossen wird. Drei Tage nach der Übergabe des Kfz ist eine neue Kupplung fällig. Welche Rechte hat K?

K hat gegen V Sachmängelrechte gem. §§ 434, 437 BGB unter folgenden Voraussetzungen:

a) Zwischen K und V liegt ein wirksamer **Sachkauf** vor (§ 433 BGB).

b) Es liegt ein **Sachmangel** bei der Übergabe des Kfz (§ 446 BGB) vor, da das Fahrzeug wegen des Kupplungsschadens sich nicht für die gewöhnliche Verwendung eignet und nicht die Beschaffenheit aufweist, die K üblicherweise drei Tage nach Übergabe erwarten durfte. Es ist davon auszugehen, dass der Schaden schon bei Übergabe angelegt war.

c) Eine Haftung ist weder vertraglich gem. § 444 BGB **ausgeschlossen** worden, noch war K der Mangel bekannt (§ 442 BGB).

d) Auch die Verjährungsfrist von 2 Jahren nach § 438 I Nr. 3 BGB ist nicht abgelaufen.

e) Damit kann der Käufer K gem. § 437 BGB folgende Rechte geltend machen:
- **Nacherfüllung** nach § 439 BGB,
- **Rücktritt** vom Vertrag nach §§ 440, 323, 326 V BGB,
- **Minderung**, d. h. Herabsetzung des Kaufpreises nach § 441 BGB,
- **Schadensersatz** nach §§ 440, 280, 281, 283 und § 311a BGB oder
- **Aufwendungsersatz** nach § 284 BGB.

18. Gibt es bei den Mängelrechten eine Rangfolge?

(1) Zuerst muss der Käufer dem Verkäufer durch sein Verlangen nach **Nacherfüllung** Gelegenheit geben, einen vertragsmäßigen Zustand seiner Leistung durch Mangelbeseitigung oder Lieferung einer mangelfreien Sache herbeizuführen (§ 439 BGB).

(2) Alle anderen Rechte setzen **grundsätzlich eine Fristsetzung** voraus.

(3) Ausnahmsweise kann der Käufer **sofort zurücktreten**, wenn eine vorherige Fristsetzung nach §§ 323 II, 326 V oder 440 entbehrlich ist. In diesen Fällen ist ihm auch eine **Minderung** des Kaufpreises nach § 441 BGB ohne Fristsetzung gestattet. **Schadensersatz** kann der Käufer ohne Fristsetzung verlangen, wenn die Voraussetzungen der §§ 280 I, 283 S. 1 oder 311a II BGB erfüllt sind. Dann ist er auch berechtigt, anstelle des Schadensersatzes statt der Leistung Ersatz seiner vergeblichen **Aufwendungen** nach § 284 BGB geltend zu machen.

19. Wandeln wir den Fall 17 ab. Der Student K kauft den Pkw als unfallfrei, obwohl V weiß, dass sie damit einen schweren Unfallschaden hatte. K erfährt nach zwei Monaten von dem Unfall und hat nach §§ 434, 437 BGB

a) einen Anspruch auf Nacherfüllung

b) keine Mängelrechte,

c) Anspruch auf Schadensersatz statt der Leistung.

Richtig ist c). Der Pkw hat einen Sachmangel, da er nicht die vereinbarte Beschaffenheit der Unfallfreiheit hat (§ 434 I 1 BGB). Nacherfüllung nach §§ 437, 439 BGB scheidet aus wegen Unmöglichkeit der Beseitigung oder Lieferung eines mangelfreien anderen Gebrauchtwagens (Stückschuld, § 275 I BGB). Wegen der Pflichtverletzung des Mangels, schuldet V Schadensersatz statt der Leistung nach §§ 437 Nr. 3 und 281 I 1, 280 BGB, denn sie hat insoweit vorsätzlich gehandelt. Daher hat sie die Pflichtverletzung zu vertreten (§ 276 I BGB). Eine Fristsetzung ist nicht nötig, einmal weil Nachbesserung unmöglich ist (§§ 440, 283 BGB), zum anderen weil V den Käufer K getäuscht hat, so dass besondere Umstände nach § 281 II BGB vorliegen.

20. Hat K auch dann Rechte, wenn er schon bei der Probefahrt ein leichtes Rutschen der Kupplung bemerkt, das Kfz aber trotzdem nimmt, weil ihm der Preis mit € 1 500 günstig erschien?

Die Gewährleistung ist nach § 442 BGB **gesetzlich ausgeschlossen**, wenn der Käufer (1) den Mangel **kennt** oder (2) den Mangel **grob fahrlässig nicht kennt**.

Hier greift die 2. Alternative ein, da K erhebliche Zweifel an der funktionierenden Kupplung haben musste. Damit verliert er alle Sachmängelrechte.

21. Nehmen wir an, V und K hätten einen Formularvertrag verwendet, mit der Klausel: „Der Kauf erfolgt unter Ausschluss jeglicher Gewährleistung". Haben Sie Bedenken, weil der Haftungsausschluss durch AGB erfolgt?

(1) Ein vertraglicher Ausschluss der Haftung ist grundsätzlich **jederzeit** durch eine **Individualvereinbarung** möglich (§ 444 BGB). (2) Ein Ausschluss oder eine Einschränkung **unter Verbrauchern** ist durch **AGB** nur bei **Gebrauchtsachen** möglich, §§ 309 Nr. 8 b, 310 1 BGB. (3) In jedem Fall ist eine Vereinbarung bei **arglistigem Verschweigen** eines Mangels oder einer **Garantieübernahme** nichtig.

22. Wie im Fall 17, doch der Kupplungsschaden tritt erst nach zwei Jahren ein. Wie ist die Rechtslage?

In diesem Fall sind alle Ansprüche verjährt. Nach § 438 BGB verjähren alle Mängelansprüche (1) grundsätzlich in **2 Jahren**, beginnend mit der Ablieferung der Sache, (2) bei einem **Bauwerk** oder bei üblicher Verwendung in einem Bauwerk in **5 Jahren**, (3) in **30 Jahren** bei Ansprüchen aus einem **dinglichen Recht**, (4) bei einem **Verbrauchsgüterkauf** zwischen Unternehmer und Verbraucher ist die Frist bei neuen Sachen nicht verkürzbar, für gebrauchte auf mindestens 1 Jahr. (5) Hat der Verkäufer den Mangel **arglistig** verschwiegen, dann verjährt der Mangel erst nach **3 Jahren**. In der Abwandlung des Falls 19 wären die Ansprüche wegen der Arglist der V noch nicht verjährt, da nach 438 III BGB dann die regelmäßige Verjährungsfrist von 3 Jahren nach § 195 BGB eingreift.

23. Die Garantie des Herstellers BMW entsteht

a) durch Gesetz nach §§ 434 ff. BGB

b) durch eine Vereinbarung

c) durch einseitige Erklärung von BMW durch die Garantiekarte.

Richtig ist c). Soweit nicht der Verkäufer als Händler, sondern der Hersteller BMW eine Beschaffenheits- und Haltbarkeitsgarantie übernimmt, wird neben dem Kaufvertrag zwischen Verkäufer/Käufer ein **neues Schuldverhältnis zwischen BMW und dem Käufer** durch einseitige Erklärung nach § 443 begründet. Die in der Garantie eingeräumten Rechte stehen dem Käufer neben seinen gesetzlichen Sachmängelansprüchen zu.

24. Durch die Sonderregeln des Verbrauchsgüterkaufs wird ein nicht durch Vereinbarungen abänderbarer Mindestschutz geschaffen, wenn ein Verbraucher (§ 13 BGB) von einem Unternehmer (§ 14 BGB) eine bewegliche Sache kauft (§ 474 BGB). Welche Regelungen sind bei diesen „B2C" dann zwingendes Recht?

a) § 447 BGB gilt nicht, so dass nach § 446 BGB beim **Versendungskauf** der Gefahren- und Lastenübergang erst mit der Übergabe der Sache auf den Käufer erfolgt (§ 474 II BGB).

b) **Abweichende Vereinbarungen** von den §§433 bis 435, 437, 439 bis 443 zum Nachteil des Verbrauchers sind **unwirksam** (§475 I BGB). Eine Ausnahme gilt für die Beschränkung des Schadensersatzes durch eine Individualvereinbarung.

c) Die gesetzliche **Verjährungsfristen** von 2 Jahren bei neuen, und 1 Jahr bei gebrauchten Sachen können nicht unterschritten werden (§475 II BGB).

d) Wenn sich innerhalb von 6 Monaten seit Übergabe ein Sachmangel zeigt, wird grundsätzlich vermutet, dass die Sache bereits bei Gefahrübergang mangelhaft war (**Beweislastumkehr,** §476 BGB).

25. Zum Ausgleich der strengen Haftung des Unternehmers beim Verbrauchsgüterkauf geben §§478, 479 BGB einen Unternehmerregress gegen seinen Lieferanten. Welche Voraussetzungen müssen dafür vorliegen?

(1) Der Unternehmer verkauft eine neue Sache an Verbraucher. (2) Der Unternehmer musste dem Verbraucher einen gesetzlichen Mängelanspruch zubilligen. (3) Die Sache ist bei Gefahrübergang auf Unternehmer mangelhaft (Beweislastumkehr gem. §476 BGB). (5) Keine Verjährung binnen 2 Jahren ab Ablieferung.

IV. Sonderformen des Kaufs

26. Welche Sonderformen des Kaufs werden unterschieden?

a) Kauf unter Eigentumsvorbehalt nach §449 BGB,

b) Kauf auf Probe nach §§454 und 455 BGB,

c) Wiederkauf nach §§456 bis 462 BGB,

d) Vorkauf nach §§463 bis 473 BGB.

27. Was versteht man unter „Kauf unter Eigentumsvorbehalt"?

Der Eigentumsvorbehalt nach §449 BGB ist beim Kauf **beweglicher Sachen** ein wichtiges Sicherungsmittel des Verkäufers, wenn der Kaufpreis nicht Zug um Zug oder im voraus gezahlt wird. Hierbei handelt es sich um eine Vereinbarung (auch in AGB) zwischen Verkäufer und Käufer einer beweglichen Sache, wonach das Eigentum an der Sache trotz der Übergabe an den Käufer bis zur vollständigen Zahlung des Kaufpreises beim Verkäufer verbleiben soll. Das **Eigentum** geht nach dieser **aufschiebenden Bedingung** erst mit der vollständigen Zahlung auf den Käufer über (§§929, 158 I BGB). Der Verkäufer behält sich ein Rücktrittsrecht im Falle des Zahlungsverzugs vor (vgl. näher S.76)

Zur Vertiefung: *Führich, Wirtschaftsprivatrecht, §17*

§ 18 Handelskauf und Auslandsgeschäfte

I. Handelskauf als Handelsgeschäft

HGB anwendbar:
zumindest 1 Kaufmann beteiligt

Handelsgeschäfte, §§ 343 ff. HGB

↓

Handelskauf, §§ 373 ff. HGB

↓

ergänzend BGB:

– Kaufrecht (Schuldrecht Besonderer Teil), §§ 433 ff. BGB

– Schuldrecht Allgemeiner Teil, §§ 241 ff. BGB

– BGB Allgemeiner Teil, § 1 ff. BGB

↓

Sonderprobleme, einzelvertraglich zu vereinbaren,

insbes. Just-in-time-Verträge

Abb. 21: Handelsgeschäfte

1. Die Firma Liquidus GmbH bestellt bei der Firma Opulentus AG – mit der sie in Geschäftsverbindung steht – 10 Registrierkassen Modell „Goldnase" zum Preis von je € 15 000 netto.

a) Welcher Vertrag wurde hier geschlossen?

b) Nach welchen Vorschriften des BGB ist dieser Vertrag zu beurteilen?

c) Welche Verpflichtungen sind durch den Vertrag entstanden?

d) Wie werden diese Verpflichtungen von den Vertragsparteien erfüllt?

a) Zwischen den beiden Firmen wurde ein Kaufvertrag abgeschlossen.

b) Dieser Kaufvertrag ist zunächst nach den grundlegenden Vorschriften des BGB, §§ 433 ff., zu beurteilen, die durch die Vorschriften des Schuldrechts, Allgemeiner Teil und des Allgemeinen Teils des BGB ergänzt werden.

c) Nach § 433 I 1 BGB ist die Verkäuferin, also die Firma Opulentus AG, verpflichtet, der Käuferin, der Firma Liquidus GmbH, die 100 Registrierkassen zu übergeben und weiterhin verpflichtet, der Käuferin das Eigentum an den gekauften Sachen zu verschaffen. Die Firma Liquidus ist als Käuferin verpflichtet, die Registrierkassen abzunehmen und den vereinbarten Kaufpreis zu bezahlen, § 433 II BGB.

d) Erfüllt werden diese Verpflichtungen nach den **sachenrechtlichen Vorschriften** des BGB: Die Verkäuferin verschafft der Käuferin Besitz durch Übertragung der tatsächlichen Gewalt, § 854 I BGB. Das Eigentum an den

10 Registrierkassen wird gem. § 929 BGB durch Einigung und Übergabe übertragen.

Die Käuferin erfüllt ihre Verpflichtungen durch Abnahme der Registrierkassen, also ‚Entgegennahme' des Besitzes nach § 854 I BGB. Weiterhin überträgt sie den Besitz des Geldes nach § 854 I BGB und das Eigentum daran nach § 929 S. 1 BGB durch Einigung und Übergabe.

2. Wie kommt ein Kaufvertrag zustande?

Ein Kaufvertrag kommt durch **Antrag**, §§ 145 f. BGB und **Annahme**, §§ 147 ff. BGB zustande.

3. Wo ist der Handelskauf geregelt? Enthalten diese Vorschriften eine umfassende und systematische Regelung?

Der Handelskauf ist in den §§ 373–381 HGB geregelt. Dort finden sich nur Besonderheiten zu bestimmten Einzelproblemen, z. B. zum Annahmeverzug des Käufers (§ 373 HGB), zum Fixhandelskauf (§ 376 HGB) und zur Untersuchungs- und Rügepflicht (§ 377 HGB).

4. Welche Vorschriften des HGB sind immer ergänzend zum Handelskauf (§§ 373 ff. HGB) zu prüfen?

Der Handelskauf ist im 4. Buch des HGB „Handelsgeschäfte" geregelt. Dieses Buch teilt sich – wie z. B. auch das Schuldrecht – in mehrere Abschnitte auf: im 1. Abschnitt (§§ 343 ff. HGB) finden sich allgemeine Vorschriften, die für alle Handelsgeschäfte gelten. Im 2. Abschnitt (§§ 373 ff. HGB) ist der Handelskauf geregelt, im 3. (§§ 383 ff. HGB) das Kommissionsgeschäft, im 4. (§§ 407 ff. HGB) das Frachtgeschäft, im 5. (§§ 453 ff. HGB) das Speditionsgeschäft und im 6. (§§ 467 ff. HGB) das Lagergeschäft.

5. Was ist, wenn im Fall 1 die Firma Opulentus AG (O) auf die Bestellung der Firma Liquidus GmbH (L) nicht reagiert und beide schon lange Jahre in einer Geschäftsverbindung standen?

a) Wie wäre dieser Fall ausschließlich nach BGB zu lösen?

b) Ergibt sich etwas anderes nach den Vorschriften des Handelskaufs?

a) Die Bestellung – Angebot zum Abschluss eines Kaufvertrages – ‚erlischt', wenn sie abgelehnt oder nicht rechtzeitig nach den §§ 147–149 BGB angenommen wird.

b) In den §§ 373–381 HGB finden sich keine Sondervorschriften zur Frage des Vertragsabschlusses. Allerdings müssen auch die allgemeinen Vorschriften über Handelsgeschäfte (§§ 343–372 HGB) beachtet werden: Da beide Firmen Formkaufleute gem. § 6 HGB sind und die Bestellung sowie deren – mögliche – Annahme zum Handelsgewerbe der beiden Firmen gehören, handelt es sich für beide um ein Handelsgeschäft im Sinne des § 343 HGB.

Nach § 362 HGB ist daher die Firma O verpflichtet, unverzüglich – d. h. ohne schuldhaftes Zögern – zu antworten, wenn die Bestellung nicht angenommen werden soll. Tut sie das nicht, gilt das Schweigen der Firma O als Annahme, und ein Kaufvertrag ist gem. §§433 BGB i.V.m. §362 HGB zustande gekommen.

6. Wann sind bei Kaufverträgen die Vorschriften über die Handelsgeschäfte (§§343ff. HGB) zu beachten, und in welcher Reihenfolge muss hier geprüft werden?

Immer, wenn mindestens ein Kaufmann am Kaufvertrag beteiligt ist, muss zunächst geprüft werden, ob in den einzelnen Vorschriften zu den Besonderheiten des Handelskaufs (§§373ff. HGB) und Handelsgeschäften (§§343ff. HGB) etwas geregelt ist, und dann sind ergänzend hierzu die Vorschriften des BGB zu prüfen.

7. Wie wäre Fall 1 zu lösen, wenn die Bestellung vom Technischen Leiter und Prokuristen Allraun (A) unterschrieben worden wäre, in dessen Dienstvertrag geregelt ist, dass er nur zum Abschluss von Geschäften bis zu € 100000 ermächtigt ist, was die Firma O wusste? – Welche Sondervorschriften des HGB sind hier als Spezialregelungen zum BGB zu beachten?

Nach BGB wäre der Fall nach den Regelungen über die Stellvertretung, §§164ff. BGB zu lösen. Danach hätte A nicht im Rahmen seiner Vertretungsmacht gehandelt und wäre demnach Vertreter ohne Vertretungsmacht gem. §§177, 179 BGB gewesen.

Nach HGB ergibt sich etwas völlig anderes: Die Prokura ist eine Vollmacht mit gesetzlich genau umrissenem Umfang: Nach §49 HGB ist der Prokurist zu allen Arten von gerichtlichen und außergerichtlichen Geschäften und Rechtshandlungen ermächtigt, die der Betrieb eines Handelsgewerbes mit sich bringt. Im Außenverhältnis – also gegenüber Dritten – ist eine Beschränkung des Umfanges der Prokura unwirksam, §50 I HGB. Demnach spielt es auch keine Rolle, ob die Firma O von den Einschränkungen wusste.

Nach den Sondervorschriften der §§49, 50 I HGB wurde hier also ein wirksamer Kaufvertrag geschlossen.

8. Die Firma X hat an die Firma Y Waren im Wert von € 500000 geliefert, zahlbar zum 1.4.13. Die erste Mahnung erfolgte am 30.4.13, die zweite am 15.5.13. Die Firma Y zahlt am 30.5.13.

a) In welcher Höhe und ab wann darf die Firma X Zinsen berechnen?

b) In welcher Höhe und ab wann dürfte die Firma X Zinsen berechnen, wenn sie ab dem 1.4.13 einen Kredit in Höhe von € 1 Mio. zum Zinssatz von 15% in Anspruch nimmt?

c) In welcher Höhe und ab wann dürfte die Firma X Zinsen berechnen, wenn Y ein Privatmann gewesen wäre?

a) Die Firma Y befindet sich ab dem 2.4.13 in Verzug, §§286 II Ziff.1 i.V.m. 286 I BGB, da eine Zeit nach dem Kalender bestimmt ist. Die Mahnungen waren entbehrlich. Da kein Verbraucher (§13 BGB) an dem Rechtsgeschäft beteiligt ist, können acht Prozent über dem Basiszinssatz ab dem 2.4.13 berechnet werden (§288 II BGB).

b) Verzug liegt auch hier ab dem 2.4.13 vor, §§ 286 II Ziff. 1 i. V. m. 286 I BGB. Hinsichtlich des Verzugsschadens enthält das HGB keine Sonderregelungen. Die Zinsen für den Kredit sind solche gem. § 288 BGB. Die Firma X kann also nach § 288 III BGB 15 % Verzugszinsen ab dem 2.4.13 berechnen.

c) Wäre Y ein Privatmann, könnte die Firma X jedenfalls Zinsen in Höhe von fünf Prozentpunkten über dem Basiszinssatz ab dem 2.4.13 verlangen, § 288 I BGB. Wird Kredit mindestens in Höhe der Forderung in Anspruch genommen, dann die Kreditzinsen, also 15 %, nach § 288 III BGB.

9. Die Firma Solidus Inneneinrichtungs-GmbH (S) hat an die Gebrauchtwagenfirma „Noble Cars GmbH" (N) die exclusive Büroeinrichtung für das Chefzimmer des Geschäftsführers zum Preis von € 50 000 geliefert. Um die vielversprechende Geschäftsbeziehung noch weiter zu fördern, erlaubte die Firma S der Firma N, ihre vornehmen Gebrauchtwagen in der Fabrikhalle der Firma Solidus Inneneinrichtungs-GmbH (S) kostenlos unterzustellen.

Trotz mehrfacher Mahnungen wurde die Rechnung der Firma S nicht bezahlt. Der Geschäftsführer der S – der neu eingestellte dynamische Betriebswirt Findig – überlegt, ob er nicht wenigstens die Nobelschlitten als „Sicherheit" verwenden könnte.

Zwischen den beiden Firmen wurde ein Handelskauf abgeschlossen (§§ 433 ff. BGB, 373 ff. HGB, 6 HGB). Deshalb sind die Spezialregelungen des Kaufmännischen Zurückbehaltungsrechts gem. §§ 369 ff. HGB anwendbar.

- Es liegt ein zweiseitiges Handelsgeschäft vor – S und N sind Formkaufleute nach § 6 HGB, der Büroeinrichtungskauf war für den betrieblichen Bereich bestimmt.
- Bei den „Noble-Cars", die in der leeren Fabrikhalle der Firma S stehen, handelt es sich um bewegliche Sachen (§ 90 BGB).
- Die Prunkkarossen sind mit Willen der Firma N und aufgrund eines Handelsgeschäftes (Leihe, §§ 598 ff. BGB) in den Besitz der Firma S gelangt.

Da somit die Voraussetzungen des Kaufmännischen Zurückbehaltungsrechtes gem. § 369 HGB erfüllt sind, kann die Herausgabe der Pkws so lange verweigert werden, bis die Firma N die Forderungen der Firma S erfüllt hat.

10. Die Firma Noble-Cars zahlt nach wie vor nicht. Findig überlegt in Fall 9, was er mit den Nobelkarossen anstellen soll – sie blockieren die Fabrikhalle und rosten still vor sich hin.

Der Firma S steht nach § 273 BGB ein Befriedigungsrecht zu, das sich nach den für das Pfandrecht geltenden Vorschriften (§§ 1228 ff. BGB i. V. m. 371 II HGB) richtet. Das bedeutet, dass die Pkws in der Regel versteigert werden (§§ 1233, 1235 ff. BGB).

11. Wie wäre Fall 9 zu lösen, wenn die Firma Solidus-Inneneinrichtungs-GmbH keine Büromöbel, sondern die Einrichtung für die Wohnhalle des Geschäftsführers Protzig (P) der Firma Noble Cars geliefert hätte?

Hier handelt es sich für die Firma S, nicht jedoch für P um ein Handelsgeschäft gem. § 343 HGB. Das Kaufmännische Zurückbehaltungsrecht nach § 369 HGB setzt ein zweiseitiges Handelsgeschäft voraus, ist also hier nicht anwendbar.

Auch im BGB ist ein Zurückbehaltungsrecht in § 273 BGB geregelt. Darauf kann S sich aber nicht berufen, weil die Nobelkarossen nicht unmittelbar im Zusammenhang mit dem Möbelverkauf in ihren Besitz kamen, also nicht „aus demselben rechtlichen Verhältnis" (§ 273 I 1 BGB).

12. Die Eheleute Massig wollen eine Schiffsreise machen. Da Herr Massig Größe 60 trägt, in der die Auswahl an Smokings gering ist, will er sich beim Maßatelier Kurvig GmbH (K) einen solchen zum Preis von € 1 000 maßschneidern lassen. Als Herr Massig beim Maßnehmen zum 50ten Male versichert haben will, dass der Smoking zum 1.6.13 fertig sein wird – die Schiffsreise beginnt am 2.6.13 – sagt der Geschäftsführer Kurvig entnervt: „Sollte der Smoking nicht bis zum 1.6.13 geliefert werden, zahle ich Ihnen € 10 000!" Herr Massig war damit zufrieden. Da der Stoff ausgegangen war, konnte die Frist nicht eingehalten werden, Herr Massig kaufte sich einen dunklen Anzug von der Stange und stach in See.

Nach seiner Rückkunft verlangt er € 10 000 vom Maßatelier Kurvig GmbH – zu Recht?

Über die Vertragsstrafe findet sich eine Sonderregelung in § 348 HGB. Voraussetzung ist, dass sie von einem Kaufmann im Rahmen seines Handelsgewerbes versprochen wurde: Die K ist Formkaufmann (§ 6 HGB), das Vertragsstrafenversprechen gehörte zu ihrem Handelsgewerbe (§§ 343, 344 HGB). Nach § 343 BGB unterliegen Vertragsstrafen einer richterlichen Billigkeitskontrolle. Ein Vertragsstrafenversprechen in Höhe des 10-fachen Kaufpreises ist grundsätzlich unverhältnismäßig hoch, könnte also vom Richter herabgesetzt werden. § 343 BGB gilt jedoch nicht für Kaufleute (§ 348 HGB). Herr Massig kann also die € 10 000 verlangen.

13. A betreibt eine Eisdiele. Seine Firma ist im Handelsregister eingetragen. Da im Winter die Geschäfte „frostig" sind, entschließt er sich, ab Jahresbeginn bis zum Faschingsdienstag Faschingsartikel zu verkaufen. Diese bezieht er ausschließlich bei der Firma Emil Jux GmbH (J). Im Oktober 12 schließt er den Kaufvertrag, auf dem vermerkt ist: „Lieferung allerspätestens und letztmöglich am 7. Januar 13."

Leider klappte die Produktionsplanung bei der Emil Jux GmbH (J) nicht. Die Lieferung erfolgte nicht fristgerecht. Welche Rechte kann A geltend machen?

A und J haben einen Fixhandelskauf abgeschlossen: beide sind Kaufleute (§§ 1, 6 HGB), für beide liegt ein Handelsgeschäft (§§ 343 ff. HGB) vor. Sie haben im Rahmen des Kaufvertrages (§§ 373 ff. HGB, 433 ff. BGB) vereinbart, dass die Leistung der J „genau zu einer festbestimmten Zeit" (§ 376 I 1 HGB) bewirkt werden soll. Eine Lieferung der Faschingsartikel nach dem vereinbarten Termin hätte für A keinen Sinn. Unterbleibt also die rechtzeitige Lieferung, dann kann A vom Vertrag zurücktreten oder – bei Verzug der J – Schadensersatz wegen Nichterfüllung verlangen (§ 376 HGB). Der Schadensersatz kann abstrakt als Unterschied zwischen dem Kaufpreis und dem Börsen- oder Marktpreis an dem Tag berechnet werden, an dem die Lieferung hätte erfolgen sollen oder konkret als Mehrbetrag aus einem Ersatzkauf, der unmittelbar nach Ablauf des Fixtermins vorgenommen wird, § 376 II, III HGB. Erfüllung kann A nach dem Fixtermin nur dann verlangen, wenn er der J ausdrücklich anzeigt, dass er noch auf der Lieferung besteht (§ 376 I 2 HGB).

14. Für die neue Sommerkollektion kauft die Firma Novus Design GmbH (N) bei der Krawattenfabrik Strang 50 Designer-Seidenkrawatten zum Preis von je € 100. Die gelieferten Krawatten hatten leider kein Futter. Der Leiter der Einkaufsabteilung informierte sofort den Geschäftsführer, der meinte: „Wir haben 6 Monate Zeit, diese Mängel zu rügen; konzentrieren Sie sich also jetzt auf Wesentlicheres!" Hat er Recht?

Damit die Gewährleistungsansprüche erhalten bleiben, muss ein Kaufmann die Ware unverzüglich nach der Ablieferung durch den Verkäufer untersuchen und dem Verkäufer den Mangel unverzüglich anzeigen (§ 377 HGB). Voraussetzung ist, dass für beide Teile ein Handelsgeschäft (§ 343 HGB) vorliegt; dies ist hier der Fall. Wird die Mängelrüge unterlassen, dann gilt die Ware als genehmigt und der Käufer, also N, verliert seine Gewährleistungsansprüche, weil – wie hier – die Mängel sofort erkennbar waren. Unverzüglich im Sinne des § 377 HGB bedeutet „ohne schuldhaftes Zögern". Die Firma N hat also keinesfalls 6 Monate Zeit, die Mängel zu rügen.

15. Die Notig GmbH (N) will mit der Firma „Lukullus-Worldwide-Spezialitäten" (L) dauerhaft zusammenarbeiten. Leider befindet sich die Firma N derzeit in einem finanziellen Engpass. Die IB-Bank würde zwar einen Kredit in Höhe von € 1 Mio. geben, jedoch nur, wenn zusätzlich zu den vorhandenen Sicherheiten eine Bürgschaft in Höhe von € 1 Mio. beigebracht wird. Um einem zukünftigen Großkunden zu helfen, erklärt sich der Geschäftsführer der L in deren Namen zur Übernahme der Bürgschaft anlässlich einer gemeinsamen Besprechung bei der IB-Bank mündlich bereit.

Leider konnte die Notig GmbH ihre finanziellen Schwierigkeiten nicht überwinden, und der Kredit wurde notleidend.

Die Bank wendet sich an die Fa. L. Deren Geschäftsführer wendet ein:

a) Die Bürgschaft ist unwirksam, weil sie nur mündlich abgegeben wurde.
b) Auf jeden Fall muss die Bank vor Inanspruchnahme der L gegen die Firma N klagen.

a) Wäre die Bürgschaft ein ‚Privatgeschäft', so müsste sie tatsächlich schriftlich abgegeben werden, § 766 BGB. Im vorliegenden Fall handelt es sich für die Fa. L jedoch um ein Handelsgeschäft nach § 343 HGB. Hier gilt nach § 350 HGB die Formfreiheit. Die Bürgschaft der Fa. L ist also auch mündlich wirksam gewesen.

b) Die Einrede der Vorausklage nach § 771 BGB würde nur dann zur Anwendung kommen, wenn es sich um ein ‚Privatgeschäft' gehandelt hätte. Ist – wie hier – die Bürgschaft für den Bürgen ein Handelsgeschäft (§ 343 HGB), so steht der Fa. L nach § 349 HGB keine Einrede der Vorausklage zu.

16. Was ist also das HGB?

Das HGB ist das Sonderrecht der Kaufleute. Subsidiär gelten die Vorschriften des BGB.

17. Was versteht man unter „Just-in-time-Verträgen"?

Da sich in der Praxis immer mehr Hersteller von Massenprodukten – z. B. in der Autoindustrie, Maschinenbau, Elektrogeräte- und Computerindustrie – nicht mehr auf die Produktion sämtlicher Einzelteile, sondern lediglich auf den Zusammenbau ihrer Endprodukte konzentrieren, sind sie in verstärktem Maße auf die mangelfreie und fristgerechte Zulieferung der Einzelteile angewiesen, zumal bei den Herstellern nur noch in beschränktem Maße Lagerhaltung erfolgt. Immer mehr Zulieferer haben sich auf die Fertigung von Einzelteilen – oft nur für wenige oder einen Hersteller – konzentriert. Um eine reibungslose Produktion beim Hersteller zu gewährleisten, müssen detaillierte und umfassende vertragliche Regelungen vereinbart werden. Just-in-time-Verträge sind gesetzlich nicht geregelt. Häufig werden mehrere verschiedene Regelungswerke geschaffen:

- Just-in-time-Rahmenvertrag, in dem üblicherweise nur die grundsätzlichen Rechte und Pflichten der Parteien und u. U. auch die Dauer des Kooperationsverhältnisses festgelegt werden
- einzelne Lieferverträge, in denen bereits die Mengen und Preise für einen bestimmten Zeitraum – z. B. 1 Jahr – festgelegt werden, damit der Zulieferer seine Produktion planen kann
- die einzelnen Lieferabrufe, §§ 375, 381 II HGB.

18. Welche Problemkreise sollten in Just-in-time-Verträgen vor allem geregelt und geprüft werden?

- Da die Hersteller in der Regel gleichlautende Just-in-time-Verträge mit ihren Zulieferern abschließen, muss überprüft werden, ob diese der AGB-Inhaltskontrolle (§ 307 BGB) standhalten.
- Da es sich in der Regel um Fixgeschäfte (§ 376 HGB) handelt, sind die Verzugsfolgen zu regeln.
- Kommt es bei derartigen Verträgen zu verspäteten Lieferungen, können erhebliche Schäden durch Produktionsverzögerungen entstehen. Deshalb sollten hier Vertragsstrafen (§ 348 HGB) vereinbart werden, um langwierige und risikoreiche Schadensersatzprozesse zu vermeiden.
- Wird mangelhafte Ware geliefert, so trifft den Hersteller die unverzügliche Untersuchungs- und Rügepflicht nach § 377 HGB. Eine derartige Kontrolle ist in der Praxis u. U. nur schwer durchführbar, wenn die Zulieferteile unmittelbar verarbeitet werden. § 377 HGB wird deshalb häufig vertraglich abbedungen und die Pflicht zur Qualitätskontrolle auf den Zulieferer übertragen.
- Mangelhafte Zulieferprodukte können zu Rückrufaktionen des Herstellers führen (z. B. fehlerhafte Bremsbeläge in Pkws). Die Kosten solcher Rückrufaktionen werden üblicherweise auf die Zulieferer des schadhaften Teiles überwälzt.

- Wenn in Just-in-time-Verträgen einseitig Pflichten auf die Zulieferer überwälzt werden, so kann im Einzelfall die Grenze der Sittenwidrigkeit nach § 138 BGB überschritten sein – auch diese muss beachtet werden.

19. Betriebswirt Oskar Klug, Assistent der Geschäftsleitung der Firma X, soll für die nächste Geschäftsführersitzung ausarbeiten, welche rechtlichen Hauptprobleme bei der Beschaffung von Material und Betriebsmitteln auftreten können und Lösungsvorschläge skizzieren:

- Das Gesetz geht grundsätzlich von einer Holschuld gem. § 269 I BGB aus, d. h. der Leistungsort und auch der Erfüllungsort ist der Ort des Schuldners. Besser wäre es hier, Bringschuldvereinbarungen mit den Lieferanten zu vereinbaren (insb. bei Just-in-time-Verträgen). Das hätte zur Folge, dass der Sitz des Gläubigers, also der Firma X, Leistungs- und Erfüllungsort ist. Der Gefahrübergang erfolgt dann auch bei Versendungskäufen (§ 447 BGB) nicht schon bei der Übergabe an den Spediteur, sondern erst bei der Ablieferung am Sitz der Fa. X.
- Vor allem bei Industriebetrieben ist die Vereinbarung von Abruffristen und -terminen von Vorteil.
- Verzug erfordert in der Regel neben der Fälligkeit eine Mahnung (§ 286 I BGB). Um hier schneller reagieren zu können, empfiehlt es sich, von vornherein mit den Lieferanten Fixgeschäfte (insb. § 376 HGB) zu vereinbaren. Wird der Fixtermin nicht eingehalten, kann die Fa. X sofort zurücktreten und die Ware anderweitig besorgen. Andernfalls müsste sie den Lieferanten erst in Verzug und zusätzlich eine Nachfrist mit Ablehnungsandrohung setzen; erst danach kann sie vom Vertrag zurücktreten oder Schadensersatz verlangen (§§ 323 I, 325 BGB).
- Um sich bei möglichen Schadensersatzansprüchen gegen Lieferanten – z. B. wegen Verzug, Unmöglichkeit, positiver Vertragsverletzung, Fehlens zugesicherter Eigenschaften etc. – langwierige Streitigkeiten über Schadensersatzansprüche zu ersparen, können von vornherein Vertragsstrafen vereinbart werden – §§ 348 HGB, 339 ff. BGB.
- Um Vertretungsprobleme zu vermeiden, sollte insbesondere bei neuen Lieferanten ein Handelsregisterauszug beschafft werden, um die vertretungsberechtigten Personen (z. B. Prokuristen, Geschäftsführer) und deren Beschränkungen (z. B. Gesamtvertretungsbefugnis) feststellen zu können.

II. Besondere Probleme beim Handelskauf

1. Auslandsgeschäfte

20. Das deutsche Unternehmen U GmbH aus Frankfurt/M möchte eine Warenlieferung an das englische Unternehmen K Ltd, London nach deutschem Recht abwickeln. K zweifelt, ob dies möglich ist. Wie ist die Rechtslage?

(1) Hinsichtlich der Rechtsordnung gilt im Internationalen Vertragsrecht der Grundsatz der Parteiautonomie, d. h. die Vertragsparteien U und K können

eine sachnahe Rechtsordnung wie die deutsche oder englische frei wählen (Art. 3 Rom I-VO).

(2) Fehlt es an einer Rechtswahl gilt bei **Kaufverträgen über bewegliche Sachen** das Recht des Staates, in dem der Verkäufer seinen gewöhnlichen Aufenthalt hat (Art. 4 I lit. a Rom I-VO). Insoweit greift bei einer juristischen Person wie der U GmbH der **Ort der Hauptverwaltung** in Frankfurt/M (Art. 19 Rom I-VO). Daher gilt hier das deutsche Recht des Warenlieferanten U, soweit es zu keiner Rechtswahl kommt.

(3) Bei **Verbraucherverträgen über Waren** (z. B. Verkaufveranstaltungen im Ausland) und Pauschalreisen führt eine Rechtswahl nicht dazu, dass die zwingenden Bestimmungen des gewöhnlichen Aufenthaltsorts des Verbrauchers zum Zeitpunkt seiner Vertragsabschlusserklärung unterlaufen werden können. Insoweit gilt die jeweils für den Verbraucher günstigere Norm (Art. 6 I, II, IV lit. b Rom I-VO).

21. Die Unternehmensberatungsfirma „Global Marketing International GmbH" hat vorwiegend Auslandskunden. Sie hat sich darauf spezialisiert, Mitarbeiter zu ihren Auslandskunden abzuordnen, die dort die Marketingkonzepte entwickeln.

Welches Recht ist für die Verträge mit den Auslandskunden anzuwenden?

Diese Frage ist nach Art. 3 4 I lit. b Rom I-VO zu beantworten. Soweit die Parteien keine Rechtswahl gemäß Art. 3 getroffen haben, unterliegen **Dienstleistungsverträge** dem Recht des Staates, in dem der Dienstleister seinen gewöhnlichen Aufenthalt bzw. den Sitz seiner Hauptverwaltung hat. Der gemeinschaftsrechtliche **Dienstleistungsbegriff ist weiter gefasst** als derjenige des deutschen Rechts und umfasst neben dem Werk- und Dienstvertrag einschließlich dem Anlagenbau auch Finanzdienstleistungen. Daher gilt deutsches Recht.

2. Unternehmenskauf

22. Herr Solidus hat sein Leben lang gearbeitet und sein Unternehmen – Textilgeschäft in guter Lage – aufgebaut. Er betreibt es in einem Gebäude, das ihm gehört und auch mitverkauft werden soll.

Da er keine Kinder und auch sonst keine Nachfolger hat, will er es verkaufen, um seinen Lebensabend genießen zu können.

a) Wie hat der Verkauf rechtlich zu erfolgen?

b) Was wird üblicherweise bei einem solchen Unternehmenskauf veräußert?

c) Wie erfolgt die Erfüllung des Kaufvertrages?

a) Beim Unternehmenskauf handelt es sich um einen – einheitlichen – Kaufvertrag (§§ 433 ff. BGB) über Sach- und Rechtsgesamtheiten.
b) Üblicherweise bezieht sich der Unternehmens-Kaufvertrag beispielsweise auf den Warenbestand, die Ladeneinrichtung und den Firmenwert (Firmenname, Kundenbeziehungen, Ruf, Geschäftsgeheimnisse, Lieferantenbeziehungen und weitere geschäftsrelevante Strukturen).

c) Für die – sachenrechtliche – Erfüllung des Kaufvertrages gilt der Grundsatz der Spezialität. Das bedeutet, dass jeder zum Unternehmen gehörende Gegenstand nach den für ihn geltenden Vorschriften übertragen werden muss: bewegliche Sachen nach §§ 929 ff. BGB, das Gebäude nach §§ 873 ff. BGB, Forderungen und Rechte nach §§ 398, 413 BGB. Die bestehenden Arbeitsverhältnisse gehen „automatisch" auf den neuen Betriebsinhaber mit allen Rechten und Pflichten über, § 613a BGB.

23. Willibald Winzig (W) ist an dem Unternehmen des Herrn Solidus – S – (Fall 22) interessiert.

a) Welche Risiken muss er vor Abschluss des Kaufvertrages beachten?

b) Spielt es hierbei eine Rolle, ob er den bisherigen Firmennamen beibehält oder nicht?

a) Für die Verpflichtungen aus den gem. § 613a BGB übernommenen Arbeitsverhältnissen haftet W neben S (§ 613a II BGB).

b) Als Erwerber eines Handelsgeschäftes haftet W nur bei Fortführung des Handelsgeschäftes unter der alten Firma, § 25 I 1 HGB. Diese Haftung kann W durch Vereinbarung mit S ausschließen; dieser Ausschluss ist allerdings „einem Dritten gegenüber nur wirksam, wenn er in das Handelsregister eingetragen und bekannt gemacht oder von dem Erwerber oder dem Veräußerer dem Dritten mitgeteilt worden ist", § 25 II HGB. Wird der bisherige Firmenname nicht fortgeführt, so haftet W grundsätzlich nicht, § 25 III HGB.

24. Wie wäre Fall 22 zu lösen, wenn es sich bei dem Unternehmen des Herrn Solidus nicht um ein Einzelunternehmen, sondern um eine GmbH handelt,

a) deren Alleingesellschafter und -geschäftsführer Herr Solidus ist?

b) deren Anteile ihm zu 49 % gehören, und deren Alleingeschäftsführer Herr Solidus ist?

a) Werden alle Gesellschaftsanteile an der GmbH einheitlich verkauft, so liegt ebenfalls ein Unternehmenskauf vor.

b) Wird nur ein Teil der Anteile – hier 49 % – veräußert, so liegt kein Unternehmenskauf, sondern der Kauf eines Geschäftsanteiles nach § 15 GmbHG vor. Die vertragliche Verpflichtung zur Abtretung des Geschäftsanteils muss in notarieller Form erfolgen (§ 15 III, IV GmbHG).

Zur Vertiefung: *Führich, Wirtschaftsprivatrecht, § 18*

5. Kapitel: Gebrauchsüberlassungsverträge und Kreditgeschäfte

§ 19 Miet- und Pachtvertrag

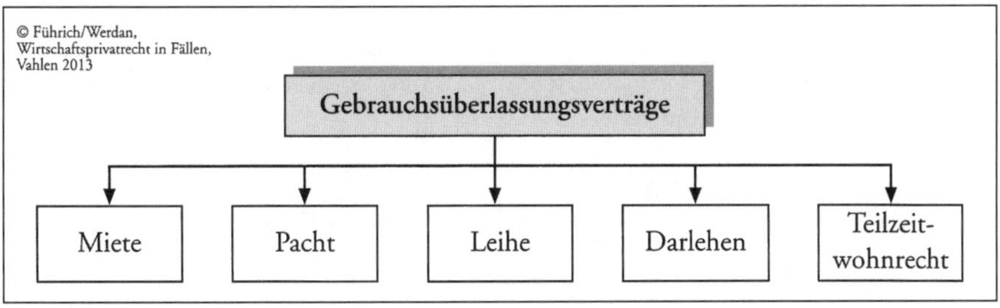

Abb. 22: Gebrauchsüberlassungsverträge

1. Welche Merkmale kennzeichnen den Mietvertrag?

Der Mietvertrag ist ein gegenseitiger Vertrag, durch den der Vermieter dem Mieter eine Sache zum zeitweiligen Gebrauch gegen Entgelt überlässt. Merkmale sind:

- gegenseitiger Vertrag zwischen Vermieter und Mieter,
- Dauerschuldverhältnis,
- Vertragsgegenstand ist die Gebrauchsüberlassung von beweglichen, unbeweglichen Sachen oder Sachgesamtheiten,
- Entgeltlichkeit (Mietzins),
- Vertragsschluss erfordert Einigung über Mietsache, Mietzeit und Mietzins,
- Vertrag ist formlos möglich, außer bei Grundstücken, Wohn- und anderen Räume bei Mietdauer über 1 Jahr, ansonsten gilt Vertrag für unbestimmte Zeit (§§ 550, 578 BGB).

2. Was verstehen Sie unter Pacht?

Der Pachtvertrag ist wie der Mietvertrag ein gegenseitiger schuldrechtlicher Vertrag zur zeitweiligen Gebrauchsüberlassung gegen Entgelt (Pachtzins), zusätzlich hat der Pächter das Recht auf die Erträge der **Früchte** (§§ 581, 99 BGB). Während Sachen nur gemietet werden können, ist es möglich, **Sachen und Rechte** zu pachten.

3. Welche Beispiele für Mietverträge und Pachtverträge kennen Sie?

Miete: Haus, möblierter oder unmöblierter Wohnraum, leeres Ladenlokal, leeres Büro, Pkw

Pacht: Eingerichtetes Hotel, eingerichtetes Ladengeschäft, Unternehmenserträge

4. Worin liegt der Unterschied zwischen Miete und
a) Pacht
b) Leihe
c) Verwahrung
d) Beherbergung (Hotel)?

Miete ist Gebrauch einer Sache auf Zeit gegen Entgelt. **Pacht** gewährt zusätzlich die Erträge der Früchte wie Gaststättenpacht. **Leihe** ist dagegen unentgeltliche Gebrauchsüberlassung (§ 598 BGB) wie Probefahrt. **Verwahrung** ist eine Raumüberlassung mit einer Obhutspflicht (§ 688 BGB) wie Schließfach und **Beherbergung** ist ein gemischter Zimmermietvertrag mit Serviceelementen wie ein Hotelaufenthalt.

5. Sportlich betritt das Geschäft des Radibauer und erklärt, er wolle sich für das Wochenende ein Mountainbike ausleihen. Radibauer gibt ihm für € 30 sein bestes Rad mit. Es ist ein
a) Leihvertrag
b) Mietvertrag
c) Pachtvertrag
d) gemischter Vertrag zustande gekommen.

Richtig ist b).

6. Müller (M) sucht eine Mietwohnung für 3 Jahre. Der Hauseigentümer H ist bereit, M in seinem Haus eine 2-Zimmer-Wohnung zu vermieten. M befürchtet, V könnte ihm die Wohnung vorzeitig kündigen, weil er diese an eines seiner Kinder vergeben möchte. Wie kann sich M absichern?

M sollte mit V einen **schriftlichen Mietvertrag** über 3 Jahre schließen (§ 550 BGB). Bei mündlichem Vertragsschluss wäre der Vertrag auf unbestimmte Zeit geschlossen, wobei aber eine Kündigung im ersten Jahr ausgeschlossen ist.

7. Welche wesentlichen Pflichten haben die Mietvertragsparteien?

Vermieter: (1) Überlassung des Gebrauchs der Sache im vertragsmäßigen Zustand (§ 535 I BGB), (2) Erhaltung während der Mietzeit in diesem Zustand (§ 535 I 2 BGB), (3) Instandsetzung mit Verkehrssicherheit (§ 535 I 2 BGB).

Mieter: (1) Zahlung des Mietzinses (§§ 535 II BGB), (2) Vertragsmäßiger Gebrauch (§ 541 BGB), (3) Keine Untermiete ohne Zustimmung (§ 540 BGB), (4) Anzeige- und Obhutspflichten (§ 536c BGB), (5) Rückgabepflicht ohne Zurückbehaltungsrecht (§ 546 BGB).

8. V vermietet für 5 Jahre ein Geschäftshaus an Müller (M). Nach 2 Jahren verkauft V das Objekt an Kunz (K), der als neuer Eigentümer im Grundbuch eingetragen wird. K verlangt von M die Räumung des Hauses, weil er es anderweitig nutzen möchte. Zu Recht?

Tod des Mieters oder Veräußerung der Mietsache bricht nicht die Miete (§§ 563, 564, 566 ff. BGB). Hier greift § 566 BGB ein, da (1) das Haus an M überlassen wurde, (2) eine Veräußerung von V an K mit einer Grundbucheintragung erfolgte, (3) ein automatischer Eintritt des K in den Mietvertrag erfolgt. Damit hat M einen Anspruch auf Weitervermietung für 3 Jahre gegen K.

Zur Vertiefung: *Führich, Wirtschaftsprivatrecht, §19*

§20 Darlehensvertrag und andere Finanzierungsgeschäfte

I. Darlehensvertrag

1. Was verstehen Sie unter einem Darlehen?

Überlassung von Geld (**Gelddarlehen** nach §§488 ff. BGB) oder vertretbaren Sachen (**Sachdarlehen** nach §§607 bis 609 BGB) für eine bestimmte Zeit kostenlos oder gegen Entgelt/Zins, mit der Pflicht zur Rückgabe gleicher Art, Menge und Güte. Das Gelddarlehen ist zusammen mit den Vorschriften über Ratenlieferungsverträge und anderen Finanzierungshilfen in einem eigenen Titel nach den Umsatzverträgen in §§488 bis 507 BGB normiert (vgl. §26).

II. Verbraucherkreditgeschäfte

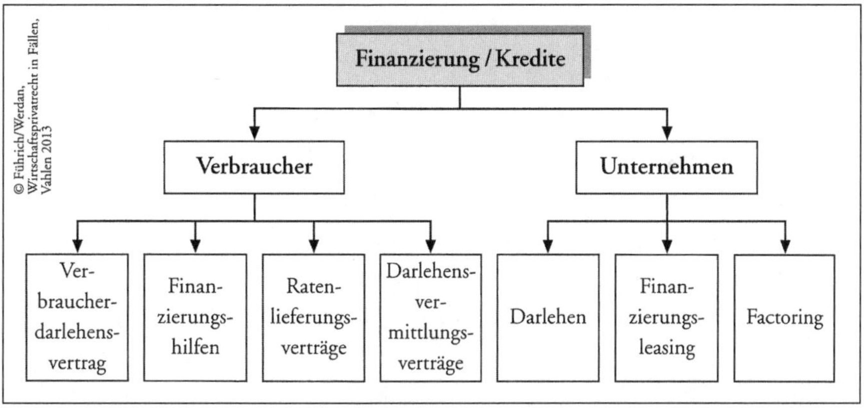

Abb. 23: Kreditgeschäfte

2. Welche Regelungen enthält das BGB zu den Verbraucherkreditgeschäften?

Der Verbraucherdarlehensvertrag ist in den §§491–505 BGB, die Finanzierungshilfen sind in den §§506–509 BGB und die Ratenlieferungsverträge in §510 BGB geregelt.

3. Wie ist der persönliche Anwendungsbereich der §§491 ff. BGB definiert?

Kreditgeber/-vermittler etc. sind nur Unternehmer.

Der Kreditnehmer muss ein Verbraucher sein, also eine natürliche Person, die den Kredit für private Zwecke verwendet.

4. Der bei der Fa. „Allex“ GmbH beschäftigte ‚Drücker‘ X hat der 70-jährigen Rentnerin, Frau Treulich, an deren Haustüre solange etwas vorgejammert, bis sie sich bereit erklärte, ein 50-bändiges Lexikon zu bestellen. Jeden Monat soll ein Band geliefert werden, der jeweils 8 Tage danach zu bezahlen ist. Jeder Band kostet € 150. X hat den Originalvertrag – in dem keine Belehrung über das Widerrufsrecht enthalten war – wieder mitgenommen, bevor Frau Treulich auch nur einen Satz in Ruhe hätte lesen können. Der erste Band kam bereits nach 6 Tagen mit der Zahlungsaufforderung. Da sie den Preis nicht bezahlen konnte, rief sie bei der Firma an und bat, den Vertrag zu stornieren, weil ihre monatliche Rente von € 350 kaum zum Überleben reiche und sie von X einfach überrumpelt worden sei. Von einem Mitarbeiter der Allex GmbH wurde sie sehr unsanft darauf hingewiesen, dass eine Stornierung nicht in Betracht käme, sie gefälligst die € 150 unverzüglich bezahlen solle und auch bei den zukünftigen 49 Lieferungen auf pünktliche Bezahlung achten möge.

a) Handelt es sich hier um einen Ratenlieferungsvertrag?

b) Was kann Frau Treulich tun?

a) Frau Treulich ist Verbraucherin, die Fa. Allex GmbH ist eine juristische Person, die zwar gewerblich tätig ist, jedoch keine entgeltlichen Kredite gewährt. Die Beträge für die Einzellieferungen werden auch nicht gestundet, sondern sind erst 8 Tage nach Lieferung fällig. Der Sache nach wird hier Frau Treulich durch die lange Bezugsbindung wie ein Kreditnehmer belastet, deshalb soll sie nach § 510 BGB auch wie ein Kreditnehmer geschützt werden: Die Lieferung der Buchreihe wird von § 510 I 1 Ziff. 3 BGB erfasst. Deshalb sind folgende Schutzregelungen auf diesen Vertrag anzuwenden:

- Schriftformerfordernis nach § 510 II S. 1 BGB;
- Aushändigung einer Abschrift der Vertragsurkunde, § 510 II S. 3 BGB;
- Widerrufsrecht nach § 510 I S. 1 i. V. m. § 355 BGB.

b) Da Frau Treulich weder ein Exemplar des Vertrages ausgehändigt wurde und eine Belehrung über das Widerrufsrecht ganz unterblieben ist, kann Frau Treulich den Vertrag gem. § 355 II BGB widerrufen.

5. Welche Verbraucherschutzvorschriften sind in den nachfolgenden Fällen anwendbar?

a) A nimmt bei der Kredit-Finanz-AG einen Kredit über € 150, rückzahlbar in 10 Monatsraten à € 15 mit einem Zinssatz von 18 % auf.

b) Die Einrichtungsfirma Mobilia GmbH gewährt ihren Mitarbeitern auf Einkäufe ein Zahlungsziel von 2 Jahren zu einem Zinssatz von 3 % p. a. Die Chefsekretärin Tippig will heiraten und hat ihre gesamte Einrichtung bei ihrem Arbeitgeber, der Fa. Mobilia GmbH, zu den o. g. Konditionen gekauft.

a) Hier wurde lediglich ein Kleinkredit aufgenommen, für den nach § 491 II Ziff. 1 BGB die Vorschriften über Verbraucherdarlehensverträge (§§ 491 I, 492 ff. BGB) nicht anzuwenden sind.

b) Hier liegt ein sog. Arbeitgeberdarlehen nach § 491 II Ziff. 4 BGB vor, das des Schutzes der §§ 491 I, 492 ff. BGB nicht bedarf, da zwischen Arbeitgeber und Arbeitnehmer in der Regel besonders günstige Konditionen vereinbart werden.

6. Warum wurden die in § 491 II BGB geregelten Ausnahmen (s. Fall 5) vom Gesetzgeber vorgesehen?

Der Gesetzgeber ging davon aus, dass in den in § 491 II BGB genannten Fällen eine wesentliche Gefährdung der Verbraucherinteressen nicht zu befürchten ist.

7. Pius Pfiffig nimmt bei der DP-Bank AG einen Privatkredit über € 10 000 zum Jahreszins von 14 %, rückzahlbar in monatlichen Raten zu € 250 auf. Zusätzlich wurden noch eine Bearbeitungsgebühr von 0,2 % und Vermittlungskosten von 0,3 % vereinbart. Der Vertrag wurde schriftlich abgeschlossen, enthält eine Belehrung über das Widerrufsrecht und alle o. g. Angaben. Eine Abschrift wurde dem Bankkunden ausgehändigt. Einen Monat später – nach Auszahlung des Darlehens – fragt sich Pfiffig dennoch, ob der Kreditvertrag wirksam ist, und ob er seine Zinsbelastung nicht doch irgendwie reduzieren könne.

Nach § 491a I i. V. m. Art. 247 EGBGB ist die DP-Bank verpflichtet, ihren Privatkunden umfassend und schriftlich auf die Bedingungen des Kreditvertrages hinzuweisen. Hierbei ist zwingend mindestens in Textform das vorgeschriebene Muster zu verwenden. Ein wesentlicher Informationsbestandteil ist der effektive Jahreszins nach Art. 247 § 3 EGBGB, der hier jedenfalls nicht im Vertrag enthalten ist. Effektiver Jahreszins ist die in einem Prozentsatz des Nettodarlehensbetrages anzugebende Gesamtbelastung pro Jahr. Anhand dieses Effektivzinses kann jeder Verbraucher ohne große Rechenarbeit seine tatsächliche Belastung ermitteln. Neu ist, dass der Darlehensgeber durch Beispiele angemessene Erläuterungen geben muss.

Rechtsfolge ist grundsätzlich die Nichtigkeit nach § 494 I BGB, wenn die Schriftform insgesamt nicht eingehalten ist oder einer der in Art. 247 §§ 6 und 9 bis 13 EGBGB vorgeschriebenen Angaben fehlt. Ist das Darlehen bereits ausbezahlt, würde das für den Verbraucher dazu führen, dass er den Darlehensbetrag – jedenfalls nach § 812 BGB – sofort wieder zurückzahlen müsste. Dies wäre für ihn, der ja geschützt werden soll, eine erhebliche Härte. Deshalb bestimmt das Gesetz in § 494 II BGB, dass im Falle des bereits ausbezahlten Darlehens der Verbraucherdarlehensvertrag wirksam sein soll, jedoch vom Verbraucher nicht der im Vertrag festgelegte Sollzinssatz, sondern nur der gesetzliche Zinssatz geschuldet ist, wenn die Angabe des Sollzinssatzes, des effektiven Jahreszinses oder des Gesamtbetrages fehlt. An der Gesamtlaufzeit des Kredites ändert sich nichts, so dass Pfiffig aufgrund des Formfehlers der DP-Bank zu einem sehr günstigen Kredit gekommen ist.

8. Rechtsanwalt Hurtig kauft bei der Fa. Noble Cars GmbH einen Porsche Carrera Turbo XYZ zum Preis von € 150 000 als standesgemäßen Geschäftswagen. Der Wagen soll als Sonderlackierung ein Zebramuster in pink-lila haben. Da Anwalt Hurtig ganz sicher ist, dass er noch im nächsten Monat einen Prozess mit Streitwert € 10 Mio. gewinnt und dann sein Mandant sofort das Anwaltshonorar bezahlen wird, vereinbart er mit der Fa. Noble Cars GmbH folgende Zahlungskonditionen: Anzahlung € 75 000 bei Lieferung und Restzahlung nach 6 Monaten.

Wider Erwarten verlor Hurtig den Prozess, der Mandant meldete sofort Insolvenz an, und Rechtsanwalt Hurtig schaute in die Röhre. Für die Anzahlung hatte er sein Eigentumsappartement verkauft, weiteres Vermögen besitzt er nicht.

a) Hurtig will aber nicht aufgeben und meint, herausgefunden zu haben, dass der Vertrag nach §§ 492 II i. V. m. Art. 247 §§ 6 I, 3 I Nr. 3 EGBGB nichtig ist, weil – unstreitig – kein effektiver Jahreszins angegeben wurde.

b) Was kann die Firma Noble-Cars tun? – Kann sie den Wagen wieder zurückholen?

a) Die §§ 491 ff. BGB sind nur auf Kreditverträge mit Verbrauchern als Darlehensnehmern anwendbar (§ 491 I BGB). Rechtsanwalt Hurtig will den Porsche aber für seine selbstständige berufliche Tätigkeit verwenden, so dass der persönliche Anwendungsbereich der §§ 491 I, 492 ff. BGB nicht eröffnet ist. Rechtsanwalt Hurtig hat hier geirrt!

b) Zwischen den Parteien ist ein Kaufvertrag (§§ 433 ff. BGB) mit folgendem Inhalt geschlossen worden: Die Fa. Noble Cars GmbH war nach § 433 I BGB verpflichtet, den Porsche zu übergeben und Hurtig das Eigentum am Porsche zu verschaffen, und zwar sofort, § 271 I BGB. Hurtig war also bereits nach der Übergabe Eigentümer gem. § 929 BGB geworden. Hurtig dagegen war nach § 433 II BGB zwar verpflichtet, den Kaufpreis von € 150 000 zu bezahlen, jedoch haben beide hier eine Leistungszeit nach § 271 II BGB bestimmt: Hurtig musste sofort € 75 000 anzahlen, was er auch getan hat. Die Restzahlung von weiteren € 75 000 wird er wohl nicht leisten können. Da er aber bereits Eigentümer des Pkw geworden ist, kann die Fa. Noble Cars den Wagen nicht zurückholen, sondern muss gegen ihn ggfs. vor Gericht auf Zahlung klagen.

9. Hat die Fa. Noble Cars GmbH in Fall 8 den Kaufvertrag klug abgeschlossen? – Was hätte sie unbedingt im Vertrag festlegen müssen?

Die Firma hat keineswegs klug gehandelt: Sie hatte sich nämlich zur sofortigen vollständigen Leistung verpflichtet, während der Käufer – Rechtsanwalt Hurtig – nur eine Teilleistung erbracht hat. Immer dann, wenn ein Zahlungsziel oder Raten vereinbart werden, muss darauf geachtet werden, dass das Eigentum erst dann nach § 929 BGB auf den Käufer übergeht, wenn er seine Leistung voll erbracht, also den Kaufpreis vollständig bezahlt hat.

10. Was ist ein Eigentumsvorbehalt, wo ist er geregelt, und wie ‚funktioniert' er?

Beim Eigentumsvorbehalt behält sich der Verkäufer die Eigentumsübertragung an der Kaufsache bis zur endgültigen Kaufpreiszahlung vor; er ist in §§ 449, 158 BGB geregelt.

Der Kaufvertrag wird also mit folgendem Inhalt abgeschlossen:

Der Verkäufer verpflichtet sich, die Ware – im Zweifel sofort bzw. nach besonderer Vereinbarung der Vertragsparteien – zu übergeben. Zur Eigentumsübertragung nach § 929 BGB ist der Verkäufer erst und nur dann verpflichtet, wenn der Kaufpreis vollständig bezahlt ist: Die Parteien sind sich also zum Zeitpunkt des Kaufvertragsabschlusses schon einig, dass das Eigentum an der Kaufsache auf den Käufer übergehen soll, jedoch nicht sofort (s. § 271 BGB), sondern erst dann – also unter der aufschiebenden Bedingung nach § 158 BGB – wenn der Kaufpreis vollständig bezahlt ist. Solange das nicht der Fall ist, bleibt der Verkäufer Eigentümer und kann ggfs. sein Eigentum nach § 985 BGB vom Käufer (Besitzer) zurückfordern. Ist allerdings der Kaufpreis vollständig bezahlt, müssen sich die Parteien nicht nochmals zusammensetzen und auch sonst nichts tun: mit Eintreten der Bedingung geht das Eigentum an der Kaufsache „automatisch" auf den Käufer über; der Verkäufer kann es in diesem Falle nicht verhindern. – Der Verkäufer kann bei Zahlungsverzug des Käufers vom – schuldrechtlichen – Kaufvertrag zurücktreten.

Der Käufer verpflichtet sich zur Abnahme und Kaufpreiszahlung zum vereinbarten Zeitpunkt, § 271 BGB.

11. Angenommen, in Fall 8 wäre ein Eigentumsvorbehalt vereinbart worden. Was wird die Fa. Noble Cars GmbH tun, wenn sich nach 6 Monaten abzeichnet, dass Rechtsanwalt Hurtig die Restzahlung nicht mehr aufbringen wird?

Die Fa. Noble Cars ist zwar Eigentümerin geblieben, könnte also ihr Eigentum von Hurtig gem. § 985 BGB herausfordern. Aus dem Kaufvertrag steht Hurtig aber ein Recht zum Besitz gem. § 986 BGB zu.

Schuldrechtlich ist hier § 449 II BGB zu beachten: danach kann der Verkäufer die Sache nur herausverlangen, wenn er vom Vertrag zurückgetreten ist (in diesem Falle hat Hurtig dann auch kein Recht zum Besitz gem. § 986 BGB mehr). Ein Rücktritt ist jedoch nur aus den in §§ 323, 324 BGB genannten Gründen möglich. Bloßer Zahlungsverzug gibt noch kein Recht zum Rücktritt. Erst wenn also die Fa. Noble Cars GmbH dem Hurtig erfolglos eine Nachfrist gem. § 323 I BGB gesetzt hat, kann sie den Porsche von Hurtig herausverlangen.

12. Die Firma Künzelmann kauft bei der Objekta GmbH ein Kunstwerk für den Eingangsbereich ihres Firmengeländes. Da sich der Inhaber, Herr Künzelmann, schon seit einiger Zeit lieber mit Kunst als mit seinen Produkten (Plastiktaschen) beschäftigt, war er froh, dass ihm die Firma Objekta GmbH den Kaufpreis für 3 Monate stundete, wobei das Zahlungsdatum kalendermäßig exakt bestimmt wurde. Allerdings wurde das Kunstwerk nur unter Eigentumsvorbehalt verkauft. Nach 2 Monaten musste der Geschäftsführer der Objekta GmbH erfahren, dass die Firma Künzelmann in starke Liquiditätsschwierigkeiten gekommen ist.

a) Finden Verbraucherschutzvorschriften hier Anwendung?

b) Muss der Geschäftsführer der Objekta GmbH sofort etwas unternehmen?

c) Was wird der Geschäftsführer der Objekta GmbH tun, wenn die Firma Künzelmann nach 3 Monaten nicht bezahlt?

a) Da Herr Künzelmann das Kunstwerk für seine gewerbliche Tätigkeit gekauft hat, kommen Verbraucherschutzvorschriften nicht zur Anwendung (vgl. z.B. § 491 I 1, 499 I BGB).

b) Solange nur Liquiditätsschwierigkeiten vorliegen, aber noch keine Insolvenz angemeldet wurde, muss und kann noch nichts veranlasst werden. Die Objekta GmbH ist noch (relativ) durch ihren Eigentumsvorbehalt geschützt. Da noch kein Verzug vorliegt, ist derzeit kein Rücktritt möglich.

c) Allein der Zahlungsverzug begründet auch hier kein Rücktrittsrecht gem. § 449 II BGB, das Voraussetzung für das Herausgabeverlangen wäre. Ein Rücktritt kommt also nur unter den in §§ 323, 324 BGB genannten Umständen in Betracht.

13. Frau Dynamia möchte die technischen Entwicklungen nicht an sich vorübergehen lassen und hat sich entschlossen, endlich einmal eine ordentliche „PC-Anlage" für ihr Arbeitszimmer anzuschaffen. Sie möchte sich intensiv im Internet tummeln und auch am Home-Banking teilnehmen.

Deshalb hat sie sich von der Firma Computus beraten und sich eine ordentliche Anlage zusammenstellen lassen. Leider soll diese € 6000 kosten. Damit hatte Frau Dynamia nicht gerechnet. Der Verkäufer schlägt ihr vor, die Anlage zu finanzieren, sie könne die Zinsen ja ohnehin von der Steuer absetzen. Sie müsse nur € 1000 anzahlen, über die restlichen € 5000 könne doch sicher ein Kredit aufgenommen werden. Von ihrer Hausbank, der Nora-Bank (N), bekam sie am darauffolgenden Tag auch den Kredit. Hocherfreut unterzeichnete Frau Dynamia (D) den Kaufvertrag mit der Fa. Computus (C). Der Computer wurde geliefert, Frau D leistete die Anzahlung, den Rest überwies sie nach Auszahlung des Kredites.

a) Welche Rechtsbeziehungen liegen hier vor?

b) Welche Interessenlagen haben die Beteiligten?

c) Welche Gefahren können sich daraus für Frau D ergeben?

a) Zwischen D und C wurde ein Kaufvertrag nach §§ 433 ff. BGB geschlossen. Mit ihrer Hausbank N hat D einen Verbraucherdarlehensvertrag gem. §§ 491 ff. BGB abgeschlossen. Zwischen C und N existieren keine rechtlichen Beziehungen, Kauf- und Verbraucherdarlehensvertrag sind rechtlich selbstständig.

b) D will vor allem den Computer kaufen. Weil ihr Geld nicht reicht, schließt sie einen Darlehensvertrag mit N. Ihr wäre es sicherlich genauso recht gewesen, wenn ihr die Firma C das Darlehen gewährt hätte. Häufig sind aber die Verkäufer nicht willens oder finanziell nicht in der Lage, ihren Käufern Kredit einzuräumen, den Kaufpreis zu stunden oder auf Ratenzahlungen zu verkaufen. Nur deshalb wurde hier ein Kredit von einem Dritten, der N, aufgenommen.

Die N-Bank ist ausschließlich an ihrem Darlehensvertrag interessiert. Der Kaufvertrag ist für sie irrelevant.

C ist natürlich vorwiegend am Kaufvertrag interessiert, in gewisser Weise jedoch auch am Darlehensvertrag, da hiermit der Kaufpreisanspruch erfüllt wird. Aktiv hat C hier aber nicht an der Darlehensvermittlung oder -gewährung mitgewirkt.

c) Gefahren können sich für Frau D ergeben, wenn Leistungsstörungen beim Kaufvertrag auftreten: kann sie mindern oder vom Vertrag zurücktreten (§ 437 BGB), muss sie dennoch den ganzen Kredit zurückzahlen. Wird der Computer nicht ausgeliefert, kann sie die Kaufpreiszahlung nicht zurückhalten bzw. verweigern – hier wurde der Teil-Kaufpreis bereits durch die N bezahlt.

Wäre beispielsweise der Darlehensvertrag wegen Wucher gem. § 138 BGB nichtig, hätte dies ebenfalls keine Auswirkungen auf den Kaufvertrag: Der Kaufvertrag bleibt wirksam.

Gefahren entstehen hier also ganz allgemein deshalb, weil Frau D eigentlich ein einheitliches Geschäft, nämlich einen finanzierten Kauf, abschließen will. Rechtlich ist dieser einheitliche Vorgang in einen Kauf- und einen Darlehensvertrag aufgesplittet, die unabhängig voneinander bestehen.

14. Würden Sie Fall 13 anders beurteilen, wenn Frau D nicht zu ihrer Hausbank gegangen wäre, sondern der Verkäufer der C ein vorbereitetes Exemplar eines Verbraucherdarlehensvertrages der XY-Bank aus dem Schreibtisch gezogen, ausgefüllt und nach Unterzeichnung durch Frau D gleich an die Bank weitergeleitet hätte?

Im Gegensatz zu Fall 13 wirken hier Verkäufer und Bank zusammen, damit der ganz konkrete Kaufvertrag über die Computeranlage abgeschlossen werden kann. Der Verkäufer hat also ein erhebliches Eigeninteresse am Darlehensvertrag, der in der Regel vorsieht, dass der Kaufgegenstand der Bank sicherungsübereignet wird. Aus der Sicht der D liegt hier eigentlich nur ein einheitliches Geschäft, ein finanzierter Kauf, vor, zumal sie nicht direkt mit der Bank in Verbindung getreten ist.

Kauf- und Darlehensvertrag sind als wirtschaftliche Einheit zu betrachten. Bestehen Einwendungen beim Kaufvertrag, kann die Rückzahlung des Kredits verweigert werden § 359 BGB.

15. Was ist unter einem „verbundenen Geschäft" zu verstehen, und wo ist dieses geregelt?

Kauf- und Darlehensvertrag bilden ein verbundenes Geschäft i. S. d. § 358 III BGB, wenn der Kredit der Finanzierung des Kaufpreises dient und beide Verträge als wirtschaftliche Einheit anzusehen sind. Letzteres ist vor allem dann anzunehmen, wenn ständige Geschäftsbeziehungen zwischen Verkäufer und Darlehensgeber bestehen, der Verkäufer die Darlehensformulare vorbereitet, wenn er mit dem Käufer über den Inhalt des Darlehensvertrages verhandelt, auch wenn der Darlehensbetrag in etwa dem Kaufpreis angepasst ist, und der Darlehensgeber den Darlehensbetrag direkt an den Verkäufer auszahlen soll.

Der Käufer hat dann zusätzlich folgende Rechte:

a) Hat der Käufer den Kaufvertrag über die Ware wirksam widerrufen, ist er auch an den verbundenen Darlehensvertrag nicht mehr gebunden, § 358 I BGB.

b) Hat der Käufer den Verbraucherdarlehensvertrag wirksam widerrufen, ist er auch an den verbundenen Kaufvertrag über die Ware nicht mehr gebunden, § 358 II BGB.

c) Die Rückzahlung des Verbraucherdarlehens kann verweigert werden, soweit ihm Einwendungen gegen den verbundenen Kaufvertrag über die Ware zustehen, § 359 BGB.

16. Leider stellte sich in Fall 13 nach zwei Monaten heraus, dass die hochmoderne Computeranlage etwas überzüchtet war und sich für den Normalgebrauch nicht eignete. Letztlich erklärte sich C mit der Rückabwicklung des Kaufvertrages einverstanden.

Welche Rechte hat D?

Da hier ein verbundenes Geschäft nach § 358 III BGB vorliegt, darf Frau D auch gegenüber dem Kreditgeber, der XY-Bank, die Rückzahlung des Verbraucherdarlehens inkl. Zinsen verweigern, §§ 359, 358 BGB.

17. Frau Dynamia (D) hat die Nase von Computern nun endgültig voll. Sie will den Mann fürs Leben finden und sich mehr auf ihr Privatleben konzentrieren. Deshalb sucht sie die Heiratsvermittlung Aristocrat (A) auf. A verpflichtet sich D gegenüber, ihr einen Heiratskandidaten zu vermitteln. Bevor A allerdings tätig wird, muss Frau D eine Anzahlung in Höhe von € 10 000 zahlen. Zu diesem Zwecke reicht ihr die Vermittlerin gleich ein vorbereitetes Exemplar eines Darlehensvertrages (Darlehenssumme € 10 000) mit der Edel-Bank (E), das sie unterzeichnet. Die E zahlt die € 10 000 sofort an die A aus. – Leider war A innerhalb eines Jahres nicht in der Lage, auch nur einen einzigen Kandidaten zu benennen.

Was kann D tun?

Zwischen D und A wurde ein sog. Ehemaklervertrag, § 656 BGB, abgeschlossen. Darin versprach A, den „Nachweis der Gelegenheit zur Eingehung einer Ehe …“ zu erbringen. Dies ist nicht geschehen. A kann deshalb keinen Maklerlohn fordern.

Der hier vorliegende finanzierte Ehemaklervertrag ist jedoch ein verbundenes Geschäft: Nach § 358 III BGB sind die Vorschriften über verbundene Geschäfte nach §§ 358, 359 BGB auch bei Finanzierung von anderen Leistungen als der Lieferung einer Sache anwendbar. Die Einwendungen gegen den Ehemaklervertrag kann D auch gegenüber E geltend machen. Aufgrund des Rechtsgedankens der §§ 358, 359 BGB ist D als Darlehensnehmerin so zu stellen, als hätte sie es nur mit A zu tun: Hätte A den Kredit gewährt, könnte D die Zahlung weiterer Raten verweigern.

18. Familie Saubermann (S) hat eine Waschmaschine für € 700 bei Fa. Schaumig gekauft. Es wurde vereinbart, dass € 200 anzuzahlen und der Restbetrag in monatlichen Raten à € 100 zu begleichen ist. Der Vertragsabschluss erfolgte formgemäß, insb. wurden sämtliche Erfordernisse des § 499 I i. V. m. 492 BGB erfüllt. Das Eigentum hat sich die Fa. Schaumig (Sch) bis zur vollständigen

Kaufpreiszahlung vorbehalten. Familie Saubermann hat die Ratenzahlungen bereits seit 3 Monaten eingestellt.

Unter welchen Voraussetzungen kann die Fa. Schaumig vom Vertrag zurücktreten?

Die Parteien haben einen Kaufvertrag unter Eigentumsvorbehalt, §§ 433, 449 BGB in Form eines Abzahlungsgeschäftes (§§ 506 ff. BGB) geschlossen. Kommt ein Käufer bei einem – ‚einfachen' – Kauf unter Eigentumsvorbehalt in Verzug, so kann der Verkäufer unter den Voraussetzungen der §§ 323, 324 BGB vom Vertrag zurücktreten, § 449 BGB. Vom Abzahlungsgeschäft kann der Verkäufer nur dann zurücktreten, wenn der Verbraucher mit mindestens 2 aufeinander folgenden Raten in Verzug ist, der ausstehende Betrag mindestens 10 % des Teilzahlungspreises (bei Laufzeit über 3 Jahre 5 %) ausmacht und eine dem Verbraucher unter einer Rücktrittsandrohung gesetzte zweiwöchige Zahlungsfrist erfolglos abgelaufen ist, §§ 508 II i. V. m. 498 BGB.

Zusätzlich soll dem Verbraucher spätestens mit der Fristsetzung ein Gespräch über die Möglichkeiten einer einverständlichen Regelung angeboten werden.

III. Finanzierungsleasing

19. Wo finden sich die gesetzlichen Regelungen zum Leasingvertrag?

Der Leasingvertrag ist im Gesetz überhaupt nicht geregelt (Ausnahme: § 506 BGB für Verträge mit Verbrauchern).

20. Was ist Leasing?

Es gibt keinen einheitlichen Typus ‚Leasingvertrag'. Leasing ist eine Sammelbezeichnung für die unterschiedlichsten Vertragsformen, die folgende Grundstrukturen aufweisen:

Ein Unternehmen, das z. B. eine Produktionsanlage für sein Unternehmen benötigt, kauft diese nicht selbst vom Hersteller, sondern veranlasst eine Leasingfirma, diese Anlage zu kaufen. Der Hersteller erhält sofort den Kaufpreis, und die Leasingfirma überlässt dann die Produktionsanlage dem Unternehmen zur Nutzung, das dafür monatliche Leasingraten zahlt.

21. Welche Arten des Leasing gibt es?

Zu unterscheiden ist zwischen dem Operate-Leasing und dem Finanzierungs-Leasing.

Der Operate-Leasing-Vertrag ist grundsätzlich kurz- oder mittelfristig angelegt. In seiner Ausgestaltung ist er dem Mietvertrag ähnlich.

Der Finanzierungs-Leasing-Vertrag enthält grundsätzlich eine feste Grundmietzeit. Die während dieser Grundmietzeit zu zahlenden Leasingraten werden wie folgt kalkuliert: Sie decken den Kaufpreis, die Zinsen auf das eingesetzte Kapital und den Gewinn der Leasingfirma ab. In der Regel enthält der Leasingvertrag eine Kaufoption – zu einem relativ niedrigen Wert.

Das Finanzierungs-Leasing kann also mit dem finanzierten Abzahlungskauf verglichen werden.

22. Welche Vorteile hat das Leasing?

Will ein Unternehmen Anlagevermögen oder Betriebsmittel nutzen, muss es diese in der Regel kaufen; hierzu ist entweder der Einsatz von Eigenkapital oder eine Kreditaufnahme (mit entsprechender Besicherung, hohen Zinsen etc.) erforderlich. Soll z.B. eine bestimmte Maschine für € 100000 erworben werden, so wird die Bank – über die Sicherungsübereignung der Maschine hinaus – noch weitere Sicherheiten (z.B. Bürgschaften der Inhaber) fordern. Ist die Maschine nicht mehr auf dem neuesten Stand, muss erst mit Mühe versucht werden, diese zu verkaufen, bevor eine neue angeschafft werden kann, um den zusätzlichen Finanzbedarf möglichst gering zu halten.

Das Leasing hat nun folgende Vorteile: Das Unternehmen teilt dem Leasingunternehmen mit, welche konkrete Maschine benötigt wird. Diese Maschine kauft und finanziert die Leasingfirma. Der Kaufvertrag begründet ausschließlich Rechte und Pflichten zwischen dem Hersteller der Maschine und dem Leasingunternehmen. Die Leasingfirma lässt die Maschine in der Regel direkt an das Unternehmen liefern. Dieses hat monatlich die Leasingraten zu zahlen, die – werden die steuerlichen Anforderungen beachtet – sich steuerlich sofort als Betriebsausgaben auswirken und so steuerentlastend wirken. Eine Darlehensaufnahme oder der Einsatz von Eigenkapital in Höhe des Kaufpreises ist nicht erforderlich.

23. Wie ‚funktioniert' das Finanzierungsleasing in rechtlicher Hinsicht?

Am Leasinggeschäft gibt es in der Regel 3 Beteiligte: Den Hersteller/Verkäufer, das Leasingunternehmen = Käufer = Leasinggeber und den Leasingnehmer, also das Unternehmen, das den Leasinggegenstand nutzen will.

Zwischen Hersteller des Leasinggegenstandes und Leasingunternehmen wird ein Kaufvertrag nach § 433 BGB, §§ 343 ff., 373 ff. HGB geschlossen. Das Leasingunternehmen stellt als Leasinggeber den Leasinggegenstand im Rahmen eines Leasingvertrages dem Leasingnehmer zur Verfügung.

Bei diesem Leasingvertrag handelt es sich nach herrschender Meinung um eine Sonderform des Mietvertrages.

In der Praxis sind die Leasinggeber dazu übergegangen, ihre Vermieterpflichten zur Bereitstellung und Erhaltung einer gebrauchstauglichen Sache (§§ 536 ff. BGB) vertraglich – durch AGBs – auszuschließen und dafür dem Leasingnehmer ihre Ansprüche aus dem Kaufvertrag mit dem Hersteller abzutreten.

24. Sind die Verbraucherschutzvorschriften der §§ 491 ff. BGB auch auf Finanzierungs-Leasingverträge anwendbar?

Grundsätzlich sind diese Vorschriften auch auf Finanzierungs-Leasingverträge anwendbar, da es sich hierbei um eine ‚Finanzierungshilfe zwischen einem Unternehmer und einem Verbraucher' handelt, §§ 506 ff. BGB.

25. Zahnarzt Pullombus (P) least sich bei der Firma King's Cars GmbH (K) einen Mercedes „SECLP 680“, den er natürlich beruflich nutzen möchte. Die Nachfrage nach diesen Luxuskarossen war bei der Herstellerfirma so groß, dass in absehbarer Zeit nicht mit der Lieferung des Pkw von Mercedes an die Firma Kings Cars GmbH zu rechnen ist. P setzte noch eine angemessene Nachfrist, die erfolglos abgelaufen ist. Danach kündigt Pullombus den Leasingvertrag mit der Firma King's Cars GmbH und wendet sich einer anderen Firma zu.

Die Firma K teilt ihm freundlich aber bestimmt mit, dass sie die Kündigung leider zurückweisen müsse und weist nochmals ausdrücklich auf ihre Allgemeinen Geschäftsbedingungen hin:

„Die Firma King's Cars GmbH haftet nicht, wenn der Leasinggegenstand nicht oder nicht rechtzeitig geliefert wird. Eine Kündigung ist aus diesem Grunde ausgeschlossen. Zum Ausgleich dafür werden dem Leasingnehmer die Ansprüche gegen den Lieferanten des Leasinggebers abgetreten.“ – Diese AGB sind rechtswirksam Bestandteil des Leasingvertrages geworden. Es handelt sich um einen Finanzierungs-Leasingvertrag.

a) Sind die Verbraucherschutzvorschriften der §§491 ff., 506 BGB auf diesen Vertrag anwendbar?

b) War die Kündigung des Leasingvertrages durch Pullombus wirksam?

a) Da P das Auto für seine berufliche Tätigkeit benützt, ist §506 BGB nicht anwendbar.

b) Der Leasingvertrag zwischen K und P ist nach den mietvertraglichen Vorschriften zu beurteilen. Danach könnte P nach §543 II Ziff. 1 BGB den Vertrag fristlos kündigen.

Lt. AGBs – die rechtswirksam Bestandteil des Leasingvertrages geworden sind – ist die Kündigung wegen Nicht- oder nicht rechtzeitiger Lieferung ausgeschlossen. Dies gilt aber nur dann, wenn die AGBs der Inhaltskontrolle standhalten:

Die AGBs weichen von der gesetzlichen Regelung des §543 II Ziff. 1 BGB ab (§307 III BGB). Nach §309 I Ziff. 8a BGB ist jedoch eine Klausel dann – ohne Wertungsmöglichkeit – unwirksam, wenn sie das Kündigungsrecht bei Leistungsverzug (§543 II Ziff. 1 BGB) ausschließt oder einschränkt. Dies ist hier der Fall. Deshalb war die Kündigung hier wirksam.

26. Wären in Fall 25 Verbraucherschutzvorschriften anwendbar, wenn der Wagen für die Ehefrau des Pullombus zur privaten Nutzung geleast worden wäre?

Hier ist §506 BGB grundsätzlich anwendbar: Es finden demnach die Vorschriften über verbundene Geschäfte (§§358 bis 359a und 491a bis 502 mit Ausnahme des §492 IV BGB) entsprechende Anwendung, also weitgehend die vorvertraglichen Informationspflichten des §491a BGB, die Form- und Inhaltsvorschriften der §§492, 494 BGB über Verbraucherdarlehensverträge, das Widerrufsrecht gem. §495 BGB und die §§496 bis 502 BGB (Verzugszinsen etc.) entsprechende Anwendung.

IV. Factoring

27. Wie funktioniert ein Forderungsverkauf?

Der Forderungsverkauf ist ein Rechtskauf nach § 453, 433 BGB. Nach diesem schuldrechtlichen Vertrag ist der Forderungsverkäufer (Zedent, alter Gläubiger) verpflichtet, die Forderungen auf den Forderungskäufer (Zessionar, neuen Gläubiger) zu übertragen. Dies erfolgt durch eine Abtretung nach § 398 BGB. Diese Abtretung ist ein abstraktes Rechtsgeschäft, das unabhängig vom zugrunde liegenden Rechtsgeschäft – z. B. hier dem schuldrechtlichen Kaufvertrag – wirksam ist.

28. Was bedeutet Factoring?

Der Unternehmer verkauft seine Kundenforderungen (alle oder einzelne bestimmte) an den Factor, der hierfür eine bestimmte Quote oder den Nennbetrag unter Abzug seiner Gebühren bezahlt. Zum Zwecke der Erfüllung des Kaufvertrages werden die Forderungen nach § 398 BGB auf den Factor übertragen.

29. Welchen Zweck hat das Factoring?

Mit dem Factoring kann das Unternehmen eine bessere Liquiditätslage erreichen.

30. Welche Formen der Abtretung gibt es, und wodurch unterscheiden sie sich?

Es gibt die offene und die stille Zession.

Bei der offenen Zession wird dem Schuldner die Abtretung bekannt gegeben. Diese kommt in der Praxis nicht so häufig vor.

Bei der stillen Zession erfährt der Schuldner zunächst nichts von der Abtretung. Der Zedent behält in der Regel das Recht, die Forderungen einzuziehen.

31. Welche Formen des Factoring gibt es, und wodurch unterscheiden sie sich?

Es gibt das echte und das unechte Factoring. Beim echten Factoring handelt es sich um einen Forderungskauf. Kann also die Forderung beim Schuldner nicht oder nur unvollständig eingetrieben werden, so trägt das Ausfallrisiko das Factoring-Unternehmen.

Beim unechten Factoring wird die Forderung nur zum Einzug abgetreten, das Ausfallrisiko wird nicht übernommen.

32. Die Firma A hat sehr hohe Außenstände und benötigt schnellstmöglich Liquidität. Die Factoring-Firma B kauft deshalb „endgültig" die Forderung der Fa. A an den Großunternehmer C in Höhe von € 600 000. B zahlt hierfür eine Quote von 60 %. Der Inhaber der Factoring-Firma freut sich schon, das Geschäft seines Lebens gemacht zu haben, weil er sofort bemerkt hatte, dass die Fa. A unter starkem finanziellen Druck ihre Forderung verkaufen „musste". Der Inhaber der Fa. A hatte dem Forderungsverkauf zu dieser Quote auch nur zähneknirschend zugestimmt.

Völlig unerwartet musste die Fa. C 3 Wochen nach der Abtretung Insolvenz anmelden. Nach Auskunft des Insolvenzverwalters wird mit einer Quote für die Lieferantenforderungen nicht zu rechnen sein.

Wer hat hier ein gutes Geschäft gemacht?

A hat an B die Forderung verkauft, §§453, 433 BGB. Dieser schuldrechtliche Vertrag wird dadurch erfüllt, dass A die Kundenforderung an B abtritt, §398 BGB. Inhaber der Forderung war nach der Abtretung die B. A hat also die Forderung im Wert von € 1000000 auf B übertragen, B hat hierfür an A gem. §433 II BGB nur € 600000 bezahlt. Da beim echten Factoring das Ausfallrisiko vom Factoringunternehmen getragen wird, hatte B zwar zunächst erwartet, € 1 Mio. von dem Kunden der A zu erhalten. Durch die Insolvenz der Fa. C wurde diese Erwartung jedoch herb enttäuscht.

A hat hier also – unerwartet – das gute Geschäft gemacht. B hat € 600000 gezahlt und wird nichts dafür erhalten.

Zur Vertiefung: *Führich, Wirtschaftsprivatrecht, §20*

§21 Kreditsicherheiten

1. Warum braucht man Kreditsicherungsmittel?

Darlehen werden häufig über einen längeren Zeitraum, in der Regel Jahre, gewährt. Der Darlehensgeber geht deshalb ein hohes Risiko ein, weil er nicht übersehen kann, ob der Schuldner nach Jahren noch zahlungsfähig ist. Deshalb verlangen Darlehensgeber Sicherheiten, die neben der persönlichen Bonität des Darlehensnehmers noch Gewähr dafür bieten, dass der Darlehensgeber sein Geld wiederbekommt.

2. In welcher Form können Kreditsicherheiten gegeben werden?

Kreditsicherheiten können entweder von – weiteren – Personen gegeben werden (Bürgschaften, Schuldbeitritt, Garantievertrag, Akkreditiv) oder in Form von Sachen (bewegliche Sachen oder Immobilien) und Rechten (Eigentumsvorbehalt, Warenpfandrechte, Grundpfandrechte, Sicherungsübereignung und Sicherungsabtretung).

I. Personalsicherheiten

1. Bürgschaft

3. Wie ‚funktioniert' eine Bürgschaft, und wo ist sie geregelt?

Eine Bürgschaft kommt durch Vertrag zwischen Gläubiger und Bürgen zustande, §765 BGB. In diesem Vertrag verpflichtet sich der Bürge, für die Verbindlichkeit des Schuldners einzustehen.

Kreditsicherheit	Darlehensgeber ist abgesichert durch	Risiken
Bürgschaft § 765 BGB	Vermögen des/der Bürgen zusätzlich	Vermögensverfall des Schuldners und des Bürgen
Schuldbeitritt	Vermögen des Beitretenden zusätzlich	Vermögensverfall des Schuldners und des Beitretenden
Schuldübernahme § 414 BGB	Vermögen des Beitretenden statt Vermögen des Schuldners	Vermögensverfall des Übernehmers
Garantievertrag	Verpflichtung zur Schadloshaltung – Vermögen des Garantierenden	Vermögensverfall des Garantierenden
Akkreditiv § 780 BGB	Schuldversprechen der Bank – Vermögen der Bank	Probleme im Zusammenhang mit Dokumenten, Insolvenz der Bank
Eigentumsvorbehalt, § 449 BGB, §§ 929, 158 BGB	sein Eigentum, das er erst mit vollständiger Zahlung auf den Käufer übertragen muss	Untergang/Verschlechterung der Kaufsache – nur, wenn Käufer zusätzlich zahlungsunfähig ist
Pfandrechte an beweglichen Sachen §§ 1204 ff. BGB	verpfändete Sachen	Untergang/Verschlechterung der Sachen
Grundpfandrechte §§ 1113 ff. BGB §§ 1191 ff. BGB	Immobilien	Wert der Immobilien reicht nicht für (alle) Grundpfandrechte aus
Sicherungsübereignung §§ 929, 930 BGB	übereignete Gegenstände	Untergang/Verschlechterung der übereigneten Sachen
Sicherungsabtretung § 398 BGB	abgetretene Forderungen	Werthaltigkeit der Forderungen

Abb. 24: Kreditsicherheiten

4. Wilfried Klotzig, 32 Jahre, Student der Betriebswirtschaft im 18. Semester, fährt gerne schnelle Autos. Leider hat er schon wieder einen Porsche zu Schrott gefahren und braucht einen neuen. Geld hat er selbst keines, er möchte gerne von der A-Bank die noch fehlenden € 80 000 als ‚Kleinkredit' aufnehmen. Sein Vater, Herr Klotzig, dem in Frankfurt 30 Mietshäuser gehören, war sehr froh, dass seinem Sohn beim Unfall nichts passiert ist. Deshalb geht er mit seinem Sohn zur Bank und erklärt gegenüber dem Sachbearbeiter: „Natürlich bürge ich für den Kredit meines Sohnes. Sie wissen doch wohl, wer ich bin!" Völlig eingeschüchtert gab sich der Kreditsachbearbeiter mit dieser Erklärung zufrieden.

Schon im nächsten Monat wickelte Wilfried Klotzig den neuen Porsche um einen Baum. Er blieb zwar wieder unverletzt, seinem Vater ist jedoch der Geduldsfaden gerissen, zumal Wilfried immer noch nicht ans Examen denkt. Er erklärte seinem Sohn, dass er von ihm keinen Cent mehr bekomme.

Kurz danach bekam er ein freundliches Schreiben der Bank mit der Bitte, doch die Schulden seines Sohnes in Höhe von derzeit € 82 000 (inkl. aufgelaufener Zinsen und Kosten) innerhalb der nächsten beiden Wochen zu zahlen, für die er schließlich gebürgt habe.

Muss Herr Klotzig (K) zahlen?

Die Bank wollte mit Herrn Klotzig einen Bürgschaftsvertrag nach § 765 BGB schließen. Dafür müssen sich Bürge und Bank einig sein, dass K als Bürge für die Schulden seines Sohnes aufkommen wird. Eine solche Einigung liegt hier vor. Dennoch ist der Bürgschaftsvertrag nicht wirksam, weil die Bürgschaftserklärung des K nur mündlich abgegeben wurde, § 766 S. 1 BGB.

5. Angenommen, Herr Klotzig (s. Fall 4) wäre zunächst so über das Schreiben der Bank erschrocken, dass er die € 82 000 bezahlt hätte. Kann er sie zurückfordern, wenn er erst nachher von seinem Anwalt erfahren hatte, dass die mündliche Bürgschaftserklärung unwirksam war?

Nein, nach § 766 S. 3 BGB wird der Formmangel dann geheilt, wenn der Bürge die Bürgschaftsschuld bezahlt hat.

6. Müsste Herr Klotzig in Fall 4 sofort zahlen, wenn er die Bürgschaftserklärung schriftlich abgegeben hätte?

Nein, auch dann müsste er nicht sofort zahlen. Er könnte die Einrede der Vorausklage gem. § 771 BGB erheben. Die Bank müsste dann zunächst gegen den Schuldner, also Wilfried Klotzig, klagen, ein Urteil erwirken und daraus zu vollstrecken versuchen. Erst wenn die Bank erfolglos die Zwangsvollstreckung betrieben hat, kann sie gegen den Bürgen vorgehen.

7. Könnte die Bank einen Weg finden, um sich die – meist erfolglose – Klage und Zwangsvollstreckung gegen den Hauptschuldner zu ersparen?

Ja, der Bürge könnte auf die Einrede der Vorausklage des § 771 BGB verzichten. Dies gilt jedoch nur dann, wenn der Bürge dies akzeptiert.

8. Wäre die Bürgschaft von Vater Klotzig eventuell doch mündlich wirksam gewesen, wenn er nicht nur Großgrundbesitzer, sondern auch Großunternehmer gewesen wäre?

Nein, auch wenn er Kaufmann gewesen wäre, wäre diese Bürgschaft für ihn doch ein reines Privat- und kein Handelsgeschäft gewesen. § 350 HGB, wonach Kaufleute auch mündlich wirksam Bürgschaftserklärungen abgeben können, gilt hier nicht.

9. Welche Besonderheiten gelten für Kaufleute?

Nach § 350 HGB bedarf es dann keiner Schriftform für die Bürgschaft eines Kaufmanns, wenn diese für ihn ein Handelsgeschäft (§ 343 HGB) ist. Dann darf sich der Bürge auch nicht auf die Einrede der Vorausklage berufen, § 349 HGB.

10. Frau Emma Klug, Inhaberin eines Kiosks, gibt für ihren Freund, der in der Nähe eine Würstchenbude betreibt, beim Großhändler Raffig eine mündliche Bürgschaftserklärung über € 5 000 ab. Kurze Zeit darauf ist der Freund ‚pleite'.

Muss Emma Klug (K) zahlen?

Emma Klug betreibt kein Handelsgewerbe, da ihr Unternehmen nach Art und Umfang keinen in kaufmännischer Weise eingerichteten Geschäftsbetrieb erfordert, § 1 II HGB. Da sie auch nicht im Handelsregister eingetragen ist, ist sie auch kein Kaufmann im Sinne des HGB (§ 2 HGB). Die Vorschriften des HGB finden hier keine Anwendung.

Die Bürgschaft der K ist also nach den Vorschriften des BGB zu beurteilen. Da die Schriftform des § 766 BGB nicht eingehalten wurde, ist der Bürgschaftsvertrag nicht wirksam. Emma Klug muss nicht zahlen.

11. Eddi Pfiffig ist Alleingesellschafter-Geschäftsführer einer GmbH. Er hatte gehört, dass es bei der GmbH keine persönliche Haftung gibt. Passiert etwas, dann will er einfach Insolvenz anmelden. Sein persönliches Vermögen sieht er nicht als gefährdet an. Die GmbH benötigt einen Betriebsmittelkredit. Die Bank will Sicherheiten, die die GmbH nicht geben kann. Deshalb besteht die Bank auf der Bürgschaft beider Ehegatten, die beide auch zähneknirschend schriftlich und unter Verzicht auf die Einrede der Vorausklage geben.

Da die Geschäfte nicht erwartungsgemäß liefen, meldete Eddi Pfiffig (Eddi) kurzerhand Insolvenz für die GmbH an, deren Eröffnung schon bald mangels Masse abgelehnt wurde. Eddi bedauerte, dass die Bank leer ausgehen würde. – Hat er Recht?

- Es wurde ein Darlehensvertrag gem. §§ 488 ff. BGB zwischen GmbH und Bank abgeschlossen. Die Bank wird also ihren Rückzahlungsanspruch gegen die GmbH mangels Masse nicht durchsetzen können.
- Eddi Pfiffig hat aber vergessen, dass sowohl er als auch seine Ehefrau Elfriede persönlich für die Schulden der GmbH gebürgt haben. Die Bürgschaft ist formwirksam, § 766 BGB. § 771 BGB wurde abbedungen. Beide Ehegatten haben zusammen eine sog. Mitbürgschaft nach § 769 BGB abgegeben, haften also gegenüber der Bank als Gesamtschuldner gem. §§ 421 ff. BGB. Der Bank steht es frei, welchen der beiden Gesamtschuldner sie in welcher Höhe in Anspruch nimmt.

12. In Fall 11 hat Elfriede Pfiffig den gesamten Betrag, der inzwischen auf € 60 000 angewachsen ist, bezahlt. Kurz darauf lassen sich die Eheleute scheiden. Eddi Pfiffig ist vermögenslos und zahlt auch keinen Unterhalt, weil er

nach der Insolvenz arbeitslos ist. 2 Jahre später erfährt Elfriede, dass er im Lotto gewonnen hat und jetzt auf großem Fuß lebt. Was wird Elfriede, die immer noch eine ziemliche Wut auf Eddi hat, tun?

Aus der Mitbürgschaft (§ 769 BGB) hafteten beide als Gesamtschuldner. Elfriede hat die gesamte Schuld an den Gläubiger bezahlt. Diese Erfüllung wirkte im Außenverhältnis auch zugunsten des Eddi, § 422 BGB. Im Innenverhältnis sind die beiden Gesamtschuldner jedoch zur Hälfte verpflichtet. Letztlich sollen also beide zu je € 30000 belastet werden, § 426 I 1 BGB. Soweit Elfriede auch den Anteil des Eddi bezahlt hat, ging die Forderung der Bank von Gesetzes wegen auf sie über. Sie kann also gegen Eddi auf Zahlung von € 30000 klagen, § 426 II BGB.

2. Schuldbeitritt und Schuldübernahme

13. Was bedeutet Schuldbeitritt, und wie ist er gesetzlich geregelt?

Beim Schuldbeitritt – auch als kumulative Schuldübernahme bezeichnet – tritt der Beitretende zusätzlich zum bisherigen Schuldner und neben diesem in das bestehende Schuldverhältnis ein. Der Gläubiger hat also einen zusätzlichen Schuldner. Beide Schuldner haften als Gesamtschuldner, §§ 421 ff. BGB.

Im Gesetz ist der Schuldbeitritt nicht geregelt. Er ist grundsätzlich formfrei und kann einerseits als Vertrag zwischen Gläubiger und Beitretendem oder als Vertrag zwischen Schuldner und Beitretendem geschlossen werden; bei letzterem muss der Gläubiger nicht zustimmen, da sich seine Rechtsstellung nur verbessert.

14. Was bedeutet Schuldübernahme, und wie ist sie gesetzlich geregelt?

Die – befreiende – Schuldübernahme führt zu einem Schuldnerwechsel: die Schuld bleibt unverändert. Der Übernehmer tritt an die Stelle des bisherigen Schuldners, der von der Schuld befreit wird. Die Schuldübernahme kann entweder zwischen Gläubiger und Übernehmer, § 414 BGB, oder zwischen Schuldner und Übernehmer mit Zustimmung des Gläubigers, § 415 BGB, geschlossen werden. Der Übernahmevertrag ist eine Verfügung und daher abstrakt, § 417 II BGB.

15. Worin stimmen Schuldbeitritt und Bürgschaft überein, und worin unterscheiden sie sich?

Schuldbeitritt und Bürgschaft geben dem Gläubiger eine weitere persönliche Sicherheit, nämlich eine zusätzliche mithaftende Person bzw. deren Vermögen. Wesentlicher Unterschied zwischen beiden ist jedoch folgendes: die Bürgschaft ist akzessorisch, d. h. abhängig von der Hauptschuld; der Schuldbeitritt dagegen begründet eine zusätzliche eigenständige weitere Verbindlichkeit gegen den Beitretenden.

3. Garantievertrag

16. Welchen Sinn und Zweck hat ein Garantievertrag?

Garant steht dafür ein, dass er den Berechtigten schadlos hält, falls der garantierte Erfolg nicht eintritt. Dabei haftet er nicht nur für den normalen Geschehensablauf, sondern auch für alle atypischen Zufälle. Im Rahmen der Kreditsicherung bedeutet das: der Garantiegeber stellt den Gläubiger (Darlehensgeber, Garantienehmer) im – vereinbarten – Garantiefall so, als ob der geplante Erfolg eingetreten oder der Schaden nicht entstanden wäre.

17. In welchen Bereichen werden in der Praxis Garantieverträge eingesetzt?

Der Garantievertrag wird entweder im Warenverkehr als Eigenschaftsgarantie (z.B. 3 Jahre Garantie für eine Uhr) oder als sog. Leistungsgarantie (z.B. Forderungs-, Bonitäts- und Vermietungsgarantie) gegeben.

18. Ist der Garantievertrag gesetzlich geregelt?

Der Garantievertrag ist gesetzlich nicht geregelt. Garantiegeber und Garantienehmer schließen einen Vertrag, wonach der Anspruch auf die gewährte Leistung der Erfüllungsanspruch ist. Wird also eine Forderung garantiert, so geht der vertragliche Anspruch auf Schadloshaltung. Der Garantiegeber muss dem Garantienehmer den Schaden ersetzen, der diesem aus der Nicht- oder nicht rechtzeitigen Erfüllung der Forderung entstanden ist.

19. Was ist eine Patronatserklärung?

Typischerweise kommt eine Patronatserklärung bei Konzernen vor: Die Konzern-Muttergesellschaft verspricht dem Gläubiger einer Tochter- oder Enkelgesellschaft ein bestimmtes Verhalten, wodurch sich die Aussichten auf die ordnungsgemäße Vertragserfüllung verbessern. Dies ist in der Regel das Versprechen, dass die Tochter- bzw. Enkelgesellschaften ihre Verbindlichkeiten gegenüber dem Gläubiger zurückzahlen werden.

Auch die Patronatserklärung ist gesetzlich nicht geregelt, sondern muss konkret zwischen den Vertragspartnern vereinbart werden.

20. Welche Formen von Patronatserklärungen werden in der Praxis unterschieden?

Es wird zwischen der sog. „weichen" Patronatserklärung – einer mehr oder weniger unverbindlichen Goodwill-Erklärung – und der sog. „harten" Patronatserklärung – einer rechtlichen Verpflichtung garantieähnlicher Art – unterschieden.

Aus einer weichen Patronatserklärung lassen sich keine vertraglichen oder vertragsähnlichen Erfüllung- oder Schadensersatzansprüche ableiten, da keine rechtliche Bindung gewollt war.

Aus einer harten Patronatserklärung dagegen wird i.d.R. eine gesamtschuldnerische Mithaftung des „Patrons" in der Insolvenz der betreffenden Tochter- oder Enkelgesellschaft abgeleitet.

21. Gelten für den Garantievertrag irgendwelche Formvorschriften?

Im Gegensatz zur Bürgschaft gelten für den Garantievertrag keine Formvorschriften.

4. Akkreditiv

22. Wozu dient ein Akkreditiv?

Ein Akkreditiv dient der Absicherung der Zahlungsverpflichtung im Außenhandel. Es ermöglicht eine Lieferung „Zug um Zug" (§ 298 BGB).

23. Wie „funktioniert" ein Akkreditiv?

Eine Bank verpflichtet sich gegenüber ihrem Kunden, gegen Vorlage von im vorhinein festgelegten Dokumenten einen bestimmten Geldbetrag an den Vorleger der Dokumente auszuzahlen.

24. Die Firma Kurz (K) aus München will von der Firma LaLonge (L) aus Paris Waren importieren. Da sich beide Firmen nicht kennen, wollen sich beide absichern: Die Firma Kurz will erst zahlen, wenn sie auch sicher die Ware bekommt, die Firma LaLonge will erst dann die Ware übergeben, wenn sie sicher ihr Geld bekommt.

Was können sie tun?

Die Firma Kurz kann mit ihrer Bank einen Geschäftsbesorgungsvertrag gem. § 675 BGB mit folgendem Inhalt schließen: die Bank verpflichtet sich gegenüber K, ein Akkreditiv zu eröffnen, und der Fa. L nach Vorlage der Warendokumente (durch die die Lieferung nachgewiesen wird) den Kaufpreis zu bezahlen. Dadurch übernimmt die Bank ein selbstständiges Schuldversprechen gem. § 780 BGB. Einwendungen aus dem Kaufvertrag (z. B. Leistungsstörungen) sind gegen dieses abstrakte Schuldversprechen nicht möglich.

II. Realsicherheiten

1. Eigentumsvorbehalt

25. Die Fa. Spinner (S), die Seidenfäden herstellt, hat an die Firma Webber (W) für € 100000 Fäden geliefert. Leider befindet sich W in einer etwas angespannten Liquiditätslage und bittet um einen 3-monatigen Lieferantenkredit.

Welche Gefahr könnte sich hier für S ergeben, und was kann sie dagegen tun?

Wenn S den Lieferantenkredit gewährt, ergibt sich aus dem geschlossenen Kaufvertrag folgende Situation: Nach § 433 I 1 BGB ist S verpflichtet, – sofort – die Ware zu übergeben und das Eigentum auf W zu übertragen, § 929 BGB. W dagegen muss nicht sofort, sondern vereinbarungsgemäß erst nach 3 Monaten zahlen, § 433 II BGB. Verschlechtert sich die Liquiditätslage der W in diesen 3 Monaten weiter, muss S die Kaufpreisforderung u. U. in einem langwierigen Prozess einklagen. An der verkauften Ware hat S keinerlei Rechte mehr.

Wird also der Kaufpreis nicht sofort bezahlt, so muss S als Lieferant versuchen, auch ihre Verpflichtungen aus dem Kaufvertrag nicht sofort, sondern erst dann zu erfüllen, wenn der Kaufpreis bezahlt wird. Dies kann mit Hilfe der Vereinbarung des Eigentumsvorbehaltes geschehen: S als Verkäuferin verpflichtet sich gem. §§433 I 1 i.V.m. 449 BGB, das Eigentum an der verkauften Ware erst dann gem. §929 BGB zu übertragen, wenn der Kaufpreis nach §433 II BGB bezahlt ist. Solange bleibt S Eigentümerin der verkauften Ware.

Sollte W nach Ablauf der Zahlungsfrist nicht zahlen, kann S unter Beachtung der Voraussetzungen der §§323, 324 BGB vom Vertrag zurücktreten und die Waren danach herausverlangen, §449 II BGB.

26. Nützt im Fall 25 der Fa. Spinner der Eigentumsvorbehalt nach §§433, 449 BGB noch etwas, wenn die Fa. Webber die Seidenfäden sofort nach der Lieferung zu hochwertigen Stoffen bearbeitet und bedruckt?

Hier entsteht aus den gelieferten Fäden ein völlig neues Produkt. In diesem Falle würde W als Hersteller der Stoffe das Eigentum am Stoff nach §950 BGB erwerben. Der vereinbarte Eigentumsvorbehalt geht also hier ins Leere.

27. Was kann S im Fall 26 tun?

S kann einen verlängerten Eigentumsvorbehalt vereinbaren. Die Vereinbarung einer solchen sog. Hersteller- oder Verarbeitungsklausel hätte folgende rechtlichen Wirkungen: S und W vereinbaren, dass sich der zu vereinbarende Eigentumsvorbehalt nicht nur auf die Fäden, sondern auch auf die von W hergestellten Stoffe bezieht. Das bedeutet, dass S als Lieferant unter Ausschluss von §950 BGB unmittelbar (anteilig) Eigentümer der produzierten Stoffe wird.

28. Die Weberei Webber (W) liefert ihre Stoffe an den Stoffegroßhändler Schnittig, der sie gleich wieder an verschiedene Stoff-Einzelhandelsgeschäfte weiterverkauft. Nützt W die Vereinbarung von – einfachen – Eigentumsvorbehalten gem. §§433, 449 BGB mit den Einzelhändlern etwas?

Der ‚normale' Eigentumsvorbehalt nützt auch hier wenig, weil Schnittig die Stoffe weiterverkauft und seine Kunden gutgläubig Eigentum an den Stoffen erwerben (§§929, 932 BGB, §366 HGB). Dann wäre das Eigentum der Fa. W verloren.

Auch hier sollte besser ein verlängerter Eigentumsvorbehalt vereinbart werden, jedoch mit folgendem Inhalt: Die Fa. Schnittig verpflichtet sich, bei einem Weiterverkauf der Stoffe die (anteilige) Kaufpreisforderungen gegen ihre Kunden an die W zu übertragen.

An die Stelle des durch den Weiterverkauf verlorenen Eigentums treten also dann die Kaufpreisforderungen der Fa. Schnittig an deren Kunden.

Derartige zukünftige Kundenforderungen können ohne weiteres schon vor ihrer Entstehung nach §398 BGB abgetreten werden.

29. Wann geht also der einfache Eigentumsvorbehalt nach § 449 BGB ins Leere? – Welche Art des Eigentumsvorbehalts sollte vereinbart werden?

a) Der einfache Eigentumsvorbehalt erlischt durch Weiterveräußerung (gutgläubiger Erwerb, §§ 932 BGB, 366 HGB), Verbindung, Verarbeitung und Vermischung (§§ 946 ff. BGB).

b) Deshalb sollte auf jeden Fall ein verlängerter Eigentumsvorbehalt vereinbart werden: Dieser liegt dann vor, wenn Verkäufer und Käufer vereinbaren, dass an Stelle des Eigentumsvorbehalts an der verkauften Sache – wenn dieser erlischt (s. o. a)) – die neue Sache oder die daraus entstehende Forderung treten soll.

2. Warenpfandrecht

30. Die Firma A schuldet der Bank B € 100 000. Um eine weitere Stundung zu erreichen, bietet der Inhaber der Firma A der B ein Warenpfandrecht an ihren Fertigprodukten, die einen Marktwert von mindestens € 200 000 haben, an.

Macht das Sinn?

Zwar könnte die Bank hier eine Sicherheit in doppelter Höhe erlangen, jedoch würde das nur unter 2 Voraussetzungen Sinn machen:

- zum ersten müsste die Bank ein Lager zur Verfügung stellen, da ein Pfandrecht nur dann entsteht, wenn die Pfandgegenstände übergeben werden, §§ 1205 BGB;
- zum zweiten dürften die ‚verpfändeten' Waren nicht zum Weiterverkauf bestimmt sein; wäre tatsächlich ein wirksames Pfandrecht entstanden, so befänden sich die Waren ja im Gewahrsam der Bank. Die Kunden müssten also die Waren von dort erhalten.

Ein Warenpfandrecht kommt deshalb für Banken in der Regel nicht in Betracht.

31. Wie entsteht also ein Warenpfandrecht?

Es entsteht durch Einigung und Übergabe, §§ 1204, 1205 BGB.

32. Kaufmann Glanz (G) hat von seinem Geschäftsfreund Matt (M) ein Darlehen über € 100 000 erhalten. Da die Geschäfte des G immer schlechter laufen, bittet M den G um Sicherheiten für dieses Darlehen, das nochmals um ein weiteres Jahr verlängert werden soll. Da G in guten Jahren immer wieder Bilder der Münchner Schule gekauft hat, bietet er dem M diese zur Sicherheit an. Der Wert der Bilder wird auf € 200 000 geschätzt.

Macht hier ein Pfandrecht Sinn, was müssen G und M tun?

Durch den Wert der Bilder wäre M abgesichert. Für eine derartige Sicherheit würden auch keinerlei Kosten anfallen. Ein Pfandrecht kann allerdings nur dann entstehen, wenn sich G entschließt, die Bilder bei sich abzuhängen und sie dem M zu übergeben. Tut er dies, so macht ein Pfandrecht nach §§ 1204 ff. BGB durchaus Sinn.

33. Was passiert in Fall 32, wenn M selbst in die Klemme kommt und seine Darlehensforderung an G an einen Dritten verkauft?

In diesem Falle wird M seine Forderung gem. § 398 BGB auf den Dritten übertragen. Damit erhält der Dritte aber – ohne zusätzliche Vereinbarung – auch das Pfandrecht an den beiden Bildern, § 1250 BGB. Dieser gesetzliche Übergang des Pfandrechtes erfolgt auch ohne Pfandübergabe.

34. Der Dritte – s. Fall 33 – hätte zu gerne die verpfändeten Bilder. Wider Erwarten ist G aber zwischenzeitlich wieder zu Geld gekommen und zahlt die Darlehensschuld zurück. Hat der Dritte noch irgendwelche Rechte an den Bildern der Münchner Schule?

Nein, nach § 1252 BGB erlischt das Pfandrecht mit der Forderung, für die es besteht. Das Pfandrecht ist also akzessorisch. Da die Forderung mit der Rückzahlung erloschen ist, erlosch damit gleichzeitig das Pfandrecht.

35. Welche gesetzlichen Pfandrechte gibt es?

- Vermieterpfandrecht gem. §§ 562 ff. BGB
- Unternehmerpfandrecht, § 647 BGB
- Pfandrecht des Gastwirts, § 704 BGB
- Pfandrecht des Kommissionärs, § 397 HGB
- Pfandrecht des Frachtführers, § 441 HGB
- Pfandrecht des Spediteurs, § 464 HGB
- Pfandrecht des Lagerhalters, § 475b HGB

3. Grundpfandrechte

36. Was sind Grundpfandrechte?

Grundpfandrechte sind dingliche Verwertungsrechte an einem Grundstück und ggfs. an mithaftenden Gegenständen. Der Gläubiger hat die Möglichkeit, die Zwangsversteigerung bzw. die Zwangsverwaltung eines Grundstückes zu betreiben, und auf diesem Wege seine Forderungen zu realisieren.

37. Welche Grundpfandrechte gibt es?

- Hypothek, §§ 1113 ff. BGB
- Grundschuld, §§ 1191 ff. BGB
- Rentenschuld, §§ 1199 ff. BGB

38. Was ist eine Hypothek?

Eine Hypothek ist die auf Geldzahlungen aus dem Grundstück gerichtete Belastung eines Grundstückes, die der dinglichen Sicherung einer bestehenden Geldforderung dient (§§ 1113 ff. BGB).

39. Was ist eine Grundschuld?

Eine Grundschuld ist eine abstrakte Belastung eines Grundstücks, die auf eine Geldzahlung aus dem Grundstück gerichtet ist, § 1191 BGB.

40. Wodurch unterscheiden sich Hypothek und Grundschuld?

Die Hypothek ist abhängig von der zugrunde liegenden Forderung (akzessorisch), die Grundschuld nicht (= abstrakt).

Akzessorietät bedeutet, dass die Hypothek in ihrer Entstehung und in ihrem Bestand von einer Forderung abhängig ist. Ohne Forderung gibt es auch keine Hypothek. Ist die Forderung nicht entstanden oder nachträglich entfallen (z.B. durch Tilgung, durch Anfechtung des zugrunde liegenden Geschäftes etc.), so wird aus der Hypothek eine sog. Eigentümerhypothek (§ 1163 BGB).

41. Wie entsteht eine Hypothek?

Eine Hypothek entsteht durch Einigung und Eintragung in das Grundbuch, § 873 BGB. Die wesentlichen Vereinbarungen zwischen Hypothekengläubiger und -schuldner müssen ins Grundbuch eingetragen werden (z.B. Name des Gläubigers, Forderungsbetrag, Zinsabrede etc.), § 1115 BGB. Erst, wenn die Hypothek im Grundbuch eingetragen ist, ist sie entstanden.

42. Wie wird eine Hypothek übertragen?

Hier muss zwischen Buch- und Briefhypothek unterschieden werden:

Die Buchhypothek wird durch Forderungsabtretung und Einigung sowie Eintragung der Übertragung in das Grundbuch übertragen, §§ 873, 1153 BGB.

Die Briefhypothek wird durch schriftliche Abtretungserklärung und die Briefübergabe übertragen; ein Grundbucheintrag ist nicht erforderlich, § 1117 BGB.

43. Bevorzugen Gläubiger eher Personalsicherheiten, Waren- oder Grundpfandrechte?

Gläubiger bevorzugen in der Praxis die Grundpfandrechte, weil hier eine Immobilie als Sicherheit dient, deren Übertragung, Belastung etc. i.d.R in notarieller Form zu erfolgen hat und im Grundbuch einzutragen ist. Bestehende Belastungen können also überprüft werden.

Bei Waren-Pfandrechten besteht die Gefahr, dass sich der Warenwert verschlechtert (z.B. Saisonware); vor allem aber müssten die Waren vom Gläubiger in Gewahrsam genommen werden. Waren-Pfandrechte sind also in der Regel unpraktisch. Sie eignen sich nur für Wertgegenstände wie z.B. Wertpapiere, Schmuck, Edelmetalle etc.

Personalsicherheiten sind für den Gläubiger nur schwer zu überprüfen und auch im Laufe der Zeit nicht mehr kontrollierbar: Selbst wenn z.B. ein bei Kreditvergabe äußerst solventer Bürge den Kredit absicherte, so kann dieser Bürge doch von heute auf morgen – z.B. durch Spekulationen etc. – zahlungsunfähig werden, so dass die Bürgschaft wertlos geworden ist.

44. A hat vor 10 Jahren ein Darlehen über € 500 000 bei der DD-Bank aufgenommen. Als Sicherheit wurde eine Hypothek über diesen Betrag bestellt. Die Darlehensforderung ist jetzt abbezahlt. Was geschieht mit der Hypothek?

Da die Hypothek akzessorisch ist, erlischt sie, wenn die zugrunde liegende Forderung erlischt (§ 1163 BGB) und wandelt sich in eine Eigentümergrundschuld um.

45. Wie wäre Fall 44 zu lösen, wenn es sich nicht um eine Hypothek, sondern um eine Grundschuld gehandelt hätte?

Da die Grundschuld abstrakt ist, bleibt sie auch beim Erlöschen der Darlehensforderung unverändert bestehen.

46. Was ist eine Sicherungsgrundschuld?

Das ist eine Grundschuld, die – wie jede Grundschuld – abstrakt ist. Eine Verbindung zur Darlehensforderung wird durch einen schuldrechtlichen Sicherungsvertrag zwischen Darlehensgeber (Grundschuldgläubiger) und Darlehensnehmer (Eigentümer) hergestellt. Durch diesen Sicherungsvertrag wird der Gläubiger verpflichtet, nur nach den Vereinbarungen der Sicherungsabrede von der Grundschuld Gebrauch zu machen.

4. Sicherungsübereignung

47. Wozu benötigt man die Sicherungsübereignung, und wie ‚funktioniert' sie?

Gerade Unternehmen benötigen häufig Kredite, können aber den Banken keine Immobiliarsicherheiten bieten. Als Sicherheit könnten Warenvorräte, Rohstoffe, Maschinen etc. dienen, jedoch scheidet ein Pfandrecht wegen fehlender Lagerungsmöglichkeiten der Sicherungsnehmer (i.d.R Banken) aus. Ferner benötigen die Unternehmen die möglichen Pfandgegenstände für die unternehmerische Tätigkeit.

Alle diese Nachteile können mit der Sicherungsübereignung vermieden werden: die Unternehmen übertragen das ‚Volleigentum' an den Vermögensgegenständen, die als Sicherheit dienen, auf die Gläubiger, § 929 BGB. Gleichzeitig wird jedoch ein sog. Besitzmittlungsverhältnis gem. § 930 BGB vereinbart: der Gläubiger als Eigentümer erhält den mittelbaren Besitz, das Unternehmen als Schuldner behält den unmittelbaren Besitz.

Da die Sicherungsübereignung nicht akzessorisch ist, würde der Gläubiger auch dann Eigentümer bleiben, wenn die zu sichernde Forderung zurückbezahlt worden ist.

Deshalb treffen die Parteien in der Regel eine schuldrechtliche Sicherungsabrede, wonach der Schuldner – das Unternehmen – berechtigt ist, die Sachen zu nutzen, und der Gläubiger zur Rückübertragung des Eigentums verpflichtet ist, wenn das Darlehen zurückbezahlt wird.

48. Um eine notwendige Betriebserweiterung durchführen zu können, benötigt Dynamus (D) einen Kredit in Höhe von € 50000 von seiner Hausbank (B). Diese ist nur dazu bereit, wenn weitere Sicherheiten gestellt werden. Der Vater (V) des Dynamus ist Röntgenarzt mit einer eigenen Praxis. Er hat vor kurzem 2 neue Röntgengeräte erworben und könnte diese der Bank zur

Sicherheit übereignen, muss aber mit den Geräten in seiner Praxis weiterarbeiten können.
Wie ist die Rechtslage?

a) Zwischen D und B wurde ein Darlehensvertrag gem. §§ 488 ff. BGB geschlossen.

b) Zur Sicherung dieses Darlehens haben V und B eine Sicherungsübereignung vereinbart.

Diese ist ausdrücklich im Gesetz nicht geregelt. Es handelt sich um einen sachenrechtlichen Vertrag: V überträgt das ‚Voll'-Eigentum an den Röntgengeräten auf B, und beide vereinbaren zusätzlich ein Besitzkonstitut, §§ 929, 930 BGB, wonach V die Geräte auch zukünftig nutzen darf. V überträgt weiterhin den mittelbaren Besitz als Sicherungsgeber auf die B als Sicherungsnehmerin, §§ 854, 868 BGB. V bleibt unmittelbarer Besitzer.

c) Da die Sicherungsübereignung abstrakt ist, d. h. nicht von der zu sichernden Forderung abhängt, werden die Parteien zweckmäßigerweise eine Sicherungsabrede treffen: darin wird festgelegt, dass die B verpflichtet ist, das Eigentum – und den mittelbaren Besitz – wieder auf den V als Sicherungsgeber zurückzuübertragen, wenn das Darlehen des D zurückbezahlt worden ist.

d) Zwischen V und D besteht noch ein Auftrag, §§ 662 ff. BGB, woraus vor allem Treuepflichten zwischen den Parteien resultieren.

5. Sicherungsabtretung

49. Was ist eine Sicherungsabtretung (Sicherungszession)?

Eine Sicherungszession ist eine ‚Sicherungsübereignung', bei der statt einer Sache eine Forderung übertragen wird, § 398 BGB.

50. Können noch nicht entstandene oder bedingte Forderungen sicherungsabgetreten werden?

Dies ist möglich, jedoch müssen die Forderungen, die abgetreten werden sollen, zumindest bestimmbar sein.

51. Was ist eine Globalzession, und was muss bei solchen Globalzessionen besonders beachtet werden?

Bei einer Globalzession werden alle Forderungen aus bestimmten Geschäften oder alle Forderungen eines Unternehmens abgetreten. Hier besteht die Gefahr, dass die Höhe der Forderungen – also die Sicherheit – die zu sichernde Darlehensforderung bei weitem übersteigt, was dazu führen kann, dass die Globalzession wegen Übersicherung unwirksam ist (§ 138 BGB).

Zur Vertiefung: *Führich, Wirtschaftsprivatrecht, § 21*

6. Kapitel: Tätigkeitsverträge und Absatzgeschäfte

§ 22 Werkvertrag und ähnliche Verträge

I. Werkvertrag

1. Was verstehen Sie unter einem Werkvertrag?

Der Werkvertrag ist eine **schuldrechtlicher gegenseitiger Vertrag**, bei dem der Unternehmer die **Herstellung eines Werkes**, der Besteller zur Entrichtung der vereinbarten **Vergütung** verpflichtet ist (§ 631 BGB).

2. Wer stellt beim Werkvertrag das notwendige Material?

Das für die Herstellung des Werkes notwendige Material muss grundsätzlich vom **Besteller** zur Verfügung gestellt werden. Liefert der Unternehmer alle Materialien liegt ein Werklieferungsvertrag vor (§ 651 BGB).

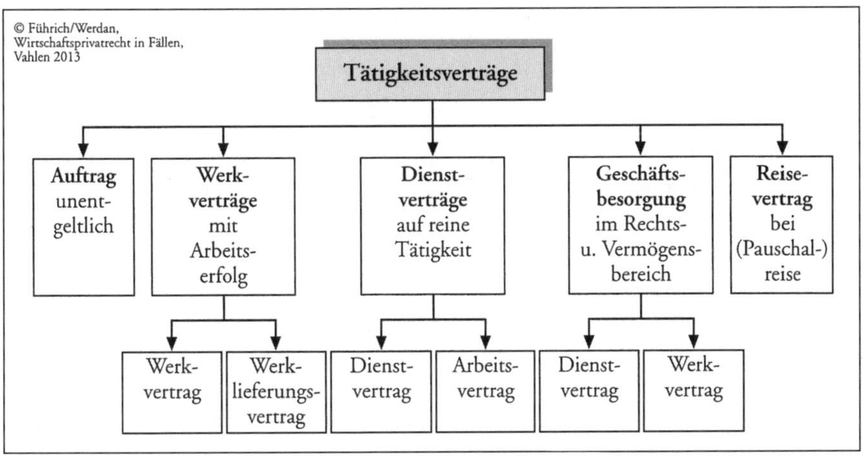

Abb. 25: Tätigkeitsverträge

3. Was heißt Herstellen eines Werkes?

Herstellen eines Werkes meint die Herbeiführung eines bestimmten Arbeitsergebnisses im Sinne eines Erfolges. Das kann durch Herstellen oder Verändern einer Sache erfolgen. Gegensatz dazu ist der **Dienstvertrag** (§ 611 BGB) ein reiner Tätigkeitsvertrag, der lediglich **zeitbestimmt** ist.

4. Welche Verträge liegen bei nachfolgenden Tätigkeiten vor:

a) Errichtung eines Hauses

b) Aufstellen eines Bauplans durch einen Architekten

c) Reparatur eines Kfz

d) Steuerberatung

e) Flug der Lufthansa von München nach Hamburg

f) Amputation eines Beines

g) Restaurantessen

Werkverträge liegen vor bei a), b), c), e), g), da der Unternehmer jeweils einen bestimmten Erfolg schuldet. d) und f) sind Dienstverträge, bei denen nur die Tätigkeit als solche geschuldet wird. g) ist ein Werklieferungsvertrag, da der Wirt die notwendigen Zutaten liefert.

5. Warum ist der Bauvertrag ein Werkvertrag?

Er ist ein Werkvertrag (auch wenn der Unternehmer alle Stoffe liefert), weil die Rechtsprechung hier mehr ein Zusammenwirken von Architekten, Statikern, Handwerkern und Bauherrn berücksichtigt.

6. Welche AGB werden beim Bauvertrag in der Praxis meist vereinbart?

Es wird meistens in Abweichung und Ergänzung zum BGB das Regelungswerk der **VOB** (Verdingungsordnung für Bauleistungen) vereinbart.

7. Wozu verpflichtet sich der Besteller?

Er verpflichtet sich, das **Entgelt** für die hergestellte Sache zu zahlen und das mangelfreie Werk **abzunehmen** (§§ 631, 632, 640 BGB).

8. Bartel (B) fährt mit dem Taxi von Stuttgart nach München. Als es an das Bezahlen geht, weigert er sich an Huber (H) die hohe Rechnung zu bezahlen. Zu Recht?

Bartel hat einen Werkvertrag geschlossen, weil H sich verpflichtet hat, ihn nach München zu fahren. B muss bezahlen, denn eine Vergütung gilt als **stillschweigend vereinbart**, wenn die Herstellung des Werkes den Umständen nach nur gegen eine Vergütung zu erwarten ist (§ 632 I BGB). Grundsätzlich ist eine vereinbarte Vergütung zu zahlen. Sofern keine Vereinbarung vorliegt, ist ein behördlich festgelegter Preis (Taxe) oder der übliche Preis zu zahlen (§ 632 II BGB).

9. Was ist ein Sachmangel eines Werkes nach § 633 BGB?

Der Unternehmer hat dem Besteller das Werk frei von Sach- und Rechtsmängeln zu verschaffen (§ 633 I BGB). Hierbei ist das Werk ohne Sachmängel, wenn es

- **die vereinbarte Beschaffenheit** hat,
- die nach dem Vertrag **vorausgesetzte**, sonst
- für die **gewöhnliche Verwendung** sich eignet und eine Beschaffenheit aufweist, die üblicherweise erwartet werden kann.

Ein anderes Werk oder ein Werk in zu geringer Menge ist ebenfalls ein Sachmangel.

10. Welche Rechte hat der Besteller nach Abnahme des Werkes, wenn der Unternehmer den Werkvertrag schlecht erfüllt?

Ist das Werk mangelhaft, kann der Besteller
- nach §635 BGB **Nacherfüllung** verlangen,
- nach §637 BGB den Mangel **selbst beseitigen** und Ersatz der erforderlichen **Aufwendungen** verlangen,
- nach §§636, 323 und 326 V BGB von dem Vertrag zurücktreten oder die Vergütung nach §638 BGB **mindern,**
- nach §§636, 280, 281, 283 und 311a BGB Schadensersatz oder nach §284 BGB Ersatz vergeblicher **Aufwendungen** verlangen.

11. Wann verjähren Gewährleistungsansprüche des Bestellers?

Nach §634a I BGB **verjähren** sie bei
- **sachbezogenen Werkleistungen** in 2 Jahren,
- **Bauwerken** in 5 Jahren,
- **unkörperlichen Werken** in der Regelverjährung von 3 Jahren,
- **arglistigem Verschweigen** eines Mangels in 3 Jahren nach der Abnahme des Werkes.

12. Sonnig (S) isst auf Sylt im Restaurant Edel (E) mit Salmonellen verdorbene Austern. Er verlangt nach 8 Monaten seine Krankenhauskosten von E, der Verjährung einwendet.

Der von S geltend gemachte Schadensersatzanspruch beruht auf einem Sachmangel des **Werklieferungsvertrages** durch E. Dieser hat eine mangelhafte Speise zubereitet, für die er über §§651, 433, 437 Nr. 3 BGB haftet. Diese Pflichtverletzung hat E zu vertreten. Der Schadensersatzanspruch unterliegt der Verjährung nach §§651, 438 I Nr. 3 von 2 Jahren.

13. Florian (F) gibt seinen Porsche in die Werkstatt von Düsenberg (D) zur Reparatur. Welche Pflichten hat D?

D hat die **Hauptpflicht** zur wirtschaftlichen Herstellung einer mangelfreien Reparatur und die **Nebenpflichten** zur Aufklärung bei Kostensteigerungen (§650 BGB), zur Obhutspflicht für das Kfz und zur Verkehrssicherungspflicht der Werkstätte.

14. D gibt das Kfz nicht heraus ohne gleichzeitige Bezahlung der Rechnung in Höhe von € 3000. Darf er dies?

Natürlich kann F grundsätzlich als Eigentümer gem. §985 BGB die Herausgabe seines Porsche verlangen. Hier hat D jedoch ein Besitzrecht nach §986 I BGB, da er ein gesetzliches **Unternehmerpfandrecht** besitzt (§647 BGB). Zur Sicherung des Vergütungsanspruchs hat D ein Pfandrecht an den von ihm ausgebesserten beweglichen Sachen, die im Eigentum des F stehen, wenn sie zur Ausbesserung in seinen Besitz gelangt sind. Daher kann D das Kfz bis zur Bezahlung zurückhalten und es ggf. versteigern lassen (§§1228, 1233, 1257 BGB).

II. Dienstvertrag

15. Welche Pflichten hat der Steuerberater Flink (F) nach der Übernahme des Mandats?

Steuerberater F übt eine selbstständige, unabhängige Tätigkeit gegen Entgelt aus, welche nicht erfolgs-, sondern zeitbestimmt ist. F ist verpflichtet (1) zur **persönlichen Dienstleistung** (§ 613 BGB), hat (2) die **Nebenpflicht** zur Treue- und Fürsorge (§ 241 II BGB) und muss daher über Risiken aufklären, richtig und umfassend beraten und den sichersten Weg verfolgen, sonst haftet er wegen der Pflichtverletzung (pVV) des Dienstvertrages und muss mit einer außerordentlichen Kündigung des Vertrages rechnen (§ 626 BGB).

16. Worin besteht der Unterschied zum Arbeitsvertrag des Steuergehilfen Emsig (E)?

Der Arbeitsvertrag ist der Dienstvertrag des **unselbstständig tätigen Arbeitnehmers** mit seinem Arbeitgeber. Der Arbeitsvertrag ist teilweise in §§ 611 ff. BGB geregelt, darüber hinaus in vielen Sondergesetzen und Tarifverträgen.

III. Geschäftsbesorgungsvertrag

17. Welche Verträge des Wirtschaftslebens beziehen sich auf eine entgeltliche wirtschaftliche Tätigkeit im Vermögensbereich des Kunden und sind damit Geschäftsbesorgungsverträge nach § 675 BGB?

Von Geschäftsbesorgung spricht man bei Dienst- oder Werkverträgen im **Rechts- und Vermögensbereich** des Vertragspartners. Hierzu zählen: Anwalts- und Steuerberatervertrag, Bankvertrag, Immobilienverwaltung, Reisevermittlung durch Reisebüros, Werbeagenturverträge.

18. Sonnig (S) beauftragt das Reisebüro Express (E) mit der Besorgung eines Visas. E verlangt € 30 Vergütung und € 24 Kostenersatz. Zu Recht?

Der mit einer Geschäftsbesorgung beauftragte übt seine Tätigkeit grundsätzlich entgeltlich aus, so dass S gem. §§ 675, 631, 632 BGB die geschäftsübliche Vergütung zahlen muss. Ein gewerbliches Unternehmen übernimmt in der Regel **keine unentgeltlichen Aufträge** (vgl. § 662 BGB). Zusätzlich kann E seine **Aufwendungen**, die es den Umständen nach für erforderlich halten darf, von S verlangen (§§ 675, 670 BGB).

IV. Reisevertrag

19. Welche Reisen behandelt das Gesetz in §§ 651a ff. BGB als Gegenstand des Reisevertrags?

Nur die Pauschalreise eines Reiseveranstalters ist in § 651a bis m BGB geregelt. Diese liegt nur dann vor, wenn (1) mindestens **2 Hauptreiseleistungen** (z. B. Flug, Unterkunft), (2) zu einem vorfabrizierten **Paket** mit einem Gesamtpreis verschmolzen ist (Prospekt, Dynamic Packaging bei Online-Buchung) und (3) eine **eigenverantwortliche Leistungserbringung** des Veranstalters im eigenen Namen vorliegt (§ 651a I, II BGB). Beispiele sind Flugpauschalreise, Studienreise, Kreuzfahrt oder Busbadereise.

20. Student Emsig (E) bucht bei Suntours (S) eine Flugreise mit Hotel zum Preis von € 999 nach Ibiza, um sich dort vom Examensstress zu erholen. In der Reisebestätigung wurde Balkon, Meerblick und ein Strandhotel zugesichert. Erschöpft angekommen, wird er in einer Abstellkammer mit Hinterhofblick in einem Stadthotel untergebracht. E beschwert sich bei der Reiseleitung, doch nichts geschieht. Nach Urlaubsende will er seine Rechte wissen.

(1) Es liegt eine **Reise** gem. § 651a BGB vor, für die S **verschuldensunabhängig** im Rahmen der Gewährleistung für Reisemängel (**Fehler** mit Nutzungsbeeinträchtigung oder fehlende **zugesicherte Eigenschaften**) haftet (§ 651c I BGB). Balkon, Meerblick und ein Strandhotel wurden zugesichert und sind bei Fehlen daher Reisemängel. Alle Leistungsstörungen durch den Reiseveranstalter und seine Leistungsträger werden als Reisemangel bezeichnet, welcher die schuldrechtlichen Leistungsstörungen **Unmöglichkeit, Verzug und Schutzpflichtverletzung verdrängt.**

(2) E hat diese Mängel auch der Reiseleitung **angezeigt** (§ 651d II BGB), so dass er binnen einen Monats nach Reiseende (§ 651g I BGB) eine zu schätzende **Preisminderung** von 60 % gem. §§ 651d, 638 III, IV BGB verlangen kann.

(3) Auch waren alle Urlaubstage erheblich beeinträchtigt, so dass er zusätzlich dafür pro Tag 60 % des jeweiligen Tagesgesamtpreises als angemessene Entschädigung nach § 651f II BGB wegen **nutzlos aufgewendeter Urlaubszeit** als verschuldensabhängigen immateriellen Schadensersatz (§ 252 II BGB) geltend machen kann.

(4) An sich hätte er bei dieser erheblichen Beeinträchtigung auch während der Reise nach Fristsetzung wegen Reisemangels den Reisevertrag **kündigen** können (§ 651e BGB).

Zur Vertiefung: *Führich, Wirtschaftsprivatrecht, § 22; Führich, Reiserecht, 6. Aufl. 2010*

§ 23 Absatzgeschäfte über selbstständige Hilfspersonen

I. Handelsvertreter

1. Dipl.-Kfm. Oskar Dynamus ist Vorstandsassistent der Maschinenfabrik Zahnrad AG. Er soll sich für die nächste Vorstandssitzung grundsätzliche Gedanken über die Markteinführung eines neuen Maschinentyps machen. Welche Möglichkeiten sollte er hier in Betracht ziehen?

Zunächst muss er überlegen, ob er den Vertrieb durch unselbstständige Arbeitnehmer (Prokuristen §§ 48 ff. HGB, Handlungsbevollmächtigte §§ 54, 55 HGB oder Ladenangestellte § 56 HGB) oder selbstständige Kaufleute

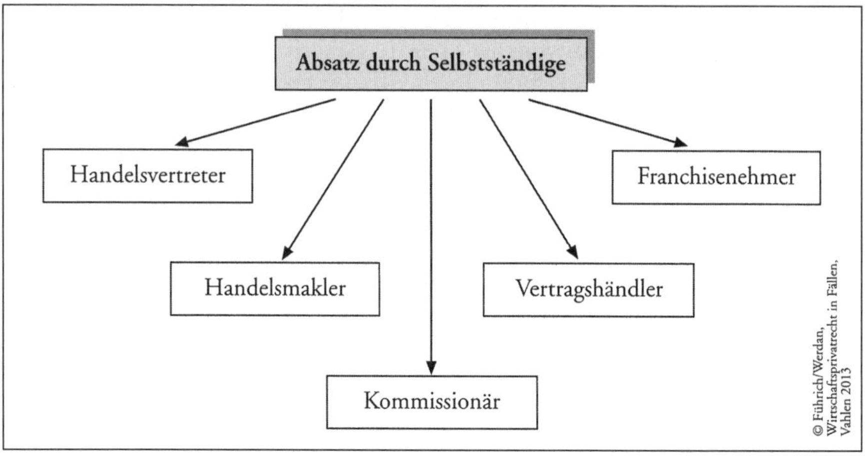

Abb. 26: Absatzorganisation

(Handelsvertreter §§ 84 ff. HGB, Handelsmakler §§ 93 ff. HGB, Vertragshändler §§ 84 ff. HGB analog, Franchisenehmer §§ 84 ff. HGB analog oder Kommissionäre §§ 383 ff. HGB) aufbauen will.

2. Welche Vor- und Nachteile hat der Vertrieb mit unselbstständigen Arbeitnehmern?

Vorteile – z. B.:

- nur eine Marke/Firma etc. wird vertreten
- der zeitliche Einsatz ist von vornherein geregelt
- die Kosten sind fix und somit kalkulierbar
- die Einflussmöglichkeiten auf die Werbemittel und Verkaufsstrategien etc. sind sehr weitgehend, da die Angestellten den Weisungen des Unternehmers Folge zu leisten haben
- intensive Kenntnisse der Produkte.

Nachteile – z. B.:

- hohe umsatz- und ertragsunabhängige Fixkosten
- geringe Möglichkeiten, auf Umsatzrückgänge flexibel zu reagieren
- u. U. nicht genügend Motivation, zusätzliche Umsätze zu tätigen
- u. U. zu geringe Auslastung.

3. Welche Vor- und Nachteile hat der Vertrieb mit selbstständigen Kaufleuten?

Vorteile – z. B.:

- keine bzw. geringe Fixkosten
- ev. umfassendere Marktkenntnis
- höhere Flexibilität
- breitere Angebotspalette

Nachteile – z. B.:
- geringe Einflussmöglichkeiten, keine Weisungsbefugnis
- evtl. Interessenkonflikte durch Konkurrenzprodukte.

4. Der norddeutsche Käsefabrikant Loch möchte seinen Käse auch in Süddeutschland einführen. Zwischen welchen Absatzkanälen vom Hersteller zum Endverbraucher kann er wählen?

- Der ‚klassische' Absatz geht vom Hersteller über den Großhandel zum Einzelhandel und von dort zum Verbraucher.
- Vor allem bei Markenprodukten erfolgt der Vertrieb immer häufiger durch Vertragshändler.
- Auch Handelsvertreter vertreiben Produkte für die Hersteller, in der Regel aber an Einzelhändler und nicht direkt an die Konsumenten.
- Der direkte Absatz über eigene Filialen, angestellte Reisende und sonstige Verkaufsangestellte wird immer weniger benutzt.

5. Wer ist Handelsvertreter?

Er ist ein selbstständiger Gewerbetreibender (§ 84 I HGB) und Kaufmann (§ 1 ff. HGB), der ständig damit betraut ist, für einen anderen Unternehmer Geschäfte zu vermitteln oder in dessen Namen abzuschließen (§ 84 I HGB).

6. Wie unterscheidet sich ein Reisender von einem Handelsvertreter?

Ein Reisender tut dasselbe wie ein Handelsvertreter, ist jedoch nicht selbstständig, also auch kein Kaufmann, § 84 II HGB.

7. Wie unterscheidet sich ein Handelsmakler von einem Handelsvertreter?

Aufgabe des Handelsmaklers gem. §§ 93 ff. HGB ist es, gewerbsmäßig für andere Personen, also in fremdem Namen, bestimmte Geschäfte zu vermitteln. Der Handelsmakler ist jedoch – im Gegensatz zum Handelsvertreter – nicht „ständig damit betraut", d. h., er ist in der Regel nur für einzelne Geschäfte beauftragt.

8. Wie unterscheidet sich ein Vertragshändler von einem Handelsvertreter?

Ein Vertragshändler ist ein selbstständiger Gewerbetreibender und Kaufmann (§ 1 ff. HGB), der im Rahmen eines Dauervertrages Waren kauft und im eigenen Namen weiterverkauft und in die Verkaufsorganisation des Herstellers eingegliedert ist. Es finden sich hierzu keine gesetzlichen Regelungen. Da der Vertragshändler aber in der Regel genauso schutzbedürftig wie ein Handelsvertreter ist, sind nach ständiger Rechtsprechung die Vorschriften der §§ 84 ff. HGB analog anwendbar.

9. Wie unterscheidet sich ein Franchisenehmer von einem Handelsvertreter?

Der Franchisenehmer erhält vom Franchisegeber – gegen eine Franchisegebühr – das Recht zum Vertrieb. Zwischen beiden existiert ein Gesamtsystem von Vertragshändlerverträgen. Der Franchisenehmer handelt also gegenüber seinen Kunden im eigenen Namen und auf eigene Rechnung. Der Handelsvertreter handelt dagegen im Namen und für Rechnung des Herstellers.

10. Wie unterscheidet sich ein Kommissionär von einem Handelsvertreter?

Ein Kommissionär schließt – im Gegensatz zum Handelsvertreter – im eigenen Namen für Rechnung anderer (Kommittenten) gewerbsmäßig Geschäfte ab, §§ 383 ff. HGB.

11. Herr Smart vertreibt seit 20 Jahren für die Firma Mondäna Lederwaren in Bayern. Er hat während dieser zwei Jahrzehnte den Markt für diese Firma neu aufgebaut und vermittelt jährlich Umsätze in Höhe von € 1 Mio. Allmählich wird Herrn Smart die Arbeit zuviel, und er beauftragt Herrn Subby, für ihn Verträge zu vermitteln. Welcher Vertrag liegt hier vor?

Herr Smart ist Kaufmann gem. § 1 HGB. Nach § 84 III kann Unternehmer i. S. d. § 84 I HGB auch ein anderer Handelsvertreter sein. Herr Subby ist also als Untervertreter ebenfalls Handelsvertreter.

12. Leider gestalten sich die Verhältnisse zwischen dem Untervertreter Subby und Herrn Smart (s. Fall 11) doch sehr schwierig. Subby konzentriert sich derzeit immer mehr auf sein Privatleben und bemüht sich nur noch ganz wenig um die „Mondäna-Lederwaren“. Seit Monaten hat er nichts von sich hören lassen, so dass Herr Smart keine Ahnung hat, ob er nun irgendwelche Kunden besucht und Verträge vermittelt hat.
Welche Pflichten hat der Handelsvertreter Subby?

- Pflicht zur Tätigkeit gem. § 86 I HGB
- Pflicht zur einseitigen Interessenwahrnehmung gem. § 86 I HGB
- Sorgfaltspflicht eines ordentlichen Kaufmanns gem. §§ 86 III, 347 I HGB
- Auskunfts- und Rechenschaftspflicht gem. § 666 BGB
- Geheimniswahrungspflicht gem. § 90 HGB
- Wettbewerbsabrede gem. § 90a HGB

Subby ist insbesondere verpflichtet, sich aktiv um die Vermittlung von Geschäften zu bemühen, also Kunden zu besuchen u. a. (§ 86 I HGB). Er muss Herrn Smart über seine Aktivitäten unterrichten und ihn über jeden einzelnen Geschäftsabschluss unverzüglich informieren (§ 8611 HGB).

13. Leider treten für Herrn Smart (s. Fall 11), der vor kurzem seinen 55. Geburtstag gefeiert hatte, noch weitere Schwierigkeiten auf. Die Geschäftsführung in der Firma Mondäna hat gewechselt, und der neue Geschäftsführer vertritt die Auffassung, dass ein Handelsvertreter, der älter als 50 Jahre alt ist, Mondäna-Produkte nicht glaubwürdig vertreten könne. Da Herr Smart auf die mehr oder weniger direkten Andeutungen, dass er von sich aus den Handelsvertretervertrag kündigen solle, nicht reagierte, wird nunmehr versucht, ihm seine Tätigkeit etwas zu verleiden: Provisionen wurden seit 3 Monaten nicht mehr bezahlt. Die Firma gibt ihre neuen Werbeunterlagen – wenn

überhaupt – erst mit monatelanger Verzögerung weiter, Muster werden kaum noch zur Verfügung gestellt. Teilweise werden vermittelte Verträge gar nicht oder nur mit erheblichen Verzögerungen ausgeführt, so dass sich Herr Smart laufend verärgerten Kunden gegenübersieht. Schließlich verschickt die Firma Mondäna ihre Kataloge und Preislisten direkt an die bayerischen Kunden, die dann ohne Einschaltung des Handelsvertreters beliefert werden.

Darf sich die Firma Mondäna so gegenüber ihrem Handelsvertreter verhalten? Welche Pflichten hat sie ihm gegenüber?

- Unterstützungspflicht gem. § 86a HGB
- Pflicht zur Provisionszahlung gem. §§ 87, 86b HGB
- Pflicht zum Aufwandsersatz, falls handelsüblich, § 87d HGB
- bei Wettbewerbsabrede: Entschädigung gem. § 90a I 3 HGB
- Schadensersatz bei Leistungsstörungen im Innenverhältnis
- Zurückbehaltungsrechte gem. §§ 88a HGB, 369 HGB, 273 BGB

Die Firma Mondäna hat also ihre Verpflichtung zur Zahlung der Provision gem. §§ 87 ff. HGB missachtet und durch die Direktlieferungen sowie die Nichtdurchführung der vermittelten Verträge gegen ihre Unterstützungspflicht gem. § 86a HGB verstoßen und sich dadurch u. U. auch schadensersatzpflichtig gemacht.

14. Die Situation zwischen der Firma Mondäna und Herrn Smart (s. Fälle 11 und 13) spitzt sich zu. Der – mündliche – Handelsvertretervertrag wird von der Firma Mondäna mit einer Frist von 2 Monaten zum Monatsende gekündigt.

Muss Herr Smart dies hinnehmen?

Das Vertragsverhältnis besteht seit 20 Jahren und wurde auf unbestimmte Zeit abgeschlossen. Gem. § 89 I 2 i. V. m. I 3 HGB kann ein solcher Vertrag nur mit einer Frist von 6 Monaten zum Monatsende gekündigt werden. Herr Smart muss die Kündigung also nicht hinnehmen.

15. Als Selbstständiger hatte Herr Smart (s. Fälle 11 und 14) nur sehr unzureichend Altersvorsorge betrieben. Wenn die Fa. Mondäna nun frist- und ordnungsgemäß kündigt, kann er nicht mehr damit rechnen, dass er so schnell wieder eine Beschäftigung bzw. eine andere Firma findet, deren Produkte er vertreten kann. Die Firma Mondäna wird zukünftig direkt an den ausschließlich von Herrn Smart seit 20 Jahren aufgebauten Kundenstamm liefern.

a) Kann er dafür irgendetwas verlangen?

b) Bekommt er noch Provision für Geschäfte mit Kunden, die er zwar vor Vertragsbeendigung eingeleitet, die aber erst danach abgeschlossen wurden?

a) Durch seine zwanzigjährige Aufbauarbeit hat Herr Smart bei den Kunden einen Goodwill geschaffen, der für die Fa. Mondäna auch nach Vertragsbeendigung noch nutzbar ist und ihr erhebliche Vorteile verschafft. Da der Handelsvertreter oft in einer gewissen Abhängigkeit zum Hersteller ist, andererseits aber als selbstständiger Kaufmann keinerlei Kündigungs- oder sonstigen Schutz genießt, hat der Gesetzgeber für ihn einen Ausgleichsanspruch in § 89b HGB vorgesehen: hierbei handelt es sich nicht um einen Versorgungsanspruch, sondern um eine Gegenleistung für die Aufbauarbeit und für die Schaffung eines Kundenstammes.

Zusätzlich sind hier jedoch Gesichtspunkte der Billigkeit zu berücksichtigen. Herr Smart kann also einen Handelsvertreter-Ausgleichsanspruch nach § 89b HGB fordern, wenn

- die Fa. Mondäna aus der Geschäftsverbindung mit den von Herrn Smart gewonnenen Kunden auch nach Beendigung des Handelsvertretervertrages Vorteile hat,
- Herr Smart infolge der Vertragsbeendigung Provisionsansprüche verliert, die er bei Vertragsfortsetzung aufgrund der von ihm vermittelbaren Geschäfte erzielt hätte und
- der Ausgleichsanspruch der Billigkeit entspricht.

Diese Voraussetzungen liegen hier vor. Die Höhe des Anspruches beträgt höchstens eine nach dem Durchschnitt der letzten 5 Jahre der Vertragsdauer berechnete Jahresprovision, § 89b II 1 HGB.

Herr Smart muss seinen Anspruch innerhalb eines Jahres nach Vertragsbeendigung geltend machen, § 89b IV HGB.

Dieser Handelsvertreter-Ausgleichsanspruch nach § 89b HGB ist die in Rechtsprechung und Praxis wichtigste Vorschrift des Handelsvertreterrechts.

b) Nach § 87 II, III HGB bekommt er noch Provisionen für Geschäfte, die er vor Vertragsbeendigung eingeleitet hatte.

16. Zwischen welchen Vertragsverhältnissen muss bei der Tätigkeit eines Handelsvertreters unterschieden werden?

a) Unternehmer – Handelsvertreter: Basis der Tätigkeit des Handelsvertreters ist der Handelsvertretervertrag gem. §§ 84 ff. HGB. Danach werden die gegenseitigen Rechte und Pflichten im Innenverhältnis geregelt.

b) Kunde – Handelsvertreter: der Geschäftskontakt zur Vermittlung bzw. zum Abschluss der Verträge Kunde – Unternehmer ist entgeltliche Geschäftsbesorgung, § 675 BGB.

c) Kunde – Unternehmer: zwischen Kunden und Unternehmer werden Kaufverträge (§§ 433 ff. BGB) oder sonstige vermittelte Verträge (z. B. Versicherungs-, Reiseverträge) geschlossen.

II. Handelsmakler

17. In welchen Wirtschaftsbereichen sind Makler in der Praxis tätig?

Makler sind vor allem bei der Wohnungs-, der Kredit-, der Reise-, der Versicherungsvermittlung und auch bei der Vermögensanlagevermittlung tätig.

18. Schuldet ein Makler seinem Auftraggeber Tätigkeit und/oder Erfolg?

Nein, den Makler trifft weder eine Tätigkeitspflicht noch die Pflicht, einen Erfolg herbeizuführen; insoweit fehlt es an einer Hauptpflicht, § 93 HGB.

19. A hat Makler B mit dem Verkauf von Waren beauftragt. Nach einigen Monaten – der Makler hatte noch keinen Kunden gefunden – beauftragte A einen weiteren Makler C, aufgrund dessen Tätigkeit die Waren auch bald verkauft werden konnten. – Hat Malder B, bei dem u. a. auch erhebliche Inseratskosten angefallen sind, irgendwelche Ansprüche gegen A?

Zwischen A und B wurde ein Maklervertrag abgeschlossen. Da zusätzliche Vereinbarungen fehlen, handelt es sich nicht um einen sog. Alleinauftrag – A war also berechtigt, einen weiteren Makler zu beauftragen. A behielt seine volle Abschlussfreiheit; er hätte auch selbst verkaufen können. Der Warenverkauf wurde nicht von Makler B, sondern von Malder C vermittelt. B hat deshalb keine Provisionsansprüche. Ansprüche auf Kostenerstattung bestehen ebenfalls nicht.

III. Kommissionär

20. Was ist eine Kommission?

Sie ist die Übernahme von Geschäftsabschlüssen durch einen Kaufmann, § 1 ff. HGB im eigenen Namen, aber für fremde Rechnung, § 383 ff. HGB.

21. Bei welchen Geschäften ist die Kommission in der Praxis von Bedeutung?

Kommissionsgeschäfte werden im Wertpapiergeschäft, beim Warenexport und -import sowie im Kunst- und Antiquitätenhandel häufig abgeschlossen.

22. Welche Personen sind an einem Kommissionsgeschäft beteiligt, und welche Rechtsgeschäfte werden zwischen diesen abgeschlossen?

- Am Kommissionsgeschäft sind beteiligt: der Kommissionär, der Kommittent und ein oder mehrere Dritte(r).
- Rechtsverhältnis zwischen Kommissionär und Kommittent:

  Zwischen diesen wird der Kommissionsvertrag, § 383 ff. HGB, abgeschlossen – bei Einzelgeschäften ein gegenseitiger Vertrag über eine Geschäftsbesorgung, § 675 BGB, bei längerer Geschäftsverbindung ein Dienstvertrag, § 611 BGB.
- Rechtsverhältnis zwischen Kommissionär und Drittem:

  Nur zwischen diesen beiden wird das sog. Ausführungsgeschäft, also der Kaufvertrag, abgeschlossen, nur zwischen diesen entstehen die Rechte und Pflichten aus diesem Ausführungsgeschäft. Der Kommissionsvertrag spielt hier grundsätzlich keine Rolle. Bei Leistungsstörungen hat der Kommissionär die vertraglichen Ansprüche, den Schaden hat aber der Kommittent.

Der Kommissionär kann – und ist aufgrund des Kommissionsvertrages u. U. auch verpflichtet – den Schaden gegenüber dem Dritten im Wege der Drittschadensliquidation geltend machen.

– Rechtsverhältnis zwischen Kommissionär und Kommittent:

Im Innenverhältnis entsteht nach Abschluss des Geschäftes zwischen Kommissionär und Drittem das Abwicklungsgeschäft, wonach der Kommissionär verpflichtet ist, das Ergebnis des Ausführungsgeschäftes an den Kommittenten herauszugeben.

23. Da die Geschäfte im Baugewerbe schlecht laufen, entschließt sich der Bauunternehmer Klotzig, seine Sammlung von alten Rolex-Uhren (10 Stück) zu verkaufen, um neues Kapital in seine Firma einlegen zu können. Da dieser „Notverkauf" aber nicht bekannt werden soll, bittet er den Antiquitätenhändler Patinus, diese Uhren in Kommission zu nehmen und bestmöglich zu verkaufen. Schon nach einem Monat fand Patinus einen Sammler, an den er zur Freude des Klotzig die Uhren für € 100000 verkaufen konnte. Die Uhren wurden sofort an den Käufer übergeben, die Zahlung sollte einen Monat später erfolgen. Noch vor dem Geldeingang muss der Antiquitätenhändler Insolvenz anmelden. Hat Klotzig die € 100000 verloren?

Patinus hatte als Kommissionär im eigenen Namen den Kaufvertrag über die Uhren mit dem Sammler abgeschlossen. Inhaber der Kaufpreisforderung ist Patinus; nur an ihn darf der Sammler leisten. Aufgrund des Kommissionsvertrages ist Patinus dann verpflichtet, im Rahmen des Abwicklungsgeschäftes die Kaufpreisforderung an den Kommittenten Klotzig abzutreten.

Dies ist im vorliegenden Falle jedoch noch nicht passiert – Patinus ist zum Zeitpunkt der Insolvenzanmeldung Forderungsinhaber.

Im Verhältnis zwischen Kommittenten und Kommissionär gilt aber die Kaufpreisforderung auch schon vor der Abtretung als Forderung des Kommittenten, § 392 II BGB. In der Insolvenz darf Klotzig die Kaufpreisforderung als ihm gehörig aussondern.

24. Wie wäre in Fall 23 zu entscheiden, wenn nicht der Antiquitätenhändler, sondern Bauunternehmer Klotzig Insolvenz angemeldet hätte?

Auch hier ist Inhaber der Forderung noch Patinus. Klotzig bzw. der Insolvenzverwalter hat Anspruch auf Abtretung dieser Forderung. Letztlich wird also diese Forderung der Insolvenzmasse zugerechnet, § 392 II BGB.

IV. Vertragshändler

25. Die Firma Grusius GmbH (G) vertreibt Landmaschinen der Herstellerfirma Agrarius AG (A). Beide haben folgendes Vertragsverhältnis: Bei Vertragsbeginn hatte sich die Fa. Grusius verpflichten müssen, eine neue Ausstellungshalle zu bauen. Auch für die Ausstattung waren bestimmte Anweisungen der A zu befolgen. Die Arbeitnehmer müssen jährlich einmal zu Schulungen geschickt werden, die bei A stattfinden. G ist verpflichtet, eine bestimmte

Mindestmenge pro Jahr abzunehmen. Darüber hinaus gibt es mengenmäßig gestaffelte Rabatte. Die Preisgestaltung der G gegenüber ihren Kunden orientiert sich an den Preisvorschlägen der A. Für Reparaturen der Landmaschinen muss eine Werkstatt sowie ein bestimmter Vorrat an Ersatzteilen vorhanden sein. Auf dem Firmenlogo muss das Markenzeichen der A vermerkt werden. Im Übrigen kauft die G die Maschinen bei A und verkauft diese im eigenen Namen.

Welches Vertragsverhältnis liegt zwischen G und A vor, und wo ist dieses geregelt?

Da die Firma G im eigenen Namen und auf eigene Rechnung auf der Grundlage eines Dauervertrages mit dem Hersteller Waren kauft und im eigenen Namen und auf eigene Rechnung verkauft, ist sie weder Handelsvertreter noch Kommissionär, sondern Vertragshändler.
Der Vertragshändlervertrag ist gesetzlich nicht geregelt. Da aber in der praktischen Ausgestaltung Vertragshändlerverträge den Handelsvertreterverträgen sehr ähnlich sind, werden nach der Rechtsprechung die Vorschriften des Handelsvertreterrechts weitgehend analog angewandt.

26. Zwischen G und A bestand der Vertragshändlervertrag (s. Fall 25) seit 20 Jahren. G hatte von Anfang an das Alleinvertriebsrecht für Bayern. Der Markt war von Null aufgebaut worden. G beschäftigt zwischenzeitlich 200 Mitarbeiter, der aktuelle durchschnittliche Jahresumsatz beläuft sich auf € 90 Mio.

Zwischen G und A traten Unstimmigkeiten auf, und A kündigte kurzerhand den Vertragshändlervertrag fristgemäß mit einer Frist von 2 Jahren. Unglücklicherweise hatte G vor kurzem – in Absprache mit A – ein neues Betriebsgebäude für € 3 Mio. errichtet.

a) Welche Probleme ergeben sich für G durch die Kündigung?

b) Welche Ansprüche könnte G gegen A geltend machen?

a) G ist zwar ein völlig eigenständiges Unternehmen, das mit Landmaschinen handelt. Die Besonderheit besteht hier darin, dass der Geschäftsbetrieb der G völlig auf die Produkte der A ausgerichtet ist: Die Mitarbeiter kennen, vertreiben und reparieren nur diese Produkte, gegenüber Kunden wird nur für die A-Produkte Werbung gemacht. Auch die Investitionen sind auf die Produkte der A ausgerichtet.

Nach der Vertragskündigung steht G nahezu vor dem Nichts: es ist relativ schwierig, einen neuen Hersteller zu finden, dessen Produkte vertrieben werden können. Selbst wenn dies gelingen sollte, fallen erhebliche Umstellungskosten an, die letztlich von G zu tragen sind.

b) Ein Händler hat grundsätzlich keine Ansprüche gegenüber dem Hersteller, wenn dieser zukünftig keine Kaufverträge mehr abschließen will. Wenn aber – wie hier – der Händler in die Vertriebsorganisation des Herstellers eingegliedert ist, also zu den Kaufverträgen noch eine zusätzliche enge vertragliche Bindung des Händlers an den Hersteller besteht, geht die Rechtsbeziehung über eine reine Käufer-Verkäufer-Beziehung hinaus, so dass die Situation der des Handelsvertreters vergleichbar ist.

Deshalb wendet die Rechtsprechung die §§ 84 ff. HGB grundsätzlich (analog) auf die Vertragshändlerverträge an. So kann G von A nach Vertragsbeendigung auch einen Vertragshändler-Ausgleichsanspruch nach § 89b HGB analog verlangen. Hinsichtlich der getätigten Investitionen kommt auch ein sog. Investitionserstattungsanspruch in Betracht.

V. Franchising

27. A ist Inhaber einer Restaurantkette, in der bundesweit eine bestimmte Anzahl preisgünstiger Speisen in stets einheitlicher Qualität angeboten wird. Da sich dieses System auf dem Markt seit langem bewährte, will A nun dazu übergehen, nicht mehr selbst neue Restaurants zu eröffnen, sondern mit anderen Gaststättenbetreibern Verträge abzuschließen, in denen die Erlaubnis erteilt wird, nach den von A entwickelten Richtlinien Restaurants zu betreiben. Er hat zu diesem Zweck umfangreiche Vertragsbedingungen entwerfen lassen, nach denen sich die Vertragspartner streng an die von A aufgestellten Vorschriften für Speisen und Getränke sowie an die von A vorgeschriebenen Qualitätsnormen und -richtlinien für Bedienung und Sauberkeit halten müssen. Auch die Einrichtung ist einheitlich vorgeschrieben. Zusätzlich müssen die Rohstoffe von A bezogen werden.

Welchen Vertrag wird A mit den Interessenten abschließen?

Es handelt sich um einen Franchisevertrag. Der Sache nach ist Franchising ein aus der Praxis entwickelter Vertrag, der aus Elementen des Kaufes, der Miete, der Geschäftsbesorgung und der Rechtspacht besteht. Hierbei ist der Franchisenehmer häufig strikt in das Vertriebs- und Organisationssystem des Franchisegebers eingebunden. Da er – wie auch der Vertragshändler – häufig strikten Verhaltens- und Abnahmepflichten unterliegt und auch sein äußeres Erscheinungsbild häufig in engen Grenzen vorgeschrieben wird, handelt es sich in der Praxis um ein sog. „Vertragshändler-Gesamtsystem“.

Zur Vertiefung: *Führich, Wirtschaftsprivatrecht, § 23*

§ 24 Transportgeschäfte bei Fracht, Spedition und Lager

I. Speditions- und Frachtgeschäfte

1. Wilhelm Wunderlich, Student der Betriebswirtschaftslehre im 2. Semester, sieht auf der Straße immer wieder Lkws mit der Aufschrift „Spedition …“ und wundert sich. In der Vorlesung Wirtschaftsprivatrecht hat er erst vor kurzem gehört, dass ein Spediteur nur vermittelt und keinen Gütertransport vornimmt.

Sind die Aufschriften falsch?

Weder das, was er in der Vorlesung gelernt hat, noch die Aufschriften sind falsch:

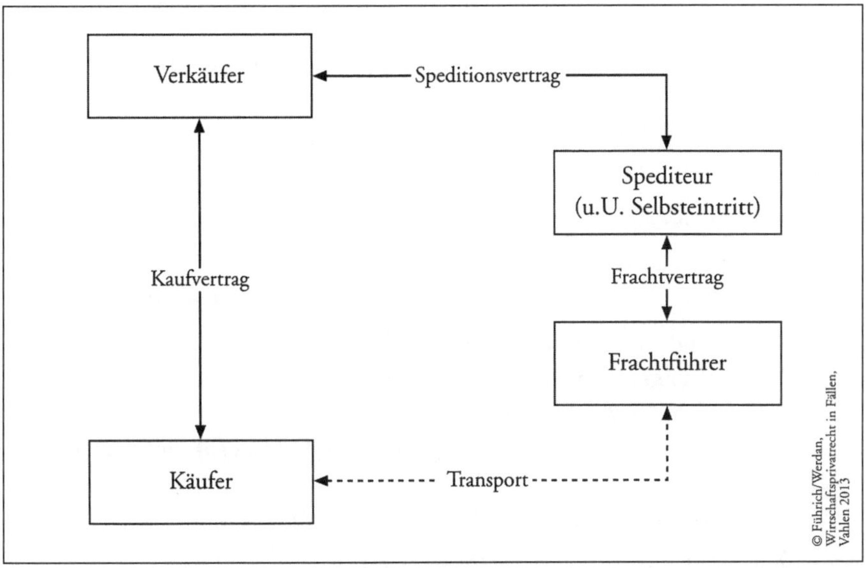

Abb. 27: Spedition

Ein Spediteur besorgt die Güterversendung durch Frachtführer oder Verfrachter von Seeschiffen im eigenen Namen und auf fremde Rechnung, §§ 453 ff. HGB. Der Transport selbst wird durch die – vom Spediteur beauftragten – Frachtführer durchgeführt, §§ 407 ff. HGB. Die Lkws hat also der Frachtführer und nicht der Spediteur.

Allerdings hat der Spediteur nach § 458 HGB die Möglichkeit des Selbsteintrittes: er kann sich selbst als Frachtführer vermitteln und hat dann neben den Rechten und Pflichten des Spediteurs auch die des Frachtführers, §§ 407 ff. HGB. Deshalb haben Spediteure in der Regel auch einen Fuhrpark, mit dem sie die Frachten transportieren. – So sind auch die Aufschriften auf den Lkws zu erklären: die Speditionstätigkeit ist in der Regel umfassender, so dass in der Firmenbezeichnung lediglich darauf Bezug genommen wird.

2. Welche Rechte und Pflichten hat ein Spediteur?

a) Pflichten:

- Sorgfaltspflicht bei der Versendung, insbesondere bei der Auswahl der Frachtführer, so dass der Spediteur nicht für ein Verschulden des Frachtführers gem. § 278 BGB haftet, sondern nur bei eigenem Auswahlverschulden, § 454 I HGB
- Pflicht zur Interessenwahrnehmung und Beachtung der Weisungen des Versenders, § 454 IV HGB
- Pflicht zu sonstigen auf die Beförderung bezogenen Leistungen wie z.B. Versicherung, Verpackung, Zollbehandlung, sofern dies vereinbart wurde, § 454 II HGB

b) Rechte:
- Provisionsanspruch, fällig bei Übergabe des Guts an den Frachtführer (§ 453 II, 456 HGB)
- Besitzpfandrecht am Speditionsgut für konnexe Forderungen (§ 464 HGB)
- Selbsteintrittsrecht, § 458 HGB

3. Welche Rechte und Pflichten hat ein Frachtführer?

a) Pflichten:
- rechtzeitige Beförderung des Frachtgutes, § 407 I, 423 HGB
- Ablieferungspflicht beim Empfänger, § 407 I HGB
- Verwahrungspflicht in der Zeit zwischen Übernahme zur Beförderung und Ablieferung, § 425 HGB
- er hat die Beförderung mit größter Sorgfalt durchzuführen, § 426 HGB

b) Rechte:
- Anspruch auf das Beförderungsentgelt, § 407 II HGB
- Anspruch auf Ausstellung eines Frachtbriefes, § 408 HGB
- gesetzliches Pfandrecht am Frachtgut, § 441 HGB

4. Das Münchner Bettenfachgeschäft Betten-Riederer hat bei der Wolldeckenfabrik Mollig mit Sitz in Hamburg 1 000 Cashmere-Decken gekauft, §§ 433, 447 BGB, 343 ff. HGB. Die Lieferung soll frei Haus erfolgen. Die Fa. Mollig beauftragt die Spedition TransSped AG. Angeliefert werden die Decken von der Fahrig GmbH.

Zwischen wem sind hier welche Verträge abgeschlossen worden?

a) Betten-Riederer und Wolldeckenfabrik Mollig:

Hier wurde ein Kaufvertrag gem. § 433 BGB abgeschlossen. Da sich die Fa. Mollig auf Wunsch der Käuferin zur Versendung verpflichtete, liegt ein Versendungskauf nach § 447 BGB vor, wonach die Gefahr mit der Übergabe der Decken an den Spediteur auf die Käuferin übergeht.

b) Fa. Mollig – Spedition TransSped AG

Zwischen der Fa. Mollig als Versender und der TransSped AG wurde ein Speditionsvertrag nach §§ 453 ff. HGB abgeschlossen. Je nachdem, ob zwischen den Parteien ein Einzelvertrag oder eine längerfristige Vertragsbeziehung besteht, finden ergänzend die Vorschriften des Werkvertrages (§§ 631 ff. BGB) bzw. die des Dienstvertrages (§§ 611 ff. BGB) Anwendung. Rechte und Pflichten aus dem Speditionsvertrag entstehen aber nur zwischen Mollig und TransSped.

c) Spedition TransSped AG – Fahrig GmbH

Zwischen diesen wurde ein Frachtvertrag nach §§ 407 ff. HGB abgeschlossen. Die TransSped schließt diesen Vertrag nicht in Vertretung des Versenders, sondern im eigenen Namen ab. Rechte und Pflichten – auch eventuelle Schadensersatzansprüche – können grundsätzlich nur zwischen diesen beiden Parteien entstehen.

d) Betten-Riederer – TransSped AG

Zwischen diesen beiden entstehen überhaupt keine vertraglichen Beziehungen.

e) Betten-Riederer – Fahrig GmbH

Fahrig liefert zwar die Ware beim Empfänger – der Fa. Betten-Riederer – an, Vertragsbeziehungen entstehen zwischen diesen beiden jedoch nicht. Einzelne gesetzliche Regelungen sind aber zwischen diesen zu beachten: so hat z. B. die Fahrig GmbH gegenüber dem Empfänger ein gesetzliches Pfandrecht, soweit ihre Forderungen nicht bezahlt worden sind, § 441 HGB. Der Empfänger kann aus eigenem Recht nach Ankunft des Gutes die Herausgabe des Frachtgutes verlangen und bei dessen Beschädigung Ansprüche aus dem Frachtvertrag im eigenen Namen gegen den Frachtführer geltend machen, § 421 I HGB.

5. Leider kommt die Ware in Fall 4 nicht an, weil ein Mitarbeiter der Fahrig GmbH einen Unfall verursacht. Es war in der Branche seit langem bekannt, dass die Fahrig GmbH nur mangelhaft qualifizierte Mitarbeiter einstellt, die immer wieder zahlreiche Unfälle verursacht haben. Wie ist die Rechtslage?

a) Ansprüche der Fa. Betten-Riederer (B)

aa) gegen die Fa. Mollig (M)

Zwischen diesen wurde ein Versendungs-Kaufvertrag nach §§ 433, 447 BGB geschlossen. Ab der Ubergabe der Decken an die TransSped ist die Gefahr auf den Käufer, also die B, übergegangen (§ 447 BGB), so dass keine Ansprüche gegen M entstanden sind.

bb) gegen die Fa. TransSped (T)

Hier bestehen keine vertraglichen Beziehungen, so dass auch keine Ansprüche geltend gemacht werden können.

cc) gegen die Fahrig GmbH (F)

Auch zwischen B und F besteht kein Vertrag, demnach auch keine Ansprüche (gesetzliche Ansprüche – z. B. § 421 HGB – bleiben hier zunächst außer Acht).

b) Ansprüche der Fa. Mollig (M)

aa) gegen B

M hat alle Verpflichtungen aus dem Kaufvertrag erfüllt, so dass der Kaufpreisanspruch aus § 433 II BGB gegen B weiterhin besteht. B muss die Decken zahlen, hat also hier den Schaden.

bb) gegen T

Zwischen M und T wurde ein Speditionsvertrag, §§ 453 ff. HGB, geschlossen. Danach war T verpflichtet, den Frachtführer mit der Sorgfalt eines ordentlichen Kaufmannes auszuwählen, § 454 I Ziff. 2 HGB. In der Branche war bereits seit langem bekannt, dass die F nicht sorgfältig arbeitet.

T hat deshalb seine Sorgfalts- und Interessenwahrungspflichten (§ 461, 454 I Ziff. 2 HGB) verletzt. M kann also vollen Wertersatz fordern. Das ist in der Regel der Rechnungsbetrag für die Decken.

Hier entsteht aber folgendes Problem:

Da M noch Eigentümer der Decken war, hat er auch deliktische Ansprüche aus § 823 I BGB. M hat also Ansprüche gegen T (vertragliche aus dem Speditionsvertrag und deliktische nach § 823 I BGB), aber keinen Schaden – der Kaufpreis muss ja von B bezahlt werden.

B hat den Schaden, aber keine Ansprüche, da sie einerseits an M gem. § 433 II BGB den Kaufpreis zahlen musste, gegen T aber keine Schadensersatzansprüche geltend machen kann, weil zu diesem keine Vertragsbeziehungen bestehen. Auch ein deliktischer Schadensersatzanspruch nach § 823 I BGB liegt nicht vor, weil B noch nicht Eigentümerin der Decken geworden ist – die Decken wurden noch vor der Übergabe beschädigt.

Aus einer solchen – gerade beim Versendungskauf nach § 447 BGB typischen – Schadensverlagerung soll der Schädiger keinen Vorteil haben, deshalb sind hier die Grundsätze der Drittschadensliquidation zu prüfen:

Danach ist M berechtigt, den Schaden der Fa. B bei T zu liquidieren, d.h. geltend zu machen und ggfs. gerichtlich durchzusetzen. Weigert sich M, dann kann B von ihr die Abtretung der Ansprüche gegen T verlangen,

cc) gegen F

Hier bestehen keine Vertragsverhältnisse, also auch keine vertraglichen Ansprüche. B kann aber gegen F Ansprüche aus § 421 I 2 HGB im eigenen Namen geltend machen (gesetzliche Drittschadensliquidation).

c) Ansprüche der T

Hier kommen nur solche gegen F in Betracht: T hat aus dem Frachtvertrag, § 407 HGB, Schadensersatzansprüche gegen F nach § 425 I HGB. Danach haftet F für den Schaden, der durch Verlust oder Beschädigung der Ware in der Zeit von der Annahme bis zur Ablieferung entstanden ist, § 425 I HGB.

6. Wie wäre in Fall 5 zu entscheiden, wenn die Fa. Fahrig GmbH stets sorgfältig gearbeitet hatte und auch deren Mitarbeiter sehr qualifiziert sind?

a) Ansprüche der Fa. Betten-Riederer (B), wie in Fall 5

b) Ansprüche der Fa. Mollig (M)

aa) gegen B:

Zahlung des Kaufpreises, s. Fall 5

bb) gegen T:

Da T einen Frachtführer ausgewählt hat, der stets sorgfältig arbeitete, hat T die Pflichten aus dem Speditionsvertrag (§§ 453 ff. HGB) ordnungsgemäß erfüllt. Er haftet also nicht gegenüber M und muss auch nicht für ein Verschulden des Frachtführers F einstehen, § 461 HGB.

Gegen T bestehen also keine Ansprüche.

c) Ansprüche der Fa. TransSped (T)

Hier kommen nur solche gegen den Frachtführer F aus dem Frachtvertrag in Betracht: Nach § 425 HGB haftet F für die Beschädigung bzw. den Verlust der Waren und hat demnach Schadensersatz zu leisten.

7. Wie wäre in Fall 6 zu entscheiden, wenn der sonst zuverlässige Fahrer Promillus wegen übermäßigen Alkoholgenusses absolut fahruntauglich war?

Nach §428 HGB haftet der Frachtführer für alle „seine Leute“, also diejenigen, die in seinem Betrieb zu irgendwelchen Arbeiten angestellt sind. Insofern ergibt sich keine Änderung zu Fall 6. Zusätzlich kommt noch ein deliktischer Schadensersatzanspruch nach §823 BGB (§436 HGB) gegen den Fahrer persönlich in Betracht: Anspruchsinhaber ist aber der Eigentümer der beschädigten Decken und nicht die Geschädigte. Auch hier müssten die Ansprüche gegenüber dem Fahrer im Wege der Drittschadensliquidation geltend gemacht werden.

II. Lagergeschäft

9. Wer ist Lagerhalter?

Lagerhalter ist, wer es gewerbsmäßig übernimmt, Güter einzulagern und aufzubewahren, §467 HGB.

10. Welche Pflichten und Rechte hat ein Lagerhalter?

a) Pflichten:

- der Lagerhalter ist zur Verwahrung des Lagergutes verpflichtet (§467 HGB), hat ggfs. Vorsichtsmaßnahmen zu ergreifen, Auskünfte zu erteilen etc. (§468 HGB); er haftet bei Verlust oder Beschädigung, §475 HGB

b) Rechte:

- Anspruch auf das vereinbarte Lagergeld, §467 HGB
- Anspruch auf Aufwendungsersatz, §474 HGB
- gesetzliches Pfandrecht, §475b HGB

11. Die Firma X hat seit langem ihre Waren vor dem Abtransport durch die Spedition beim Lagerhalter L eingelagert. Inzwischen sind schon hohe Lagerkosten aufgelaufen. X will die Waren nunmehr verschicken. L verweigert die Herausgabe. Darf er das?

Nach §475b HGB hat der Lagerhalter wegen der Lagerkosten ein gesetzliches Pfandrecht an den eingelagerten Waren. Er kann die Herausgabe also bis zum vollständigen Ausgleich seiner Forderungen verweigern.

Zur Vertiefung: *Führich, Wirtschaftsprivatrecht, §24*

7. Kapitel: Gesetzliche Schuldverhältnisse

§ 25 Ungerechtfertigte Bereicherung

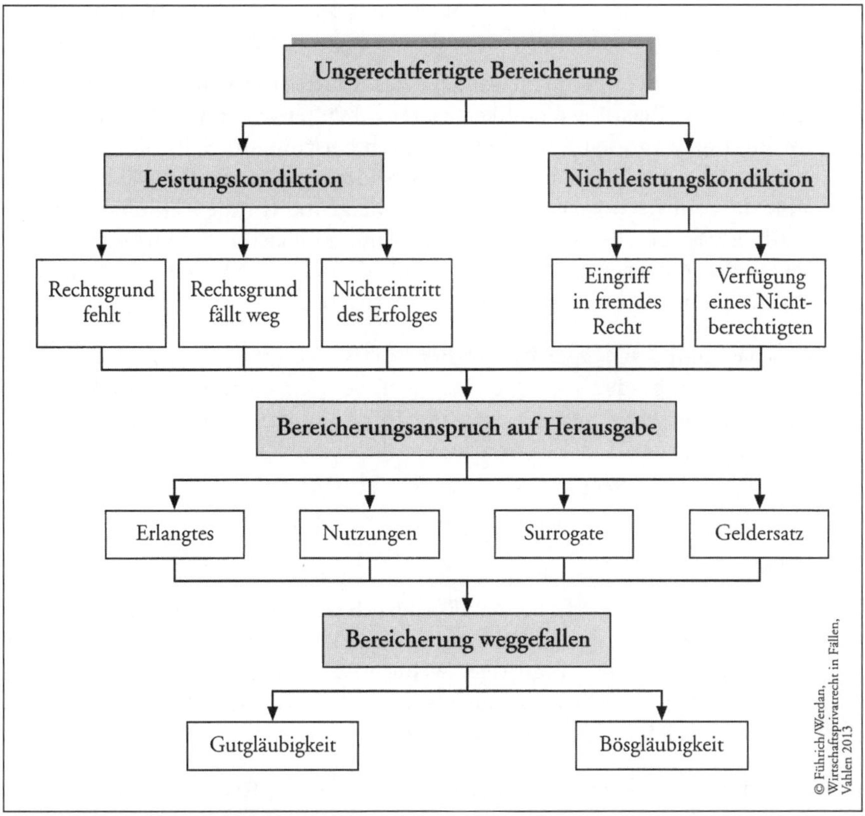

Abb. 28: Ungerechtfertigte Bereicherung

I. Grundtatbestände des Bereicherungsrechts

1. Wann ist eine Person ungerechtfertigt bereichert?

Eine Person ist ungerechtfertigt bereichert, wenn eine Vermögensverschiebung ungerechtfertigt ist. Ziel der §§ 812–822 BGB ist es, diesen

- Vermögenszuwachs
- rückgängig zu machen
- durch Herausgabe oder Wertersatz.

2. Welche 2 Kondiktionsarten werden in § 812 BGB unterschieden?

Die **Leistungskondiktion**, wobei eine Person „etwas erlangt“ durch eine bewusste und zweckgerichtete „Leistung eines anderen“ und die **Nichtleistungskondiktion**, wobei die Person „etwas erlangt“ „in sonstiger Weise“ (sog. Eingriffskondiktion).

3. Student Schnell (S) kauft einen Pkw von Billig (B) für € 1 000, wobei B wahrheitswidrig eine Kilometerleistung von 100 000 km zusichert. Tatsächlich hatte der Hobel schon 200 000 km auf dem Buckel. S ficht den Kaufvertrag wegen arglistiger Täuschung an und fragt, was er nun von B verlangen kann.

S will zu Recht von B die Herausgabe des Kaufpreises von € 1 000 aus § 812 I 1. Alt. BGB (Leistungskondiktion). (1) B hat **„etwas erlangt“** (Vermögensvorteil) und zwar den Kaufpreis, (2) **durch Leistung** des S, da dieser bewusst und zweckgerichtet in Erfüllung des Kaufvertrages die € 1 000 zahlte, (3) **ohne dass ein Rechtsgrund** vorliegt. Rechtsgrund für die Zahlung sollte der Kaufvertrag sein, der aber als Verpflichtungsgeschäft rechtswirksam durch S angefochten worden ist (§§ 433, 123, 142 BGB). Da der Vertrag damit nichtig ist, hat S ohne rechtfertigenden Grund geleistet.

4. Den Kühen des Allgäuer Bauern Bergler (B) gelingt es unbemerkt, von der ordentlich eingezäunten sauren Wiese zu dem saftigen, wohlschmeckenden Gras des Nachbarn Nett (N) zu trampeln. Kann N Ersatz für das gefressene Gras verlangen?

a) Ja, von den Kühen, § …

b) Ja, von B, § …

c) Nein.

Richtig ist b). Gem. § 812 I 2. Alt. BGB hat B (1) **„etwas erlangt“** und zwar die Nutzung der Wiese des N, (2) ohne dass eine Leistung des N vorlag, vielmehr erfolgte der **Eingriff „in sonstiger Weise“** in das Eigentum des N „auf dessen Kosten“, (3) **ohne rechtfertigenden Grund**, wie z. B. Pacht. Daher hat B einen Wertersatz nach § 818 II BGB zu zahlen.

5. Kaufmann Rührig (R) leiht sich von seinem Geschäftsfreund F eine Betonmischmaschine aus und veräußert diese gedankenverloren nach einiger Zeit an den gutgläubigen G. Hat F Ansprüche gegen R?

F kann von R gem. § 816 I 1 BGB den erzielten Kaufpreis herausverlangen, da R als **Nichtberechtigter** hinsichtlich des Eigentums mit der Veräußerung eine Verfügung getroffen hat, welche wegen des guten Glaubens des G auch rechtswirksam ist (§§ 929, 932 BGB). Dies ist ein Sonderfall der Nichtleistungskondiktion.

II. Art und Umfang des Bereicherungsanspruchs

6. Was kann der Bereicherungsgläubiger herausverlangen?

Der Umfang des Bereicherungsanspruchs ergibt sich aus §§ 818–820 BGB. Danach hat er einen Anspruch auf Herausgabe

- des Erlangten
- der tatsächlich gezogenen Nutzungen,
- der Surrogate,
- eines Geldersatzes.

7. Kann ein Bereicherungsschuldner einwenden, er habe das herauszugebende Geld schon ausgegeben?

Kann das Erlangte nicht mehr zurückgeben werden, ist grundsätzlich Geldersatz zu leisten (§ 818 II BGB). Allerdings ist der Anspruch stets – soweit keine verschärfte Haftung des Empfängers eingreift – auf die tatsächliche Bereicherung begrenzt (§ 818 III BGB), also noch in seinem Vermögen ist. Wirtschaftlich gesehen, hat bei Geld der Schuldner in der Regel andere Ausgaben eingespart, so dass das Geld herauszugeben ist.

8. Wann muss man eine zu Unrecht empfangene Leistung stets herausgeben und kann sich nicht auf „Entreicherung" berufen?

Wenn der Bereicherungsschuldner **nicht schutzwürdig** ist, dann tritt eine verschärfte Haftung ein. Wichtige Fälle sind seine **Bösgläubigkeit**, wenn er den fehlenden Rechtsgrund kennt oder nach **Klageerhebung** (vgl. §§ 819 I, 818 IV, 820 BGB).

Zur Vertiefung: *Führich, Wirtschaftsprivatrecht, § 25*

§ 26 Unerlaubte Handlungen

I. Verletzung absoluter Rechtsgüter

1. Welche Anspruchsgrundlagen für Schadensersatz werden unterschieden?

Schadensersatzansprüche können sich aus einer schuldhaft begangenen **Vertragsverletzung** oder **kraft Gesetzes** aus unerlaubter Handlung (§§ 823–853 BGB) und **Gefährdungshaftungsgesetzen** ergeben.

2. Können vertragliche und gesetzliche Schadensersatzansprüche nebeneinander geltend gemacht werden?

Ja, im Privatrecht herrscht sog. **Anspruchskonkurrenz**, wobei jeder Anspruch ein selbstständiges rechtliches Schicksal haben kann.

3. Bei einer Studentenfete geht der Student Trinkfest (T) grundlos auf den Studenten Flink (F) los und haut ihm mit der Faust ins Gesicht. F muss in ärztliche Behandlung. Hat F gegen T einen Schadensersatzanspruch?

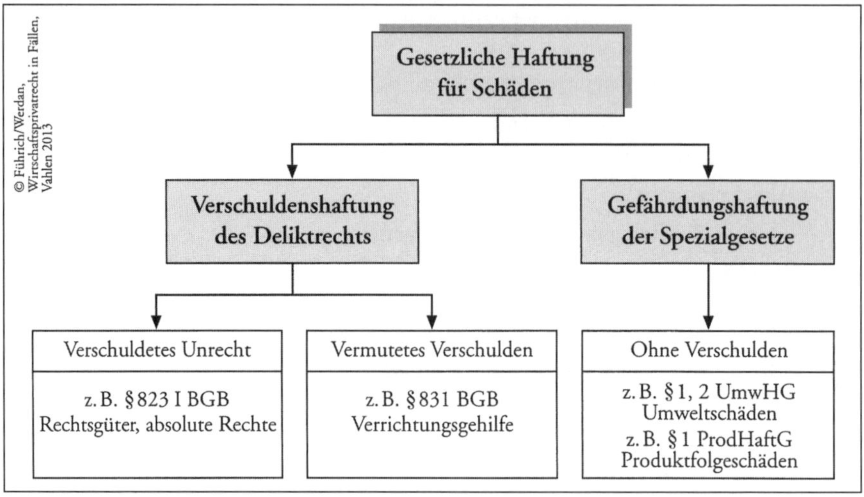

Abb. 29: Gesetzliche Haftung für Schäden

T hat den Grundtatbestand einer unerlaubten Handlung nach § 823 I BGB verletzt. Er hat

- **tatbestandsmäßig** (Verletzungshandlung, absolut geschütztes Rechtsgut, kausaler Schaden)
- **rechtswidrig** (d. h. ohne Rechtfertigungsgrund) und
- **schuldhaft** (d. h. vorsätzlich oder fahrlässig) eine Körperverletzung begangen. Rechtsfolge ist seine Schadensersatzpflicht.

4. Welche absoluten Rechtsgüter sind in § 823 I geschützt?

Zu den absolut, also von jedermann zu beachtenden Rechtsgütern zählen Leben, Gesundheit, Körper, Freiheit, Eigentum und sonstige (vergleichbare) Rechtsgüter wie Ehre, Besitz, Firma, Patent oder Marke.

5. Wie kann eine Verletzungshandlung geschehen? Eine unerlaubte Handlung kann geschehen durch

- **aktives Handeln** wie im Fall 3,
- **Unterlassen**, wenn eine Rechtspflicht zum Handeln besteht wie bei einer Verletzung der Streupflicht und Unfall eines Passanten.

6. Bei der Verletzung des F im Fall 3 zieht er sich durch ein Infektion einen weiteren Schaden zu und muss 3 Wochen länger im Krankenhaus bleiben. Muss T auch dafür zahlen?

Der Schädiger muss nur für den **adäquat kausal** auf die Verletzungshandlung zurückzuführenden Schaden haften. Zwischen Handlung und Schaden muss also ein **Wahrscheinlichkeitszusammenhang** bestehen. Die Infektion in der Klinik ist durchaus nicht außerhalb jeder Wahrscheinlichkeit, wenn man sich im Krankenhaus aufhält, so dass T auch für diese Folgeschäden aufkommen muss.

7. Wie würden Sie den Fall 3 beurteilen, wenn F den Streit nachweislich angefangen hat und dem T unter wüsten Beschimpfungen eine Ohrfeige gegeben hätte?

In diesem Fall war die Verletzungshandlung nicht rechtswidrig, denn T kann sich auf den **Rechtfertigungsgrund** der Notwehr gem. § 227 BGB berufen. Er handelte, um einen gegenwärtigen, rechtswidrigen Angriff von sich abzuwehren.

8. Der Arzt A operiert F. Leider erleidet er eine Lähmung eines Gesichtsmuskels, welche immer wieder als Folge einer solchen Operation in der Medizin beschrieben wird. F verlangt von A Schadensersatz.

A hat hier tatbestandsmäßig mit der Operation eine Körperverletzung begangen, die jedoch nicht rechtswidrig war. F **willigte in die Operation** ein und daher entfällt das notwendige Element der **Widerrechtlichkeit**. Eine rechtfertigende Einwilligung setzt aber voraus, dass der Patient über die vorhersehbaren Nebenwirkungen vorher aufgeklärt worden ist. Wenn A gegen diese Informationspflicht verstoßen hat, haftet er dem F auf den entstandenen Schaden.

II. Verstoß gegen ein Schutzgesetz und sittenwidrige vorsätzliche Schädigung

9. Gegen welches Schutzgesetz hat T im Fall 3 auch verstoßen?

T hat gegen das Strafgesetz verstoßen und eine vorsätzliche Körperverletzung gem. § 223 StGB begangen. Hierbei handelt es sich um ein Schutzgesetz, das den Individualschutz des Einzelnen bezweckt. Daher muss T ebenso nach der Anspruchsgrundlage des § 823 II BGB Schadensersatz leisten.

10. Welche Schutzgesetze sind im Unternehmen relevant?

- Strafgesetze wie Diebstahl, Unterschlagung, Betrug
- Arbeitnehmerschutzvorschriften wie das Arbeitszeitgesetz, MuSchG, JArbSchG
- Straßenverkehrsordnung (StVO)
- Insolvenzantragstellung bei GmbH nach § 64 I GmbHG

11. Wann greift die Anspruchsgrundlage des § 826 BGB im Geschäftsleben ein und gibt einen Schadensersatzanspruch?

Bei vorsätzlicher sittenwidriger Schadenszufügung ist ebenfalls Schadensersatz zu leisten (§ 826 BGB). Die Sittenwidrigkeit kann sich ergeben aus einen **arglisten Verhalten bei Vertragsschluss**, aus einem **Verleiten zum Vertragsbruch** und aus einem **verwerflichen Wettbewerbsverhalten**.

III. Haftung des Geschäftsherrn für Verrichtungsgehilfen

12. Unter welchen Voraussetzungen haftet der Arbeitgeber für widerrechtliche, unerlaubte Handlungen seiner Arbeitnehmer?

Der Arbeitgeber haftet als Geschäftsherr bei eigenem **Auswahl- und Überwachungsverschulden** hinsichtlich seiner Mitarbeiter nach § 831 BGB, wenn

- ein Verrichtungsgehilfe,
- eine widerrechtliche unerlaubte Handlung begeht,
- in Ausübung der Verrichtung und deswegen
- ein Schaden entsteht und
- der Geschäftsherr sich nicht entlasten kann.

13. Die Bauarbeiter Emsig (E) und Fleißig (F) werfen Schalbretter von einem Gerüst und verletzten durch Unachtsamkeit einen Passanten P. E und F sind mittellos. Welche Ansprüche hat P gegen deren Arbeitgeber Reich (R)?

P kann einen Schadensersatzanspruch gegen R aus § 831 BGB geltend machen. (1) E und F sind als Arbeitnehmer weisungsgebunden tätig und damit Verrichtungsgehilfen des R. (2) Die Bauarbeiter haben durch das Hinabwerfen der Bretter eine rechtswidrige Körperverletzung von P verursacht. (3) Beide handelten in Ausübung der ihnen aufgetragenen Verrichtungen. (4) Daher ist grundsätzlich R als Geschäftsherr für den Schaden des P haftbar, außer (5) er weist nach, dass ihn bei der Auswahl- und bei der Überwachung dieser Mitarbeiter kein Fahrlässigkeitsvorwurf trifft.

14. Im Fall 3 will F auch Schmerzensgeld dafür, dass sie vier Wochen in der Klink zubrachte. Zu Recht?

Bei jedem Personenschaden, also auch bei einer unerlaubten Handlung, die zu einer **Körper- und Gesundheitsverletzung** oder zu einer **Freiheitsentziehung** oder Verletzung der **sexuellen Selbstbestimmung** führt, kann der Verletzte zusätzlich ein angemessenes Schmerzensgeld verlangen (§ 253 II BGB). Die Höhe ist abhängig vom Ausmaß und der Schwere der Schäden und wird im Streitfall durch das Gericht festgesetzt.

Zur Vertiefung: *Führich, Wirtschaftsprivatrecht, § 26*

§ 27 Produkthaftung

1. Wie unterscheidet sich die Produkthaftung von der Produzentenhaftung?

Die Produkthaftung ist eine verschuldensunabhängige Gefährdungshaftung des Herstellers für Folgeschäden, die ein Dritter durch einen Fehler der Produkte des Herstellers erleidet.

Die Produzentenhaftung ist die verschuldensabhängige Haftung des Herstellers gegenüber Dritten für (Folge-)Schäden, die durch die Benutzung seiner Produkte entstehen.

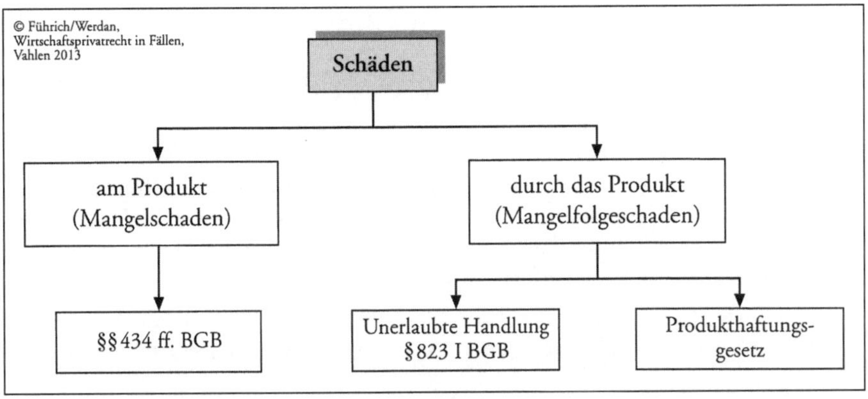

Abb. 30: Produkthaftung

2. **Welche Anspruchsvoraussetzungen bestehen für die Produzentenhaftung, und wo sind diese geregelt?**

Voraussetzungen sind eine ursächliche rechtswidrige Handlung, Verletzung eines geschützten Rechtsgutes, Verschulden und Schaden. Die Produzentenhaftung wird in § 823 BGB geregelt.

3. **Welche Voraussetzungen müssen für eine Produkthaftung erfüllt sein, und wo sind diese geregelt?**

Die Haftungsvoraussetzungen sind
- Herstellen/Inverkehrbringen (§ 1 ProdHaftG)
- eines fehlerhaften (§ 3 ProdHaftG)
- Produktes (§ 2 ProdHaftG)
- durch einen Hersteller (§ 4 ProdHaftG).

Geregelt sind diese im Produkthaftungsgesetz (ProdHaftG) vom 15.12.1989.

4. **Wann ist die Haftung nach dem ProdHaftG ausgeschlossen (§ 1 II ProdHaftG)?**

- Wenn der Hersteller das Produkt nicht in den Verkehr gebracht hat.
- Wenn das Produkt im Zeitpunkt des Inverkehrbringens fehlerfrei war.
- Wenn das Produkt nicht für den Verkauf oder für den Vertrieb mit wirtschaftlichem Zweck hergestellt wurde.
- Wenn der Produktfehler im Zeitpunkt des Inverkehrbringens nach dem Stand der Wissenschaft und Technik nicht erkannt werden konnte.

5. **Das Ehepaar Verschwendig möchte sein neues Reihenmittelhaus mit einer großen Einweihungsparty, zu der 40 Gäste geladen werden, die sich auf alle drei Etagen verteilen sollen, feiern. Frau Verschwendig (V) will die Gäste groß bewirten und kauft bei der Firma Völlerei OHG 10 Eimer à 1 kg fertigen Kartoffelsalat der Firma Pommus AG (P) in Originalverpackungen. Diesen Kartoffelsalat bevorzugt sie deshalb, weil er ausreichend Konservierungs-**

mittel enthält und somit auch nach der Party – sollte etwas übrigbleiben – weiterverwendet werden kann.

Bedauerlicherweise erkrankten sowohl das Ehepaar Verschwendig als auch alle 40 Gäste an einer schweren Lebensmittelvergiftung. Im nachhinein stellte sich nach einer Überprüfung des Kartoffelsalates heraus, dass er äußerlich nicht erkennbare Bakterien enthielt, und dass auch andere Käufer dieses Produktes erkrankt sind. Nicht mehr feststellbar war die genaue Ursache der Verunreinigung. In der Firma Pommus AG sind 170 Mitarbeiter u. a. mit der Produktion dieses Kartoffelsalates beschäftigt.

Gegen wen könnten hier welche Ansprüche bestehen – welche Schwierigkeiten bestehen hier bei der Geltendmachung von Schadensersatzansprüchen?

a) vertragliche Ansprüche:

aa) gegen die Völlerei OHG

Der Kaufvertrag – § 433 BGB – wurde zwischen Frau V und der Völlerei OHG geschlossen.

Aufgrund der daraus resultierenden Gewährleistungsansprüche (§§ 437 ff. BGB) kann V nur Nacherfüllung, Rücktritt oder Schadensersatz (§ 437 BGB) geltend machen.

Ansprüche der geschädigten Gäste bestehen mangels vertraglicher Beziehungen nicht.

bb) gegen die Pommus AG

Hier bestehen überhaupt keine vertraglichen Beziehungen.

b) Haftung aus unerlaubter Handlung, §§ 823 ff. BGB

aa) gegen die Völlerei OHG

Solche bestehen mangels Verschulden der Völlerei OHG grundsätzlich nicht: Diese hat mit der Produktion nichts zu tun. Ihre Aufgabe beschränkte sich lediglich auf den Weiterverkauf. Eine Verpflichtung zur Untersuchung der Ware bestand nicht – und war aufgrund der Originalverpackung auch praktisch gar nicht möglich.

bb) gegen die Pommus AG (P):

- Das durch § 823 BGB geschützte Rechtsgut der Gesundheit wurde sowohl beim Ehepaar V als auch bei den erkrankten Gästen verletzt.
- Auch der Schaden – Krankheitskosten, Verdienstausfall etc. – kann hier wohl unproblematisch nachgewiesen werden (§§ 249 ff. BGB).
- Schwierig wird es aber für die Geschädigten, eine ursächliche rechtswidrige Handlung und ein Verschulden nachzuweisen. Das Ehepaar V und die erkrankten Gäste müssten der Fa. P beweisen, wer in welcher Weise hier für die Bakterien im Kartoffelsalat verantwortlich war. Dies ist aus praktischen Gründen kaum möglich. Zudem könnte sich P nach § 831 BGB exkulpieren. Die Rechtsprechung hat hier folgende Grundsätze entwickelt:

  Der Hersteller P muss für Folgeschäden einstehen, die einer Person zugefügt werden. Voraussetzung ist, dass die Schäden dadurch entstanden sind, dass die Geschädigten – Ehepaar V und erkrankte Gäste – irgendwie mit den Produkten des Herstellers in Berührung gekommen sind (s. auch ProduktsicherheitsG). Dieser haftet bei Verletzung der allgemeinen Verkehrssicherungspflicht. Der Produzent einer Ware darf nur ‚verkehrssichere' Produkte auf den Markt bringen. Darüber hinaus ist er zur Produktbeobachtung verpflichtet. Werden diese Verkehrssicherungspflichten schuldhaft verletzt, muss der Hersteller für einen durch sein Produkt verursachten Fehler einstehen.

Zugunsten der Geschädigten ist hier nach der Rechtsprechung die Beweislast umgekehrt:

Nicht die Geschädigten müssen die rechtswidrige schuldhafte Handlung beweisen: Der Hersteller, die Fa. P, muss zunächst den Sachverhalt mit aufklären und den Beweis für ihre Schuldlosigkeit erbringen. Darüber hinaus hat sie den Entlastungsbeweis nach § 831 BGB für ihre Verrichtungsgehilfen zu führen.

Aufgrund der Beweislastumkehr dürfte allen Geschädigten hier der Nachweis gelingen, dass die P hier ihre Verkehrssicherungspflichten verletzt hat und infolgedessen aufgrund von § 823 BGB schadensersatzflichtig ist.

6. Worin liegt der wesentliche Unterschied zwischen deliktischer Produzentenhaftung und Produkthaftung?

Bei der deliktischen Produzentenhaftung handelt es sich – trotz Beweislastumkehr – immer noch um eine Verschuldenshaftung. Die Produkthaftung ist eine reine Gefährdungshaftung, § 1 I ProdHaftG, bei der der Hersteller keine Exkulpationsmöglichkeit hat.

7. Haben die Geschädigten im Falle 5 auch Ansprüche aufgrund des Produkthaftungsgesetzes?

- Ansprüche der Geschädigten gegen die Herstellerfirma P:

  Der Kartoffelsalat wurde von der P für wirtschaftliche Zwecke hergestellt und an die Einzelhandelsfirma Völlerei OHG zum Weiterverkauf ausgeliefert. Der Kartoffelsalat war auch fehlerhaft im Sinne des § 3 ProdHaftG, weil billigerweise damit gerechnet werden musste, dass der Kartoffelsalat verzehrt wird (innerhalb der Haltbarkeitsgrenzen, wovon hier ausgegangen werden kann). Der Kartoffelsalat ist als bewegliche Sache auch ein Produkt gem. § 2 ProdHaftG.

  Ein Haftungsausschluss nach § 1 II ProdHaftG kommt hier nicht in Betracht.

  Ersetzt werden nur die Folgeschäden, hier also die Personenschäden. Geschützt sind alle betroffenen Personen, also sowohl das Ehepaar V wie auch die erkrankten Partygäste.
- Ansprüche der Geschädigten gegen den Händler, die Völlerei OHG: Solche kommen hier nicht in Betracht, § 4 ProdHaftG.

8. Für welche Produkte wird nach dem ProdHaftG gehaftet?

Nach § 2 ProdHaftG wird für „jede bewegliche Sache, auch wenn sie einen Teil einer anderen beweglichen Sache oder einer unbeweglichen Sache bildet…“ gehaftet. Die Produkthaftung bezieht sich also sowohl auf typische Massenprodukte wie z.B. Computer, Kraftfahrzeuge, Möbel, Konfektionskleidung und Elektrogeräte wie auch auf Einzelprodukte, z.B. Großcomputeranlagen, Bauteile, Einbaumöbel etc.

9. Die Firma Rhesus GmbH stellt Blutkonserven her und vertreibt diese an Kliniken. Bedauerlicherweise befand sich unter den Spendern auch ein Aids-Infizierter, dessen Blut die Patienten A und B bekamen, bei denen die Krankheit nach einigen Monaten ausbrach.
Haftet die Firma Rhesus GmbH hier nach dem ProdHaftG?

Blut gilt als Produkt i.S.d. §2 ProdHaftG, sobald es gespendet worden ist. Als Produzent gilt hier aber nicht der bereits infizierte Spender, sondern die Rhesus GmbH. Nach Auffassung der Gesetzesbegründung zum ProdHaftG erfordert die Herstellung von Blutkonserven mindestens dieselben Sicherheitsvorkehrungen wie die Herstellung sonstiger Produkte. Deshalb haftet hier die Firma Rhesus GmbH.

10. Wer haftet für unsichere Produkte?

Für Schadensfolgen aus fehlerhaften Produkten haften

- der Hersteller, also derjenige, der das Endprodukt, einen Grundstoff oder ein Teil produziert hat (§4 I1 ProdHaftG); ein Assembler haftet für seine Montage und deren Kontrolle;
- der als Hersteller auftretende Händler („Quasi-Hersteller“), §4 I2 ProdHaftG;
- der Importeur, §4 II ProdHaftG;
- der Lieferant, wenn der Produkthersteller nicht festgestellt werden kann, §4 III ProdHaftG.

11. Textilgroßhändler Kribig kauft 50000 T-Shirts in Taiwan. Da er aufgrund der niedrigen Einkaufspreise günstige Preise machen kann, stellen sich diese T-Shirts als der große „Renner“ des Sommergeschäftes heraus. Allerdings kommen immer mehr Kunden und berichten ihm, dass sie einen ganz merkwürdigen Ausschlag bekamen, nachdem sie die T-Shirts getragen hatten. Eine Untersuchung des Gesundheitsamtes, die einer der behandelnden Arzte veranlasst hatte, ergibt, dass die Farbstoffe in den T-Shirts die Hautausschläge bei den Kunden verursacht hatten. Haftet Kribig nach dem ProdHaftG?

Nach §4 II ProdHaftG gilt Kribig als Hersteller und haftet hier für die Personenschäden gegenüber allen geschädigten Kunden, da die von ihm eingeführten Produkte fehlerhaft waren.

12. Durch welche Fehler kann eine Produkthaftung entstehen?

Nach §3 ProdHaftG liegt ein Fehler immer dann vor, wenn das Produkt „nicht die Sicherheit bietet, die unter Berücksichtigung aller Umstände … berechtigterweise erwartet werden kann“.

Dieser produkthaftungsrechtliche Fehlerbegriff ist nicht mit dem gewährleistungsrechtlichen identisch. Ob ein Produktfehler vorliegt, muss anhand folgender Kriterien ermittelt werden:

- berechtigte Sicherheitserwartungen eines ‚durchschnittlichen Produktbenutzers' (zum Beispiel muss auch ein Kleinwagen funktionsfähige und technisch einwandfreie Sicherheitsgurte haben).
- Stand von Wissenschaft und Technik: dieser bestimmt die konkreten Sicherheitserwartungen; Anhaltspunkte hierfür sind z.B. VDE-, DIN-Bestimmungen sowie vorgeschriebene TÜV-Prüfungen.

13. Wer trägt die Beweislast für das Vorhandensein eines Produktfehlers?

Diese trägt gem. §1 IV ProdHaftG der Geschädigte; deshalb muss er nachweisen, welche Sicherheitserwartungen berechtigt sind, und inwieweit eine Abweichung hiervon vorliegt.

14. Welche Fehlerquellen treten in der Praxis häufig auf?

Typisch für die Warenproduktion sind:

- Konstruktionsfehler: der Hersteller darf sich nicht darauf beschränken, bei der Konstruktion die ‚allgemein anerkannten Regeln der Technik' anzuwenden, sondern er muss die neuesten zugänglichen technischen und/oder wissenschaftlichen Erkenntnisse berücksichtigen und alle möglichen Sicherheitsvorkehrungen treffen. Konstruktionsfehler liegen nach der Rechtsprechung z.B. vor bei fehlerhaften Bremsen von Kfzs, bei fehlender oder mangelhafter Abdeckung von Maschinenteilen, wodurch Verletzungsgefahr hervorgerufen wird oder bei einem arterienunverträglichen Narkosemittel.
- Fabrikationsfehler: sie entstehen im Herstellungsprozess und kommen deshalb nur bei einzelnen Produkten, nicht aber bei ganzen Serien vor. Der Hersteller muss solchen Fabrikationsfehlern bereits im Vorfeld durch eine fortlaufende Kontrolle während der Produktionsphase vorbeugen. Fabrikationsfehler liegen nach der Rechtsprechung beispielsweise bei Materialschwächen von Fahrradteilen, bei durch Bakterien verunreinigtem Impfstoff oder etwa bei defekten Dichtungen einer Propangasflasche vor.
- Instruktionsfehler: sie können aus Eigenschaften eines Produktes, Fehlen von Eigenschaften aber auch aus unterlassener Aufklärung, Anleitung oder Warnung resultieren. Die Rechtsprechung beurteilt z.B. fehlende Warnung vor Unverträglichkeiten von Narkosemitteln, Nebenwirkungen oder Feuergefährlichkeit von Rostschutzmitteln als Instruktionsfehler.

15. Welche Schäden können durch fehlerhafte Produkte verursacht werden?

- Personenschäden
- Sachschäden
- Vermögensschäden

16. Was sind unmittelbare Schäden und was Folgeschäden?

- Unmittelbare Schäden sind Schäden, die unmittelbar am hergestellten oder erworbenen Produkt aufgetreten sind.
- Folgeschäden sind Schäden, die an anderen Sachen als dem beschädigten Produkt durch dieses verursacht worden sind.

17. A kauft ein neues Auto der Marke High-Fly. Leider waren die Bremsen fehlerhaft, so dass A bei einer Geschwindigkeit von 220 km/h den Wagen nicht mehr auf der Straße halten konnte und mit diesem über die Böschung auf das nächstgelegene Feld fliegen musste. Hierbei riss er noch eine Straßenabsperrung mit. A brach sich beide Beine und erlitt innere Verletzungen. Er musste 4 Wochen lang im Krankenhaus liegen. Da er selbstständiger Architekt war, konnte er während dieser Zeit die bestehenden Terminaufträge nicht durchführen. Der „High-Fly" war Schrott. – Welche Schäden sind hier entstanden?

Am Pkw und an der Straßenabsperrung entstanden Sachschäden: am Pkw selbst ein unmittelbarer Schaden, hinsichtlich der Straßenabsperrung ein Folgeschaden.

A selbst erlitt durch den Beinbruch einen Personenschaden in Form einer Körperverletzung.

Hinsichtlich des entgangenen Verdienstes liegt ein Vermögensschaden vor.

18. Welche Schäden werden von der Produkthaftung umfasst?

Grundsätzlich alle Schäden, die durch fehlerhafte Produkte verursacht worden sind; bei Sachschäden jedoch nur die Folgeschäden, nicht solche am fehlerhaften Produkt selbst.

19. Die Firma Granit AG – Baustoffhersteller – hat einen neuen Baustein entwickelt, der ein grandioser Erfolg geworden ist. Nachdem das Produkt 2 Jahre lang ausgeliefert worden war, kamen die ersten Schadensmeldungen. Es stellte sich heraus, dass sich der Baustoff nach einiger Zeit – bei ungünstigen Bedingungen – zersetzt und die damit gebauten Häuser einsturzgefährdet sind. Dadurch werden auch Dämpfe freigesetzt, die bereits bei Hunderten von Personen zu erheblichen Gesundheitsschäden geführt haben; diese sind auf Dauer arbeitsunfähig geworden. Sachverständige haben die Personenschäden auf € 200 Mio. und die Sachschäden auf € 300 Mio. geschätzt.

Muss die Firma Granit AG für alle diese Schäden aufkommen?

Die Sachschäden müssen in voller Höhe, die Personenschäden nur bis zu dem in § 10 ProdHaftG festgelegten Haftungshöchstbetrag von € 85 Mio. ersetzt werden.

20. Wie lange haben die Geschädigten in Fall 19 Zeit, ihre Ansprüche gegen die Granit AG geltend zu machen?

Produkthaftungsansprüche verjähren in 3 Jahren, nachdem der Ersatzberechtigte vom Schaden, dem Fehler und von dem Ersatzpflichtigen Kenntnis erlangt hat, § 12 ProdHaftG.

Zur Vertiefung: *Führich, Wirtschaftsprivatrecht, § 27*

Teil 3:
Gesellschaftsrecht und Unternehmensorganisation

8. Kapitel: Personengesellschaften

§ 28 Unternehmensformen und gesellschaftsrechtliche Grundbegriffe

	Personengesellschaften	**Kapitalgesellschaften**
Basisform	BGB-Gesellschaft	Verein
wichtigste Formen	OHG, KG, GmbH & Co. KG	GmbH, AG UG (haftungsbeschränkt)
gesetzliche Grundlagen	BGB, HGB	BGB, GmbHG, AktG
Mindest-Gründerzahl	2	Verein: 7 GmbH: 1 AG: 1 UG (haftungsbeschränkt): 1
Mindest-Gründungskapital	nicht vorgeschrieben (Ausnahme: GmbH & Co. KG)	GmbH: 25 T€ AG: 50 T€ UG (haftungsbeschränkt): 1 €–24 999 €
‚Verfassung'	Gesellschaftsvertrag	Satzung
Rechtspersönlichkeit	keine eigene Rechtspersönlichkeit	juristische Person, eigene Rechtspersönlichkeit
Vertretung	grundsätzlich durch die Gesellschafter	Organe (Gesellschafter oder Dritte)
Geschäftsführung	grundsätzlich durch die Gesellschafter	Organe (Gesellschafter oder Dritte)
Haftung: Grundsatz	persönliche Haftung der Gesellschafter	keine persönliche Haftung der Gesellschafter
Auflösung	Gesellschafterbeschluss, Beendigung der Tätigkeit	Liquidationsverfahren

Abb. 31: Unternehmensformen

I. Einteilung der Unternehmensformen

1. Emil Egger (E) betreibt ein Einzelhandelsgeschäft. Welche Unternehmensform liegt hier vor?

   E kauft und verkauft Waren, ist also Kaufmann i.S.d. § 1 HGB (Istkaufmann). Da er das Geschäft alleine betreibt, ist er ein Einzelkaufmann.

2. Emil Egger hat einen Freund, der endlich auch einmal Unternehmer werden will. Er fragt E, ob er nicht bei ihm einsteigen könne. Was liegt dann für eine Unternehmensform vor?

Wenn Emil seinen Freund in das Geschäft aufnimmt, ist er kein Einzelunternehmer mehr. Beide sind dann im Rahmen einer Gesellschaft tätig.

3. Was ist eine Gesellschaft?

Eine Gesellschaft ist ein freiwilliger Zusammenschluss von mindestens 2 Personen, die irgendeinen gemeinsamen Zweck verfolgen. Handelt es sich um einen beliebigen gemeinsamen Zweck, so liegt jedenfalls eine Gesellschaft bürgerlichen Rechts vor, §§ 705 ff. BGB. Besteht dieser gemeinsame Zweck im gemeinsamen Betrieb eines Handelsgewerbes unter gemeinschaftlicher Firma, so handelt es sich um eine Personen-Handelsgesellschaft im Sinne des HGB (§ 105 I HGB; wenn keine Haftungsbeschränkung vorliegt: OHG). Ist die Gesellschaft eine eigenständige juristische Person, so handelt es sich – bei beliebigem gemeinsamem Zweck – um eine Kapitalgesellschaft im Sinne des GmbHG oder AktG.

4. Was ist die Grundlage einer jeden Gesellschaft?

Grundlage des Zusammenschlusses zu einer Gesellschaft ist immer ein Gesellschaftsvertrag.

5. Welches Gebilde entsteht, wenn der Zusammenschluss zu einem gemeinsamen Zweck nicht auf der Basis eines Gesellschaftsvertrages erfolgt?

Dann kann es sich z. B. um eine Wohnungseigentümergemeinschaft, eine Körperschaft des öffentlichen Rechts o. ä. handeln.

6. Hat die Gesellschaft in der Wirtschaftspraxis eine große Bedeutung?

Bei den meisten mittelständischen Unternehmen und allen Großunternehmen handelt es sich um Gesellschaften.

7. Welche Gründe gibt es z. B., Unternehmen nicht als Einzelunternehmen, sondern als Gesellschaften zu gründen?

Der Zusammenschluss mehrerer Personen, also die Gründung einer Gesellschaft, ist z. B. in folgenden Situationen notwendig:

- Ein Unternehmer allein kann den geplanten Zweck nicht erreichen: Ein Bauunternehmen könnte z. B. einen Auftrag zum Bau eines großen Verwaltungsgebäudes erhalten, hat aber nicht genug Kapazitäten, um die geforderte Bauzeit einzuhalten. In diesem Falle wäre es sinnvoll, wenn es sich mit anderen Unternehmen zu dem gemeinsamen Zweck zusammenschließt, dieses Bauvorhaben durchzuführen. In diesem Falle würde eine Gesellschaft in Form einer Arbeitsgemeinschaft – ARGE – gegründet. Diese ist gerade in der Baubranche sehr verbreitet (z. B. Straßenbau, U-Bahn-Bau etc.).
- Das Unternehmen A hat ein neues Produkt entwickelt. B möchte sich unternehmerisch betätigen und hat das Kapital, um das Produkt zur Serienreife zu bringen. Deshalb wird er als Gesellschafter aufgenommen.
- 4 Freunde wollen sich in der Modebranche unternehmerisch betätigen: A hat als Einkäufer 10 Jahre Berufserfahrung, B hat eine kaufmännische Aus-

bildung, C hat ein Gebäude, in dem das Geschäft betrieben werden könnte, und D hat Kapital. Wollte jeder als Einzelunternehmer tätig werden, wären die Erfolgsaussichten gering. Wenn sich die 4 aber zu einer Gesellschaft zusammenschließen, haben sie gute Chancen, gemeinsam ein florierendes Unternehmen aufzubauen.

- Unternehmer Brummig hat in den letzten 4 Jahrzehnten ein großes Unternehmen aufgebaut. Aus gesundheitlichen Gründen will er sich zur Ruhe setzen. Seine Kinder gehen noch aufs Gymnasium, und es ist noch nicht abzusehen, ob und welche seiner Kinder das Unternehmen fortführen werden. Herr Brummig könnte dann eine (Kapital-) Gesellschaft gründen, die von einem angestellten Geschäftsführer geleitet wird, bis feststeht, ob seine Kinder eventuell in das Unternehmen einsteigen wollen.
- A möchte sein Unternehmen erweitern; es fehlt ihm jedoch das notwendige Kapital. Er nimmt deshalb B als Gesellschafter auf, der eine entsprechende Geldeinlage erbringt.

8. Welche Arten des vertraglichen Zusammenschlusses zur gemeinsamen Zweckerreichung gibt es?

- Entweder schließen sich mehrere Personen in der Weise zusammen, dass sie trotz dieses Zusammenschlusses ihre rechtliche Selbstständigkeit in der Gesellschaft behalten; die Gesellschaft besteht also nach wie vor aus den Gesellschaftern. Typisches Beispiel hierfür sind die BGB-Gesellschaft und die Personen-Handelsgesellschaften (z. B. OHG, KG).
- Oder: Die Personen verlieren durch den Zusammenschluss ihre rechtliche Eigenständigkeit in der Gesellschaft, und es entsteht unabhängig von den Gesellschaftern ein neues Rechtsgebilde, die juristische Person, die Kapitalgesellschaft. In der Praxis sind die GmbH und die AG die am häufigsten gegründeten Kapitalgesellschaften.

  Seit 2008 gibt es auch die Möglichkeit, eine Unternehmergesellschaft (UG (haftungsbeschränkt)) zu gründen (§ 5a GmbHG). Deren Stammkapital beträgt 1–24 999 €. Der Gesetzgeber wollte ‚Kleinstunternehmen' die Möglichkeit der Haftungsbeschränkung geben.

9. Wodurch sind die Personengesellschaften im wesentlichen gekennzeichnet?

- Sie müssen aus mindestens 2 Gesellschaftern bestehen.
- Jeder der Gesellschafter haftet den Gläubigern der Gesellschaft gegenüber grundsätzlich persönlich und unbeschränkt mit seinem gesamten Vermögen (Ausnahme z. B. Kommanditist).
- Das Gesellschaftsvermögen ist gesamthänderisch gebunden, d. h., die Gesellschafter können nicht darüber verfügen.
- Gegenüber Dritten tritt nicht eine eigenständige juristische Person, sondern treten grundsätzlich die Gesellschafter auf.
- Die Gesellschaft hat keine eigenständige Rechtspersönlichkeit.
- Vertreten wird die Gesellschaft durch die Gesellschafter.

- Geschäftsführungsbefugt sind die Gesellschafter.
- Der Bestand der Gesellschaft hängt von den Gesellschaftern ab.

10. Welches sind die wichtigsten Personengesellschaften und wo sind sie gesetzlich geregelt?

- BGB-Gesellschaft, §§ 705 ff. BGB
- OHG, §§ 105 ff. HGB
- KG, §§ 161 ff. HGB
- GmbH & Co. KG, 161 ff. HGB
- stille Gesellschaft, §§ 230 ff. HGB (Innengesellschaft)
- EWIV (= Europäische Wirtschaftliche Interessenvereinigung (EWIV), VO über die Schaffung einer EWIV, EWIV-Ausführungsgesetz und ergänzend §§ 105 ff. HGB

11. Wodurch sind die Kapitalgesellschaften im wesentlichen gekennzeichnet?

- Kapitalgesellschaften sind eigenständige juristische Personen.
- Die Gründung einer Kapitalgesellschaft kann durch eine einzige natürliche Person erfolgen (GmbH, AG, UG (haftungsbeschränkt); anders beim Verein).
- Den Gläubigern gegenüber haftet grundsätzlich nur das Gesellschaftsvermögen. Die Gesellschafter haften nicht persönlich.
- Der Bestand der Gesellschaft ist von den Gesellschaftern völlig unabhängig.
- Das Gesellschaftsvermögen gehört ausschließlich der Gesellschaft – die Gesellschafter haben hierüber unmittelbar keinerlei Verfügungsmöglichkeit.
- Gegenüber Dritten tritt nur die Kapitalgesellschaft, also die juristische Person, auf.
- Vertreten wird die Gesellschaft durch Geschäftsführer/Vorstand. Diese können Gesellschafter, aber auch beliebige Dritte sein (Drittorganschaft).

12. Welches sind die wichtigsten Kapitalgesellschaften, und wo sind sie gesetzlich geregelt?

- GmbH, GmbHG
- AG, AktG
- UG (haftungsbeschränkt), § 5a GmbHG

II. Ermittlung der geeigneten Rechtsform

13. Emil Ehrlich (E) ist Inhaber eines kleinen Schuhgeschäftes mit Reparaturwerkstatt in Hinterkreutztal und im Handelsregister eingetragen. Er fragt sich, ob er mit seinem Einzelunternehmen noch up to date ist. Sein Steuerberater hatte ihm schon mehrfach angeraten, eine GmbH zu gründen, weil dies viel „besser aussehe".

Hat der Steuerberater recht?

Ob eine GmbH „besser aussieht" als ein Einzelunternehmen, also z. B. mehr Vertrauen bei Geschäftspartnern und Kreditgebern erweckt, darf zu Recht stark in Zweifel gezogen werden.

Im Gegenteil: Das größte Ansehen genießt im Rechtsverkehr das Einzelunternehmen (bzw. die OHG). E könnte zwar als Einzelperson eine GmbH gründen, doch würde dies für ihn nur Nachteile bringen: er hätte einen hohen Gründungsaufwand, er müsste seine Stammeinlage leisten. Die laufenden Beratungskosten wären höher (er muss in Zukunft nicht nur persönliche Steuererklärungen fertigen lassen, sondern auch zusätzlich für die GmbH). E müsste sich auch mit den Besonderheiten des GmbH-Rechtes auseinandersetzen, um keine Fehler zu machen, die zu steuerlichen Mehrbelastungen führen können (z. B. verdeckte Gewinnausschüttung).

Höhere Beratungskosten (Steuerberater, Anwalt, Notar) würden anfallen. Für E wäre eine GmbH-Gründung also nicht vorteilhaft. Diese o. g. Nachteile wären nur dann in Kauf zu nehmen, wenn E in seinem Geschäft ein Haftungsrisiko hätte, vor dem die GmbH schützen könnte. Ein solches liegt aber hier nicht vor. Der Steuerberater hat also nicht recht.

14. Würde sich im Fall 13 etwas anderes ergeben, wenn der Steuerberater die Gründung einer Unternehmensgesellschaft angeraten hätte?

Die Stammeinlage würde lediglich 1–24 999 € betragen. Die unmittelbaren Gründungskosten wären auch geringer. Die laufenden Beratungskosten sind jedoch in etwa mit denen einer GmbH zu vergleichen (s. o. Fall 13).

Hinzu kommt ein erhebliches zivil- und haftungsrechtliches Risiko wegen verspäteter Insolvenzantragstellung.

15. Phillipp Fortran (F) hat gerade sein Informatik-Studium erfolgreich abgeschlossen und will sich nun als Unternehmer betätigen. Er möchte sich darauf spezialisieren, technische EDV-Programme, die für Großprojekte eingesetzt werden, zu entwickeln.

Er meint, dass er sich am Anfang erst einmal um seine Arbeit kümmern sollte. In 3 Jahren, wenn alles gut läuft, wird er über die Unternehmensform nachdenken. Ist das sinnvoll?

Wenn F nichts unternimmt, wird er ein Einzelunternehmen betreiben. Grundsätzlich wäre dies auch die zunächst ‚passende' Unternehmensform. Für einen Einzelnen käme ohnehin nur das Einzelunternehmen, eine UG (haftungsbeschränkt), eine Ein-Mann-GmbH oder eine Ein-Mann-GmbH & Co. KG sinnvollerweise in Betracht.

Allerdings gibt es hier einen ausschlaggebenden Grund, von Anfang an eine Haftungsbeschränkung herbeizuführen: Bei der Programmierung von EDV-Programmen, die für Großprojekte eingesetzt werden, können erhebliche Schäden verursacht werden, für die F als Einzelunternehmer auch mit seinem persönlichen Vermögen haften müsste. Die immense Höhe dieses Haftungsrisikos könnte F ruinieren. Sofern er also dieses Risiko nicht durch eine Versicherung oder durch Haftungsbeschränkungsvereinbarungen mit seinen Kunden begrenzen kann, erscheint die Gründung einer UG (haftungsbeschränkt), einer GmbH oder GmbH & Co. KG hier sinnvoll, da nur so das Haftungsrisiko auf den betrieblichen Bereich begrenzt werden kann.

F sollte also von Anfang an eine Kapitalgesellschaft oder eine GmbH und Co. KG gründen.

Anmerkung: Eine UG (haftungsbeschränkt) gem. § 5a GmbHG wäre in diesem Fall vor allem aus folgenden Gründen nicht zu empfehlen:

- Eine sinnvolle Geschäftstätigkeit erfordert eine ausreichende finanzielle Grundlage; die vom GmbH-Gesetzgeber vorgesehene Mindesthöhe von 25 000 € (§ 5 I GmbHG) sollte danach nicht unterschritten werden (s. aber: § 5a I GmbHG).
- Das für die UG-Gründung vorgesehene Musterprotokoll (Anlage zum GmbHG) wird den Anforderungen eines Gesellschaftsvertrages in der Regel nicht gerecht: es fehlen z. B. Regelungen zur Nachfolge, zum Verkauf von Gesellschaftsanteilen, zum Ausschluss von Gesellschaftern u. a.

16. Friedrich Fuchsig und Oskar Findig, die beide bisher als angestellte Unternehmensberater tätig waren, wollen sich in derselben Branche selbstständig machen. Um ihren zukünftigen Kunden mit gutem Beispiel vorangehen zu können, sehen sie es als ein „Muss" an, als Aktiengesellschaft aufzutreten. Ist das wirklich ein gutes Beispiel?

Zunächst müssen die beiden Unternehmensberater das Grundkapital von € 50 000 aufbringen. Die Gründungskosten sind relativ hoch, sie müssen auch ständig die gesetzlichen Formvorschriften für Beschlüsse etc. beachten. Die Gesellschaft benötigt neben dem Vorstand auch noch ein weiteres Organ, nämlich einen Aufsichtsrat.

Ganz generell würde für die beiden nur dann eine Kapitalgesellschaft Sinn machen, wenn sie für ihre unternehmerische Tätigkeit ein hohes Haftungsrisiko tragen müssten. Können sie dieses aber – z. B. durch Vereinbarungen mit ihren Kunden oder eine entsprechende Versicherung – begrenzen, so erscheint hier eine Kapitalgesellschaft nicht angebracht. Besser, kostengünstiger und leichter zu handhaben wäre eine Personengesellschaft; da beide mitarbeiten und die Gesellschaft vertreten wollen, ist eine OHG zu empfehlen.

Selbst wenn aber das Haftungsrisiko hoch und nicht einschränkbar wäre, wäre eine GmbH sinnvoller: das erforderliche Mindest-Stammkapital beträgt nur € 25 000, es ist kein Aufsichtsrat erforderlich, die laufenden Kosten sind geringer, und die GmbH ist für die Gesellschafter überschaubarer als eine Aktiengesellschaft. Die geplante Unternehmensform ist überdimensioniert.

17. Eduard Treulich (T) ist Bauunternehmer in zweiter Generation. Da er größten Wert auf solides Auftreten legt, wurde das Unternehmen bisher als Einzelunternehmen geführt. Er will nunmehr sein Geschäft erweitern. Sein

Schwiegervater, Großgrundbesitzer, würde gerne sein Geld gut investieren, legt aber keinen besonderen Wert auf Mitspracherechte; mitarbeiten will er schon gar nicht.
Welche Rechtsformen kämen hier in Betracht?

Wenn Herr Treulich das Haftungsrisiko aus seiner Bauunternehmertätigkeit – wie bisher – auch mit seinem persönlichen Vermögen tragen will, so wird er auch nach ‚Eintritt' seines Schwiegervaters in das Unternehmen keine Kapitalgesellschaft, sondern – allenfalls – eine Personengesellschaft gründen. Als Personengesellschaften kämen in Frage: BGB-Gesellschaft, OHG, KG, stille Gesellschaft und EWIV.

T betreibt ein Handelsgewerbe, deshalb kommt eine OHG (§§ 105 ff. HGB) in Betracht; eine BGB-Gesellschaft (§§ 705 ff. BGB) scheidet aus. Zu überlegen wäre, ob eine KG gegründet werden sollte und der Schwiegervater als Kommanditist eintritt, der nur mit seiner Einlage haftet und deshalb auch weder geschäftsführungs- noch vertretungsbefugt ist (§§ 161 ff. HGB). Es könnte auch eine stille Gesellschaft gegründet werden: diese ist eine reine Innengesellschaft, bei der die Einlage direkt in das Vermögen des T übergeht (§§ 230 ff. HGB). Nach außen tritt der stille Gesellschafter gar nicht auf. Er ist lediglich am Gewinn und evtl. Verlust beteiligt und hat bestimmte Kontrollrechte (§§ 232 f. HGB). Eine EWIV macht hier keinen Sinn, da beide Inländer sind.

Sinnvoll wären also eine KG oder eine stille Gesellschaft.

18. Gibt es eine für alle Zeiten richtige Entscheidung für die Rechtsform eines Unternehmens?

Nein, ein Unternehmen ist ein lebendiges Gebilde. Die Rechtsform bildet nur den Rahmen für die aktuellen Verhältnisse. Ändern sich diese – z. B. Gesellschafterbestand, Erbfall, Nachfolger, Kapitalbedarf, Konkurrenzsituation, Scheidung etc. – so muss auch die Rechtsform des Unternehmens neu überdacht werden.

19. Was muss ein Unternehmer also zuerst tun, um die für sein Unternehmen ‚richtige' Unternehmensform herauszufinden?

Er muss zunächst einmal feststellen, in welcher aktuellen Situation sich das Unternehmen zum Zeitpunkt der Überprüfung der Rechtsform befindet. Dazu gehört vor allem:

- die am Unternehmen beteiligten Personen (oder beteiligten Unternehmen) und deren Bindung an das Unternehmen
- die aktuelle Unternehmensgröße und deren Auswirkungen auf das Gesellschaftsrecht, z. B. Mitbestimmung, Publizitätspflichten
- das wirtschaftliche Umfeld, z. B. Marktstellung, Marktgröße, kartellrechtliche Beschränkungen
- Situation des Managements; wird das Unternehmen von Familienmitgliedern geleitet oder von angestellten Managern: Ist hier in absehbarer Zeit mit Änderungen zu rechnen etc.

- Nachfolgesituation: Muss eine Nachfolge von Familienmitgliedern vorbereitet werden, oder können langfristig Neuregelungen für das Management vorbereitet werden u. a.

20. Welche Kriterien sind bei der Auswahl der richtigen Unternehmensform zu prüfen?

a) Organisation: Soll das Unternehmen vom Inhaber bzw. von Gesellschaftern (insbes. bei Einzelunternehmen und Personengesellschaften) oder von unternehmensfremden Managern (Kapitalgesellschaften) geleitet werden?

b) Haftung: Wollen die Gesellschafter mit ihrem persönlichen Vermögen haften (Einzelunternehmen oder Personengesellschaften), oder ist das Risiko der unternehmerischen Tätigkeit so hoch, dass eine solche Haftung ausgeschlossen werden soll (Kapitalgesellschaft)?

c) Vermögensordnung: Bei der Personengesellschaft gehört das Gesellschaftsvermögen den Gesellschaftern, die aber nicht einzeln, sondern nur in ihrer Gesamtheit darüber verfügen können. Wie hoch dieses Gesellschaftsvermögen ist, bestimmen die Gesellschafter bzw. bestimmt der Gesellschaftsvertrag. Bei Kapitalgesellschaften ist das Mindest-Gesellschaftsvermögen (bei Gründung) gesetzlich festgelegt (GmbH: € 25000; AG: € 50000). Das Gesellschaftsvermögen gehört der juristischen Person, die Gesellschafter haben hierüber keine Verfügungsmöglichkeiten.

d) Kontrolle: Nur bei der AG ist zwingend ein Kontrollorgan, der Aufsichtsrat, vorgesehen. Bei der GmbH kann ein solcher im Gesellschaftsvertrag bestimmt werden, häufig hat dieser aber nur – als Beirat – beratende Funktion. Bei Personengesellschaften müssen sich die Gesellschafter selbst kontrollieren.

e) Publizität: Die Offenlegungsvorschriften sind vor allem bei Kapitalgesellschaften zu berücksichtigen (§§ 325 ff. HGB).

f) Steuerrecht: In der Praxis wird die Rechtsformwahl häufig ‚aus steuerlichen Gründen' bestimmt. Pauschale ‚Vor-Urteile' steuerlicher Art führen hier häufig zu Fehlentscheidungen. Wichtig in der Praxis ist es, die steuerlichen Gegebenheiten eines Unternehmens konkret durchzurechnen. Ganz besonders wichtig dabei ist es, die persönlichen – steuerlichen – Verhältnisse eines jeden Gesellschafters mitzuberücksichtigen.

g) Finanzierung: Auch hier können ‚Vor-Urteile' nur Schaden anrichten. Leider hält sich in der Praxis immer noch der Irrglaube, bei Zahlungsunfähigkeit oder Überschuldung einer Kapitalgesellschaft einfach Insolvenz anmelden und das persönliche Vermögen so retten zu können. Tatsächlich bestehen aber die Darlehensgeber gerade bei Kapitalgesellschaften auf Sicherheiten, häufig Bürgschaften der Gesellschafter. Ganz pauschal kann davon ausgegangen werden, dass Einzelunternehmen und Personengesellschaften – wegen der persönlichen Haftung – bessere Finanzierungsmöglichkeiten als Kapitalgesellschaften haben.

III. Gesellschaftsrechtliche Grundbegriffe

1. Rechtsformzwang

21. Die ‚Jungdynamiker' A, B und C wollen eine Marketing-Beratungsgesellschaft gründen. Ihnen ist bekannt, dass OHGs mehr Vertrauen genießen als GmbHs. Sie beschließen deshalb, eine „ABC-Marketing-Service OHG mbH" zu gründen. Ist das zulässig?

Nein, es gibt nur die Möglichkeit, zwischen den gesetzlich vorgesehenen Rechtsformen zu wählen. Dies nennt man den ‚numerus clausus der Gesellschaftsformen'. Hier wurde versucht, die OHG mit der GmbH zu kombinieren. Dies ist unzulässig: das gesetzliche Leitbild der OHG ist gerade die unbeschränkte Haftung und die Vertretungs- und Geschäftsführungsbefugnis der Gesellschafter. Dem widerspricht das gesetzliche Leitbild der GmbH (beschränkte Haftung, fehlende Geschäftsführungs- und Vertretungsbefugnis der Gesellschafter etc.). Eine Kombination dieser sich widersprechenden Unternehmensformen ist also unzulässig.

22. A, B und C haben in Fall 21 Schwierigkeiten mit dem Registerrichter bekommen, der ihnen erklärte, dass die von ihnen gewählte Unternehmensform ‚OHG mbH' unzulässig ist. Sie beschließen deshalb, die alten gesellschaftsrechtlichen Gepflogenheiten ‚über Bord zu werfen' und eine neue Gesellschaftsform zu wählen. Sie gründen eine ‚Überregio-Kombigesellschaft'.

Wäre das zulässig?

Auch diese Gesellschaft wäre nicht zulässig. Die Geschäftspartner dieser Gesellschaft wüssten gar nicht, woran sie sind: wer haftet in welchem Umfang, wer ist Gesellschafter, wer ist vertretungsbefugt etc. Deshalb sind Fantasiegesellschaften wie die ‚Überregio-Kombigesellschaft' nicht zulässig.

2. Gesellschaftstypenvermischung

23. Widerspricht die GmbH & Co. KG auch dem Grundsatz des ‚numerus clausus' der Gesellschaftsformen?

Diese Gesellschaft ist eine Kombination zwischen GmbH und KG. – Die GmbH ist dadurch gekennzeichnet, dass die Haftung auf das Gesellschaftsvermögen begrenzt ist und die Geschäftsführung und Vertretung durch die Organe (Geschäftsführer) erfolgt. Des weiteren ist die GmbH eine juristische Person, besitzt also eine eigene Rechtspersönlichkeit.

Die KG ist eine Personengesellschaft, die mindestens einen persönlich haftenden und einen beschränkt haftenden Gesellschafter hat. Die Gesellschafter können natürliche, aber auch juristische Personen sein.

Bei der typischen GmbH & Co. KG ist der persönlich haftende Gesellschafter eine GmbH, der beschränkt haftende Gesellschafter eine natürliche Person. Die GmbH haftet tatsächlich mit ihrem „persönlichen" Vermögen, dem Gesellschaftsvermögen (Privatvermögen kann eine GmbH als juristische

Person nicht haben). Durch diese Konstruktion, die sich in der Praxis größter Beliebtheit erfreut, wird das gesetzliche Leitbild der KG nicht geändert. Sie ist also zulässig.

3. Innen- und Außenverhältnis

24. Solventus und Pleitinius betreiben zusammen ein Architekturbüro in Form einer BGB-Gesellschaft. Um gegenüber den Bauherren ordentlich auftreten zu können, haben sie sich vor kurzem 2 Firmenwagen – einen pinkfarbenen Ferrari und einen grasgrünen Porsche Turbo zu je ca. € 100 000 – angeschafft. Solventus (S) hat vor kurzem einige Mietshäuser geerbt, Pleitinius (P) ist ‚anerkanntermaßen' mittellos. Leider war beiden Pkws kein langes Leben beschieden: der Ferrari landete im Straßengraben, der Porsche in einem kleinen Bach. Es entstand jeweils Totalschaden, P und S blieben unverletzt. Leider hatten sich die beiden die Vollkaskoversicherung ‚gespart'. Die Geschäfte des Architekturbüros liefen schlecht. Da die Autofirmen wissen, dass P zahlungsunfähig ist, fordern sie S zur Zahlung der beiden Pkws auf. S ist allenfalls bereit, je die Hälfte zu bezahlen, was seinem Gesellschaftsanteil entspricht. Ist er im Recht?

Die Kaufpreise für die Geschäftswagen sind vertragliche Ansprüche Dritter. Dafür haften die BGB-Gesellschafter als Gesamtschuldner nach § 421 BGB. Das bedeutet, dass die Gläubiger nach ihrem Belieben von S und P jeweils die ganze Leistung verlangen können. Insgesamt muss natürlich nur einmal geleistet werden. S muss also, wenn die Gläubiger das von ihm fordern, den gesamten Kaufpreis für beide Pkws bezahlen. – Dies betrifft seine Verpflichtung gegenüber Dritten, also das Außenverhältnis.

Wäre die Angelegenheit damit beendet, wäre S der Dumme. Die Gesamtschuldner wären der Willkür der Gläubiger ausgesetzt, die die freie Wahl hätten, wen sie in voller Höhe oder teilweise in Anspruch nehmen wollen.

Deshalb findet zwischen den Gesellschaftern als Gesamtschuldner der sog. Gesamtschuldnerausgleich statt: Nach § 426 BGB müssen alle Gesellschafter im Innenverhältnis zu gleichen Teilen haften; P und S also je zur Hälfte. S hat mehr bezahlt, als er müsste. Er kann deshalb von P die Erstattung des zuviel bezahlten Betrages, nämlich der Hälfte, verlangen. Wenn P allerdings tatsächlich auf Dauer zahlungsunfähig ist, wird S letztlich doch den ganzen Kaufpreis zu tragen haben, § 426 I 2 BGB.

25. Welche Rechtsbeziehungen betreffen das Außenverhältnis einer Gesellschaft?

Das Außenverhältnis betrifft die Rechtsbeziehungen zu Lieferanten, Kunden, Banken und sonstigen Dritten. Es ist überwiegend gesetzlich geregelt und kann durch Gesellschaftsvertrag i. d. R. nicht beeinflusst werden.

26. Welche Problembereiche sind im Rahmen des Außenverhältnisses zu klären?

- Vertretungsbefugnis (z. B. §§ 714 BGB, § 125 ff. HGB)
- Haftung gegenüber Dritten (z. B. §§ 128 ff. HGB)

27. Welche Rechtsbeziehungen betreffen das Innenverhältnis einer Gesellschaft?

Das Innenverhältnis regelt die Rechtsbeziehungen zwischen den Gesellschaftern. Es wird in der Regel durch den Gesellschaftsvertrag geregelt; hierzu finden sich aber auch gesetzliche Vorschriften.

28. Welche Problembereiche sind im Rahmen des Innenverhältnisses zu klären?

- Aufwendungsersatz (z.B. § 110 HGB)
- Wettbewerbsverbot (z.B.§ 112 HGB)
- Geschäftsführungsbefugnis (z.B. §§ 709 ff. BGB, §§ 114 ff. HGB)
- Beschlussfassung (z.B. § 119 HGB)
- Gewinn- und Verlustverteilung (z.B. §§ 120 f. HGB)
- Entnahmen (z.B. § 122 HGB)

4. Entstehung der Gesellschaften

29. Inwiefern ist bei der Gründung von Gesellschaften zwischen Innen- und Außenverhältnis zu unterscheiden?

- Im Innenverhältnis ist zu klären, ab wann zwischen den Gesellschaftern Gesellschaftsrecht gelten soll.
- Im Außenverhältnis ist zu klären, ab wann aus der Sicht der außenstehenden Dritten (Kunden, Lieferanten, Kreditgeber etc.) eine Gesellschaft vorliegt.

30. Zwischen welchen Gründungsarten ist zu unterscheiden?

Es ist zu unterscheiden zwischen
- einaktigen Gründungen (hier genügt der Abschluss eines Gesellschaftsvertrages) und
- mehraktigen Gründungen (hier muss zum Abschluss des Gesellschaftsvertrages noch zusätzlich etwas veranlasst werden, damit die Gesellschaft gegründet ist, z.B. Eintragung ins Handelsregister, Geschäftsbeginn etc.).

31. Wann entsteht die Gesellschaft bei der einaktigen Gründung im Innen- und im Außenverhältnis?

Bei der einaktigen Gründung entsteht sie sowohl im Innen- als auch im Außenverhältnis mit Abschluss des Gesellschaftsvertrages.

32. Wann entsteht die Gesellschaft bei der mehraktigen Gründung im Innen- und Außenverhältnis?

Bei der mehraktigen Gründung fallen Entstehung im Innen- und Außenverhältnis auseinander.

Im Innenverhältnis entsteht die Gesellschaft auch hier mit Abschluss des Gesellschaftsvertrages.

Im Außenverhältnis müssen sämtliche weiteren Erfordernisse (also z.B. Eintragung im Handelsregister, Geschäftsbeginn etc.) vorliegen, damit die Gesellschaft im Außenverhältnis entsteht.

33. Wann entsteht eine BGB-Gesellschaft im Innenverhältnis bzw. im Außenverhältnis?

Es liegt eine einaktige Gründung vor, d. h., die BGB-Gesellschaft entsteht im Innen- wie auch im Außenverhältnis mit Abschluss des Gesellschaftsvertrages (§§ 705 ff. BGB).

34. Wann entsteht eine OHG im Innenverhältnis bzw. im Außenverhältnis?

Bei der OHG ist eine mehraktige Gründung erforderlich.

Im Innenverhältnis entsteht die OHG bereits mit Abschluss des Gesellschaftsvertrags.

Im Außenverhältnis ist zu unterscheiden, ob ein Handelsgewerbe nach § 1 II HGB betrieben wird oder nicht:

- Betreibt sie ein Handelsgewerbe gem. § 1 II HGB, so entsteht sie im Außenverhältnis bereits mit Geschäftsbeginn; einer Handelsregistereintragung bedarf es hier nicht, § 123 II HGB.
- Betreibt sie kein Handelsgewerbe gem. § 1 II HGB, so ist für die Entstehung im Außenverhältnis die Eintragung im Handelsregister erforderlich, §§ 123 I, 105 II HGB.

35. Wann entsteht eine KG im Innenverhältnis bzw. im Außenverhältnis?

Auch bei der KG entsteht die Gesellschaft im Innenverhältnis mit Abschluss des Gesellschaftsvertrages. Da aber eine mehraktige Gründung erforderlich ist, entsteht sie im Außenverhältnis mit Geschäftsbeginn, wenn sie ein Handelsgewerbe betreibt (§§ 161 II i. V. m. § 123 II HGB) ansonsten mit Eintragung ins Handelsregister (§§ 161 II i. V. m. § 1231 HGB).

Die Haftungsbeschränkung des Kommanditisten wird im Außenverhältnis erst mit Eintragung ins Handelsregister wirksam, § 172 HGB.

36. Wann entsteht eine stille Gesellschaft?

Die stille Gesellschaft entsteht als reine Innengesellschaft mit Abschluss des ggfs. nur mündlichen Gesellschaftsvertrages, § 230 HGB, da eine einaktige Gründung vorliegt.

37. Wann entsteht ein eingetragener Verein (e.V.) im Innenverhältnis bzw. im Außenverhältnis?

Auch die Vereinsgründung muss in mehreren Akten erfolgen.

Im Außenverhältnis entsteht der Verein mit der – konstitutiven – Eintragung in das Vereinsregister, §§ 57 ff. BGB. Davor entsteht im Innenverhältnis zwischen den Gründungsmitgliedern lediglich ein Vorverein.

38. Wann entsteht eine GmbH im Innenverhältnis bzw. im Außenverhältnis?

Die GmbH entsteht im Außenverhältnis erst mit der konstitutiven Eintragung ins Handelsregister. Vor der Eintragung besteht die GmbH als solche nicht, § 11 I GmbHG. Allerdings hat die Rechtsprechung zur Vor-GmbH hier einige Einschränkungen dieses Grundsatzes festgelegt.

Im Innenverhältnis entsteht die Gesellschaft bereits mit Abschluss des Gesellschaftsvertrages; davor besteht im Innenverhältnis eine sog. Vorgründungsgesellschaft, eine BGB-Gesellschaft.

39. Wann entsteht eine AG im Innenverhältnis bzw. im Außenverhältnis?

Auch die AG entsteht erst mit der konstitutiven Eintragung, §41 I AktG. Davor besteht die AG als solche nicht, §41 I 1 AktG. Lediglich im Innenverhältnis besteht nach Satzungsabschluss eine Vorgesellschaft.

5. Geschäftsführung und Vertretung

40. Betreffen Geschäftsführung und Vertretung das Innen- und/oder das Außenverhältnis?

Die Geschäftsführung betrifft das Innenverhältnis, das sog. „rechtliche Dürfen". Wird diese Kompetenz überschritten, so hat das keine Auswirkungen auf die Wirksamkeit des Rechtsgeschäfts, sondern allenfalls Schadensersatzansprüche gegen den Geschäftsführenden zur Folge.

Die Vertretungsbefugnis betrifft das Außenverhältnis, das sog. „rechtliche Können". Wird die Vertretungsbefugnis überschritten, so ist das Rechtsgeschäft in der Regel schwebend unwirksam, da ein Vertreter ohne Vertretungsmacht (§§177, 179 BGB) gehandelt hat.

41. A, B und C sind Gesellschafter einer OHG. Hinsichtlich der Vertretungsbefugnis ist im Gesellschaftsvertrag nichts geregelt. Zur Geschäftsführungsbefugnis wurde vereinbart: Jeder Gesellschafter kann Geschäfte über € 50000 nur mit Zustimmung aller Gesellschafter abschließen. A fühlt sich dadurch in unzulässiger Weise beeinträchtigt. Er meint, dass endlich einmal ordentlich repräsentiert werden müsse und kauft für jeden Gesellschafter einen dunkelblauen BMW 991 à € 200000 als Geschäftswagen.

Sind die Geschäfte wirksam?

Zur Frage der Wirksamkeit ist die Vertretungsbefugnis zu überprüfen: Nach §125 HGB ist jeder Gesellschafter zur Vertretung der Gesellschaft befugt. Einschränkungen (z.B. Gesamtvertretung, s. §125 II HGB) wurden nicht vereinbart. Im Außenverhältnis sind die Pkw-Kaufverträge also in vollem Umfang wirksam.

Die Einschränkungen im Gesellschaftsvertrag betreffen nicht die Vertretungs-, sondern die Geschäftsführungsbefugnis, also ausschließlich das Innenverhältnis. Diese Kompetenzen hat A hier überschritten. Wurde hierdurch der Gesellschaft ein Schaden zugefügt, so muss A u.U. Schadensersatz leisten.

6. Fehlerhafte Gesellschaft

42. Emil Ehrlich (E) und Waldemar Wichtig (W) gründen eine EDV-Beratungsfirma. E hat gerade sein Betriebswirtschaftsstudium erfolgreich beendet, W ist ein ‚Programmier-Genie', der die Schule vor kurzem ‚sausen' ließ. E hat ein großes Zimmer seiner Wohnung, seinen Pkw und die Büroeinrichtung im

Wert von € 10000 „eingebracht". W hatte zugesagt, in die Gesellschaft seine große Computeranlage und Programme im Wert von ebenfalls ca. € 10000 „einzubringen". Zwischenzeitlich hat die Gesellschaft schon von 5 Firmen Aufträge erhalten, die einen Umsatz von € 60000 erwarten lassen. Deshalb haben E und W eine Computeranlage im Wert von € 20000 bestellt. Die Gesellschaft wurde ins Unternehmensregister eingetragen.

Nachdem die Firma bereits 2 Monate lief, stellte sich heraus, dass es sich bei dem Computer des W um Schrott handelte, der bei der Einbringung allenfalls € 250 Wert war und jetzt nicht mehr zu reparieren ist. Was kann E tun?

Normalerweise könnte der Gesellschaftsvertrag wegen Irrtums (§ 119 BGB) oder sogar wegen arglistiger Täuschung (§ 123 BGB) von E angefochten werden. Er wäre dann von Anfang an nichtig, § 142 BGB. Sämtliche bereits erbrachten Leistungen müssten nach den Grundsätzen der ungerechtfertigten Bereicherung (§§ 812 ff. BGB) wieder rückabgewickelt werden.

Dies hätte allerdings fatale Folgen: In die Gesellschaft wurden Einlagen eingebracht, in ihrem Namen wurden zahlreiche Verträge abgeschlossen, die teilweise auch schon erfüllt wurden. Alle diese Rechtsgeschäfte wären in diesem Falle auch unwirksam und müssten ‚rückabgewickelt' werden. Dies wäre schon allein deshalb inakzeptabel, weil alle Dritten auf den Bestand der Gesellschaft vertraut haben. Deshalb wurde von der Rechtsprechung die Lehre von der fehlerhaften bzw. faktischen Gesellschaft entwickelt. Danach führt bei einer in Vollzug gesetzten Gesellschaft die Nichtigkeit nicht zu einer Rückabwicklung von Anfang an. Vielmehr wird die Gesellschaft für die Vergangenheit als wirksam angesehen (faktische Gesellschaft). Die Anfechtung führt nur zur Auflösung ab dem Zeitpunkt der Anfechtung (ex nunc).

43. Was ist der wesentliche Inhalt der Grundsätze der fehlerhaften bzw. faktischen Gesellschaft?

Zunächst ist zwischen zwei Fällen zu unterscheiden:

a) Die Gesellschaft ist noch nicht in Vollzug gesetzt. Das bedeutet, dass im Außenverhältnis noch keine Rechtsgeschäfte abgeschlossen wurden. Dann kann die Anfechtung des Gesellschaftsvertrages zur Nichtigkeit von Anfang an führen und die Gesellschaft von Anfang an ‚rückabgewickelt' werden (§§ 119, 123, 142, 812 ff. BGB). Hier muss das Vertrauen des Rechtsverkehrs nicht geschützt werden.

b) Ist die Gesellschaft dagegen in Vollzug gesetzt worden, so muss der Rechtsverkehr, der auf die Gültigkeit der Gesellschaft vertraut hat, geschützt werden. Dann wird die Gesellschaft bis zum Zeitpunkt der Anfechtung als voll wirksam behandelt (faktische Gesellschaft). Erst ab diesem Zeitpunkt wird sie aufgelöst.

Keine Anwendung finden diese Grundsätze zu Lasten von Minderjährigen.

Zur Vertiefung: *Führich, Wirtschaftsprivatrecht, § 28*

§ 29 Gesellschaft des bürgerlichen Rechts (GbR)

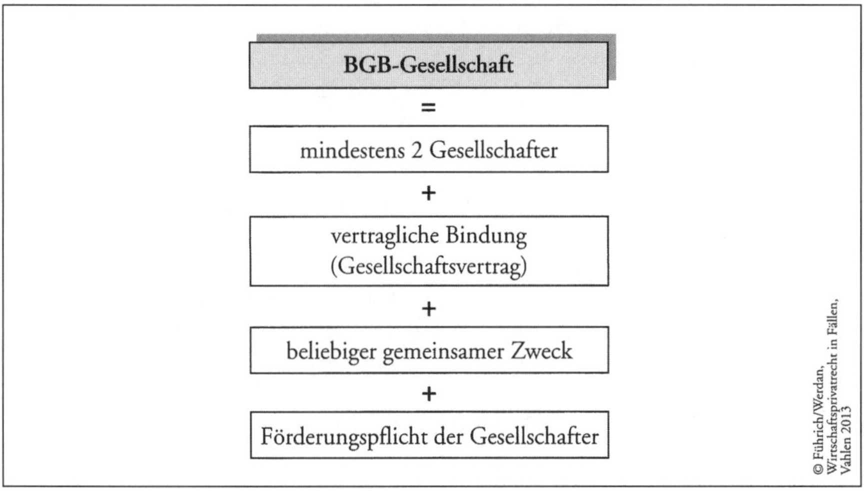

Abb. 32: Gesellschaft bürgerlichen Rechts

I. Begriff und Entstehung

1. A, B und C studieren an der Hochschule in Kempten. Alle drei wohnen in Memmingen und müssen jeden Tag hin- und herfahren. Um Kosten zu sparen und auch aus Gründen des Umweltschutzes entschließen sie sich, eine Fahrgemeinschaft zu bilden. Sie vereinbaren, dass jede Woche ein anderer die Fahrten übernehmen soll.

Hat diese Abrede irgendwelche rechtlichen Auswirkungen?

A, B und C haben sich zusammengeschlossen, um einen gemeinsamen Zweck zu erreichen, nämlich kostengünstiger und umweltschonender zur Hochschule fahren zu können. Ein solcher Zusammenschluss ist rechtlich eine GbR, die in §§ 705 ff. BGB geregelt ist.

2. Was sollten die Studenten A, B und C vor allem regeln?

- Wer hat an welchen Tagen mit seinem Fahrzeug zu fahren?
- Wie werden die Benzinkosten aufgeteilt?
- Was soll gelten, wenn einer der Studenten längere Zeit kein Auto hat (ggfs. höhere Kostenbeteiligung)?

3. In der Firma A haben sich in der Einkaufsabteilung 3 Arbeitskolleginnen X, Y und Z entschlossen, gemeinsam jede Woche Lotto zu spielen.

Hat diese Abrede irgendwelche rechtlichen Auswirkungen?

Auch hier haben sich X, Y und Z zur Erreichung eines gemeinsamen Zweckes zusammengeschlossen: sie wollen mit möglichst geringem Einsatz möglichst hohe Gewinnchancen beim Lotto erzielen. Deshalb liegt ebenfalls eine GbR gem. §§ 705 ff. BGB vor.

4. Eine der Arbeitskolleginnen in Fall 3 – Frau X – hat 4 Wochen lang ihren Anteil nicht bezahlt, weil sie immer wieder behauptete, ihr Geld vergessen zu haben. Die anderen beiden – Y und Z – haben das Geld für sie ausgelegt. Als feststand, dass in diesen Wochen nichts gewonnen wurde, behauptete X, dass sie gar kein Interesse an dem Lottospiel gehabt hätte und deshalb auch ihre Anteile am Einsatz nicht bezahlen werde.

Haben Y und Z irgendwelche Ansprüche gegen X?

Liegt – wie hier – eine BGB-Gesellschaft gem. §§ 705 ff. BGB vor, so sind die Gesellschafter gem. § 706 I BGB verpflichtet, ihre Beiträge zu leisten. Welche Beiträge zu leisten sind, ergibt sich primär aus den gesellschaftsvertraglichen Vereinbarungen der Gesellschafter. Wurde nichts vereinbart, so besteht die gesetzliche Vermutung, § 706 I BGB, dass alle Gesellschafter die gleichen Beiträge zu leisten haben. X, Y und Z haben also je ein Drittel des Einsatzes zu leisten.

Y und Z können also von X jeweils 1/3 des Einsatzes der letzten 4 Wochen verlangen, § 706 I BGB.

5. Die Bauunternehmen Hoch und Tief wollen zusammen ein großes Bauvorhaben – eine Brücke – bauen.

a) Welche Art des Zusammenschlusses liegt hier vor?

b) Welche Fragen werden die beiden Unternehmen sinnvollerweise regeln?

c) Welche gesetzlichen Regelungen finden hier Anwendung?

a) Auch hier liegt eine GbR in Form einer sog. Arbeitsgemeinschaft (Arge) vor, die vor allem in der Bauwirtschaft häufig anzutreffen ist. Es handelt sich dabei um den Zusammenschluss selbstständiger Unternehmen zum Zwecke der gemeinsamen Ausführung eines – in der Regel großen – Bauauftrages.

b) Die beteiligten Unternehmen sollten im Rahmen eines – aus Beweiszwecken sinnvollerweise schriftlichen – Gesellschaftsvertrages vor allem folgende Fragen klären:

- Wer hat welche Leistungen zu erbringen?
- Wer haftet für Schäden, die im Rahmen der Bauausführung entstehen?
- Wie werden Gewinn – und u. U. auch Verlust – verteilt?
- Unter welchen Voraussetzungen kann die Gesellschaft von einem der Gesellschafter gekündigt werden?
- Unter welchen Voraussetzungen kann einer der Gesellschafter ausgeschlossen werden?

c) Sofern die Parteien nichts vereinbaren, gelten die gesetzlichen Regelungen über die GbR (§§ 705 ff. BGB).

6. Die Zahnärztin Para und der Kieferchirurg Dontis wollen ihre bisherigen Praxen aus Gründen der Kostenersparnis zusammenlegen.

In welcher Rechtsform können sie das organisieren?

Para und Dontis schließen sich zusammen, um einen gemeinsamen Zweck zu erreichen, nämlich kostengünstig ihre Praxen zu betreiben. Sie können z. B.

die Räumlichkeiten und die Telefonanlage gemeinschaftlich nutzen und ggfs. auch gemeinsam eine Arzthelferin anstellen. Es liegt die Rechtsform der GbR gem. §§ 705 ff. BGB vor.

7. Die Privatbanken Zähl und Wechsel schließen sich zusammen, um gemeinsam einen Großkredit vergeben zu können. Was entsteht durch diesen Zusammenschluss?

Auch hier entsteht durch den Zusammenschluss eine GbR, §§ 705 ff. BGB, da Zähl und Wechsel sich zur Erreichung eines gemeinsamen Zweckes – das Kreditgeschäft durchführen zu können – zusammengeschlossen haben.

8. Der Bauunternehmer Klotzig hatte sich vor langen Jahren aus Haftungsgründen entschlossen, sein einheitliches großes Bauunternehmen in mehrere selbstständige GmbHs aufzuteilen.

Zwischenzeitlich ist er Alleingesellschafter von 20 Bauunternehmen in Form von GmbHs. Da er selbst nicht mehr alle Gesellschaften leiten konnte, hat er in jeder einen Geschäftsführer angestellt. Leider sind etliche dieser Geschäftsführer nicht in der Lage, über den Horizont der ‚eigenen' Gesellschaft hinauszusehen und die Interessen aller Unternehmen des Klotzig zu berücksichtigen. Deshalb wird ein Unternehmensvertrag zwischen allen 20 GmbHs geschlossen, damit zukünftig eine einheitliche Leitung gewährleistet ist.

Wie ist dieser Vertrag rechtlich zu qualifizieren?

Es handelt sich hier um den Zusammenschluss von 20 rechtlich selbstständigen Unternehmen unter einheitlicher Leitung, also um einen sog. Gleichordnungskonzern. Auch das ist grundsätzlich eine Gesellschaft bürgerlichen Rechts nach §§ 705 ff. BGB.

9. Nach amerikanischem Vorbild wollen sich 50 Anwälte zusammenschließen. Es soll nicht nur eine Bürogemeinschaft entstehen. Alle Aufträge sollen an alle Anwälte erteilt werden und die Gewinne unter allen nach einem zu vereinbarenden Schlüssel aufgeteilt werden, ebenfalls die Kosten.

Liegt hier eine OHG vor?

Nein, hier kann schon deshalb keine OHG gegründet werden, weil die Anwälte Freiberufler sind und deshalb kein Handelsgewerbe betreiben (§ 105 HGB). Die Anwälte haben sich zum gemeinsamen Zweck des Betreibens einer großen Anwaltskanzlei zusammengeschlossen. Es liegt eine BGB-Gesellschaft vor, §§ 705 ff. BGB.

10. Wie ist der ‚gemeinsame Zweck' im Sinne des § 705 BGB definiert?

Wie die obigen Beispiele zeigen, kann es sich beim gemeinsamen Zweck im Sinne des § 705 BGB um irgendeinen beliebigen Zweck handeln. Es gibt hier keinerlei Einschränkungen (außer: §§ 134, 138 BGB, s. auch Fall 13).

11. Wie entsteht eine BGB-Gesellschaft?

Die Gründung einer GbR erfolgt durch Abschluss des Gesellschaftsvertrages.

12. In welcher Form ist der Gesellschaftsvertrag einer BGB-Gesellschaft abzuschließen?

Es gibt keine Formvorschrift. Der Gesellschaftsvertrag kann also auch mündlich oder durch konkludentes Handeln abgeschlossen werden. Aus Beweiszwecken empfiehlt sich allerdings die Schriftform.

13. Muss oder kann eine GbR ins Handelsregister eingetragen werden?

Die GbR kann kein vollkaufmännisches Handelsgewerbe betreiben (dann ist sie eine OHG gem. § 105 HGB). Deshalb kommt ein Eintrag ins Unternehmensregister nicht in Betracht.

14. Welche Gesellschaft entsteht, wenn sich z. B. mehrere Steuerberater (Freiberufler) zusammenschließen, die kein Handelsgewerbe i. S. d. § 1 II HGB betreiben?

Für sie gilt ausschließlich das BGB. Deshalb können sie auch keine OHG gründen, § 105 II HGB. Ihr Zusammenschluss ist also eine BGB-Gesellschaft nach §§ 705 ff. BGB (Sozietät).

II. Pflichten und Rechte der Gesellschafter im Innenverhältnis

1. Pflichten der Gesellschafter

a) Beitragspflicht

15. Die Anwälte Para (P) und Grafus (G) wollen sich zu einer Sozietät zusammenschließen. P kann die Büroeinrichtung einbringen, G wird ein „Anfangskapital" von € 20 000 zur Verfügung stellen. Sind diese verschiedenen Einlagen zulässig?

Die Anwaltssozietät ist eine BGB-Gesellschaft. Nach § 705 BGB sind die Gesellschafter verpflichtet, zur Erreichung des gemeinsamen Zweckes die vereinbarten Beiträge zu leisten. Ist nichts vereinbart, so muss jeder Gesellschafter denselben Beitrag leisten, § 706 1 BGB.

Im vorliegenden Falle haben P und G eine Vereinbarung im Gesellschaftsvertrag geschlossen, wonach P eine Sachleistung und G eine Geldleistung zu erbringen hat. Beides ist zulässig.

16. Angenommen, G (Fall 15) hat kein Geld. Er erklärt sich gegenüber P bereit, den Telefondienst für die Sozietät, die sich anfangs noch keine Sekretärin leisten kann, ‚als Einlage' zu übernehmen. – Ist dies zulässig?

G will statt einer Sach- oder Geldeinlage seine Dienste ‚einlegen'. Auch dies ist nach § 706 III BGB zulässig.

17. Wie wäre es in Fall 15, wenn G statt des Geldes sein 1-Zimmer-Appartement ‚einbringen' würde?

Auch die Einbringung von Grundstücken wäre nach § 706 II BGB zulässig, müsste jedoch in notarieller Form erfolgen.

18. P (Fall 15) hat sich entschlossen, die Büroeinrichtung nicht in das Vermögen der Gesellschaft einzubringen, sondern als ‚Einlage' nur die Büroeinrichtung der Gesellschaft zur Nutzung zur Verfügung zu stellen. – Ist das zulässig?

Auch das ist zulässig: Ein Beitrag kann auch in Form der Gebrauchsüberlassung (§ 535 BGB) bestehen.

19. Da die Geschäfte der Sozietät (Fall 15) doch nicht so gut laufen wie erwartet, meint P, dass jeder der Gesellschafter noch eine weitere Bareinlage (je € 10 000) erbringen müsse. – Kann P seinen Mitgesellschafter G zwingen, diesen zusätzlichen – und anfangs nicht vereinbarten – Beitrag zu leisten?

Nein, ein BGB-Gesellschafter kann nicht zur Erhöhung des vereinbarten Beitrages gezwungen werden, § 707 BGB.

b) Geschäftsführung und Vertretung

20. Was bedeutet Geschäftsführung?

Geschäftsführung ist die Verwirklichung der Geschäftszwecke.

21. Wer ist geschäftsführungsbefugt?

Nach § 709 I BGB sind alle Gesellschafter gemeinschaftlich zur Geschäftsführung befugt.

22. Was ist, wenn in einer BGB-Gesellschaft einer von 3 Gesellschaftern einem Geschäft widerspricht?

Dann hat das Geschäft zu unterbleiben, weil für jedes Geschäft die Zustimmung aller Gesellschafter erforderlich ist, § 709 I BGB.

23. Eine BGB-Gesellschaft besteht aus 6 Gesellschaftern. 2 Gesellschafter sind zu je 40 %, 4 zu je 5 % beteiligt. Über die Geschäftsführungsbefugnis wird lt. Gesellschaftsvertrag nach der Mehrheit der Stimmen entschieden.

Es soll eine Anlage gekauft werden. Die beiden Gesellschafter mit je 40 % Anteilen sind dagegen, die 4 Gesellschafter mit insgesamt 20 % Anteilen sind dafür. Darf das Geschäft abgeschlossen werden?

Würde die Mehrheit der Gesellschaftsanteile entscheiden, müsste das Geschäft unterbleiben, da 80 % ‚dagegen' gestimmt haben. Im Gesellschaftsvertrag ist nicht geregelt, wie die Mehrheit ermittelt werden soll: ob nach Gesellschaftsanteilen oder nach Köpfen.

Nach § 709 II BGB ist die Zahl der Gesellschafter und nicht die Höhe deren Gesellschaftsanteile maßgebend, so dass das Geschäft abzuschließen ist, obwohl nur 20 % ‚dafür' gestimmt haben.

24. Die Bauunternehmen T, U und V haben eine Arge zum Bau eines Autobahnabschnittes gegründet. V hat nur einen kleinen Anteil übernommen und ist deshalb nicht an der aktiven Geschäftsführung beteiligt. Im Gesellschaftsvertrag ist deshalb vermerkt, dass nur T und U die Geschäfte führen.

a) Ist das zulässig?

b) Können T und U jeweils alleine die Geschäfte führen?

a) Der Ausschluss einzelner BGB-Gesellschafter von der Geschäftsführung ist durch gesellschaftsvertragliche Vereinbarung zulässig, § 710 S. 1 BGB.

b) Die verbleibenden geschäftsführungsbefugten Gesellschafter sind jedoch nicht einzeln, sondern nur gemeinschaftlich zur Geschäftsführung befugt, § 710 S. 2 i. V. m. § 709 BGB.

25. Könnte in Fall 24 im Gesellschaftsvertrag auch festgelegt werden, dass T und U jeweils Einzelgeschäftsführungsbefugnis haben?

Aus dem Wortlaut des § 711 BGB ergibt sich, dass durch Vertrag einem oder auch mehreren Gesellschaftern Einzelgeschäftsführungsbefugnis übertragen werden kann.

26. A und B sind Gesellschafter zu je 50 % und lt. Gesellschaftsvertrag zur Einzelgeschäftsführung befugt. A ist mit einem Geschäft, das B geplant hat, nicht einverstanden. Was kann er tun?

A kann von seinem Widerspruchsrecht nach § 711 BGB Gebrauch machen. Widerspricht A, so muss das von B geplante Geschäft unterbleiben, § 711 S. 2 BGB

27. Welche Einflussmöglichkeiten haben diejenigen Gesellschafter, die von der Geschäftsführung ausgeschlossen sind?

Einflussmöglichkeiten im engeren Sinne haben diese Gesellschafter nicht mehr, jedoch können sie gem. § 716 BGB gewisse Kontrollrechte ausüben:

- sie können sich persönlich über die Angelegenheiten der Gesellschaft unterrichten
- sie können Einsicht in die Geschäftsbücher und Geschäftspapiere wie z. B. Verträge, Geschäftsbriefe, Angebote, Bestellungen etc. nehmen
- sie können sich aus den Geschäftsunterlagen eine Übersicht über den Stand des Vermögens der Gesellschaft anfertigen oder z. B. durch einen Anwalt oder Steuerberater anfertigen lassen.

28. Was bedeutet Vertretungsbefugnis, und wo ist diese für die BGB-Gesellschaft gesetzlich geregelt?

Vertretungsbefugnis bedeutet, im Namen der BGB-Gesellschaft mit rechtlicher Wirkung für und gegen alle Gesellschafter rechtsgeschäftliche Erklärungen abgeben und annehmen zu können. Sie ist in den §§ 714 f. BGB gesetzlich geregelt.

29. In der ABC-GbR wurden weder Geschäftsführungs- noch Vertretungsbefugnis vertraglich geregelt. Wer ist geschäftsführungs- und wer vertretungsbefugt?

Nach §709 I BGB ist jeder Gesellschafter gesamtgeschäftsführungsbefugt. Die Vertretungsbefugnis richtet sich – sofern keine abweichende vertragliche Regelung getroffen wurde – nach der Geschäftsführungsbefugnis, §714 BGB. Es gilt also der Grundsatz der Gesamtvertretungsbefugnis.

30. In Fall 29 kommt es zwischen den Gesellschaftern zum Streit. A ist nach Meinung der anderen Gesellschafter nicht fähig, die Geschäfte der Gesellschaft ordnungsgemäß zu führen. Kann A die Geschäftsführungs- und auch die Vertretungsbefugnis entzogen werden?

- Die Geschäftsführungsbefugnis kann A durch einstimmigen Gesellschafterbeschluss entzogen werden, §712 BGB, wenn tatsächlich ein wichtiger Grund vorliegt. Hierbei hat A wegen der möglichen Interessenkollision kein Stimmrecht.
- Da sich die Vertretungsbefugnis nach der Geschäftsführungsbefugnis richtet, §714 BGB, kann sie unter den gleichen Voraussetzungen entzogen werden, §715 BGB i.V.m. §712 I BGB.

c) Treuepflicht

31. Wo ist die Treuepflicht der BGB-Gesellschafter gesetzlich geregelt?

In den gesellschaftsrechtlichen Vorschriften der §§705ff. BGB finden sich keine ausdrücklichen Regelungen. Die Treuepflicht ergibt sich aus dem allgemeinen Grundsatz von Treu und Glauben, §242 BGB, der im Gesellschaftsrecht von besonderer Bedeutung ist.

32. Welchen Inhalt hat die Treuepflicht?

Aufgrund seiner Treuepflicht ist jeder Gesellschafter verpflichtet, alles zu unterlassen, was den Interessen der Gesellschaft nicht entsprechen würde.

Ein Verstoß würde z.B. vorliegen beim Verstoß gegen Wettbewerbsverbote oder beim Verrat von Geschäftsgeheimnissen.

33. Welche Rechtsfolgen hat ein Verstoß gegen die Treuepflicht?

Entsteht durch die Verletzung der Treuepflicht ein Schaden, hat der Gesellschafter diesen nach den Grundsätzen der positiven Vertragsverletzung, §241 II BGB, zu ersetzen.

34. Drei Anwältinnen (A, B, C), ein Steuerberater (D) und ein Wirtschaftsprüfer (E) haben zusammen eine Sozietät gegründet. Leider mussten die Gesellschafter feststellen, dass der Steuerberater D einige sehr gute und große Mandate für die Kanzlei seiner Ehefrau, ebenfalls Steuerberaterin, abgeworben hatte. Es stellte sich heraus, dass D langsam sein Ausscheiden aus der Gesellschaft vorbereiten und zukünftig mit seiner Ehefrau zusammen – natürlich unter Mitnahme der besten Mandate aus der Sozietät – eine Kanzlei betreiben will. Darauf angesprochen meinte er, dass er ja ohnehin ausscheiden wolle und der Meinung sei, dass der Honoraranfall lieber in – seiner – Familie bleiben solle. Er habe auch schon mit anderen Anwälten und

Wirtschaftsprüfern Kontakt aufgenommen, so dass er in Bälde dieselben umfassenden Leistungen für die Mandanten anbieten könne wie die bisherige Kanzlei. Einem Rausschmiss sehe er gelassen entgegen.

Was können die Anwältinnen A, B, C und der Wirtschaftsprüfer E tun?

- Zunächst kann dem Steuerberater D die Geschäftsführungsbefugnis (§ 712 BGB) und folgend auch die Vertretungsbefugnis (§ 715 BGB) entzogen werden, weil das Hintergehen der anderen Gesellschafter, das Abwerben der Mandanten, als eklatanter Verstoß gegen die Treuepflicht und damit als grobe Pflichtverletzung angesehen werden kann.
- Enthält der Gesellschaftsvertrag eine Fortsetzungsklausel, so kann D unter den o. g. Voraussetzungen aus der Gesellschaft ausgeschlossen werden, §§ 737, 723 BGB.
- Am wichtigsten ist hier für die Anwältinnen und den Wirtschaftsprüfer der Schadensersatz: wegen Verletzung seiner Treuepflicht hat D den Schaden zu ersetzen, der durch die Abwerbung entstanden ist.

d) Haftungsmaßstab

35. Für welche Sorgfalt muss der ‚Geschäftsführer' einer GbR einstehen?

Die Geschäftsführung ist Gesellschafterpflicht. Im Rahmen der Erfüllung dieser Pflichten muss ein Gesellschafter für die Sorgfalt, die er in eigenen Angelegenheiten anzuwenden pflegt, einstehen, § 708 BGB. Aufgrund des persönlichen Vertrauensverhältnisses zwischen den Gesellschaftern sind diese verpflichtet, sich gegenseitig so zu nehmen, wie sie sind.

36. Die Studenten Furio (F) und Solidus (S) haben eine Fahrgemeinschaft für die Fahrten zur Hochschule gebildet. Furios Fahrstil entspricht seinem Namen. Er verursacht auch gleich bei der ersten Fahrt einen Unfall, weil er viel zu schnell gefahren ist. Für welche Sorgfalt muss F einstehen?

Legt man den Maßstab der Sorgfalt in eigenen Angelegenheiten zugrunde, so würde sich wohl zunächst keine Haftung ergeben (§ 708 BGB). Zusätzlich gelten aber die straßenverkehrsrechtlichen Vorschriften (StVG, StVO etc.). Danach haftet F.

e) Durchsetzung von Sozialansprüchen

37. Was sind Sozialansprüche?

Sozialansprüche sind Ansprüche der Gesellschafter in ihrer gesellschaftsrechtlichen Verbundenheit aus dem Gesellschaftsvertrag gegenüber einzelnen Gesellschaftern.

Sozialansprüche sind z. B. Ansprüche auf Leistung der vereinbarten Beiträge, auf Zahlung von Nachschüssen, Schadensersatzansprüche wegen Pflichtverletzungen bei der Geschäftsführung.

38. A, B und C haben eine BGB-Gesellschaft gegründet. Jeder der Gesellschafter soll eine Einlage von € 1 000 erbringen.
a) Wer kann den Anspruch gegen A geltend machen?
b) Wer könnte den Anspruch auf Leistung des Beitrages geltend machen, wenn nur A und B Gesellschafter wären?

a) Zur Geltendmachung der Sozialansprüche ist die Gesamtheit der übrigen Gesellschafter, also B und C (zusammen!) berechtigt. Weder B noch C können den Beitrag allein einfordern.

b) In diesem Falle wäre B alleine berechtigt, die Leistung an die Gesellschaft zu fordern.

2. Rechte der Gesellschafter

39. Welche wesentlichen Rechte hat der Gesellschafter einer GbR?

Die Gesellschafter können zum einen aktiv mitwirken, zum anderen sind sie auch vermögensmäßig beteiligt.

Wichtige Mitwirkungsrechte sind z. B.:
- Geschäftsführung (§709 BGB) und Vertretung (§714 BGB): zwar sind die Gesellschafter zur Geschäftsführung und Vertretung verpflichtet, s. o.; diese Verpflichtungen beinhalten aber andererseits auch die wichtigsten Mitwirkungsrechte
- Kontrollrecht nach §716 BGB
- Stimmrechte bei der Beschlussfassung, §709 BGB
- Mitwirkungsrechte bei der Auseinandersetzung der GbR (§730 BGB)
- Recht auf Kündigung der Gesellschaft, §723 BGB

Wichtige Vermögensrechte sind z. B.
- Anspruch auf den Gewinnanteil, §721 BGB
- Anspruch auf Auseinandersetzungsguthaben, §738 BGB
- Anspruch auf Ersatz von Aufwendungen, §§713 i. V. m. 670 BGB

40. Die Bauunternehmen A und B haben eine Arge gebildet. Die Gesellschafter haben folgende Beiträge geleistet: A € 40 000 und B € 60 000. Über die Gewinn- und Verlustverteilung gibt es keine vertragliche Regelung. Wie werden Gewinn bzw. Verlust verteilt?

Nach §722 BGB werden Gewinn und Verlust ‚nach Köpfen' verteilt. Das bedeutet, dass A und B jeweils die Hälfte des Gewinnes erhalten bzw. die Hälfte des Verlustes zu tragen haben. Beitragsart und Beitragshöhe sind dabei irrelevant.

III. Gesellschaftsvermögen

41. Muss eine GbR notwendigerweise Gesellschaftsvermögen haben?

Nein, eine GbR muss kein eigenes Gesellschaftsvermögen haben (z. B. Fahrgemeinschaft).

42. Was ist das Gesellschaftsvermögen?

Beim Gesellschaftsvermögen handelt es sich nicht um das Vermögen der Gesellschaft – die GbR hat ja keine eigene Rechtspersönlichkeit und kann somit nicht Träger von Rechten und Pflichten sein. Es handelt sich hier um das gemeinschaftliche Vermögen der Gesellschafter, sog. Gesamthandsvermögen.

43. Was bedeutet die gesamthänderische Bindung des Gesellschaftsvermögens?

Die Gesellschafter sind in ihrer Gesamtheit am Vermögen der Gesellschaft beteiligt. Keiner von ihnen darf alleine auch nur über den kleinsten Bruchteil verfügen.

44. Was gehört zum „Gesellschaftsvermögen“?

- die Beiträge der Gesellschafter, § 718 I BGB
- die für die Gesellschaft erworbenen Gegenstände, § 718 I BGB
- alles, was als Ersatz für die Zerstörung, Beschädigung oder Entziehung von Gesellschaftsvermögen erlangt worden ist, § 718 II BGB

IV. Haftung für Gesellschaftsschulden

45. Wer haftet für vertragliche Verbindlichkeiten der GbR?

Hier haftet zum einen das ‚Gesellschaftsvermögen‘, also das Gesamthandsvermögen; zusätzlich haften die Gesellschafter – als Gesamtschuldner – mit ihrem Privatvermögen.

46. Die A/B-GbR schuldet C Geld. ‚Gesellschaftsvermögen‘ ist vorhanden. Welches Vermögen haftet dem Gläubiger C?

Dem Gläubiger gegenüber haftet das ‚Gesellschaftsvermögen‘, also das gesamthänderisch gebundene Vermögen aller Gesellschafter, daneben auch das Privatvermögen eines jeden Gesellschafters, also A und B.

47. Die Werbetexter Alphus, Betus und Hyrogliefus haben gemeinsam eine ‚Firma‘ gegründet. Leider haben sie sich bei der Einrichtung ihrer Büroräume übernommen. Da die erhofften Aufträge ausbleiben, lässt sich der Lieferant Druckig nicht mehr länger hinhalten und fordert von Alphus, der ihm als solvent bekannt ist, den Gesamtbetrag von € 150000. ‚Gesellschaftsvermögen‘ gibt es nicht.

a) Muss Alphus den gesamten oder einen Teilbetrag zahlen?

b) Was ist, wenn Alphus den Gesamtbetrag von € 150000 zahlt?

Hier muss streng zwischen dem Außenverhältnis und dem Innenverhältnis unterschieden werden: Im Außenverhältnis ist die Frage der Haftung gegenüber Gesellschaftsgläubigern zu prüfen; im Innenverhältnis die Frage, ob ein Ausgleich von den anderen Gesellschaftern verlangt werden kann.

a) Jeder Gesellschafter haftet im Außenverhältnis gegenüber Gläubigern der Gesellschaft auf den Gesamtbetrag

- persönlich
- unbegrenzt und
- gesamtschuldnerisch (nach Wahl des Gläubigers), § 421 BGB.

Jeder der Gesellschafter haftet gegenüber Druckig auf den Gesamtbetrag von € 150 000. Es lag im Belieben des Gläubigers, von wem er diesen Betrag fordert, § 421 BGB. Alphus muss also den Gesamtbetrag zahlen.

b) Im Innenverhältnis haften die 3 Gesellschafter je zu gleichen Teilen. Letztlich sollen also je € 50 000 auf Alphus, Betus und Hyrogliefus treffen. Nun hat aber Alphus den Gesamtbetrag von € 150 000, also € 100 000 zuviel, bereits bezahlt. Er kann deshalb im Rahmen des Gesamtschuldnerausgleiches jeweils € 50 000 von Betus und Hyrogliefus verlangen, § 426 I 1 BGB.

48. Was müsste Alphus in Fall 47 tun, wenn feststeht, dass Hierogliefus nicht zahlungsfähig ist?

Wenn ein Gesamtschuldner ‚ausfällt', d. h. seinen Anteil nicht zahlen kann, so wird dieser Anteil auf die verbleibenden Gesamtschuldner verteilt.

Hier hätte letztlich jeder Gesellschafter mit € 50 000 belastet werden sollen, § 426 BGB. Einer der Gesellschafter, Hierogliefus, kann seinen Anteil nicht tragen. Deshalb ist der Anteil des Hierogliefus auf die verbleibenden beiden Gesellschafter aufzuteilen. Demnach werden Alphus und Betus mit weiteren € 25 000 belastet. Hat Betus noch nichts gezahlt, so muss er Alphus, der € 150 000 geleistet hat, seinen Anteil von € 50 000 und den Anteil des Hierogliefus zur Hälfte, also € 25 000, insgesamt also € 75 000 erstatten.

49. Die beiden künstlerisch hochbegabten Grafiker Welly (W) und Telly (T) betreiben zusammen in einem kleinen Atelier ein „Werbestudio". Sie hatten vor einigen Monaten eine EDV-Anlage zum Preis von € 30 000 von der Fa. Computor GmbH erworben, mit der sie ihre Werke für die Kunden zeichnen konnten. Sie wollten den Kaufpreis vom Honorar eines Großauftrages, den sie bereits unter Dach und Fach hatten, bezahlen. Leider ging der Kunde vor der Zahlung in die Insolvenz. Es gibt Gesellschaftsvermögen im Wert von mindestens € 50 000. Die Fa. Computor GmbH (C) fordert die beiden Gesellschafter zur Zahlung auf.

Wie ist die Rechtslage?

a) Auch hier haftet im Außenverhältnis jeder Gesellschafter persönlich, unbegrenzt und gesamtschuldnerisch. Der Gläubiger hat die Wahl, wen er in welchem Umfang in Anspruch nimmt, § 421 BGB. Daneben haftet das ‚Gesellschaftsvermögen', also das Gesamthandsvermögen. Auch hier hat der Gläubiger die Wahl, ob er gegen die Gesellschafter persönlich vorgeht und/oder versucht, sich aus dem ‚Gesellschaftsvermögen' zu befriedigen.

b) Im Innenverhältnis haftet jeder Gesellschafter in gleicher Höhe. Zahlt ein Gesellschafter mehr als € 15 000 im Außenverhältnis, so findet der Gesamtschuldnerausgleich nach § 426 BGB statt.

V. Gesellschafterwechsel, Kündigung und Beendigung

50. An der ABC-GbR sind die Gesellschafter A, B und C zu gleichen Teilen beteiligt.

a) Kann A seinen Anteil auf seinen Sohn D übertragen?

b) Kann A verlangen, dass sein Sohn D in die Gesellschaft aufgenommen wird?

a) Wenn im Gesellschaftsvertrag nichts geregelt ist, kann A seinen Anteil nicht auf seinen Sohn übertragen. Der Gesellschafterwechsel ist gem. § 717 BGB nicht vorgesehen.

b) Auch die Neuaufnahme eines Gesellschafters ist gesetzlich nicht vorgesehen.

51. Hätte in Fall 50 im Gesellschaftsvertrag der Gesellschafterwechsel und die Neuaufnahme von zusätzlichen Gesellschaftern geregelt werden können?

Aus § 736 BGB ergibt sich, dass das Gesetz die abweichende Regelung im Gesellschaftsvertrag für zulässig erachtet. Sowohl der Neueintritt als auch der Gesellschafterwechsel können im Gesellschaftsvertrag vereinbart werden.

52. Welche Auflösungsgründe gibt es für die BGB-Gesellschaft?

- Auflösungsbeschluss der Gesellschafter
- Kündigung durch einen Gesellschafter, § 723 BGB
- Kündigung durch einen Privatgläubiger, § 725 BGB
- Erreichung oder Unmöglichwerden des Gesellschaftszweckes, § 726 BGB
- Tod eines Gesellschafters, § 727 BGB
- Insolvenz der Gesellschaft oder eines Gesellschafters, § 728 BGB
- Zeitablauf einer befristeten Gesellschaft, § 723 BGB
- Herabsinken der Zahl der Gesellschafter bis auf einen Gesellschafter

53. 5 Anwälte haben vor 20 Jahren eine Sozietät gegründet. Die Sozietät floriert. Inzwischen hat die Sozietät noch 10 angestellte Anwälte und 20 weitere Mitarbeiter. Die Anwälte machen einen jährlichen Umsatz von € 4 Mio. Bedauerlicherweise stirbt ein Mitglied der Sozietät völlig überraschend. Im Gesellschaftsvertrag ist der Todesfall eines Gesellschafters nicht geregelt.

Welche Rechtsfolgen hat der Tod des Gesellschafters?

Wenn im Gesellschaftsvertrag diesbezüglich nichts geregelt ist, so wird die Gesellschaft beim Tod eines Gesellschafters aufgelöst, § 727 BGB.

Die Gesellschaft muss dann nach §§ 730–735 BGB auseinandergesetzt werden.

54. Wie erfolgt die Auseinandersetzung, welche Konsequenzen hat das für die Erben des verstorbenen Gesellschafters und für die verbliebenen Gesellschafter?

Nach den gesetzlichen Vorschriften zur Auseinandersetzung (§§730–735 BGB) ist folgendes zu veranlassen:

- Gegenstände, die von den Gesellschaftern der Gesellschaft nur zur Nutzung überlassen wurden, müssen wieder zurückgegeben werden
- Verbindlichkeiten der Gesellschaft müssen beglichen werden
- die Einlagen der Gesellschafter sind – soweit noch vorhanden – zurückzuerstatten
- gibt es dann noch Gesellschaftsvermögen, ist dieses auf die Gesellschafter aufzuteilen.

Für die Erben des verstorbenen Gesellschafters hätte dies zur Konsequenz, dass sie u.U. eine erhebliche Geldsumme aus der Auseinandersetzung bekommen.

Für die verbliebenen Gesellschafter hätte dies fatale Folgen: Sie müssten ihre florierende Kanzlei auflösen.

55. Was hätten die Gesellschafter im Gesellschaftsvertrag regeln sollen?

Sie hätten bestimmen sollen, dass die Gesellschaft bei Tod eines Gesellschafters fortgeführt wird, §727 I BGB, und zwar mit den übrigen Gesellschaftern.

56. Unter welchen Voraussetzungen kann eine GbR gekündigt werden?

Wurde die Gesellschaft nicht für eine bestimmte Zeit gegründet, so kann sie von jedem Gesellschafter jederzeit gekündigt werden, §723 BGB.

57. Die Steuerberater A und B betreiben zusammen seit 5 Jahren eine Steuerberatungssozietät. Etliche ihrer Mandanten befinden sich derzeit in wirtschaftlichen Schwierigkeiten und zahlen deshalb die Steuerberatungsrechnungen entweder gar nicht oder nur schleppend. Neue Mandanten sind nicht in Sicht.

Unglücklicherweise hatte ein Mandant noch erhebliche Haftungsansprüche gegen die Sozietät in Höhe von 1 Mio. € geltend gemacht. Da die Haftung aufgrund unerlaubter Rechtsberatung entstanden war, lehnte die Berufshaftpflichtversicherung – zu Recht – ihre Eintrittspflicht ab.

Da sich A und B auch privat finanziell übernommen hatten, konnten sie die Gehälter ihrer Mitarbeiter und sonstige Ausgaben für die Kanzlei nicht mehr aufbringen.

Was können A und B tun, um eine geordnete Abwicklung ihrer Steuerberatungssozietät zu gewährleisten?

A und B können Insolvenzantrag für ihre Sozietät stellen: Die Sozietät ist eine BGB-Gesellschaft gem. §§705ff. BGB. Die Eröffnung des Insolvenzverfahrens über das Vermögen einer BGB-Gesellschaft ist gem. §11 InsO (Insolvenzordnung) zulässig. Die geordnete Abwicklung der Steuerberatungssozietät wird dann durch einen Insolvenzverwalter, der vom Insolvenzgericht beauftragt wird, erfolgen.

Zur Vertiefung: *Führich, Wirtschaftsprivatrecht, §29*

§ 30 Offene Handelsgesellschaft (OHG) und Sonderformen

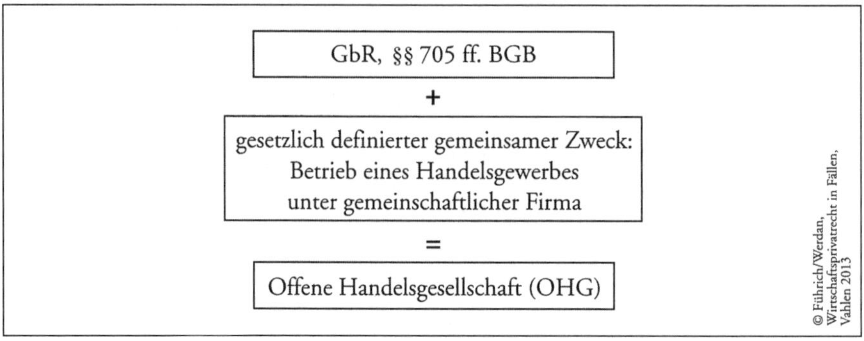

Abb. 33: Offene Handelsgesellschaft (OHG)

I. Begriff und Gründung der OHG

1. **Was sind die wesentlichen Kennzeichen einer OHG?**

- der Abschluss eines Gesellschaftsvertrages
- der Vertragszweck muss auf den Betrieb eines Handelsgewerbes unter gemeinschaftlicher Firma gerichtet sein (§ 105 I HGB)
- persönliche uneingeschränkte Haftung der Gesellschafter gegenüber den Gläubigern der Gesellschaft (§ 105 I HGB)
- nach außen hin treten grundsätzlich die Gesellschafter auf.

2. **Finden auf die OHG die Vorschriften des HGB Anwendung?**

Ja, nach § 6 I HGB finden auf die OHG als Personenhandelsgesellschaft die Vorschriften des HGB Anwendung.

3. **Zwei Gesellschafter schließen sich zum Betrieb einer kleinen Würstchenbude zusammen. Können sie eine OHG gründen?**

Zwei Gesellschafter haben sich zusammengeschlossen, um ein Handelsgewerbe zu betreiben. Sie wollen eine gemeinsame Firma führen.

Beide haben jedoch keinen in kaufmännischer Weise eingerichteten Geschäftsbetrieb i. S. d. § 1 II HGB.

Lassen sie sich nicht in das Handelsregister eintragen, können sie keine OHG gründen, § 105 II HGB. Beantragen sie aber die Eintragung in das Handelsregister, können auch sie eine OHG gründen, § 105 II S. 1 HGB.

4. **Welche Gesellschaftsform liegt in Fall 3 vor, wenn keine Eintragung ins Handelsregister beantragt wurde?**

Die beiden Gesellschafter haben sich zu – irgendeinem – gemeinsamen Zweck zusammengeschlossen; sie haben deshalb eine GbR gem. §§ 705 ff. BGB gegründet.

5. Ab wann gilt zwischen den Gesellschaftern das Gesellschaftsrecht?

Mit Abschluss des Gesellschaftsvertrages gilt zwischen den Gesellschaftern das Gesellschaftsrecht. Hier geht es um das Innenverhältnis, das die Befugnisse der Gesellschafter untereinander regelt. Maßgeblich ist die Geschäftsführungsbefugnis. Soweit vertraglich nichts anderes vereinbart, besteht die Geschäftsführungsbefugnis nur im Rahmen des gewöhnlichen Geschäftsbetriebes, § 116 HGB. Beschränkungen sind vertraglich beliebig zu vereinbaren.

6. Ab wann ist die Gesellschaft im Außenverhältnis entstanden?

Hier muss unterschieden werden:

- Betreibt die Gesellschaft ein Handelsgewerbe nach § 1 II HGB, so entsteht die OHG im Außenverhältnis mit der Eröffnung des Geschäftsbetriebes, § 123 II HGB.
- Liegt kein Handelsgewerbe vor, entsteht die Gesellschaft mit der Eintragung in das Handelsregister, § 123 I HGB.

7. Wie ist das Außenverhältnis geregelt?

Das Außenverhältnis betrifft die Vertretungsbefugnis. Es regelt Befugnisse der Gesellschafter im Verhältnis zu Dritten. Der gesetzliche Umfang ist allumfassend. Beschränkungen sind grundsätzlich nur im Rahmen der gesetzlich vorgesehenen Möglichkeiten erlaubt (z. B. Gesamtvertretung, § 125 HGB).

8. Dynamus und Statikus wollen zusammen ein Einzelhandelsgeschäft gründen.

a) Was müssen sie für die Gründung tun?

b) Über welche Punkte sollten sie sich Gedanken machen?

a) Der Betrieb eines Handelsgeschäftes ist ein Handelsgewerbe nach § 1 II HGB. Die Gesellschaft – gerichtet auf ein Handelsgewerbe unter gemeinschaftlicher Firma, § 105 HGB – wird also mit dem Beginn der Geschäftstätigkeit ‚gegründet'. Formvorschriften sind hier nicht zu beachten. Der Gesellschaftsvertrag könnte also mündlich – ja sogar durch konkludentes Handeln – geschlossen werden; aus Beweiszwecken wäre allerdings der Abschluss eines schriftlichen Gesellschaftsvertrages sinnvoll. Die Gesellschafter sind verpflichtet, die Firma zum Handelsregister anzumelden, dies hat jedoch nichts mit der Entstehung der Gesellschaft zu tun.

b) Sinnvollerweise sollten die Gesellschafter folgende Problembereiche in einem – schriftlichen – Gesellschaftsvertrag regeln:

- Firma, Sitz
- Gegenstand des Unternehmens – Gesellschaftszweck
- Einlagen der Gesellschafter, Kapitalanteile der Gesellschafter
- Dauer der Gesellschaft, Kündigungsmöglichkeiten
- Vertretungsbefugnis der Gesellschafter
- Geschäftsführungsbefugnis der Gesellschafter

- Regelung der erforderlichen Stimmenmehrheiten, Gesellschafterbeschlüsse
- Regelungen zur Aufstellung des Jahrsabschlusses und der Gewinn- und Verlustverteilung
- Ausschluss von Gesellschaftern
- Regelungen zur Erbfolge – eventuelle Eintrittsrechte einzelner Erben
- Abfindungen beim Ausscheiden aus der Gesellschaft

9. Muss jede OHG zum Handelsregister angemeldet werden?

Ja, unabhängig von der Frage der Gründung ist jede OHG, die ein Handelsgewerbe gem. § 1 I HGB betreibt, zum Handelsregister anzumelden, §§ 106, 108 HGB.

10. In welcher Form muss die Anmeldung zum Handelsregister erfolgen?

Die Anmeldungen sind elektronisch in öffentlich beglaubigter Form einzureichen, § 12 HGB.

11. A und B wollen einen Autohandel eröffnen. A soll die gesamte Geschäftsausstattung im Wert von € 50 000, B denselben Betrag in Form einer Bareinlage, erbringen. Beide haften persönlich.

a) Welche Gesellschaftsform kommt in Betracht?

b) Welche gesetzlichen Vorschriften sind hier maßgeblich?

c) Was muss bei der Gründung von A und B beachtet werden?

a) Da sich 2 Personen unter gemeinschaftlicher Firma zu einem Handelsgewerbe zusammengeschlossen haben, deren Haftung gegenüber den Gläubigern der Gesellschaft unbeschränkt ist, kommt hier – nur – eine OHG gem. §§ 105 ff. HGB in Betracht.

b) Die OHG ist in den §§ 105–160 HGB geregelt:

- §§ 105–108 HGB: Gründung
- §§ 109–122 HGB: Innenverhältnis der Gesellschafter
- §§ 123–130a HGB: Außenverhältnis der Gesellschafter zu Dritten
- §§ 131–144 HGB: Auflösung der Gesellschaft
- §§ 145–158 HGB: Liquidation der Gesellschaft
- §§ 159–160 HGB: Verjährung

c) Bei der Gründung müssen vor allem folgende Fragen geprüft werden:

- Wer ist Gesellschafter?
- Regelungen im Gesellschaftsvertrag – abweichend von den gesetzlichen Regelungen
- Wirksamwerden im Innenverhältnis: mit Beginn der Geschäftstätigkeit, § 1 II HGB (Empfehlung)
- Wirksamwerden im Außenverhältnis: §§ 1, 123 HGB
- Anmeldung zum und Eintragung ins Handelsregister: §§ 106 ff., 12 HGB
- Firma: § 19 HGB

12. Ottokar Ehrlich und Emil Wunderlich wollen eine OHG gründen. Welche Firmennamen können sie z. B. wählen?

Der Firmenname der OHG ist in § 19 I Ziff. 2 HGB geregelt. Danach muss die Firma der OHG die Bezeichnung „offene Handelsgesellschaft" oder eine allgemein verständliche Abkürzung dieser Bezeichnung enthalten.

Hier könnten also z. B. folgende Namen gewählt werden:

Fa. Ehrlich OHG

Fa. Wunderlich OHG

Fa. Ehrlich & Wunderlich OHG

Auch eine Sachfirma wäre möglich, allerdings muss immer der Zusatz ‚OHG' enthalten sein.

II. Innenverhältnis zwischen den Gesellschaftern

13. Welche Problembereiche betreffen das Innenverhältnis?

Das Innenverhältnis betrifft das Verhältnis der Gesellschafter untereinander und ist in den §§ 109–122 HGB geregelt. Vor allem sind folgende Problembereiche wichtig:

- Aufwendungsersatz (§ 110 HGB)
- Wettbewerbsverbot (§§ 112–113 HGB)
- Geschäftsführung (§§ 114–117 HGB)
- Kontrollrecht (§ 118 HGB)
- Gesellschafterbeschlüsse (§ 119 HGB)
- Gewinn- und Verlustverteilung (§§ 120–121 HGB)
- Entnahmen (§ 122 HGB)

1. Geschäftsführung

14. Frau Tulip (T) und Herr Enzian (E) betreiben zusammen einen Obst- und Gemüsehandel. Frau T möchte eine größere Lieferung Südfrüchte erwerben. Darf sie das alleine?

Die Frage des ‚Dürfens' ist eine Frage der Geschäftsführungsbefugnis, also des Innenverhältnisses. Die Frage des rechtlichen ‚Könnens' ist eine solche der Vertretungsbefugnis, also des Außenverhältnisses. Sofern – wie hier – keine gesellschaftsvertraglichen Regelungen bestehen, richtet sich die Geschäftsführungsbefugnis nach § 114 ff. HGB. Nach § 114 HGB sind alle Gesellschafter, also T und E, zur Geschäftsführung befugt. Bei mehreren Geschäftsführungsbefugten darf jeder alleine handeln, § 115 I 1 HGB.

15. Was wäre in Fall 14, wenn Herr Enzian dem Kauf der Südfrüchte widerspräche?

In diesem Falle hätte der Kauf trotz der Alleingeschäftsführungsbefugnis der T zu unterbleiben, § 115 I HGB.

16. Hätten T und E (Fall 14) im Gesellschaftsvertrag auch festlegen können, dass sie nur gemeinsam zur Geschäftsführung befugt sind?

Auch das wäre ohne weiteres möglich gewesen: nach § 115 II HGB kann die Gesamtgeschäftsführungsbefugnis im Gesellschaftsvertrag vereinbart werden. Dann müssen T und E immer zusammen handeln.

17. Frau Tulip (Fall 14) ist der Meinung, dass die Firma ordentlich repräsentieren müsse. Deshalb hält sie es für notwendig, dass sie einen ‚angemessenen' Geschäftswagen fährt. Sie bestellt sich deshalb einen Ferrari. Dieser soll als Sonderlackierung alle Arten von Südfrüchten zeigen.
Darf sie das?

T ist auch hier grundsätzlich alleine zur Geschäftsführung befugt, § 115 I 1 HGB. Allerdings erstreckt sich diese Geschäftsführungsbefugnis nur auf Handlungen, die der gewöhnliche Betrieb des Handelsgewerbes mit sich bringt § 116 I HGB. Der Kauf des Ferrari geht darüber hinaus. T darf ihn also nicht kaufen.

18. Was kann Frau Tulip in Fall 17 tun, um doch noch zu ihrem Ferrari zu kommen?

Sie kann eine Gesellschafterversammlung einberufen und einen Gesellschafterbeschluss herbeiführen, in welchem dem Ferrari-Kauf evtl. zugestimmt wird, § 116 II HGB.

19. Welche Geschäfte sind in der Regel außergewöhnliche im Sinne des § 116 II HGB?

- Kauf und Verkauf von Immobilien
- Um- und Erweiterungsbauten
- Gründung von weiteren Niederlassungen
- Erwerb von Beteiligungsunternehmen

20. Zwischen den Gesellschaftern Tulip und Enzian (Fall 14) gibt es immer mehr Schwierigkeiten. Frau Tulip neigt zunehmend zu abenteuerlichen Geschäften. Ihr ist der Obst-und Gemüsehandel allein zu bieder. Da sie selbst vor kurzem einen Malkurs besucht hat und sich jetzt als Künstlerin fühlt, kauft sie immer wieder Bilder unbekannter Maler (kein Bild unter € 2500!) und hängt sie zwischen Obst und Gemüse auf. Verkaufen konnte sie bislang keines. Die Widersprüche, Proteste und Beschimpfungen des Enzian überhört sie einfach. Die finanziellen Eskapaden der T drohen in Bälde, den Obst- und Gemüsehandel zu ruinieren. Im Gesellschaftsvertrag hat man an die Regelung von Konflikten nicht gedacht.
Was kann Herr Enzian tun?

Frau T hat grobe Pflichtverletzungen begangen. E kann deshalb bei Gericht beantragen, dass T die Geschäftsführungsbefugnis entzogen wird, § 117 HGB. Die Geschäftsführungsbefugnis kann auch durch Gesellschafterbeschluss entzogen werden, § 712 I BGB i. V. m. § 105 III HGB, da ein wichtiger

Grund vorliegt. Bei der Beschlussfassung über den Entzug der Geschäftsführung hat T kein Stimmrecht (Interessenkollision, § 181 BGB).

21. Welche Rechte bleiben einem von der Geschäftsführung ausgeschlossenen Gesellschafter im Innenverhältnis?

Er hat das Kontrollrecht nach § 118 I HGB, kann sich also über die Angelegenheiten der Gesellschaft informieren, die Bilanzen etc. und auch die sonstigen Geschäftsunterlagen einsehen. Weiterhin kann der Gesellschafter – u. U. mit Hilfe eines Steuerberaters – aus den Unterlagen einen Jahresabschluss anfertigen (lassen).

22. In welchen Fällen sind z. B. Gesellschafterbeschlüsse erforderlich?

- bei Änderungen des Gesellschaftsvertrages
- bei außergewöhnlichen Geschäftsführungsmaßnahmen, § 116 II HGB
- bei der einvernehmlichen Auflösung der Gesellschaft, § 131 Ziff. 2 HGB
- bei Maßnahmen in und nach der Liquidation, §§ 146 I, 147, 152 HGB

23. Mit welchen Mehrheiten müssen Gesellschafterbeschlüsse gefasst werden?

Nach § 119 I HGB sind Gesellschafterbeschlüsse einstimmig zu fassen.

24. An der ABC-OHG ist A zu 30 %, B zu 15 % und C zu 55 % beteiligt. A und B möchten gerne die Gesamtgeschäftsführung der Gesellschafter durch eine Änderung des Gesellschaftsvertrages einführen. In der Gesellschafterversammlung haben A und B für diese Änderung gestimmt, C dagegen. Lt. Gesellschaftsvertrag hat die Mehrheit der Stimmen zu entscheiden.

a) Ist die gesellschaftsvertragliche Bestimmung (Mehrheitsentscheid) zulässig?

b) Wurde der Gesellschaftsvertrag durch den Beschluss (Gesamtgeschäftsführung) geändert?

a) Im Gesellschaftsvertrag kann festgelegt werden, dass die Gesellschafterbeschlüsse mit einfacher Mehrheit zu fassen sind, § 119 II HGB:

b) Gem. § 119 II HGB ergibt sich die Mehrheit ‚im Zweifel nach der Zahl der Gesellschafter'. Da nach Köpfen abgestimmt wurde, hat sich die Mehrheit der Gesellschafter (A + B) für die Einführung der Gesamtgeschäftsführung entschieden (2 : 1).

Dass C, der dagegen war, zu 55 % beteiligt ist, spielt dabei keine Rolle.

25. Unter welchen Voraussetzungen hätte C in Fall 24 die Mehrheit?

Im Gesellschaftsvertrag hätte das Stimmrecht an die Kapitalanteile geknüpft werden können, was in der Praxis auch sinnvoll und üblich ist. In diesem Falle hätte C mit seinen 55 % die einfache Mehrheit gehabt und die Einführung der Gesamtgeschäftsführung verhindern können.

2. *Gesellschaftsvermögen*

26. Müssen die OHG-Gesellschafter bestimmte Mindest-Einlagen leisten?

Nein, die Gesellschafter müssen keine Mindest-Einlagen leisten. Die OHG hat kein ‚Mindestkapital'. Dies ist auch nicht erforderlich, weil den Gläubigern der Gesellschaft neben dem Gesellschaftsvermögen das Privatvermögen der Gesellschafter haftet.

27. Die Bauunternehmer Bau und Stein gründen eine OHG und bringen ihre bisherigen Einzelbauunternehmen in die neue Gesellschaft ein. Wem gehören die eingebrachten Vermögensgegenstände?

Wie die GbR ist auch die OHG eine Gesamthandsgemeinschaft. Einlagen der Gesellschafter gehen in das Vermögen der Gesellschaft über, werden also Gesamthandsvermögen. Das HGB sieht hierfür keine besonderen Regelungen vor. Es gelten dieselben Grundsätze wie bei der GbR (§ 105 III HGB).

28. Wie kann der Umfang der Beteiligung eines Gesellschafters ermittelt werden?

Der Umfang der Beteiligung wird durch den Kapitalanteil repräsentiert. Dieser Kapitalanteil ergibt sich aus dem Geldwert der Einlagen oder Dienstleistungen eines Gesellschafters bei der Gesellschaftsgründung. In der Folge entwickelt sich dieser Kapitalanteil durch Gewinn- und Verlustanteile, Entnahmen und Einlagen weiter.

29. Wie wird der Gewinn einer OHG verteilt?

Jeder der Gesellschafter erhält zunächst eine Verzinsung seines Kapitalanteiles in Höhe von 4 %. Der Restbetrag wird nach Köpfen verteilt, § 121 HGB. Im Gesellschaftsvertrag kann natürlich eine abweichende Gewinn- und Verlustverteilung vereinbart werden. Dies ist i. d. R. auch sinnvoll.

III. Außenverhältnis zu Dritten

1. *Vertretung*

30. A und B betreiben zusammen einen Autohandel. In ihrem Gesellschaftsvertrag haben sie vereinbart, dass Geschäfte über € 50 000 nur mit einem einstimmigen Gesellschafterbeschluss abgeschlossen werden dürfen. A will sich sein Chefzimmer neu einrichten, die neuen Möbel sollen € 70 000 kosten. In der Gesellschafterversammlung stimmt B gegen das neue Chefzimmer. A kauft es trotzdem.

a) Ist diese gesellschaftsrechtliche Regelung zulässig, und wie ist sie auszulegen?

b) Ist der Kaufvertrag über das Chefzimmer wirksam?

a) Die Geschäftsführungsbefugnis – also das rechtliche ‚Dürfen' im Innenverhältnis – kann durch Gesellschaftsvertrag geregelt werden. Die Bestimmung einer betragsmäßigen Grenze ist möglich. Die Gesellschafter haben also nur für Geschäfte, die einen Betrag von € 50000 nicht überschreiten, Geschäftsführungsbefugnis, §§ 114, 115 HGB.

Die Vertretungsbefugnis – also das rechtliche ‚Können' im Außenverhältnis – steht jedem der Gesellschafter zu, § 125 I HGB. Die Vertretungsmacht erstreckt sich auf alle gerichtlichen und außergerichtlichen Geschäfte, § 126 HGB. Sie kann nur völlig ausgeschlossen oder im Rahmen einer Gesamtvertretung eingeschränkt werden, § 125 HGB. Eine Beschränkung des Umfanges der Vertretungsmacht – insbesondere eine betragsmäßige Beschränkung – ist aus Gründen der Rechtssicherheit gegenüber den Vertragspartnern nicht zulässig, § 126 II HGB.

Die Regelung im Gesellschaftsvertrag kann sich also nur auf die Geschäftsführungsbefugnis beziehen.

b) A durfte im Innenverhältnis das Chefzimmer nicht kaufen; ihm fehlte die Geschäftsführungsbefugnis. Im Außenverhältnis ist der Kaufvertrag jedoch wirksam, da er vertretungsbefugt war. Die Einschränkung der Vertretungsmacht lt. Gesellschaftsvertrag wirkt nicht gegenüber Dritten, § 126 II HGB. Die OHG muss also den Kaufpreis zahlen.

31. Was kann B im Fall 30 tun, wenn A nicht nur das Chefzimmer kauft, sondern auch noch einen völlig überdimensionierten Umbau des Geschäftsgebäudes für € 1 Mio. in Auftrag gibt?

B kann bei Gericht beantragen, dass dem A die Vertretungsmacht entzogen wird, § 127 HGB. Das Gericht wird seinem Antrag folgen, wenn nachzuweisen ist, dass ein wichtiger Grund hierfür vorliegt.

2. Haftung für Verbindlichkeiten

32. Wer haftet für die Verbindlichkeiten der OHG?

Für die Verbindlichkeiten der OHG haftet zum einen das Gesellschaftsvermögen (§ 124 HGB), zum anderen das Privatvermögen der Gesellschafter (§ 128 HGB).

33. A, B und C betreiben zusammen ein Feinkostgeschäft, die ABC-OHG. Die Geschäftsführungs- und Vertretungsbefugnis ist im Gesellschaftsvertrag nicht geregelt. C kauft gegen den Widerspruch seiner Mitgesellschafter eine neue Ladeneinrichtung zum Preis von € 500000. Die Gesellschafter geraten in Streit. C scheidet aus der Gesellschaft aus. Unmittelbar danach wurde ein neuer Gesellschafter, D, in die Gesellschaft aufgenommen, die jetzt ABD-OHG heißt.

Wer haftet für die Bezahlung der neuen Ladeneinrichtung?

C war vertretungsbefugt, §§ 1251, 1261 HGB. Der Kaufvertrag wurde also zwischen dem Lieferanten und der OHG abgeschlossen.

a) Die OHG selbst haftet für Verbindlichkeiten der Gesellschaft mit ihrem Gesellschaftsvermögen gem. § 124 HGB.

b) Daneben haften die Gesellschafter als Gesamtschuldner für die Verbindlichkeiten der OHG, § 128 HGB.

aa) Auch der ausgeschiedene Gesellschafter C haftet noch mit seinem Privatvermögen unbeschränkt und solidarisch, allerdings nur für ‚Altschulden'. Die Ansprüche gegen C verjähren 5 Jahre nach seinem Ausscheiden, §§ 160, 159 HGB.

bb) Der neu eingetretene Gesellschafter D hatte zwar mit dem Kauf der Ladeneinrichtung nichts zu tun und weiß vielleicht gar nichts davon. Trotzdem haftet er – wie A und B – für alle Verbindlichkeiten der Gesellschaft, auch für solche, die bereits vor seinem Eintritt in die Gesellschaft vorhanden waren, § 130 HGB.

34. Muss der Lieferant der Ladeneinrichtung erst gegen die OHG vorgehen?

Jeder Gläubiger kann sich unmittelbar und in voller Höhe sofort an einen oder mehrere Gesellschafter halten, ohne zuvor die Gesellschaft in Anspruch zu nehmen.

IV. Gesellschafterwechsel

35. Ist der Gesellschafterwechsel im Gesetz geregelt?

Der Gesellschafterwechsel ist im Gesetz unmittelbar nicht geregelt.

36. Ist ein Gesellschafterwechsel zulässig?

Der Austritt und Eintritt von Gesellschaftern (Gesellschafterwechsel) ist zulässig. Voraussetzung ist jedoch, dass er im Gesellschaftsvertrag vorgesehen ist.

37. A, B und C betreiben seit langem die ABC-OHG. A möchte aus Altersgründen ausscheiden und hätte gerne, dass sein Sohn als Gesellschafter in die OHG eintritt. Im Gesellschaftsvertrag ist nichts geregelt. Was ist zu tun?

Will A ausscheiden, so muss er die Gesellschaft kündigen. Ist im Gesellschaftsvertrag nichts geregelt, so führt dies zum Ausscheiden des A, § 131 III Ziff. 3 HGB. Die OHG wird von den verbleibenden Gesellschaftern B und C fortgeführt.

Durch Änderung des Gesellschaftsvertrages kann beschlossen werden, dass neue Gesellschafter – hier also der Sohn des A – aufgenommen werden.

38. Wie wird in Fall 37 der Gesellschaftsanteil des A auf seinen Sohn (S) übertragen?

Auch hier muss zwischen Verpflichtungs- und Verfügungsgeschäft unterschieden werden: Will A seinen Anteil auf S schenkweise übertragen, muss zwischen beiden ein – notarieller (§ 518 BGB) – Schenkungsvertrag nach § 516

BGB geschlossen werden. Bei Nichtbeachtung der Form wird der Formmangel geheilt, wenn die Leistung erbracht ist, d.h. der OHG-Anteil auf S übertragen wurde.

Will A seinen Anteil an S verkaufen, so muss ein Kaufvertrag (§§ 433 ff. BGB) geschlossen werden, in dem sich A verpflichtet, seine Mitgliedschaftsrechte an der OHG auf S zu übertragen. Die Übertragung des OHG-Anteils von A an S erfolgt durch ein Verfügungsgeschäft; hierzu ist – weil die OHG-Mitgliedschaft ein Vertrauensverhältnis voraussetzt – die Zustimmung aller anderen Gesellschafter erforderlich.

39. Der Gesellschafter A der ABC-OHG (Fall 37) stirbt noch, bevor er seinen Anteil auf seinen Sohn S übertragen konnte. Welche Folgen hat der Tod des A für die Gesellschaft bzw. die Gesellschafter B und C?

Die gesetzliche Folge des Todes eines OHG-Gesellschafters ist dessen Ausscheiden aus der Gesellschaft, § 131 III Ziff. 1 HGB.

40. A (s. Fall 39) hat in seinem Testament festgelegt: Mein Sohn S soll mein Nachfolger in der ABC-OHG werden. Im Gesellschaftsvertrag ist nichts vereinbart. Wird S allein aufgrund des Testamentes als Erbe des A – gegen den Willen der B und C – OHG-Gesellschafter?

Nein: Im Testament können nur erbrechtliche Verfügungen getroffen werden. Ob S Erbe wird, regelt sich nach dem Testament oder nach der gesetzlichen Erbfolge. Ob er Gesellschafter wird, bestimmt sich nach Gesellschaftsrecht: Danach kann er als Erbe nur Gesellschafter werden, wenn dies im Gesellschaftsvertrag vorgesehen ist.

S wird also trotz der testamentarischen Regelung kein OHG-Gesellschafter.

41. Angenommen, im Gesellschaftsvertrag der ABC-OHG (Fall 39) ist bestimmt, dass im Falle des Todes des A sein Erbe S in die Gesellschaft eintreten wird. Kurz vor seinem Tode zerstreitet sich A mit seinem Sohn. A ändert sein Testament und setzt den Tierschutzverein als Alleinerben ein. Kann S nach dem Tod des A OHG-Gesellschafter werden?

Da S enterbt wurde (also nur einen Pflichtteilsanspruch in Geld hat), hat er von vornherein keinen Anspruch auf den Gesellschaftsanteil. Die Regelung im Gesellschaftsvertrag geht also ins Leere.

42. Was muss A (s. Fall 37) als OHG-Gesellschafter tun, um sicherzustellen, dass sein Sohn S im Falle seines Todes Gesellschafter der ABC-OHG wird?

Ob S Gesellschafter wird, bestimmt sich aus dem Zusammenwirken von Erbrecht und Gesellschaftsrecht. A muss also einerseits sicherstellen, dass S Erbe des OHG-Anteils werden kann: das ergibt sich entweder aus der gesetzlichen Erbfolge oder aus einem Erbvertrag bzw. Testament. Erlangt S keine Erbenstellung, kann er auch kein Gesellschafter werden.

Ob S als Erbe auch in die Gesellschaft eintritt, ergibt sich aus dem Gesellschaftsrecht: hier muss im Gesellschaftsvertrag die Nachfolge bzw. das Eintrittsrecht des S festgelegt werden.

43. Welche Möglichkeiten gibt es, im Gesellschaftsvertrag die Nachfolge des S (Fall 42) zu regeln?

Die Nachfolge kann entweder durch eine Nachfolge- oder durch eine Eintrittsklausel im Gesellschaftsvertrag geregelt werden.

a) Nachfolgeklausel: Im Gesellschaftsvertrag wird bestimmt, dass nach dem Tod eines Gesellschafters die OHG mit dem Erben des Verstorbenen fortgesetzt wird. Voraussetzung hierfür ist die Erbenstellung des Nachfolgers. Liegen beide Voraussetzungen vor, so wird der Erbe kraft seiner Erbenstellung und durch die Nachfolgeklausel unmittelbar – anstelle des Verstorbenen – OHG-Gesellschafter. Der Erbe erlangt hier also seine Gesellschafterstellung ‚automatisch', d. h., ohne eigenes Zutun. Nach § 139 HGB hat er allerdings das Recht, die Einräumung einer Kommanditistenstellung zu verlangen.

b) Eintrittsklausel: Hier sieht der Gesellschaftsvertrag das Recht einer bestimmten Person, in die Gesellschaft einzutreten, vor. Der Nachfolger wird also nicht ‚automatisch' Gesellschafter.

Die Rechtsprechung sieht in der Eintrittsklausel einen Vertrag zugunsten Dritter (des Eintretenden), § 328 BGB, der die anderen Gesellschafter verpflichtet, den Eintretenden als Gesellschafter aufzunehmen.

44. Was sind die gravierendsten Fehler, die in der Praxis bei der Nachfolgeregelung gemacht werden?

Viele Unternehmer errichten ausführliche Testamente und meinen, damit auch die Nachfolge in die Gesellschafterstellung geregelt zu haben. Vergessen sie allerdings, den Gesellschaftsvertrag auf die geplanten erbrechtlichen Regelungen abzustimmen – oder umgekehrt – so war alles umsonst:

Wird jemand z. B. nur im Testament als Nachfolge-Gesellschafter bestimmt, während im Gesellschaftsvertrag nichts Entsprechendes geregelt wird, so kann der Erbe kein Gesellschafter werden. Wird umgekehrt im Gesellschaftsvertrag eine Nachfolgeregelung getroffen, ist der Nachfolger aber nicht Erbe, so kann der ‚Nachfolger' ebenfalls kein Gesellschafter werden.

V. Auflösung und Liquidation

45. Welche Auflösungsgründe gibt es?

Eine OHG wird aufgelöst durch

- Zeitablauf, § 131 Ziff. 1 HGB
- Auflösungsbeschluss der Gesellschafter, § 131 Ziff. 2 HGB
- Eröffnung des Insolvenzverfahrens über das Vermögen der Gesellschaft, § 131 Ziff. 3 HGB
- gerichtliche Entscheidung § 131 I Ziff. 4 HGB.

46. Die OHG-Gesellschafter Recht und Haber sind so zerstritten, dass sie nichts mehr miteinander und auch nichts mehr mit ihrer Recht & Haber OHG zu tun haben wollen.

Nachfolger oder Unternehmenskäufer sind nicht vorhanden. Was können sie tun, um endlich die Gesellschaft „loszuwerden"?

Sie müssen die Gesellschaft auflösen und danach liquidieren. Folgendes ist zu tun:

- Zunächst müssen die Gesellschafter – einstimmig – die Auflösung der Recht & Haber OHG beschließen, § 131 Ziff. 2 HGB.
- Dann müssen alle Gesellschafter die Auflösung der OHG zur Eintragung in das Handelsregister gem. § 143 I HGB anmelden.
- Nach der Auflösung muss die Liquidation der Gesellschaft durchgeführt werden, §§ 145 ff. HGB. In der Regel sind die Gesellschafter auch die Liquidatoren, sofern die Gesellschafter nichts anderes beschließen, § 146 HGB. Die Liquidatoren sind zum Handelsregister anzumelden, § 148 HGB. Sie haben die Geschäfte der Gesellschaft abzuwickeln, d. h. insbesondere, bestehende Aufträge abzuwickeln, Forderungen einzuziehen, Schulden zu begleichen sowie verbleibendes Vermögen an die Gesellschafter zu verteilen, §§ 149 ff., 155 HGB. Wenn die Liquidation abgeschlossen ist, muss das Erlöschen der Firma zur Eintragung in das Handelsregister angemeldet werden, § 157 HGB.

47. Wie lange haften Recht und Haber (Fall 46) noch für die Verbindlichkeiten ihrer – ehemaligen – Recht & Haber OHG?

Sie haften noch 5 Jahre – beginnend mit der Eintragung der Auflösung ins Handelsregister – für Verbindlichkeiten der Gesellschaft, §§ 128, 159 HGB.

VI. Insolvenz

48. Die Geschäfte der AB-OHG (Bauunternehmen) gehen sehr schlecht. Seit 5 Jahren sind Verluste entstanden. Die beiden OHG-Gesellschafter A und B haben während der letzten 5 Jahre ihr gesamtes Privatvermögen in die OHG eingelegt, nunmehr ist ihr Privatvermögen aufgebraucht, die AB-OHG ist zahlungsunfähig.

Was können bzw. müssen A und B jetzt veranlassen?

A und B sollten jetzt Insolvenzantrag für die OHG anmelden. Die Eröffnung des Insolvenzverfahrens über das Vermögen einer OHG ist zulässig, § 17 InsO. Obwohl keine Verpflichtung besteht, bei Zahlungsunfähigkeit einer OHG das Insolvenzverfahren zu beantragen, hat dies doch erhebliche Vorteile für A und B:

- Der Geschäftsbetrieb der OHG wird entweder geordnet abgewickelt oder aber – wenn möglich – im Wege einer sog. übertragenden Sanierung verkauft. Hier besteht zumindest die Chance, dass Teile des Unternehmens und einige Arbeitsplätze erhalten bleiben.
- A und B haften als OHG-Gesellschafter gem. § 128 HGB mit ihrem gesamten Privatvermögen. Im Rahmen eines Insolvenzverfahrens haben sie die Möglichkeit, sog. Restschuldbefreiung zu beantragen (§§ 286 ff. InsO).

Das bedeutet, dass sie nach Ablauf einer 6-jährigen Wohlverhaltensphase, während derer sie den pfändbaren Teil ihres Einkommens an einen Treuhänder abliefern müssen (§ 287 InsO), wieder schuldenfrei werden können (§ 301 InsO).

VII. Sonderformen der OHG

1. Partnerschaftsgesellschaft (PartG)

49. Wodurch ist eine Partnerschaftsgesellschaft gekennzeichnet?

Eine Partnerschaft ist „eine Gesellschaft, in der sich Angehörige Freier Berufe zur Ausübung ihrer Berufe zusammenschließen" (§ 111 PartGG). Sie ist eine Personengesellschaft, auf die das Recht der BGB-Gesellschaft gem. §§ 705 ff. BGB und der OHG gem. §§ 105 ff. HGB entsprechende Anwendung findet. Sie kann allerdings – wie eine OHG – unter ihrem Namen Rechte erwerben, Verbindlichkeiten eingehen, Eigentum und andere Rechte an Grundstücken erwerben, klagen und verklagt werden.

50. Wo ist die Partnerschaftsgesellschaft geregelt?

Sie ist im Partnerschaftsgesellschaftsgesetz (PartGG) vom 25.7.1994 geregelt.

51. Für wen ist diese Rechtsform interessant?

Die Partnerschaft ist eine Rechtsform für Freiberufler, also z. B: Ärzte, Anwälte, Steuerberater, Wirtschaftsprüfer, Ingenieur- und Heilberufe, Künstler und Wissenschaftler. Ihr Zweck ist nicht auf ein Handelsgewerbe – wie bei der OHG – gerichtet, sie ist also auch keine Handelsgesellschaft.

2. Europäische Wirtschaftliche Interessenvereinigung (EWIV)

52. Welche Möglichkeiten bildet eine EWIV?

Durch die Unternehmensform ‚EWIV' können sich Unternehmen und Freiberufler aus mehreren Mitgliedsstaaten der Europäischen Union als Handelsgesellschaft zusammenschließen. Auf diese Unternehmensform finden dann überwiegend die Vorschriften zur OHG Anwendung, allerdings wird eine EWIV erst mit der Eintragung in das Unternehmensregister handlungsfähig.

53. Was ist eine EWIV?

Eine EWIV ist eine verselbstständigte Gesamthandsgemeinschaft, die – wie die OHG – in gewissen Bereichen einer juristischen Person angenähert ist.

54. Wo ist die EWIV geregelt?

Die EWIV ist in der VO über die Schaffung einer EWIV und dem deutschen Gesetz zur Ausführung der Verordnung über die Europäische wirtschaftliche Interessenvereinigung (EWIV-Ausführungsgesetz) geregelt.

55. Die Unternehmen A aus Kempten und B aus München möchten gerne eine EWIV gründen. Ist das zulässig?

Nein, nach Art. 4 EWIV-VO müssen die Mitglieder einer EWIV aus verschiedenen EU-Staaten stammen. Voraussetzung einer EWIV ist also die Mehrstaatlichkeit.

56. Was ist der Gesellschaftszweck einer EWIV?

Eine EWIV hat den Zweck, die wirtschaftliche Tätigkeit ihrer Mitglieder zu entwickeln, zu erleichtern und die Ergebnisse dieser Tätigkeit zu verbessern.

57. Wie wird eine EWIV gegründet?

Sie wird durch Abschluss eines schriftlichen Gesellschaftsvertrages und die Eintragung der Gesellschaft in das Unternehmensregister gegründet.

Zur Vertiefung: *Führich, Wirtschaftsprivatrecht, §30*

§31 Kommanditgesellschaft (KG)

I. KG als Sonderform der OHG

1. Wodurch ist eine KG gekennzeichnet?

- Zusammenschluss mehrerer Gesellschafter
- zum Betrieb eines Handelsgewerbes unter gemeinschaftlicher Firma
- mit mindestens einem persönlich haftenden Gesellschafter und
- mindestens einem auf die Vermögenseinlage beschränkt haftenden Gesellschafter

2. Wie heißen die beiden Gesellschaftertypen der KG?

Die unbeschränkt haftenden Gesellschafter heißen Komplementäre. Die beschränkt mit ihrer Vermögenseinlage haftenden Gesellschafter heißen Kommanditisten.

II. Rechtsstellung der Gesellschafter

3. Welche Rechte und Pflichten hat ein Komplementär?

Die Komplementäre führen die Geschäfte der KG im Innenverhältnis und vertreten sie im Außenverhältnis. Gegenüber Gesellschaftsgläubigern haften sie unbeschränkt für die Verbindlichkeiten der Gesellschaft mit ihrem gesamten Privatvermögen. Die Komplementäre haben also in der KG dieselbe Stellung wie die OHG-Gesellschafter in der OHG, §161 HGB.

4. Welche Rechte und Pflichten hat ein Kommanditist?

Der Kommanditist hat Kontrollrechte: er kann eine Abschrift des Jahresabschlusses verlangen und diesen überprüfen (lassen), §166 HGB. Gem. §167

HGB hat er Anspruch auf seinen Gewinnanteil, nimmt am Verlust jedoch nur bis zur Höhe seiner Einlage teil. Er ist weder vertretungs- noch geschäftsführungsbefugt, §§ 164, 170 HGB.

Bei der Haftung des Kommanditisten ist zwischen dem Innen- und dem Außenverhältnis zu unterscheiden: Im Innenverhältnis ist der Kommanditist zur Leistung seiner Einlage, die im Gesellschaftsvertrag bestimmt ist, verpflichtet. Diese Einlage des Kommanditisten gehört dann zum Gesellschaftsvermögen der KG.

Im Außenverhältnis – den Gesellschaftsgläubigern gegenüber – ist die Haftsumme des Kommanditisten maßgeblich. In der Regel stimmt die Haftsumme mit der Kommanditeinlage überein. Solange der Kommanditist diese Einlage der Gesellschaft zur Verfügung stellt und nicht wieder zurückerhalten hat, haftet er den Gesellschaftsgläubigern gegenüber nicht persönlich, §§ 172 I, 171 I HGB.

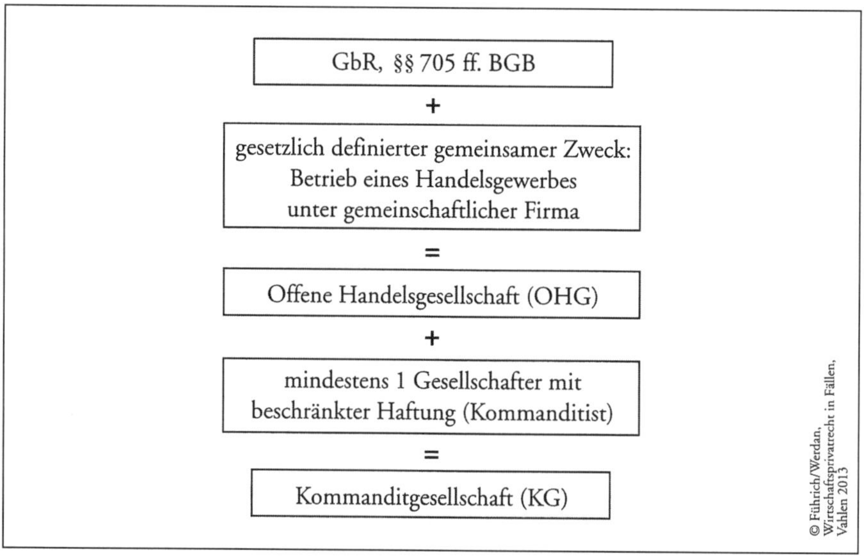

Abb. 34: Kommanditgesellschaft (KG)

5. Kann derselbe Gesellschafter in einer KG zugleich Komplementär und auch Kommanditist sein?

Nein, dies ist nicht möglich. Aus dem Wesen der KG – § 161 HGB – ergibt sich, dass es sich bei den verschiedenen Gesellschaftertypen auch um verschiedene Personen handeln muss.

6. Wie entsteht eine KG?

Im Innenverhältnis entsteht die KG mit Abschluss des Gesellschaftsvertrages, sofern die Gesellschafter nicht vertraglich einen späteren Zeitpunkt festgelegt haben. Die KG-Gründung entspricht grundsätzlich der einer OHG; zusätzlich müssen jedoch Vereinbarungen über die Höhe und den Leistungszeitpunkt der Einlage des/der Kommanditisten getroffen werden. Weiterhin empfiehlt sich, die Gewinn- und Verlustanteile, Entnahmerechte etc. vertraglich zu regeln (§§ 163–169 HGB).

Im Außenverhältnis (§§ 170 ff. HGB) ist zu unterscheiden:

Betreibt die KG ein Handelsgewerbe (§ 1 II HGB), entsteht sie mit Aufnahme der Tätigkeit. Der Kommanditist haftet allerdings vor Eintragung ins Handelsregister wie ein Komplementär, wenn er dem Geschäftsbeginn zugestimmt hat, §§ 176, 161, 123 II HGB.

Betreibt die KG kein Handelsgewerbe gem. § 1 II HGB, entsteht sie im Außenverhältnis erst mit der Handelsregistereintragung, §§ 161, 123 I HGB. Davor gelten die Grundsätze der BGB-Gesellschaft gem. §§ 705 ff. BGB – ohne Haftungsbeschränkung des Kommanditisten.

7. Ist es möglich, dass eine einzige natürliche Person eine KG gründet?

Ja, eine natürliche Person kann eine KG gründen, bei der ein Gesellschafter eine natürliche, ein anderer eine juristische Person ist, nämlich eine GmbH & Co. KG.

Dies geht wie folgt vor sich: die natürliche Person gründet eine Ein-Mann-GmbH. Mit deren Eintragung entsteht eine juristische Person. Diese juristische Person, die GmbH, gründet mit der natürlichen Person, dem Alleingesellschafter-Geschäftsführer der GmbH, eine KG. Komplementär dieser KG ist die GmbH, die mit ihrem Gesellschaftsvermögen unbeschränkt haftet, Kommanditist ist die natürliche Person, die mit ihrer Einlage haftet.

8. Ist es möglich, dass die Haftungssumme einer neu gegründeten KG maximal € 26 000 beträgt?

Ja, bei einer GmbH & Co. KG. Das Mindest-Stammkapital der GmbH beträgt € 25 000. Als Komplementärin haftet die GmbH mit ihrem gesamten Vermögen, das sind bei Gründung die € 25 000. Wenn der Kommanditist z. B. eine Kommanditeinlage von € 1 000 leistet, so ist die gesamte Haftungssumme der KG auf € 26 000 beschränkt.

9. Herr Waldemar (W) will einen Elektro-Großhandel eröffnen. Um die Haftung mit seinem Privatvermögen zu verhindern, hat er auf Anraten seines Anwaltes und seines Steuerberaters im Jahr 12 die Waldemar GmbH & Co. KG (W-KG) gegründet. Er ist Allein-Gesellschafter-Geschäftsführer der Waldemar Haftungs-GmbH (W-GmbH) mit einem Stammkapital in Höhe von € 25 000 und einziger Kommanditist mit einer Kommanditeinlage (=Hafteinlage) von € 5 000.

Das Stammkapital der GmbH ist in voller Höhe einbezahlt. Die Kommanditeinlage wurde noch nicht geleistet.

a) In welcher Höhe haften Komplementär und Kommanditist vor der Eintragung der KG ins Handelsregister?
b) In welcher Höhe haften Komplementär und Kommanditist nach der Eintragung der KG?

a) Vor der Eintragung haftet die W-GmbH (Komplementärin) mit ihrem gesamten Vermögen, das zur Zeit der Eintragung € 25 000 betragen muss. W als Kommanditist haftet vor der Handelsregistereintragung dann unbeschränkt, wenn die Gesellschaft mit seiner Zustimmung bereits die Geschäfte aufgenommen hat, § 176 I HGB.

b) An der persönlichen unbeschränkten Haftung der Komplementärin W-GmbH ändert sich auch nach der Eintragung der W-KG ins Handelsregister nichts, §§ 161 II, 128 HGB. Der Kommanditist W haftet den Gläubigern bis zum Betrag von € 5 000 persönlich und unmittelbar, da er die Einlage noch nicht geleistet hat, § 171 I HGB.

10. Muss W (Fall 9) auch dann noch persönlich haften, wenn er seine Einlage an die KG geleistet hat?

Nein, in diesem Falle ist die Haftung ausgeschlossen, § 171 I HGB.

11. Nach welcher Berechnungsgrundlage werden Gewinn und Verlust der W-KG (Fall 9) ermittelt?

Auch bei der KG wird der Gewinn und Verlust auf der Grundlage der Bilanz (und Gewinn und Verlustrechnung) ermittelt, §§ 167, 120 HGB.

12. Angenommen die W-KG (Fall 9) hätte in 12 einen Gewinn in Höhe von € 5 000 erwirtschaftet. Wie würde dieser verteilt? – Was ist hier dringend zu empfehlen?

Da im Gesellschaftsvertrag der KG keine Regelung getroffen wurde, werden zunächst die Kapitalanteile der Gesellschafter mit 4 % verzinst, § 168 I HGB. Die W-GmbH erhält also € 1 000, W als Kommanditist € 200. Der Restbetrag von € 3 800 wird nach einem ‚den Umständen nach angemessene(n) Verhältnis' (§ 168 II HGB) verteilt. Was hier nach den Umständen angemessen sein soll, sagt das Gesetz nicht. Die Gesellschafter müssen sich also irgendwie einigen. Vor allem aus steuerlichen Gründen würde sich hier eine klare vertragliche Regelung empfehlen.

13. Der Kommanditist W (Fall 9) hat seine Einlage in Höhe von € 5 000 im Jahr 12 geleistet. Im Jahr 12 beträgt sein Verlustanteil € 4 000, im Jahr 13 € 8 000. Im darauf folgenden Jahr 14 beträgt sein Gewinnanteil € 3 000, den W in voller Höhe entnimmt.

a) Wie hat sich das Kapitalkonto des W in den Jahren 12 bis 14 entwickelt?

b) In welcher Höhe haftet W in den Jahren 12 bis 14?

a) Entwicklung des Kapitalkontos:

Kapitalkonto zum 31.12.12: € 5 000 (Einlage) ./. € 4 000 (Verlustanteil 12) = € 1 000

Kapitalkonto zum 31.12.13: € 1 000 ./. € 8 000 (Verlustanteil 13) = € ./. 7 000

Kapitalkonto zum 31.12.14: € ./. 7 000 + € 3 000 (Gewinnanteil 14) = € ./. 4 000

b) W hatte bei Gesellschaftsgründung seine Einlage in voller Höhe geleistet und haftete daher nicht mehr persönlich, § 171 IHGB. Zum 31.12.13 hat sich aber ein negatives Kapitalkonto in Höhe von € 7000 ergeben. Da W im Folgejahr 14 den ihm zustehenden Gewinn in Höhe von € 3000 in voller Höhe entnommen hat, statt ihn zur Wiederauffüllung seines negativen Kapitalkontos zu verwenden, lebt seine Haftung teilweise wieder auf. In Höhe von € 3000 gilt die Gewinnentnahme als Rückzahlung seiner geleisteten Einlage, § 172 IV HGB. W haftet also ab 14 wieder persönlich in Höhe von € 3000.

14. Emil (E) war Kommanditist der Fritz & Co. KG mit einer Kommanditeinlage von € 60000, die voll eingezahlt war. Wegen Unstimmigkeiten mit den anderen Gesellschaftern ist er zum 31.12.12 aus der KG ausgeschieden. Sein Ausscheiden wurde zum 1.2.13 im Handelsregister eingetragen und bekannt gemacht. Die KG zahlte die Einlage am 15.1.13 an Emil zurück. Die Fritz & Co. KG hat noch Lieferantenverbindlichkeiten an X aus Lieferungen des Jahres 10 in Höhe von € 100000.

Der Lieferant X fordert Emil im Juli 13 zur Zahlung auf. Zu Recht?

E hatte seine Einlage geleistet; damit war die persönliche Haftung ausgeschlossen, § 171 I HGB. Die Rückzahlung seiner Einlage am 15.1.13 ist eine Einlagenrückgewähr im Sinne des § 172 IV HGB, durch die die Haftung des Kommanditisten E wieder auflebt. Im Zeitpunkt des Entstehens der Forderung des Lieferanten X war E noch Gesellschafter der Fritz & Co. KG. Hierfür haftet er noch bis zu 5 Jahre nach seinem Ausscheiden, §§ 172 IV, 161 II, 160 HGB. In Höhe von € 60000 kann X also Zahlung von E verlangen.

15. Welches Vermögen haftet den Gläubigern einer KG?

Den Gläubigern haftet

- das Gesellschaftsvermögen, §§ 161 II, 124 HGB
- daneben die Komplementäre als Gesamtschuldner persönlich mit ihrem gesamten Vermögen, §§ 161 II, 128 HGB sowie
- die Kommanditisten bis zur Höhe ihrer Einlage, sofern diese nicht einbezahlt ist (§ 1711 HGB) und im Rahmen des § 172 HGB.

Der Gläubiger kann beliebig wählen, gegen wen er vorgehen will.

16. Wird durch den Tod eines Kommanditisten die KG aufgelöst?

Nein, sie wird mit den Erben des Kommanditisten fortgesetzt, § 177 HGB.

III. Insolvenz

17. Kann über das Vermögen einer KG das Insolvenzverfahren eröffnet werden?

Gem. § 11 II Ziff. 1 InsO kann auch über das Vermögen einer KG das Insolvenzverfahren eröffnet werden.

Insolvenzantragspflicht besteht allerdings nicht, da ja zumindest eine unbeschränkt haftende natürliche Person – der Komplementär – vorhanden ist.

Insolvenzgründe sind die drohende Zahlungsunfähigkeit (§ 18 InsO) und die Zahlungsunfähigkeit (§ 17 InsO).

Der Komplementär bzw. die Komplementäre können auch hier Antrag auf Restschuldbefreiung stellen (§§ 286 ff. InsO). Das bedeutet, dass sie nach Ablauf einer 6-jährigen Wohlverhaltensphase, während derer sie den pfändbaren Teil ihres Einkommens an einen Treuhänder abliefern müssen (§ 287 InsO), wieder schuldenfrei werden können (§ 301 InsO).

18. Unter welchen Voraussetzungen kann bzw. muss über das Vermögen einer GmbH & Co. KG Insolvenz beantragt werden?

Die GmbH & Co. KG ist eine Kommanditgesellschaft, jedoch mit der Besonderheit, dass hier keine natürliche Person unbeschränkt haftet. Der Komplementär ist ja eine juristische Person.

Deshalb hat der Gesetzgeber – zum Schutz der Gläubiger – in §§ 177a i. V. m. § 130a HGB festgelegt, dass bei Zahlungsunfähigkeit und bei Überschuldung der GmbH & Co. KG Insolvenzantragspflicht besteht. Faktisch ist bei der GmbH & Co. KG die Haftung auf das Vermögen der Komplementär-GmbH (in der Regel: Mindest-Stammkapital) sowie auf die Kommanditeinlage(n) beschränkt. Deshalb gelten insolvenzrechtlich dieselben Grundsätze wie bei der GmbH, nämlich: Insolvenzantragspflicht.

Zur Vertiefung: *Führich, Wirtschaftsprivatrecht, § 31*

§ 32 Stille Gesellschaft

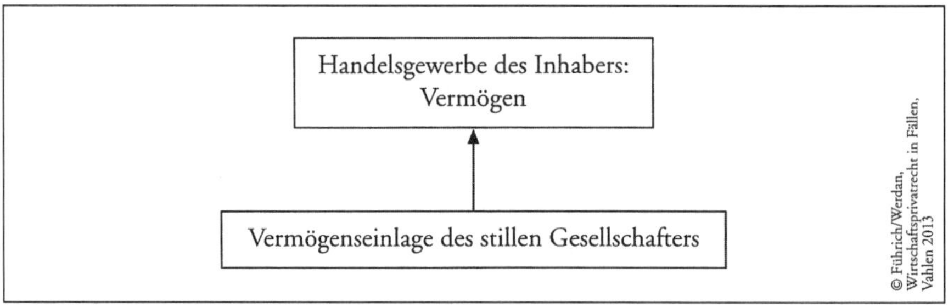

Abb. 35: Stille Gesellschaft

1. Was kennzeichnet die stille Gesellschaft?

Der stille Gesellschafter beteiligt sich am Handelsgewerbe eines Kaufmanns durch Leistung einer Vermögenseinlage, die in das Vermögen des Kaufmanns übergeht. Dafür erhält er eine Gewinn-, aber nicht notwendigerweise eine Verlustbeteiligung, §§ 230 ff. HGB.

2. Wie entsteht eine stille Gesellschaft?

Sie entsteht durch Abschluss des Gesellschaftsvertrages zwischen dem Inhaber des Handelsgeschäftes und dem stillen Gesellschafter. Formvorschriften gibt es nicht.

3. **Ist die stille Gesellschaft eine Handelsgesellschaft?**

Nein. Die stille Gesellschaft ist eine reine Innengesellschaft, deren gemeinsamer Zweck nicht auf den Betrieb eines Handelsgewerbes, sondern auf die Förderung des Unternehmens des Inhabers gerichtet ist, damit ein entsprechender Gewinnanteil aus der stillen Gesellschaft erzielt werden kann. Nach außen hin ist die stille Gesellschaft nicht erkennbar, insbesondere gibt es keine Firma und auch kein Gesellschaftsvermögen.

4. **Frau A betreibt einen Partyservice in Form eines Einzelunternehmens und bezieht einen Großteil ihrer Waren vom Feinkostgeschäft des B. B erhofft sich von einer Kooperation mit dem Partyservice der A eine erhebliche Umsatzsteigerung. Er weiß, dass Frau A expandieren könnte, ihr jedoch hierfür die notwendigen Mittel fehlen. Außerdem möchte sich Frau A nicht in ihre Geschäfte hereinreden lassen. Was wäre den beiden zu empfehlen?**

B sollte sich im Rahmen einer stillen Gesellschaft gem. §§ 230 ff. HGB am Handelsgewerbe der A beteiligen. So können beide ihre Ziele am besten verwirklichen: A bekommt Kapital, so dass sie ihren Geschäftsbetrieb vergrößern kann. Nach außen hin ist dies nicht erkennbar, da die stille Gesellschaft eine reine Innengesellschaft ist. A muss keine festen Zinsen zahlen. Wenn sie Gewinne erwirtschaftet, bekommt B von ihr den vereinbarten Gewinnanteil. B hat weder Geschäftsführungs- noch Vertretungsbefugnis.

B hat kein Risiko, erhält seinen Gewinnanteil und haftet nicht. Durch seine Einlage kann A ihren Betrieb vergrößern und kauft mehr Waren bei B ein.

5. **B (Fall 4) ist der Meinung, dass A endlich einmal ein ordentliches „Outfit" haben müsse. Er lässt deshalb beide Lieferwagen des Partyservice neu lackieren und mit dem Firmenlogo kennzeichnen. Von wem kann der Lackierer Zahlung verlangen?**

Der stille Gesellschafter B hat keine Vertretungsbefugnis für den Partyservice A. Wenn A also den Vertrag nicht genehmigt, so hat die Lackiererei die Wahl, ob sie von B Erfüllung oder Schadensersatz fordern will, §§ 177, 179 BGB.

6. **A und B haben vergessen, die Gewinnverteilung zu regeln. Der Partyservice A hat im Jahr 12 einen Gewinn von € 70 000 erzielt. Wie hoch ist der Gewinnanteil des stillen Gesellschafters?**

Gibt es keine vertragliche Regelung, so „gilt ein den Umständen nach angemessener Anteil als bedungen" (§ 231 HGB). Diese unbestimmte Regelung kann u. U. zu Streit zwischen dem Unternehmer und dem stillen Gesellschafter führen. Deshalb sollte unbedingt vorab eine klare vertragliche Vereinbarung getroffen werden.

7. **Welche Einflussmöglichkeiten hat ein stiller Gesellschafter?**

Der stille Gesellschafter hat keine aktiven Einflussmöglichkeiten auf die Geschicke des Unternehmens, da er weder geschäftsführungs- noch vertretungsbefugt ist. Nach § 233 HGB hat er lediglich das Recht, eine Abschrift des Jahresabschlusses zu verlangen und dessen Richtigkeit unter Einsicht der Bücher und Papiere zu prüfen.

8. B (Fall 4) hat seine Einlage in Höhe von € 100000 bei Abschluss des Vertrages über die stille Gesellschaft geleistet. Leider wurde A krank, und die Geschäfte gingen immer schlechter, da sie keine richtige Vertretung fand. A muss Insolvenz anmelden. Haftet B persönlich für die Schulden der A?

Der stille Gesellschafter B haftet nicht persönlich für die Verbindlichkeiten der Unternehmerin A. Er hat seine Einlage in Höhe von € 100000 geleistet, die in das Vermögen der A übergegangen ist. Damit gehört die Einlage allerdings auch zur Insolvenzmasse und ist ggfs. für B verloren.

9. Kann B (Fall 4) seine stille Beteiligung auch verkaufen?

In den §§ 230 ff. HGB findet sich hierzu keine Regelung. Ergänzend sind deshalb die Vorschriften zur BGB-Gesellschaft, §§ 705 ff. BGB, heranzuziehen: B kann seine Gesellschafterstellung nur mit Zustimmung des Inhabers auf einen neuen stillen Gesellschafter übertragen, § 717 BGB.

10. Unter welchen Voraussetzungen kann B (Fall 4) seine stille Beteiligung kündigen?

Ist keine bestimmte Dauer vereinbart, so kann B die Gesellschaft mit einer Frist von 6 Monaten zum Schluss eines Geschäftsjahres kündigen, §§ 234 i.V.m. 132 HGB.

11. Muss nach der Kündigung eine Liquidation des Unternehmens durchgeführt werden?

Nein, nach der Auflösung der Gesellschaft muss A dem B sein Auseinandersetzungsguthaben in Geld ausbezahlen, § 235 HGB.

12. Was kennzeichnet eine typische, was eine atypische stille Gesellschaft?

- Die typische stille Gesellschaft entspricht dem Leitbild der §§ 230 ff. HGB: Der typische stille Gesellschafter ist am Gewinn und grds. auch am Verlust der Gesellschaft – nicht aber am Firmenwert und an den stillen Reserven des Unternehmens – beteiligt. Er leistet seine Einlage, die in das Vermögen des Inhabers des Handelsgeschäftes übergeht. Im Außenverhältnis ist die stille Gesellschaft nicht erkennbar. Der stille Gesellschafter ist weder geschäftsführungs- noch vertretungsbefugt. Der stille Gesellschafter haftet nicht persönlich.
- Eine atypische stille Gesellschaft liegt dann vor, wenn – abweichend vom gesetzlichen Leitbild der §§ 230 ff. HGB – dem stillen Gesellschafter im Gesellschaftsvertrag Beteiligungsrechte am Vermögen des Geschäftsinhabers und/oder Mitspracherechte an der Geschäftsführung eingeräumt werden.

13. Weshalb wird zwischen typischer und atypischer stiller Gesellschaft unterschieden?

Dies hat vor allem steuerrechtliche Gründe: während der typisch stille Gesellschafter Einkünfte aus Kapitalvermögen bezieht, hat der atypisch stille Gesellschafter solche aus Gewerbebetrieb, weil er aufgrund seiner Vermögens- und/oder Mitspracherechte Einfluss auf das Unternehmen ausüben kann und deshalb als sog. Mitunternehmer gilt.

14. Wodurch unterscheidet sich die stille Beteiligung vom Darlehen?

Das Darlehen hat in der Regel einen festen Zinssatz und keine Erfolgsbeteiligung, während die stille Beteiligung an den Gewinn gekoppelt ist.

15. Wodurch unterscheidet sich die stille Beteiligung vom partiarischen Darlehen?

Das partiarische Darlehen ist zwar – wie die stille Beteiligung – an den Gewinn gekoppelt; es unterscheidet sich vor allem durch folgende Merkmale von der stillen Gesellschaft:

- keine Kontrollrechte des Darlehensgebers (lt. Gesetz!)
- keine Informationsrechte des Darlehensgebers (lt. Gesetz!)
- keine Verlustbeteiligung des Darlehensgebers

Zur Vertiefung: *Führich, Wirtschaftsprivatrecht, §32*

9. Kapitel: Kapitalgesellschaften

§ 33 Gesellschaft mit beschränkter Haftung (GmbH)

I. Begriff und Bedeutung

1. Ist die GmbH eine Personengesellschaft oder eine Kapitalgesellschaft?

- Eine Personengesellschaft: ist ein Zusammenschluss mehrerer Personen zur Erreichung eines gemeinsamen Zweckes, also zum Betrieb eines Handelsgewerbes (§ 105 HGB). Durch die Gesellschaftsgründung entsteht nichts Neues, Eigenständiges.
- Eine Kapitalgesellschaft wird in der Regel durch natürliche Personen gegründet. Durch die Eintragung der Gesellschaft ins Handelsregister entsteht – unabhängig von den Gründern – etwas völlig Neues, eine juristische Person, die Kapitalgesellschaft.

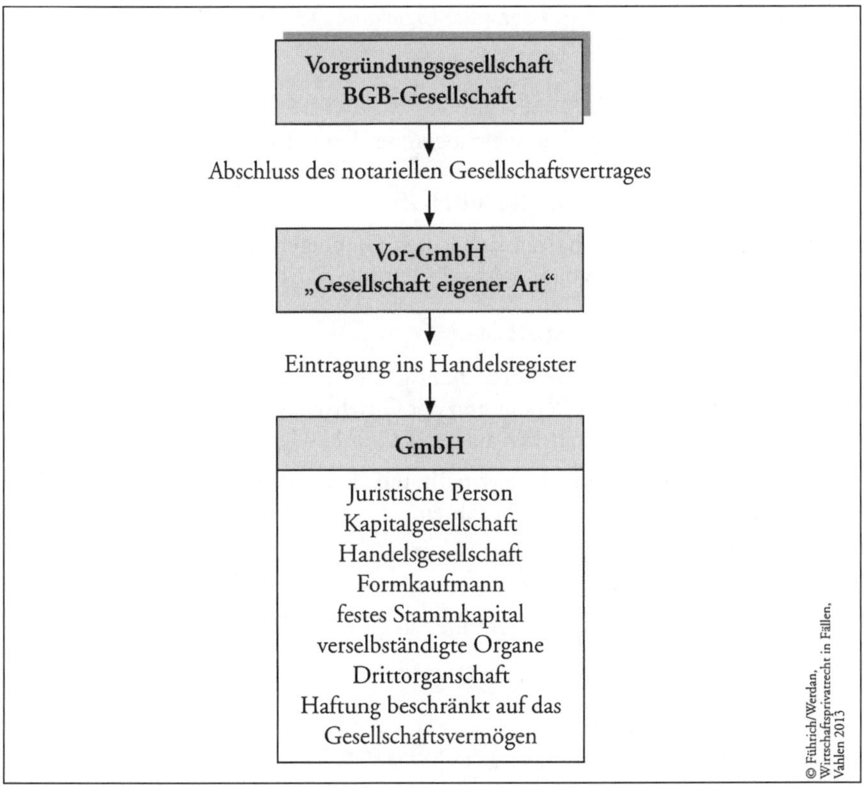

Abb. 36: Entwicklungsstadien der GmbH

2. Haben Personengesellschaften und/oder Kapitalgesellschaften ein eigenes Gesellschaftsvermögen?

Personengesellschaften können – müssen nicht notwendigerweise – ein eigenes Gesellschaftsvermögen haben. Hierbei handelt es sich um Gesamthandsvermögen gem. §§ 718, 719 BGB.

Kapitalgesellschaften müssen notwendigerweise ein eigenes Gesellschaftsvermögen haben, um überhaupt entstehen, d. h. in das Unternehmensregister eingetragen werden zu können (Stammkapital/GmbH; Grundkapital/AG).

3. Wem gehört das Gesellschaftsvermögen der
a) Personengesellschaft
b) Kapitalgesellschaft?

a) Das Gesellschaftsvermögen der Personengesellschaft ist gemeinschaftliches Vermögen der Gesellschafter, § 718 Abs. 1 BGB. Die Gesellschafter können jedoch nicht über ihren jeweiligen Anteil am Gesellschaftsvermögen verfügen, § 719 Abs. 1 BGB, da dieses gesamthänderisch gebunden ist.

b) Das Gesellschaftsvermögen der Kapitalgesellschaft gehört ausschließlich der juristischen Person, der Kapitalgesellschaft, § 13 GmbHG, § 1 I S. 2 AktG.

4. Welches Vermögen haftet den Gläubigern
a) bei Personengesellschaften
b) bei Kapitalgesellschaften?

a) Neben dem Gesellschaftsvermögen der Personengesellschaft haftet deren Gläubigern jeder Gesellschafter (bei der OHG, bei der KG lediglich die Komplementäre), §§ 105, 128, 161 HGB.

b) Bei Kapitalgesellschaften haftet den Gläubigern (grundsätzlich) nur das Gesellschaftsvermögen (§ 13 Abs. 2 GmbHG, § 1 I S. 2 AktG).

5. Welche Gründe sprechen gegen die Gründung einer GmbH?

a) Die Gesellschafter beachten häufig die strikte Trennung zwischen der GmbH als juristischer Person und der Gesellschafterebene nicht. Hierdurch können sich Haftungsrisiken auch der GmbH-Gesellschafter ergeben.

b) Es sind wesentlich mehr Formalitäten als bei den Personengesellschaften und Einzelunternehmen zu beachten.

c) Es fallen in der Regel mehr Kosten an, z. B. Notarkosten bei Satzungsänderungen, Eintragungskosten etc.

d) Der GmbH-Geschäftsführer unterliegt zahlreichen Haftungsrisiken.

6. Wer ist bei der
a) Personengesellschaft
b) Kapitalgesellschaft
zur Geschäftsführung und Vertretung berechtigt und verpflichtet?

a) Bei der Personengesellschaft sind alle Gesellschafter (soweit sie persönlich und unbeschränkt haften) zur Vertretung (§ 125 HGB) und Geschäftsführung (§ 114 HGB) berechtigt und verpflichtet.

b) Bei der Kapitalgesellschaft ist der Geschäftsführer (§ 35 GmbHG) bzw. der Vorstand (§ 76 AktG) zur Vertretung und Geschäftsführung der Gesellschaft befugt.

7. Welches sind die wesentlichen Charakteristika der GmbH?

- juristische Person
- Kapitalgesellschaft
- Vorhandensein eines festen Stammkapitals, das das Mindestvermögen der Gesellschaft bei Gründung darstellt und nur durch förmliche Kapitalerhöhung oder Kapitalherabsetzung verändert werden kann
- die GmbH hat verselbstständigte Organe (Geschäftsführer, Gesellschafterversammlung, fakultativer Aufsichtsrat bzw. Beirat)
- Drittorganschaft ist möglich, d.h., ein Nichtgesellschafter kann Geschäftsführer einer GmbH sein
- Handelsgesellschaft
- Formkaufmann
- den Gläubigern haftet – grundsätzlich – nur das Gesellschaftsvermögen (§ 13 II GmbH)

8. Welche Rechtsquellen sind für die GmbH von Bedeutung?

- GmbHG
- HGB, insb. §§ 238 ff. (Handelsbücher)
- Umwandlungsgesetz (UmwG)
- Mitbestimmungsgesetze

II. Gründung der GmbH

9. A, B und C haben erfolgreich ihr Studium an der Hochschule abgeschlossen. Sie wollen eine Unternehmensberatungs-GmbH gründen, um endlich ihre erworbenen Kenntnisse in der Praxis anwenden zu können. Der Name der Gesellschaft soll „ABC-Unternehmensberatungs-GmbH“ lauten.

Was müssen sie tun?

Zunächst werden sich die drei Jungunternehmer zusammensetzen und besprechen, wie der Gesellschaftsvertrag aussehen soll, der zwischen ihnen gelten soll.

Danach müssen sie zum Notar gehen und den Gesellschaftsvertrag, die Satzung, beurkunden lassen. Nach der Beurkundung wird der Notar einen Antrag auf Eintragung der GmbH ins Handelsregister stellen.

10. Welche Fragen werden die drei vorab sinnvollerweise klären?

- Wie soll die Firma heißen?
- Wo soll der Sitz der Firma sein?
- Was soll der Gegenstand des Unternehmens sein?
- Wie hoch soll das Stammkapital des Unternehmens sein?
- Welchen Anteil am Stammkapital sollen A, B und C übernehmen?
- In welcher Weise soll das Stammkapital aufgebracht werden?
- Soll die Einlage in bar oder in Sachwerten geleistet werden?
- Wer soll die Gesellschaft vertreten können, wer wird ihr Geschäftsführer?
- Unter welchen Voraussetzungen kann man die Mitgliedschaft wieder kündigen?

11. Die Diskussionen über den Inhalt des Gesellschaftsvertrages zwischen A, B und C ziehen sich hin. Bevor sie sich untereinander nicht einig sind, wollen sie aus Kostengründen auch noch keinen Notartermin vereinbaren. Zwischenzeitlich hat sich aber eine günstige Möglichkeit zur Anmietung von Geschäftsräumen ergeben. Da noch zahlreiche andere Interessenten da sind, muss der Vertrag sofort geschlossen werden, und zwar auf eine Mindestzeit von 5 Jahren.

Wie ist die Rechtslage, wenn

a) A persönlich mit „A" unterschreibt, ohne B und C vorher zu fragen?

b) A mit „ABC-Gesellschaft" unterschreibt?

c) Amit „ABC-Unternehmensberatungs-GmbH i.Gr." unterschreibt?

d) A mit „ABC-Unternehmensberatungs-GmbH" unterschreibt?

e) A mit „ABC-Gesellschaft" unterschreibt, jedoch von B und C, die sich gerade auf Reisen befinden, gebeten worden ist, diesen Vertrag im Hinblick auf die geplante Gesellschaftsgründung abzuschließen?

f) A, B und C persönlich unterschreiben?

g) A, B und C im Namen der ABC-GmbH unterschreiben?

a) A hat hier nicht im Namen der BGB-Gesellschaft (Vorgründungsgesellschaft) oder sonst im Namen eines anderen gehandelt, somit auch im Außenverhältnis im eigenen Namen. Nur A ist Vertragspartner geworden.

b) A hat zwar im Namen der ABC-Gesellschaft, also der BGB-Gesellschaft gem. § 705 BGB gehandelt. Zweck der BGB-Gesellschaft ist jedoch nur, die Gründung der GmbH vorzubereiten, nicht, so wesentliche und weittragende Geschäfte wie den Abschluss eines langjährigen Mietvertrages vorzunehmen (Vorgründungsgesellschaft). A hat hier zwar in fremdem Namen, also der BGB-Gesellschaft, jedoch ohne Vertretungsmacht, gehandelt. Er haftet demnach als Vertreter ohne Vertretungsmacht gem. §§ 177, 179 BGB – nach Wahl des Vermieters – auf Erfüllung oder Schadensersatz.

c) Auch hier hat A in fremdem Namen i. S. d. § 164 BGB gehandelt. Die GmbH i.Gr. existiert – noch – nicht. Da es den vermeintlich Vertretenen, die GmbH i.Gr., gar nicht gibt, ist A auch hier ein Vertreter ohne Vertretungsmacht, §§ 177, 179 BGB.

d) Wie in Variante c) existiert die GmbH zu diesem Zeitpunkt noch nicht (§11 I GmbHG) – sie entsteht erst mit der Eintragung ins Handelsregister.

e) A handelt im Namen der BGB-Gesellschaft. Er war hinsichtlich des Abschlusses des Mietvertrages zur Geschäftsführung befugt (§710 BGB), die Übertragung der Geschäftsführung war auch mündlich möglich, und demzufolge war A „im Zweifel" ermächtigt, die anderen Gesellschafter auch im Außenverhältnis zu vertreten (§714 BGB). Mieterin wurde also die BGB-Gesellschaft.

f) A, B und C handeln jeweils im eigenen Namen, haften also persönlich und unbeschränkt.

g) Zwar handeln alle drei in fremdem Namen gem. §164 BGB, jedoch gibt es die Person, für die gehandelt werden soll, nämlich die juristische Person „GmbH" noch nicht; diese entsteht erst mit der – konstitutiven – Eintragung, §11 I GmbHG. Auch hier haften A, B und C persönlich und unbeschränkt.

12. Wie nennt man das Stadium, in dem sich die „Gesellschaft" im Fall 11 befindet?

Es handelt sich um die Vorgründungsgesellschaft.

13. Nach welchen Rechtsgrundsätzen wird die Vorgründungsgesellschaft beurteilt?

Es handelt sich um eine BGB-Gesellschaft gem. §§705 ff. BGB.

14. Wer haftet im Stadium der Vorgründungsgesellschaft?

Alle Gesellschafter der Vorgründungsgesellschaft haften als BGB-Gesellschafter persönlich, unbeschränkt und gesamtschuldnerisch, §§705 ff. BGB).

15. Wer ist im Stadium der Vorgründungsgesellschaft zur Geschäftsführung der Gesellschaft befugt?

Wenn nichts anderes zwischen den Gesellschaftern vereinbart wurde, steht die Geschäftsführung den Gesellschaftern gemeinschaftlich zu; für jedes Geschäft ist die Zustimmung aller Gesellschafter erforderlich, §709 BGB.

16. Wer ist im Stadium der Vorgründungsgesellschaft zur Vertretung der Gesellschaft befugt?

Nach §714 BGB richtet sich die Vertretungsbefugnis – wenn nichts anderes vereinbart wurde – nach der Geschäftsführungsbefugnis, §709 BGB. Im Zweifel sind also alle Gesellschafter gemeinschaftlich vertretungsbefugt.

17. Werden die zukünftigen GmbH-Gesellschafter in der Praxis vertragliche Regelungen für die Vorgründungsgesellschaft treffen?

Dies wird nur selten der Fall sein, da die Vorgründungsgesellschaft nur den Zweck hat, die GmbH-Gründung vorzubereiten. Die zukünftigen GmbH-Gesellschafter werden also normalerweise davon ausgehen, dass die Phase der Vorgründungsgesellschaft nur ganz kurz (bis zum notariellen Abschluss des Gesellschaftsvertrages) dauert und somit Regelungen entbehrlich sind.

18. **Wann beginnt, und wann endet die Vorgründungsgesellschaft?**

Die Vorgründungsgesellschaft beginnt mit dem Zusammenschluss der künftigen GmbH-Gesellschafter zur Vorbereitung der GmbH-Gründung und endet mit dem Abschluss des notariellen Gesellschaftsvertrages.

19. **Welches Stadium folgt nach der Vorgründungsgesellschaft?**

Nach Abschluss des Gesellschaftsvertrages entsteht die GmbH in Gründung.

20. **Gehen die Verbindlichkeiten, die im Stadium der Vorgründungsgesellschaft für die Gesellschaft begründet worden sind, auf die GmbH in Gründung ‚automatisch' über?**

Nein, die Verbindlichkeiten bleiben solche der BGB-Gesellschaft.

21. **Was können die Gesellschafter tun, um die im Stadium der Vorgründungsgesellschaft begründeten Verbindlichkeiten auf die GmbH in Gründung zu übertragen?**

Es kann eine Schuldübernahme gem. §§ 414 f. BGB oder eine Vertragsübernahme vereinbart werden. Voraussetzung dafür ist allerdings die Zustimmung der Gläubiger.

22. **Welche notwendigen Bestandteile muss die Satzung enthalten?**

Nach § 3 GmbHG muss der Gesellschaftsvertrag folgende Regelungen enthalten:

- die Firma und den Sitz der Gesellschaft,
- den Gegenstand des Unternehmens,
- den Betrag des Stammkapitals,
- den Betrag der von jedem Gesellschafter auf das Stammkapital zu leistenden Einlage.

23. **A und B wollen eine Gesellschaft mit Namen „Lukullus Feinkost GmbH" gründen. Ist dieser Name zulässig?**

Nach § 4 GmbHG ist der Zusatz ‚GmbH' erforderlich. Im Übrigen sind nur die allgemeinen Firmengrundsätze (z. B. § 30 HGB) zu beachten. Der Name ist daher grundsätzlich zulässig.

24. **Können A und B im Fall 23 beim Firmennamen den Zusatz „GmbH" weglassen, weil ihnen das vertrauenswürdiger erscheint?**

Nein, § 4 GmbHG.

25. **Durch wen handelt die GmbH i.Gr. bzw. die GmbH?**

Nach § 35 I GmbHG wird die Gesellschaft gerichtlich und außergerichtlich durch den/die Geschäftsführer vertreten. Das bedeutet, dass die juristische Person „GmbH" durch den/die Geschäftsführer handelt.

26. Wie kommt die GmbH i.Gr. bzw. die GmbH zu ihrem Organ „Geschäftsführer"?

Um überhaupt handlungsfähig zu sein, u.a. auch, um die Registeranmeldung durchführen zu können, muss ein oder müssen mehrere Geschäftsführer als sog. „Organe" der GmbH bestellt werden. Dies kann auf zwei verschiedene Arten geschehen (§6 III GmbHG):

- entweder wird der (werden die) Geschäftsführer durch den Gesellschaftsvertrag (Satzung) bestimmt (§§2, 3, 6 GmbHG)
- oder die Gesellschafter bestimmen in der – ersten – Gesellschafterversammlung einen oder mehrere Geschäftsführer (Gesellschafterbeschluss, §46 Ziff. 5 GmbHG).

27. Reicht es, wenn die „Lukullus Feinkost GmbH" ein Stammkapital von € 20000 haben wird?

Nein, das Mindest-Stammkapital einer GmbH muss derzeit mindestens € 25000 betragen, §5 I GmbHG. (Der Gesetzgeber hatte die Herabsetzung des Mindest-Stammkapitals auf den Betrag von € 10000 geplant, diese Idee jedoch wieder aufgegeben. Stattdessen hat er die ‚Unternehmergesellschaft' eingeführt, §5a GmbHG).

28. Wieviel Bargeld brauchen A und B mindestens, um ihre „Lukullus Feinkost GmbH" gründen zu können, wenn A und B jeweils zu gleichen Anteilen beteiligt sein wollen?

A und B wollen hier eine Bargründung vornehmen. Das Mindest-Stammkapital einer GmbH beträgt € 25000, §5 I GmbHG.

Bei einer Bargründung muss ein Viertel eingezahlt werden. §7 II 1 GmbHG. Mindestens müssen aber die eingezahlten Geldeinlagen € 12500 betragen, §7 II 2 GmbHG (= die Hälfte des Mindest-Stammkapitals).

A und B haben also je € 6250 einzuzahlen.

29. Wieviel Bargeld brauchen A und B im Fall 23, wenn das Stammkapital € 400000 betragen soll?

Nach §7 II 1 GmbHG muss mindestens ein Viertel des Stammkapitals von € 400000, also € 100000 einbezahlt werden, also für A und B je € 50000.

30. Ist es grundsätzlich möglich, dass im Fall 23 A Bargeld, B jedoch seinen 4 Jahre alten VW Golf als Stammeinlage leistet?

Die Gesellschafter können sowohl Geld- als auch Sacheinlagen erbringen, §5 GmbHG.

31. Was muss bei der Sacheinlage des B (Fall 30) beachtet werden?

Die Sacheinlage ist im Gesellschaftsvertrag zu bezeichnen. Weiterhin muss der Betrag der Stammeinlage, auf den sich die Sacheinlage bezieht, festgesetzt werden, §5 IV GmbHG. Damit der Registerrichter prüfen kann, ob der Wert der Sacheinlage dem Nominalbetrag der Stammeinlage tatsächlich entspricht, muss ein Sachgründungsbericht erstellt werden, § 5 IV 2 GmbHG. Reicht der Wert der Sacheinlage nicht aus, muss ggfs. noch mit einer Bareinlage aufgestockt werden, § 9 GmbHG.

32. In der Satzung wurden A und B zu alleinvertretungsberechtigten Geschäftsführern der Lukullus Feinkost GmbH (L-GmbH) bestellt. Nach dem Notartermin wollen A und B von der Tonnus Nutzfahrzeuge GmbH (T) einen Lieferwagen kaufen. Was müssen sie hierbei beachten?

Mit Abschluss des notariellen Gesellschaftsvertrages ist aus der Vorgründungsgesellschaft – einer BGB-Gesellschaft – die Vor-GmbH geworden. Diese ist noch keine juristische Person, also noch keine GmbH (§ 11 I GmbHG). Die Vor-GmbH wird als ‚Organisation eigener Art' betrachtet, auf die GmbH-Recht angewendet wird, soweit es der Eigenart dieser Vor-GmbH entspricht. Diese ‚Gesellschaft eigener Art' kann aber schon am Rechtsverkehr teilnehmen, und zwar durch ihre Organe, also insbesondere durch die Geschäftsführer.

A und B wurden ordnungsgemäß zu Geschäftsführern der GmbH – und damit auch der Vor-GmbH – in der Satzung bestimmt. Sie sind daher berechtigt, im Namen der Gesellschaft Rechtsgeschäfte abzuschließen. Beachten müssen A und B allerdings, dass sie im Namen der Gesellschaft handeln, die sie zur Zeit der Vornahme des Kaufes vertreten: und das ist nicht die GmbH, die es ja vor der Eintragung noch gar nicht gibt, sondern die Vor-GmbH. Handeln sie also im Namen des richtigen Vertretenen, also der Vor-GmbH, so wird diese Vertragspartner der T. Erfolgt dann die Handelsregister-Eintragung, so geht die Kaufpreisschuld auf die dann entstandene GmbH als Gesamtrechtsnachfolgerin über.

33. Haften A und B in Fall 32 persönlich für die Bezahlung der Kaufpreisschuld?

Nach überwiegender Meinung wurden A und B bis zur Höhe ihrer jeweiligen Einlage persönlich verpflichtet. Soweit sie ihre Einlage noch nicht geleistet haben, haften sie dann auch mit ihrem Privatvermögen. Die Haftung erlischt auch hier mit der Eintragung der GmbH in das Handelsregister.

34. Während welchen Zeitraumes besteht die Vor-GmbH?

Die Vor-GmbH entsteht mit Abschluss des notariellen Gesellschaftsvertrages und endet mit der Eintragung in das Handelsregister.

35. Wo ist die Vor-GmbH gesetzlich geregelt?

Die Vor-GmbH ist gesetzlich nicht geregelt. In der Praxis besteht aber in der Regel das Problem, dass zwischen Abschluss des notariellen Gesellschaftsvertrages und der Handelsregistereintragung vor allem in Großstädten Monate liegen, weil die Registergerichte überlastet sind.

Während dieser Zeit müssen jedoch schon Rechtsgeschäfte abgewickelt werden, z.B. Mietvertrag für Geschäftsräume, Kaufverträge über die Warenvorräte, Anstellungsverträge mit Mitarbeitern. Die Gesellschafter selbst können die Eintragung auch nicht beeinflussen. Sie haben mit Abschluss des Notarvertrages und der Beauftragung des Notars zur Handelsregistereintragung alles ihnen Mögliche getan. Dennoch würden sie sich in der Zeit zwischen Abschluss des Notarvertrages und der Handelsregistereintragung im ‚rechtsleeren Raum' bewegen und – wie in der Vorgründungsgesellschaft – persönlich haften.

Da eine solche Situation für die Gesellschafter, die ja alles zur GmbH-Gründung Erforderliche getan haben, unzumutbar ist, wendet die Rechtsprechung auf die Vor-GmbH – soweit es deren Wesen entspricht – GmbH-Recht an. Auf diese Weise kann die VorGmbH die Geschäftstätigkeit aufnehmen – und deren Gesellschafter und Geschäftsführer sind weitgehend vor persönlicher Haftung geschützt.

36. Was versteht man unter der Handelndenhaftung?

Nach § 11 II GmbHG haften diejenigen, die vor der Eintragung und Entstehung der GmbH für diese GmbH handeln persönlich und solidarisch. Sie dient vor allem dem Gläubigerschutz und kommt dann zum Tragen, wenn Geschäftsführer der Vor-GmbH ihre Vertretungsbefugnis überschreiten, aber auch, wenn andere Personen für die GmbH handeln, ohne hierzu vertretungsbefugt zu sein. Handelnder im Sinne des § 11 II GmbH ist jeder, der als Geschäftsführer oder wie ein Geschäftsführer für die künftige GmbH – nicht die bereits bestehende Vor-GmbH – Rechtsgeschäfte abschließt.

37. Beim Abschluss der notariellen Satzung haben A und B (Fall 30, 31) versichert, dass der Gesellschaft die erforderlichen Einlagen auf das Stammkapital zur freien Verfügung stehen. Tatsächlich aber hatte B kurz davor das Auto zu Schrott gefahren, was A wusste. Hat das Konsequenzen für die Gesellschafter?

Die Handelsregisteranmeldung darf erst erfolgen, wenn die Bareinlagen zu mindestens einem Viertel und die Sacheinlagen in voller Höhe geleistet worden sind, § 7 II GmbHG. Deshalb muss in der Anmeldung versichert werden, dass die o.g. Leistungen sich endgültig in der freien Verfügung der Geschäftsführer befinden, § 8 II GmbHG. Die Sacheinlage, der Pkw, war zum Zeitpunkt dieser Versicherung schon Schrott. A und B haben also zum Zwecke der GmbH-Errichtung falsche Angaben gemacht; sie müssen deshalb als Gesamtschuldner die fehlenden Einlagen erbringen und haben sich auch schadensersatzpflichtig gemacht, § 9a GmbHG.

38. Was passiert, wenn die Gesellschafter eine Sachgründung vornehmen, jedoch keinen Sachgründungsbericht beim Handelsregister vorlegen?

Das Registergericht überprüft vor der Eintragung, ob alle Eintragungsvoraussetzungen vorliegen, § 8 GmbHG. Fehlt der Sachgründungsbericht (§ 8 I Ziff. 5 GmbHG), ist das ein Gründungsmangel. Die GmbH wird nicht eingetragen.

39. Kann eine GmbH an einem Tag entstehen?

Dies ist aus praktischen Gründen nicht möglich: Die GmbH entsteht erst, wenn der notarielle Gesellschaftsvertrag geschlossen wurde und die Gesellschaft im Handelsregister eingetragen ist. Selbst wenn die Anmeldung zum Handelsregister noch am Tage des Vertragsabschlusses per Boten zum Registergericht gebracht würde, wäre doch kaum vorstellbar, dass dort noch an diesem Tage die Prüfung der Eintragungsvoraussetzungen durch den Registerrichter und gleichzeitig die Eintragung erfolgt.

III. Organe der GmbH

40. Welche Organe hat die GmbH?

Organe der GmbH sind der oder die Geschäftsführer (§§ 6, 35 ff. GmbHG), die Gesellschafterversammlung (§§ 48 ff. GmbHG) und der Aufsichtsrat (§ 52 GmbHG).

41. Welche Organe muss die GmbH notwendigerweise haben?

Jede GmbH muss als Organe einen oder mehrere Geschäftsführer (§ 61 GmbHG) und die Gesellschafterversammlung (§ 48 GmbHG) haben.

1. Geschäftsführer

42. Welche Funktion hat der Geschäftsführer einer GmbH?

Als Organ vertritt der Geschäftsführer die GmbH nach außen (§ 35 GmbHG) und führt ihre Geschäfte (§ 43 GmbHG).

43. Wie kann man sich die GmbH als juristische Person vorstellen?

Eine juristische Person ist ein ‚Kunstgebilde', das nicht handlungsfähig ist. Sie muss durch natürliche Personen handeln, das sind bei der GmbH die Geschäftsführer.

44. Aribert Meier (M) und Gisbert Vogel (V) werden die Lupus Unternehmensberatungs-GmbH (L-GmbH) gründen. Jeder ist zu 50 % beteiligt. Beide wollen Geschäftsführer der GmbH werden. Was müssen sie tun?

Geschäftsführer werden bestellt. Die Bestellung kann bei der Gründung entweder im Gesellschaftsvertrag oder durch Beschluss der Gesellschafterversammlung erfolgen, § 6 III 2 GmbHG.

45. Da die Geschäfte gut laufen, soll der bisherige Angestellte Emil Kurz (K) als weiterer Geschäftsführer der L-GmbH (Fall 44) bestellt werden. K besitzt keine GmbH-Anteile.

a) Kann K Geschäftsführer werden, obwohl er kein Gesellschafter ist?

b) Was ist zu tun?

c) Ab wann ist K Geschäftsführer?

a) Ja, es gibt die Fremdorganschaft: der Geschäftsführer einer GmbH kann, muss aber nicht deren Gesellschafter sein, § 6 III 1 GmbHG.

b) A und B müssen in einer Gesellschafterversammlung den Beschluss fassen, dass K zum Geschäftsführer der Gesellschaft bestellt wird.

c) Mit der Beschlussfassung ist K Organ der Gesellschaft, nämlich deren Geschäftsführer. Die Eintragung ins Handelsregister hat lediglich deklaratorische Wirkung.

46. Was passiert in Fall 45, wenn A für und B gegen die Berufung des K zum Geschäftsführer ist?

Nach §47 GmbHG muss der Gesellschafterbeschluss mehrheitlich gefasst werden. Da beide Gesellschafter zu je 50% beteiligt sind, kann hier kein Mehrheitsbeschluss gefasst werden. K kann also nicht zum Geschäftsführer bestellt werden.

47. Hat K, wenn er zum Geschäftsführer bestellt worden ist (Fall 45), allein aufgrund seiner Geschäftsführerposition Anspruch auf ein Gehalt?

Die Organstellung des Geschäftsführers berechtigt K, die Gesellschaft gerichtlich und außergerichtlich zu vertreten und deren Geschäfte zu führen. Die Organstellung des Geschäftsführers sagt aber noch nichts über den Umfang seiner Leistungspflichten und seine Ansprüche gegenüber der Gesellschaft. Insbesondere gibt die Geschäftsführerposition des K ihm keinen Anspruch auf Bezahlung eines Gehaltes für seine Tätigkeit. K und die GmbH müssen also – zusätzlich – einen Anstellungsvertrag gem. §§611 BGB schließen, in dem z.B. Gehalt, Urlaub, Kündigungsfristen etc. geregelt sind. Organstellung und Dienstverhältnis sind völlig getrennt zu beurteilen.

48. A und B (Fall 45) wollen K zwar zum Geschäftsführer bestellen, haben aber doch Bedenken, ihm alleine umfassende Vertretungsmacht zu geben.

Können sie diese Vertretungsmacht in irgendeiner Weise – z.B. betragsmäßig – einschränken?

Zwar kann im Gesellschaftsvertrag oder durch Gesellschafterbeschlüsse die Vertretungsbefugnis der Geschäftsführer eingeschränkt werden. Diese Einschränkungen gelten jedoch nur im Innenverhältnis zwischen Gesellschaft und Geschäftsführer, §37 I GmbHG. Gegenüber Dritten, also im Außenverhältnis, haben diese Beschränkungen keine rechtliche Wirkung, §37 II GmbHG.

K ist als Geschäftsführer zur Gesamtvertretung mit A und B berechtigt, §35 II 2 GmbHG. Insofern kann er ohnehin nicht alleine handeln.

49. Im Geschäftsführer-Anstellungsvertrag des K soll folgende Beschränkung enthalten sein: K darf Rechtsgeschäfte über € 50000 nur nach vorheriger Zustimmung der Gesellschafterversammlung abschließen.

Diese Beschränkung kann wegen §37 II GmbHG nur im Innenverhältnis gelten. Verstößt K gegen diese Bestimmungen, so verletzt er seine Pflichten gegenüber der Gesellschaft und aus dem Anstellungsvertrag, §37 I GmbHG, §611 BGB.

50. K (Fall 48, 49) hält sich an keinerlei Beschränkungen: Er missachtet die Gesamtvertretungsbefugnis und fragt weder A noch B, bevor er Verträge abschließt. Die betragsmäßige Beschränkung im Anstellungsvertrag interessiert ihn überhaupt nicht. So kauft er zum Beispiel ein neues Chefzimmer für sein Büro zum Preis von € 100000 von der Firma Exclusiva Büroeinrichtungs-GmbH (E).

a) Was können A und B tun?

b) Was passiert mit dem Geschäftsführer-Anstellungsvertrag?

c) Ist der Kauf der Möbel wirksam?

d) Was kann die GmbH tun, wenn die Möbel überhaupt nicht verwendet werden können?

a) K hat sich im Außenverhältnis nicht an die Gesamtvertretungsbefugnis gehalten, er hat also als Vertreter ohne Vertretungsmacht gem. §§ 177, 179 BGB gehandelt. A und B können die Genehmigung dieses Geschäftes verweigern.

b) K hat auch gegen seine Verpflichtungen aus dem Dienstvertrag verstoßen. A und B können diesen kündigen; liegen – wie hier – mehrere wesentliche Vertragsverletzungen vor, so ist auch eine fristlose Kündigung aus wichtigem Grund gerechtfertigt.

c) Auch im Außenverhältnis konnte K die GmbH nicht wirksam vertreten, da er nur gesamtvertretungsbefugt war. Die E-GmbH kann wählen, ob sie von K Erfüllung oder Schadensersatz verlangen will, §§ 177, 179 BGB. Gegenüber der L-GmbH kann die E-GmbH keine Ansprüche geltend machen.

d) Die L-GmbH muss die Möbel gar nicht abnehmen. Wurden sie bereits geliefert, so sind sie K lediglich zur Abholung zur Verfügung zu stellen.

51. Wie wäre Fall 50 zu entscheiden, wenn K Alleinvertretungsbefugnis gehabt hätte?

a) Im Außenverhältnis können A und B gar nichts tun. Im Innenverhältnis können sie sofort eine Gesellschafterversammlung einberufen und K als Geschäftsführer abberufen, § 38 GmbHG.

b) Der Geschäftsführer-Anstellungsvertrag kann – wie in Fall 50 – gekündigt werden. Der Widerruf der Geschäftsführer-Bestellung hat allerdings keinerlei Einfluss auf den Anstellungsvertrag.

c) Da K alleine die Gesellschaft vertreten konnte, § 35 GmbHG, ist der Kaufvertrag mit der E-GmbH wirksam.

d) Die GmbH kann von K wegen Verletzung seines Anstellungsvertrages evtl. Schadensersatz verlangen.

52. Albert (A), Benedict (B) und Cosima (C) Schmid sind jeweils zu gleichen Teilen an der ABC-GmbH beteiligt. Alle 3 Gesellschafter sind einzelvertretungsberechtigte Geschäftsführer. Ihre einheitlichen Dienstverträge wurden befristet bis zu ihrem 65. Lebensjahr bei einem monatlichen Gehalt von € 30000 abgeschlossen. A und B zerstreiten sich mit C. In einer Gesellschafterversammlung berufen sie sie als Geschäftsführerin ab. C ist zu diesem Zeitpunkt 45 Jahre alt. C fragt ihren Sohn Emil, Student der Betriebswirtschaft, was sie tun soll. Was wird ihr Emil raten?

Emil weiß, dass der Anstellungsvertrag von der Abberufung nicht berührt wurde. Da der Anstellungsvertrag befristet bis zum 65. Lebensjahr seiner Mutter abgeschlossen wurde, kann er auch nicht gekündigt werden. Wenn kein wichtiger Grund vorliegt, ist eine Vertragskündigung also die nächsten zwei Jahrzehnte nicht möglich. Persönliche Streitigkeiten als solche rechtfertigen eine fristlose Kündigung in der Regel nicht.

Sohn Emil wird also seiner Mutter raten, die Nerven zu behalten, weiterhin in die Firma zu gehen, dort ihrer Arbeit nachzugehen und monatlich ihr Geschäftsführergehalt entgegenzunehmen und auf ein Vergleichsangebot zu warten.

2. Gesellschafterversammlung

53. Welche Aufgaben haben die Gesellschafter?

Nach § 46 GmbHG sind den Gesellschaftern insbesondere folgende Aufgaben vorbehalten:

- Feststellung des Jahresabschlusses und die Gewinnverteilung (Ziff. 1)
- Einforderungen von ausstehenden Einlagen (Ziff. 2)
- Rückzahlung von Nachschüssen (Ziff. 3)
- Teilung und Einziehung von Geschäftsanteilen (Ziff. 4)
- Bestellung, Abberufung und Entlastung von Geschäftsführern (Ziff. 5)
- Prüfung und Überwachung der Geschäftsführung (Ziff. 6)
- Bestellung von Prokuristen und Handlungsbevollmächtigten (Ziff. 7)
- Geltendmachung von Ersatzansprüchen gegen Geschäftsführer oder Gesellschafter (Ziff. 8)

Die Gesellschafter können nur durch Gesellschafterbeschlüsse handeln, die in Gesellschafterversammlungen gefasst werden, §§ 47 ff. GmbHG.

54. Was ist für die Einberufung einer Gesellschafterversammlung zu tun?

Die Einberufung der Gesellschafterversammlung erfolgt durch die Geschäftsführer, § 49 I GmbHG. Die Gesellschafter sind mit eingeschriebenem Brief unter Wahrung einer Frist von einer Woche einzuladen, § 51 I GmbHG. Der Versammlungszweck (Tagesordnung) ist anzugeben, § 51 II GmbHG.

3. Aufsichtsrat

55. Muss eine GmbH einen Aufsichtsrat haben?

Nein; im Gesellschaftsvertrag kann aber freiwillig ein Aufsichtsrat oder Beirat vorgesehen sein, § 52 GmbHG. Nur bei mitbestimmten Gesellschaften ist der Aufsichtsrat obligatorisch (BetrVG, MitbestG)

56. Welche Aufgaben hat ein Aufsichtsrat?

Der Aufgabenkreis des Aufsichtsrates wird durch den Gesellschaftsvertrag bestimmt. (Ausnahme: mitbestimmte Gesellschaften, s. Fall 55).

IV. Rechtsstellung der Gesellschafter

57. Welche Rechte hat ein Gesellschafter?

Diese ergeben sich im wesentlichen aus dem Gesellschaftsvertrag (§ 45 GmbHG) und ergänzend aus den §§ 46–51a GmbHG. Gesellschafter haben

- Vermögensrechte (Anspruch auf den anteiligen Gewinn) und
- Mitwirkungsrechte (insbesondere Stimmrechte, § 47 GmbHG, Minderheitsrechte, § 50 GmbHG und Auskunfts- und Einsichtsrechte, § 51a GmbHG).

58. Welche Pflichten hat ein Gesellschafter?

Die vorrangige Pflicht des Gesellschafters besteht in der Aufbringung bzw. Erhaltung der Stammeinlage, § 5 GmbHG. Eine Nachschusspflicht besteht nur, wenn sie im Gesellschaftsvertrag vorgesehen ist, §§ 26 ff., 53 III GmbHG.

59. Kann ein Gesellschafter, der nicht Geschäftsführer ist, einen Bleistift für die GmbH kaufen?

Nein, ein Gesellschafter hat keine Vertretungsbefugnis, kann also im Außenverhältnis die GmbH nicht wirksam verpflichten.

60. Sind Fälle denkbar, in denen ein Gesellschafter persönlich für Schulden der GmbH haften muss?

Ja, in Ausnahmefällen hat die Rechtsprechung die sogenannte Durchgriffshaftung zugelassen. Diese Durchgriffshaftung der Gesellschafter kommt dann in Betracht, wenn diese die rechtliche Selbstständigkeit einer GmbH entgegen den Geboten von Treu und Glauben für eigene Zwecke missbrauchen, beispielsweise bei Unterkapitalisierung, bei Vermischung von Privat- und Gesellschaftsvermögen und bei sogenannten Strohmanngeschäften.

61. Kann ein Gesellschafter die Rückzahlung seiner Stammeinlage verlangen?

Nein, das Vermögen, das zur Erhaltung des Stammkapitals der Gesellschaft erforderlich ist, darf nicht an die Gesellschafter zurückbezahlt werden, § 30 GmbHG.

V. Auflösung und Liquidation

62. Welche Auflösungsgründe gibt es?

Nach § 60 wird die GmbH bei Vorliegen folgender Gründe aufgelöst:

- Fristablauf (§ 60 I Ziff. 1 GmbHG)
- Gesellschafterbeschluss (§ 60 I Ziff. 2 GmbHG)
- gerichtliche Entscheidung (§ 60 I Ziff. 3 GmbHG)
- Insolvenzeröffnung (§ 60 I Ziff. 4 GmbHG)
- Zwangslöschung (§ 60 I Ziff. 7 GmbHG)

63. Wie ist die Gesellschaft nach der Auflösung abzuwickeln?

Nach der Auflösung ist – mit Ausnahme der Insolvenz – ein Liquidationsverfahren durchzuführen, §§70ff. GmbHG.

64. Unter welchen Voraussetzungen besteht Insolvenzantragspflicht?

Wenn die GmbH zahlungsunfähig oder überschuldet ist, muss unverzüglich – spätestens jedoch innerhalb von 3 Wochen – Insolvenzantrag gestellt werden, §15a InsO.

VI. Unternehmergesellschaft

65. Herr Aribert hat sich selbstständig gemacht und ein Entrümpelungsunternehmen gegründet. Gerne würde er eine ‚richtige Firma' gründen, bei der die Haftung beschränkt ist. Leider kann er allenfalls € 1000 als Stammkapital aufbringen.

Kann Herr Aribert eine GmbH gründen?

Natürlich könnte Herr Aribert grundsätzlich eine GmbH gründen, §§1ff. GmbHG. Allerdings beträgt das Stammkapital der GmbH mindestens € 25000, §5 I GmbHG. Hiervon müsste er bei Bargründung mindestens € 12500 einzahlen, §7 II GmbHG. Da er aber nur € 1000 als Stammkapital aufbringen kann, ist die Gründung einer GmbH ausgeschlossen.

66. Kann Herr Aribert (Fall 65) dennoch eine Kapitalgesellschaft gründen?

Ja, gem. §5a GmbHG könnte Herr A eine Unternehmergesellschaft gründen. Hierfür reicht der Betrag von € 1000 für das Stammkapital aus (§5a I GmbHG).

67. Herr Aribert (Fall 65) würde die Firma gerne ‚Aribert UG' nennen. Ist das zulässig?

Nein, die Gesellschaft muss zwingend den Zusatz „Unternehmergesellschaft (haftungsbeschränkt)" oder „UG (haftungsbeschränkt)" aufweisen, §5a I GmbHG.

68. Er (Fall 65) würde nun gerne statt der € 1000 in bar seinen Betriebs-PKW als Sacheinlage bringen. Seiner Meinung nach ist der PKW mindestens 1000 € wert. Ist das zulässig?

Nein, gem. §5a II GmbHG sind Sacheinlagen ausgeschlossen.

69. Herr Aribert (Fall 65) hat sich nunmehr zu einer Bargründung entschlossen. Muss er sich jetzt noch aufwändig einen Gesellschaftsvertrag vom Notar entwerfen lassen?

Nein, gem. §2 I a GmbHG kann die Gesellschaft in einem vereinfachten Verfahren gegründet werden. Hierfür hat der Gesetzgeber ein „Musterprotokoll für die Gründung einer Einpersonengesellschaft" als Anlage zu §2 I a GmbHG dem Gesetz beigelegt.

Zur Vertiefung: *Führich, Wirtschaftsprivatrecht, §33*

§ 34 Aktiengesellschaft (AG)

I. Rechtsnatur der AG und Bedeutung

	GmbH	AG
Rechtsgrundlagen:	GmbHG	AktG
Rechtspersönlichkeit:	Juristische Person	
Zeitpunkt des Entstehens:	Eintragung in das Handelsregister	
Mindestkapital bei Gründung:	Stammkapital € 25 000	Grundkapital € 50 000
Mindestnennbetrag der	Stammeinlage € 1	Aktie € 1
Haftung:	auf das Gesellschaftsvermögen beschränkt	
Organe:	Geschäftsführer Gesellschafterversammlung Beirat/Aufsichtsrat (freiwillig)	Vorstand Hauptversammlung Aufsichtsrat
Gesellschafter:	GmbH-Gesellschafter	Aktionäre

Abb. 37: Vergleich: GmbH-AG

1. Was ist eine AG?

Eine AG ist eine Kapitalgesellschaft, hat also eine eigene Rechtspersönlichkeit, § 1 AktG. Sie nimmt am Rechtsverkehr teil, ist also Trägerin eigener Rechte und Pflichten. Sie ist stets eine Handelsgesellschaft – auch wenn der Unternehmenszweck nicht der Betrieb eines Handelsgewerbes ist – und Kaufmann kraft Rechtsform, § 6 HGB.

2. Welche Bedeutung hat die AG in der Praxis?

In der Praxis hat die Unternehmensform der AG hauptsächlich für Großunternehmen Bedeutung, die einen hohen Eigenkapitalbedarf haben, der durch den freien Handel mit Aktien mit einer großen Zahl von Aktionären gedeckt werden kann.

3. Welche Typen von Aktiengesellschaften unterscheidet man?

- Am bekanntesten, doch zahlenmäßig relativ gering, sind die Publikums-Aktiengesellschaften, an denen eine Vielzahl von – anonymen – Aktionären beteiligt ist.
- Vor allem im Konzernbereich werden Aktiengesellschaften mehrheitlich von einem Großaktionär oder einer abgegrenzten Aktionärsgruppe beherrscht.
- Weiterhin gibt es Aktiengesellschaften, deren Aktien sich in der Hand von Mitgliedern einer Familie finden, die sog. Familien-AGs. Diese AGs sind ihrer Struktur nach der GmbH sehr ähnlich, die zwar eine Kapitalgesellschaft ist, deren Gesellschafterkreis aber sehr begrenzt ist.

– Da eine AG durch eine Person gegründet werden kann, § 2 AktG, gibt es auch die sog. Einmann-Aktiengesellschaften.

II. Vermögensordnung

4. Wie hoch ist das Mindest-Grundkapital bei Gründung, und wie wird es auf die Aktionäre aufgeteilt?

Bei Gesellschaftsgründung müssen die Aktionäre mindestens € 50000 aufbringen, § 7 AktG. Dieses Mindest-Grundkapital ist in Aktien aufzuteilen, deren Nennbetrag mindestens € 1 betragen muss, § 8 AktG.

5. Die Firma Bayerische-Baustoffhandels-AG wurde vor 3 Jahren als Publikumsgesellschaft mit einem Grundkapital von € 20000000 gegründet. Die Aktien werden an der Börse gehandelt. Während sie in ihren ersten beiden Jahren erhebliche Gewinne erwirtschaften konnte – die nicht ausgeschüttet wurden – musste sie im 3. Jahr ihres Bestehens einen Verlust hinnehmen. Die AG ist Eigentümerin eines Grundstückes, das eine erhebliche Wertsteigerungerfahren hatte, weil eine Autobahnanbindung fertiggestellt worden ist.

Wie hoch ist das Grundkapital, wie groß das Gesellschaftsvermögen, und welchen Wert haben die Aktien?

Das Grundkapital blieb während der 3 Jahre unverändert, da es ein fester, im Gesellschaftsvertrag festgelegter Betrag ist. Dieses Grundkapital ist nicht mit dem Gesellschaftsvermögen identisch. Das Vermögen der Gesellschaft wird durch den Wert aller Gegenstände, Geldmittel, Grundstücke, Rechte, Beteiligungen etc. der AG bestimmt. Dieses Gesellschaftsvermögen steht den Gläubigern der AG als Haftungsmasse zur Verfügung.

Der Wert der Aktien wird durch deren Börsenkurs bestimmt. In der Regel besteht ein Zusammenhang zwischen Gesellschaftsvermögen, Ertragsaussichten und Aktienkurs: Hat eine AG großes Gesellschaftsvermögen, wird in der Regel auch der Wert der Aktien hoch sein. Wird das Vermögen durch Verluste aufgezehrt, sinkt in der Regel auch der Börsenkurs.

Letztlich spielen aber auch häufig – wie die letzten Jahre zeigten – politische, emotionale und auch irrationale Gründe eine Rolle.

6. Was verkörpert eine Aktie?

Die Aktie verkörpert einen Anteil am Grundkapital, § 1 II AktG. Sie gibt dem Aktionär Mitgliedschaftsrechte, also vor allem Stimmrechte, § 12 AktG. Schließlich ist die Aktie ein Wertpapier.

7. Welche Arten von Aktien gibt es, und wie werden diese übertragen?

Es gibt Inhaber- und Namensaktien, § 10 I AktG.

Inhaberaktien werden durch Einigung und Übergabe gem. §§ 929ff. BGB übertragen, da die in ihnen verkörperten Rechte von jedem beliebigen Inhaber geltend gemacht werden können.

Die Rechte aus Namensaktien dagegen kann nur derjenige in Anspruch nehmen, der im Aktienregister der Gesellschaft eingetragen ist, § 67 II AktG. Deshalb können Namensaktien durch Einigung und Übergabe der Aktienurkunden, auf denen die Indossamente (Übertragungserklärungen) enthalten sind, übertragen werden, § 68 I AktG.

III. Gründung der AG

8. Welche Gründungsarten gibt es?

Bei der AG-Gründung ist zwischen der einfachen und der qualifizierten Gründung zu unterscheiden. Der Regelfall ist die einfache Gründung. Besondere Vorschriften müssen dann beachtet werden, wenn die Gefahr der Gläubigerbenachteiligung besteht. Dies ist vor allem bei der Einräumung von Sondervorteilen an Aktionäre (§ 26 AktG) und bei Sachgründungen (§ 27 AktG) der Fall. Dann müssen z.B. zusätzliche Satzungsbestimmungen aufgenommen, ein umfangreicher Gründungsbericht vorgelegt und eine ausführliche Gründungsprüfung durchgeführt werden (§§ 26 f., 32 f. AktG).

9. Wie geht eine einfache Gründung vor sich?

- Abschluss des notariellen Gesellschaftsvertrages (Satzung) §§ 2, 23 AktG
- Übernahme der Aktien und Aufbringung des Grundkapitals; damit ist die AG errichtet, § 29 AktG
- Bestellung der Organe der Gesellschaft, § 30 AktG
- Mindesteinzahlung auf das Aktienkapital oder Leistung sonstiger Einlagen, §§ 54, 36 AktG
- Gründungsbericht und Gründungsprüfung, §§ 32 ff. AktG
- Anmeldung zum Handelsregister, §§ 36 ff. AktG
- Eintragung ins Handelsregister, §§ 39 ff. AktG; mit dieser konstitutiven Eintragung ist die AG entstanden.

10. Welches Rechtsgebilde besteht nach der Errichtung bis zur Eintragung?

Nach der Errichtung der Gesellschaft ist diese noch nicht rechtsfähig, § 41 I AktG. Überwiegend wird davon ausgegangen, dass in der Zeit nach Errichtung und vor Eintragung der AG eine Vor-Aktiengesellschaft entsteht (ähnlich der Vor-GmbH). Diese ist gesetzlich nicht geregelt. Es finden die Bestimmungen der Satzung zur Gründung sowie das AktG Anwendung, soweit dessen Bestimmungen nicht die Handelsregistereintragung voraussetzen.

11. Der Vorstand der Bayerischen Baustoffhandels-AG (Fall 5) hatte nach Errichtung der AG, aber vor deren Eintragung 10 Lkws bei der Fa. Allgäuer Nutzfahrzeuge GmbH (A-GmbH) gekauft. Wer ist Vertragspartner der A-GmbH geworden, wenn der Vorstand

a) im Namen der Vor-Aktiengesellschaft

b) im Namen der AG gehandelt hat?

a) Hier hat der Vorstand im Namen der bestehenden Gesellschaft und im Rahmen seiner Vertretungsmacht gehandelt. Mit Eintrag der AG ins Handelsregister gehen die Rechte und Pflichten aus diesem Vertrag auf die dann entstandene AG über.

b) Wenn der Vorstand den Kaufvertrag in Vertretung der noch nicht entstandenen AG abschließt, so haftet er gem. § 4112 AktG als Handelnder persönlich und unbeschränkt.

IV. Organe der AG

12. Welche Organe hat die AG, und welche Aufgabenbereiche haben diese Organe zu erfüllen?

a) Der Vorstand vertritt die Gesellschaft und führt unter eigener Verantwortung ihre Geschäfte, §§ 76 ff. AktG. Er wird vom Aufsichtsrat bestellt und kann auch von diesem abberufen werden, § 84 AktG. Es muss streng zwischen der organschaftlichen Stellung und dem Anstellungsverhältnis des Vorstandes unterschieden werden.

b) Die wesentlichen Aufgaben des Aufsichtsrates – §§ 95 ff. AktG – sind:

- Bestellung und Abberufung des Vorstandes, § 84 AktG
- Überwachung und Kontrolle des Vorstandes, § 111 AktG
- Vertretung der Gesellschaft gegenüber dem Vorstand, § 112 AktG
- Prüfung und Feststellung des Jahresabschlusses, §§ 171, 172 AktG

Den ersten Aufsichtsrat bestellen die Gründer, § 30 I AktG. Danach wird er – soweit nicht entsandt – von der Hauptversammlung gewählt, § 101 AktG.

c) In der Hauptversammlung, §§ 118 ff. AktG, üben die Aktionäre ihre Rechte in den Angelegenheiten der Gesellschaft aus. Ihre Aufgaben sind gesetzlich festgelegt, nämlich insbesondere die Beschlussfassung über

- die Bestellung der Mitglieder des Aufsichtsrates, § 119 I Ziff. 1 AktG
- die Verwendung des Bilanzgewinnes, § 119 I Ziff. 2 AktG
- die Entlastung des Vorstandes und des Aufsichtsrates, § 119 I Ziff. 3 AktG
- Satzungsänderungen, § 119 I Ziff. 5 AktG

An der Hauptversammlung dürfen alle Aktionäre ohne Rücksicht auf ihr Stimmrecht teilnehmen, § 118 I AktG. Beschlüsse werden gem. § 133 AktG mit einfacher Mehrheit gefasst – mit Ausnahme von Satzungsänderungen, für die die 3/4-Mehrheit erforderlich ist (§ 179 II AktG).

V. Kommanditgesellschaft auf Aktien (KGaA)

13. Was ist eine KGaA, und wo ist sie geregelt?

Eine KGaA ist eine juristische Person, bei der mindestens ein Gesellschafter unbeschränkt haftet und die beschränkt haftenden Gesellschafter an dem in

Aktien zerlegten Grundkapital beteiligt sind. Sie ist also eine Mischform aus KG und AG und in §§ 278 ff. AktG geregelt.

14. Welche Organe hat die KGaA?

Wie die AG hat auch die KGaA eine Hauptversammlung (§ 285 AktG) und als Kontrollorgan einen Aufsichtsrat (§ 287 AktG). Die Aufgaben des Vorstandes erfüllt in der KGaA der persönlich haftende Gesellschafter, § 283 AktG.

VI. Verbundene Unternehmen

15. Was ist ein Konzern?

Unter einem Konzern im rechtlichen Sinne versteht man die Zusammenfassung eines herrschenden mit einem oder mehreren abhängigen Unternehmen unter einheitlicher Leitung (§ 18 AktG).

16. Die Mercerisier AG (M-AG) hat einen Jahresumsatz von € 300 Mio. und beschäftigt mehr als 3000 Mitarbeiter. Sie ist an folgenden Unternehmen beteiligt:

a) 60 % an der A-GmbH

b) 40 % an der B-GmbH, hat aber 60 % deren Stimmrechte

c) an der C-GmbH gibt es nur eine 30prozentige Beteiligung, jedoch wurde ein Beherrschungsvertrag (§ 291 I 1, 1. Alt. AktG) geschlossen, wonach die C-GmbH die Leitung ihrer Gesellschaft der M-AG unterstellte

d) mit der D-GmbH hat die M-AG einen Beherrschungs- und Gewinnabführungsvertrag (§ 291 AktG) geschlossen.

Haben die Beteiligungen und Verträge der M-AG mit den GmbHs irgendwelche rechtliche Auswirkungen?

a) Bei der 60 %-igen Beteiligung an der A-GmbH handelt es sich um eine Mehrheitsbeteiligung im Sinne des § 16 AktG;

b) Die B-GmbH ist ein abhängiges Unternehmen, das zwar rechtlich selbstständig ist, auf die die M-AG jedoch einen beherrschenden Einfluss ausüben kann, § 17 AktG;

c) Aufgrund des Beherrschungsvertrages gem. § 291 AktG wird vermutet, dass die C-GmbH ein abhängiges Unternehmen der M-AG ist; sind ein herrschendes und eines oder mehrere abhängige Unternehmen unter einheitlicher Leitung zusammengefasst, dann liegt ein Konzern gem. § 18 AktG vor;

d) Mit der D-GmbH wurde ein Unternehmensvertrag gem. §§ 291, 292 AktG geschlossen; Unternehmensverträge sind z. B. Beherrschungs-, Gewinnabführungs-, Gewinngemeinschafts-, Betriebspacht- oder Betriebsüberlassungsverträge.

17. Welchen Sinn und Zweck haben die Vorschriften zu den verbundenen Unternehmen?

Da in der Praxis häufig Verflechtungen zwischen Unternehmen vorkommen, die für Konkurrenten und Vertragspartner in der Regel nicht durchschaubar sind, wurden die Regelungen zu den verbundenen Unternehmen zum Schutze von Gläubigern und Aktionären sowie zur Verbesserung der Transparenz in das AktG (§§ 15ff.) aufgenommen.

VII. Europäische Aktiengesellschaft

Ab dem 29.12.2004 traten die gesetzlichen Regelungen zur Einführung der Europäischen (Aktien-)Gesellschaft (SEEG) in Kraft. Hiermit soll europaweit tätigen Unternehmen die grenzüberschreitende wirtschaftliche Tätigkeit erleichtert und deren internationale Wettbewerbsfähigkeit gestärkt werden. „Mit der Europäischen Gesellschaft steht erstmals eine in wesentlichen Fragen einheitliche europäische Rechtsform für Kapitalgesellschaften zur Verfügung. Sie ermöglicht Unternehmen eine Expansion und Neuordnung über Ländergrenzen hinweg, ohne die kostspieligen und zeitaufwändigen Förmlichkeiten beachten zu müssen, die bislang mit der Gründung von Tochtergesellschaften verbunden sind.“ (Mitteilung Referat Presse- und Öffentlichkeitsarbeit des Bundesministeriums der Justiz vom 28.12.2004).

Zur Vertiefung: *Führich, Wirtschaftsprivatrecht, §34*

Anhang: Gerichtliches Mahnverfahren

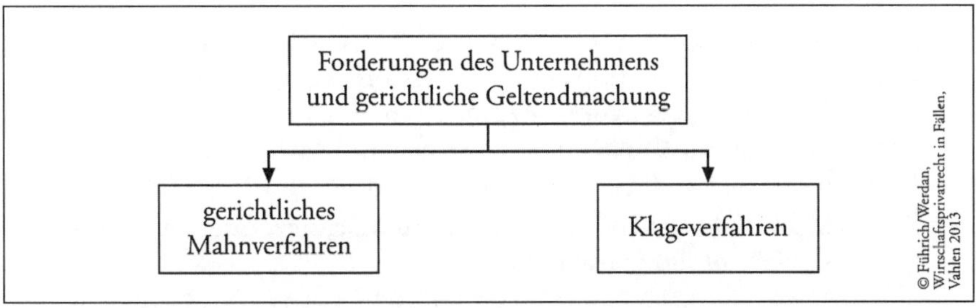

Abb. 38: Gerichtliches Mahnverfahren

1. Argus (A), Angestellter der Firma X in Kempten hat das gesamte Mahnwesen der Firma zu bearbeiten. Ihm fällt eine Kaufpreisforderung der Firma X an die Firma Insolvus GmbH (I-GmbH) mit Sitz in München über € 100 000 fällig am 15.12.09 auf, die schon zweimal erfolglos angemahnt wurde. Im Dezember 12 prüft er, was er zur Eintreibung der Forderung tun könnte.

   a) Was wird er sofort und vorrangig zu prüfen haben?

   b) Welche verjährungshemmenden Maßnahmen gibt es?

   c) Die Forderung soll gerichtlich geltend gemacht werden. Welche Möglichkeiten gibt es hierfür?

   d) Welches Gericht wäre sachlich und örtlich zuständig bei Beantragung eines Mahnbescheides?

   e) Was ist zu tun, wenn die Schuldnerin den Mahnbescheid nicht angreift und auch sonst überhaupt nicht reagiert?

a) Da die Forderung doch schon vor einiger Zeit entstanden ist, sollte A sofort prüfen, ob die Forderung bereits verjährt ist oder zu verjähren droht. Ist sie verjährt, so machen weitere Aktionen kaum Sinn, da sie nur Kosten verursachen werden, wenn die Fa. I-GmbH – wie bei jedem Unternehmen zu erwarten – sich auf die Einrede der Verjährung berufen wird. Droht sie zu verjähren, so müssen sofort verjährungshemmende Maßnahmen ergriffen werden.

b) Als verjährungshemmende Maßnahmen kommen hier der Mahnbescheidsantrag und die Klageerhebung in Betracht (§ 204 I BGB).

c) Zur gerichtlichen Geltendmachung der Forderung stehen das gerichtliche Mahn- und Klageverfahren zur Verfügung.

d) Für den Erlass eines Mahnbescheides ist das Amtsgericht Kempten sachlich und örtlich zuständig. Sachlich ist das Amtsgericht als Mahngericht – unabhängig vom Streitwert – zuständig. Die örtliche Zuständigkeit richtet sich nach dem Sitz/Gerichtsstand des Antragstellers, § 689 ZPO.

e) Reagiert die Schuldnerin (I-GmbH) nicht, so muss A für die Gläubigerin – nach Ablauf der Widerspruchsfrist – einen Vollstreckungsbescheid beantragen, § 699 ZPO. Nach Ablauf der Einspruchsfrist gegen den Vollstreckungsbescheid wird ein Gerichtsvollzieher mit der Zwangsvollstreckung beauftragt.

2. Die Firma Baumaschinen International GmbH, Hamburg, hat gegenüber der Firma Talfahrt mit Sitz in Augsburg eine Forderung in Höhe von € 50 000 aus der Lieferung eines Baukranes gem. Rechnung vom 1.3.13. Auf der Rechnung war vermerkt: Zahlbar bis spätestens 1.4.13 netto Kasse. – Trotz dreier Mahnungen reagiert die Firma Talfahrt (T) nicht.

a) Was kann Prokurist Klug (K) der Fa. Baumaschinen International GmbH (B-GmbH) am sinnvollsten tun?

b) Welches gerichtliche Verfahren wäre hier am kostengünstigsten?

a) K kann – falls noch nicht geschehen – einen Anwalt beauftragen, der nochmals außergerichtlich zur Zahlung auffordert. Die Anwaltskosten muss dann der Schuldner zahlen, da sich die Firma Talfahrt gem. § 286 BGB in Verzug befindet und deshalb die Anwaltskosten als Verzugsschaden fordern kann. Gleichzeitig werden Verzugszinsen und außergerichtliche Mahnkosten in Rechnung gestellt.

b) Es gibt 2 Möglichkeiten:

- Entweder beauftragt K einen Anwalt, die Forderung für die B-GmbH gerichtlich geltend zu machen. Da die Forderung € 5 000 übersteigt, muss die Klage beim Landgericht eingereicht werden, und zwar von einem Anwalt, da bei Landgerichten Anwaltszwang herrscht. Ortlich zuständig wäre das Landgericht am Sitz des Schuldners, also das Landgericht Augsburg.
- K kann aber auch ein gerichtliches Mahnverfahren einleiten: unabhängig vom Streitwert ist der Antrag beim Amtsgericht Hamburg einzureichen. Er muss lediglich ein Mahnbescheidsformular ausfüllen und die entsprechenden – vom Streitwert abhängigen – Gerichtskosten einzahlen. Die Beauftragung eines Anwaltes ist nicht erforderlich.

Am kostengünstigsten ist also – zunächst – das Mahnverfahren. Legt aber der Schuldner Widerspruch gegen den Mahnbescheid oder Einspruch gegen den Vollstreckungsbescheid ein, so geht das Mahnverfahren in das Klageverfahren über: Dann muss ein Anwalt beauftragt und der weitere Prozess vor dem Landgericht Augsburg durchgeführt werden. In diesem Falle ergibt sich keine Kostenersparnis mehr.

3. Warum sollte sich ein Kaufmann Gedanken über die gerichtliche Geltendmachung von Forderungen machen; kann er nicht besser dazu einen Anwalt beauftragen?

Ein Kaufmann sollte sich sehr wohl einen Überblick über die gerichtlichen Verfahren verschaffen, denn

- er muss sich ein Bild über die Erfolgsaussichten eines gerichtlichen Verfahrens machen können

- er muss in der Lage sein, einem Anwalt die ‚richtigen' Aufträge zu geben (also z.B. nicht, verjährte Forderungen einzuklagen) und die Tätigkeit des Anwaltes zu überwachen
- er kann u.U. selbst bestimmte gerichtliche Maßnahmen einleiten und auch durchführen (z.B. gerichtliches Mahnverfahren)
- er muss selbst zumindest im Überblick die Prozess- und auch die Prozesskostenrisiken abschätzen können.

4. Die Firma A hat eine Forderung gegen die Firma B in Höhe von € 200000.

a) Was ist zu tun, wenn die Forderung verjährt ist?

b) Was ist zu tun, wenn die Forderung in 1 Woche verjähren wird?

c) Was ist zu tun, wenn man den Eindruck hat, dass der Schuldner nur Zeit gewinnen will, aber gegen die Forderung selbst nichts einzuwenden hat?

d) Was ist zu tun, wenn man sich schon monatelang über Mängel der gelieferten Waren, aus denen die Forderung resultiert, streitet?

a) Hier machen gerichtliche Maßnahmen keinen Sinn, da sie lediglich Kosten verursachen. Im Geschäftsleben muss man davon ausgehen, dass die Schuldner die Verjährungsfristen kennen und die Einrede der Verjährung erheben.

b) Wenn die Forderung in 1 Woche verjährt, ist keine Zeit mehr, einen Anwalt zu beauftragen, der ja noch die Klageschrift fertigen und vor Ablauf der Woche bei Gericht einreichen müsste. Deshalb sollte in diesem Falle sofort ein Mahnbescheidsantrag von der Firma A ausgefüllt und bei Gericht eingereicht werden. Kann der Mahnantrag alsbald zugestellt werden, wird die Verjährung gehemmt. Ist aber das Formular nicht richtig ausgefüllt, oder sind die Gerichtskosten nicht ordnungsgemäß entrichtet, schickt das Gericht den Mahnantrag zurück und fordert zur Berichtigung auf. Wenn danach die Verjährungsfrist nicht mehr eingehalten werden kann, ist die Forderung verjährt.

c) Erhebt der Schuldner keine Einwendungen gegen die Forderung, so empfiehlt sich ein gerichtliches Mahnverfahren, da dieses einfacher, billiger und schneller als ein Klageverfahren ist. Dies gilt allerdings nur dann, wenn damit gerechnet werden kann, dass der Schuldner den Mahnbescheid und den Vollstreckungsbescheid akzeptiert.

d) Ist die Forderung als solche strittig, so macht ein Mahnverfahren wenig Sinn, da der Schuldner aller Voraussicht nach gegen den Mahnbescheid Widerspruch oder gegen den Vollstreckungsbescheid Einspruch einlegen wird. Dann muss die Forderung im Klageverfahren weiterverfolgt werden. Man hätte also nur Zeit verloren und keine Kosten gespart.

Zur Vertiefung: *Führich, Wirtschaftsprivatrecht, Anhang: Gerichtliches Mahnverfahren*

Sachverzeichnis